本书受到

云南大学中西部高校提升综合实力工程
创新团队建设项目（社科）经费

云南省哲学社会科学学术著作出版
专项经费资助

重建『旅游—生活空间』：

文化旅游背景下民族文化遗产的可持续保护利用研究

桂　榕◎著

中国社会科学出版社

图书在版编目(CIP)数据

重建"旅游—生活空间":文化旅游背景下民族文化遗产的可持续保护利用研究/桂榕著.—北京:中国社会科学出版社,2016.3

ISBN 978 - 7 - 5161 - 8441 - 7

Ⅰ.①重… Ⅱ.①桂… Ⅲ.①少数民族—民族文化—文化遗产—保护—研究—云南省 Ⅳ.①K280.74

中国版本图书馆 CIP 数据核字(2016)第 138245 号

出 版 人	赵剑英
责任编辑	郭 鹏
责任校对	邓雨婷
责任印制	李寡寡

出 版	中国社会科学出版社
社 址	北京鼓楼西大街甲 158 号
邮 编	100720
网 址	http://www.csspw.cn
发 行 部	010 - 84083685
门 市 部	010 - 84029450
经 销	新华书店及其他书店

印刷装订	三河市君旺印务有限公司
版 次	2016 年 3 月第 1 版
印 次	2016 年 3 月第 1 次印刷

开 本	710×1000 1/16
印 张	24.25
插 页	2
字 数	410 千字
定 价	86.00 元

凡购买中国社会科学出版社图书,如有质量问题请与本社营销中心联系调换
电话:010 - 84083683

目　　录

绪　　论

一　基本概念界定

（一）民族文化遗产

遗产（Heritage）一词源于拉丁语，原义仅指"公民死亡时遗留下来的个人合法财产"，后来逐渐引申为"历史上遗留下来的精神财富"。① 在法国、英国、美国、日本、韩国等国家，遗产一词从内涵到外延大体上都经历了一个不断扩展的过程，并出现了"文化遗产""自然遗产""世界遗产"一些全新的概念。② 遗产一词的外延几乎囊括了人类社会创造的所有文明。③

文化是一个非常广泛的概念。学术界广泛使用人类学家爱德华·泰勒对文化的界定："文化就其广泛的民族学意义来说，是包括知识、信仰、艺术、道德、法律、风俗以及作为社会成员的人所掌握或接受的任何其他的才能和习惯的复合体。"④ 根据《辞海》对文化的解释，文化有广义和狭义之分。广义的文化是指人类在社会实践过程中所获得的物质、精神的生产能力和创造的物质、精神财富的总和。狭义的文化，是指精神生产能力和精神产品。文化遗产这一复合概念，通常被理解为遗传或者遗赠的文化财产。

可见，文化体现文化遗产具有丰富的精神内涵本质；而遗产凸显文化遗产的传承特性及所蕴含的深厚历史价值。在文化整体观视野下，文化遗

① 参见《辞海》，辞书出版社1999年版，第3004页。
② 李墨丝：《非物质文化遗产保护国际法治研究》，法律出版社2010年版，第20页。
③ 苑利：《文化遗产与文化遗产学解读》，《江西社会科学》2005年第3期。
④ ［英］爱德华·泰勒：《原始文化》，连树生译，广西师范大学出版社2005年版，第1页。

产涵盖有形与无形的文化形态，物质文化与非物质文化密切关联、相互依存。文化遗产联系着过去和未来，其价值与社会功能主要在于延续文明传统，开展文化教育、交流与传播。它通过人类的合理利用与价值传承而得到发展，是世代相传，形成于过去，流传存续至今，并被认为具有历史、艺术、科学等价值的部分。

文化遗产（Cultural Heritage）概念在 1972 年联合国教科文组织的《保护世界自然和文化遗产公约》中正式提出。这一时期对文化遗产的关注主要局限于物质文化遗产（有形文化遗产）。如具有突出、普遍价值的文物（Monuments）、建筑群（Groups of Buildings）、遗址（Sites）等。国际法律文件最初使用的是文化财产（Cultural Property）。此后，文化财产、文化遗产、文物等用语交替使用，但文化遗产的使用频率较高。联合国教科文组织出台的《关于保护可移动文化财产的建议》（1978）、《保护传统文化和民俗的建议》（1989）、《宣布人类口头和非物质遗产代表作条例》（1998）、《世界文化多样性宣言》（2001）等一系列文件，体现出对文化遗产渐进的认识和理解。1999 年，国际古迹遗址理事会《国际文化旅游宪章（重要文化古迹遗址旅游管理原则和指南）》指出："文化遗产是在一个社区内发展起来的对生活方式的一种表达，经过世代流传下来，它包括习俗、惯例、场所、物品、艺术表现和价值。文化遗产经常表现为无形的或有形的文化遗产。"① 2003 年 10 月 17 日，联合国教科文组织第 32 届大会通过了《保护非物质文化遗产公约》（Convention for the Safeguarding of the Intangible Cultural Heritage）。公约中指出非物质文化遗产包括口头传说和表述，表演艺术，社会风俗、礼仪和节庆，有关自然界和宇宙的知识和实践，传统的手工艺技能五个方面；将是否有持续发展的可能性列为世界非物质文化遗产申请保护的重要条件，并明确将"保护"界定为"确保非物质文化遗产生命力的各种措施"。至此，包括物质（有形）文化遗产与非物质（无形）文化遗产在内的完整的文化遗产概念形成。

就中国的情况而言，2005 年，国务院颁布的《关于加强文化遗产保护的通知》指出"文化遗产包括物质文化遗产和非物质文化遗产。物质文化遗产是具有历史、艺术和科学价值的文物，包括古遗址、古墓葬、古

① 联合国教科文组织世界遗产中心、国际古迹遗址理事会、国际文物保护与修复研究中心、中国国家文物局：《国际文化遗产保护文件选编》，文物出版社 2007 年版，第 187 页。

建筑、石窟寺、石刻、壁画、近现代重要史迹及代表性建筑等不可移动文物，历史上各时代的重要实物、艺术品、文献、手稿、图书资料等可移动文物；以及在建筑式样、分布均匀或与环境景色结合方面具有突出普遍价值的历史文化名城（街区、村镇）。非物质文化遗产是指各种以非物质形态存在的与群众生活密切相关、世代相承的传统文化表现形式，包括口头传统、传统表演艺术、民俗活动和礼仪与节庆、有关自然界和宇宙的民间传统知识和实践、传统手工艺技能等以及与上述传统文化表现形式相关的文化空间"。结合《中华人民共和国文物保护法》来看，文物被视为物质文化遗产的同义语。2011 年，《中华人民共和国非物质文化遗产法》（以下简称《非物质文化遗产法》）第二条规定"本法所称非物质文化遗产，是指各族人民世代相传并视为其文化遗产组成部分的各种传统文化表现形式，以及与传统文化表现形式相关的实物和场所。包括：传统口头文学以及作为其载体的语言；传统美术、书法、音乐、舞蹈、戏剧、曲艺和杂技；传统技艺、医药和历法；传统礼仪、节庆等民俗；传统体育和游艺；其他非物质文化遗产"。从已颁布的国家级非物质文化遗产门类项目看，主要有民间文学、民间音乐、民间舞蹈、传统戏剧、曲艺、杂技与竞技、民间美术、传统医药、传统手工技艺、民俗十大类。

　　本书所指民族文化遗产专指少数民族文化遗产。少数民族文化是指各少数民族在其历史发展进程中创造和发展起来的具有本民族特点的物质文化和精神文化的总和。就民族文化遗产而言，孟慧英认为少数民族传统文化本身就是文化遗产。① 祁庆富认为文化遗产是传统文化中传承下来的最精华部分，是各民族历史上遗留下来的值得保护的物质财富和精神财富。② 在此基础上，笔者认为民族文化遗产是指继承民族优秀文化传统，具有一定文化价值与社会功能的民族优秀传统文化，它包括有形的物质实体与无形的观念、知识、技能、艺术、民俗等。以往研究在指称民族文化遗产概念时，往往与"民族优秀传统文化"概念通用。民族文物是少数民族物质文化遗产的核心组成。而少数民族物质文化遗产还应包括在少数民族生活中具有重要作用、蕴含少数民族文化传统和特色的实物，如传统建筑、

---

　　① 孟慧英：《试谈少数民族文化遗产的特点》，载文日焕、祁庆富主编《民族遗产》（第 1 辑），学苑出版社 2008 年版。

　　② 祁庆富：《存续"活态传承"是衡量非物质文化遗产保护方式合理性的基本准则》，《中南民族大学学报》（人文社会科学版）2009 年第 3 期。

服饰等，有些虽然不是确定级别的文物，但都可以被包含在少数民族文物中。由此，我们可以将民族文化遗产理解为少数民族文物和少数民族传统文化表现形式及相关实物、场所。当然民族文物与民族传统文化表现相关的实物、场所会有部分交叉。

（二）民族文化遗产的旅游利用与保护

文化旅游背景下的民族文化遗产保护，涉及民族文化遗产的旅游利用与保护两方面。国内外学术界在涉及文化旅游背景下的文化（遗产）保护时，往往会考虑到文化遗产的经济与文化的双重属性所带来的经济与文化利益，所以会把文化遗产的旅游利用与保护作为一对不可分的概念进行探讨。民族文化遗产的旅游利用与保护是密切相关的概念。

从世界遗产相关文件来看，早在 1964 年的《威尼斯宪章》中就出现了"利用"一词。《威尼斯宪章》指出了文化古迹为社会公用的必要性，明确表明其对文化遗产的展示与利用的肯定态度，尽管没有提出如何利用与展示，但其所强调的文化遗产保护的原真性与完整性，成为物质（有形）文化遗产保护与利用的两大基本原则。1987 年的《佛罗伦萨宪章》第十八条至第二十二条首次把"利用"作为宪章重要的一部分进行具体的阐述。① 随着越来越多的世界遗产成为旅游消费对象，旅游作为展示与利用活动的重要途径，日益成为促进遗产地保护与发展的重要课题。过度的或没有妥善管理的旅游发展，会威胁遗产地的真实性和完整性，因此，旅游发展与遗产地的保护存在一定的矛盾。但随着科学技术的提高及旅游管理知识的发展成熟，人们越来越意识到旅游业在保护和发展文化遗产地中的重要角色。其一方面承担着公共教育的重要功能，另一方面能为东道主社区以及其他利益相关者带来显著的经济与文化利益。实践证明，旅游正日益成为文化保护的积极力量。因此，如何协调旅游发展与文化遗产保护的关系、如何管理与促进遗产地旅游业的合理发展以及如何协调各利益相关方之间的关系，是当今文化遗产地旅游管理与发展进程中的重要课题。由联合国教科文组织（UNESCO）世界文化遗产中心 2002 年出版的《世界遗产地旅游管理手册》及国际古迹遗址学会（ICOMOS）于 1999 年

---

① 参见北京大学世界遗产研究中心《世界遗产相关文件选编》，北京大学出版社 2004 年版，第 336—342 页。

通过的《国际文化旅游宪章》，认为国际旅游业的持续成长反映了当代社会对文化遗产欣赏的需求，应将其视为正面积极的力量，各遗产地经营者应针对当地旅游资源进行评估，并确认合理的旅游容量与管理模式，寻求保护与开发之间的平衡点。

《国际文化旅游宪章》取代了1976年版的《文化旅游宪章》，成为文化遗产地重要的旅游管理原则和指南，为处理旅游发展与文化遗产地保护间的关系、管理与促进遗产地旅游业合理发展以及协调利益相关者之间的关系问题，给予了重要的指导。新宪章表明，出于对历史文化遗迹共同的尊重和对资源脆弱性的担忧，保护组织和旅游业必须以合作的态度一起工作，来保护和展现世界文化和自然遗产。① 联合国教科文组织于2001年制定的《世界文化多样性宣言》明确表明，各种形式的文化遗产都应当作为人类的经历和期望的见证而得到保护、开发利用和代代相传，以支持各种创作和建立各种文化之间的真正对话。2005年的《保护和促进文化表现形式多样性公约》强调传递着文化特征、价值观和意义的文化活动、产品与服务具有经济和文化双重性质，提出经济和文化发展互补原则。②

地理学家格拉汉姆（Graham）、艾希沃斯（Ashworth）和滕布里奇（Tunbridge）就遗产的经济和文化"双重属性"（The Duality of Heritage）进行了阐释，认为遗产的经济和文化意义在遗产旅游中的关系是相辅相成的。③ 从本质上看，在旅游里，文化遗产这个术语不仅意味着景观、自然历史、建筑物、人工制品、文化传统等的东西，它们或者字面地或者隐喻地从一代传到另一代，而且还包括那些为了促销而能被描述成是旅游产品的东西。④ 因此，文化遗产的旅游利用与旅游开发之间的边界

---

① 张朝枝、郑艳芬：《文化遗产保护与利用关系的国际规则演变》，《旅游学刊》2011年第1期。

② 中国非物质文化遗产网，http：//www. ihchina. cn/inc/detail. jsp？ info_ id = 3089，2013年4月16日。

③ Graham B J, Ashworth G J, Tunbridge J E, *A Geography of Heritage：Power，Culture and E-conomy*, Oxford University Press, 2000, pp. 2 – 65；Peckham R S., "Introduction：The politics of heritage and public culture", in Peckham R S ed., *Rethinking Heritage：Cultures and Politics in Europe*. I. B. Tauris, 2003, pp. 1 – 16.

④ ［澳］克里斯·库珀：《旅游研究经典评论》，钟林生、谢婷译，南开大学出版社2006年版，第210页。

在很多时候是极为含糊的——尽管联合国对文化遗产采取的态度是"利用",而不是"开发"。旅游利用以文化遗产的保护发展与旅游可持续发展为目的。旅游利用强调在确保历史真实性与发挥其文化精神功能和文化魅力的前提下,获得经济收益;旅游开发则比较强调经济效益。然而由于遗产的经济和文化意义在遗产旅游中相辅相成,旅游利用与旅游开发之间的边界也是相互渗透的。

当代中国旅游的产业化更多地被现代社会的经济理性所左右。旅游产业对经济利益的追求使宣传成为达到利益最大化的重要手段,同时也受到了国家经济与政治的影响。旅游的产业和政治化把旅游地文化改造为商品。[①] 越来越多的少数族群利用地方旅游作为手段实现文化生存。由于文化遗产具有物质与非物质的大分类,在大分类下又有很多具体的小分类。其类型多样,保护传承的方式也是多元化的。其中,工艺类非物质文化遗产本身就具有生产性,而这些往往是主要的旅游商品。旅游为民族传统手工技艺等部分非物质文化遗产提供了再生的机会和条件。这也是学术界在指称民族文化遗产旅游利用概念时,普遍使用"旅游开发"这一概念的主要原因所在。

中国人普遍理解的民族,在一般语境中通常是不包括主体民族——汉族的。科恩(Cohen)在昆明会议上把"民族旅游"定义为:被观光的主体人群在文化、社会、政治上都不完全属于他们所居住国的主体民族,而且具有在生态区位上的边缘性及文化上的殊异而被贴上了旅游标志的,可称为民族旅游。[②] 美国旅游人类学家瓦伦·史密斯(Valene Smith)曾把旅游方式分为五种,其中"民族旅游"主要指以奇异的风土人情来吸引游客;"文化旅游"主要指以参与和感受地方文化为主的旅游。而以民族文化遗产为旅游资源而开展的旅游,旨在探寻和体验地方特色和民族特色,其实质就是以少数民族文化为特色的旅游。因此,基于民族文化(遗产)而开展的旅游被称为民族文化旅游,是十分准确的。笔者认为,从民族文化遗产属性与旅游规划实践角度可将民族文化旅游资源分为三类:一是民族文物及物质实体性文化旅游资源;二是非物质遗产旅游资源,根据中国

---

① 吴世旭:《"发现"赵家堡》,载王铭铭主编《中国人类学评论》(第18辑),世界图书出版公司北京公司2011年版,第202页。

② 杨慧:《旅游·少数民族与多元文化》,云南大学出版社2011年版,第3页。

的《非物质文化遗产保护法》，主要指各种传统文化表现形式、空间及与传统文化表现形式相关的实物和场所；三是通过第一、二类所展现的少数民族伦理道德、思想价值观念等精神文化资源及文化旅游氛围。

少数民族文化主体及以其为核心要素的文化旅游资源的真实性，是民族文化遗产可持续旅游利用与保护最为基础而重要的条件。所以文化遗产旅游利用与保护的研究，要基于少数民族文化主体及其文化旅游资源来开展。从目前中国民族文化遗产旅游利用的情况看，不外乎通过文化遗产的原生地、文化遗产所在地区域及异地这三类空间进行。因此，从与以上三类空间分别对应的原地、本地、异地的旅游空间生产角度来研究民族文化遗产的旅游利用与保护，是合理而有效的。

（三）民族文化旅游空间及其生产

在全球化背景下，民族文化旅游所涉及的舞台化与原真性、旅游场景生产、符号消费、文化体验、文化遗产的保护与开发利用等问题，都与空间生产息息相关。但这方面的探讨却极为薄弱。空间概念的发展及其意义的凸显，使地理学、文化学、人类学等多学科视角整合的研究成为可能。空间生产最早由法国马克思主义批判哲学家亨瑞·列斐伏尔（Henri Lefe-bvre，1974）提出，以其所著《空间的生产》的出版为标志，"空间"浮现是社会文化理论的一个核心主题。后经曼纽·卡斯特（Manuel Castells）、大卫·哈维（David Harvey）、爱德华·索亚（Edward Soya）等学者的发展，逐渐形成观点系统的理论。根据空间生产理论，空间被社会关系所生产，同时也生产着社会关系。空间生产就其内涵而言包括两个方面：一是在空间中的生产；二是空间本身的生产。爱德华·索亚认为，在1960年后现代化不断加强的背景下，空间愈加具有本体论的性质，空间生产已经成为消费社会赖以维持与发展的主要手段。空间维度的阐释，有助于重新审视社会、历史和空间的共时性及其复杂性和相互依赖性。国外研究者已普遍将旅游研究与空间、权力、网络、制度等相关社会问题紧密结合。

具体关于旅游空间的研究，国内外呈现出两类不同的学科研究视角和方法。

以管理学、经济学、地理学等学科为主的研究，聚焦传统观念的旅游空间，如旅游空间结构和旅游空间模式等。国外对旅游空间结构研究始于

1960 年，如克里斯泰勒（Christaller）等运用区位论研究游憩活动与地理空间的结构关系；伦德格伦（Iundgren）等通过建立核心—边缘理论模型来强调在旅游行为中边缘地区对核心地区的依赖；皮尔斯（Pearce）在讨论旅游规划时，将空间系统按尺度区分为三个层次（1995）。国内有关旅游空间的探讨，主要以区域社会经济探讨为主。吴必虎对国外诸多模式进行了总结，结合中国的旅游发展情况，提出了以城市为中心的从一日游到目的地旅游的不同空间尺度的模式结构（2001）。窦文章等提出旅游区结构由核心区、直接支持带、间接支持带组成，可分为都市旅游区、户外休憩活动带、别墅疗养区和城市郊区旅游带四个区域类型（2000）。刘旺、马晓龙、李山等对旅游空间中的线路产权、线路组织、游览时间等方面进行了探讨（2003，2006）。万幼清认为，目前世界旅游业的发展已经逐渐转向挖掘文化内涵，增加科技含量，旅游经营方式和产业结构正在发生结构性变化，旅游文化空间的拓展和发掘已成为世界旅游发展的必然趋势（2004）。钟士恩等人将旅游空间模式基本理论梳理为圈层结构理论、核心边缘理论、空间扩散理论（2011）。

人类学、社会学、民族学等学科的旅游空间研究，特别是国外的相关研究，主要在社会文化理论层面运用空间生产概念。以马康纳（MacCannell）的"旅游空间和舞台真实"理论和科恩（Cohen）提出的"旅游圈"概念为代表。科恩（Cohen，1979）认为舞台化、商品化并不一定会破坏文化的真实性，并大胆地提出舞台化、商品化会不断地为地方文化注入新的活力，成为民族身份的标志，成为当地人在外来公众面前自我表现的工具。布鲁纳（Bruner，1992）、齐柏（Zeppe，1997）、迪帕克（Deepak，2003）等人对旅游空间和舞台真实进行了进一步的探讨。科恩（Cohen）在对民族旅游社区进行考察的基础上，提出了区隔民族旅游社区旅游空间与东道主生活空间的"旅游圈"概念。旅游圈既是一个具体的空间概念，也是针对东道主作为心理场域的抽象象征概念。

近几年，中国旅游研究开始出现关于旅游空间生产的综合学科视角的研究趋势。中国台湾学者钟宗宪提出与旅游空间密切相关的民俗文化空间概念，认为民俗文化空间是可以被经营出来的（2007）。侯兵、黄震方、徐海军认为，旅游空间是民族文化旅游实践活动的重要方面。空间形态可以较好地反映文化旅游的要素构成和结构关系。谢彦君认为，旅游空间是一般意义上的非日常生活空间中具有特殊性质的子系统，有着不同于日常生活空间的特征和符号内涵。旅游空间是获得旅游体验的前提条件，同时也是旅游体验建构的产物（2007）。此外，李琼的《政治经济学视角下的旅游空间生产—消费模式》（2009）提出旅游空间既是空间产品，又是旅游消费的场所。旅游空间生产需要在旅游空间规划的带动下设计社会需要的旅游空间产品。空间生产过程主要包括旅游产品"量"的扩张与"质"的提高，"量"的扩张即通过开发新的土地资源增加多类型、宽领域的空间旅游产品供给；"质"的提高就是对原有旅游空间的再开发，改变单一的旅游产品结构，向新的深度和广度开拓。廖卫华的博士学位论文《消费主义视角下城市遗产旅游景观的空间生产》（2010）将成都宽窄巷子作为研究个案，从消费主义视角入手，以空间生产理论分析历史街区空间演化过程及空间生产机制，还对遗产旅游景观"主题化"及"空间复制"现象进行反思，提出全球化背景下遗产保护与开发的意义及发展路向。黄娅的《后现代结构主义空间范式下民族旅游的符号建构》（2010）从空间生产、空间消费、空间政治三方面对民族文化旅游的符号特征进行审视和建构，指出其对民族旅游业的良性发展具有重要意义。宗晓莲的《旅游地空间商品化的形式与影响研究——以云南省丽江古城为例》（2005）把英国地理学者布瑞顿（Britton，1991）提出的旅游地空间商品化的两种形式归类为比较直观的直接商品化和间接商品化。那长春、许多的《旅游类影像：旅游资本的想像空间生产》阐述了旅游资本的"影像空间生产"这一概念及旅游类影像传播现存的问题。

1. "民族文化旅游空间"的概念及其属性

国内外学者普遍认为文化旅游立足于文化资源，以满足游客文化需求为目的。"文化旅游有两个重要的构成要件，一是强调以文化资源为支撑的旅游产品属性；二是强调旅游者对旅游资源内涵的深入体验和文化享受。"[1] 而民族文化旅游的客体或旅游对象聚焦"民族"。广义的民族，指世界所有具有独特民族性或族群性的人类群体。可见广义指向的民族文化旅游概念与通常所言的文化旅游概念同一；而狭义的民族，专指与多数人或主流文化群体相对的少数民族或族群，可

---

① 侯兵、黄震方、徐海军：《文化旅游的空间形态研究——基于文化空间的综述与启示》，《旅游学刊》2011 年第 3 期。

见狭义指向的民族文化旅游概念从属于文化旅游概念。本书所指民族文化旅游专指以少数民族或族群文化遗产为旅游消费产品的少数民族文化旅游类型。

从旅游主体（旅游者）的角度看，"旅游空间有着不同于日常生活空间的特征和符号内涵，它既是获得旅游体验的前提条件，也是旅游体验建构的产物，具有主观建构的抽象性和剧场化特征"①。从旅游客体（旅游对象）的角度看，"旅游空间是通过旅游产品'量'的扩张与'质'的提高，被旅游规划人员有意图生产出来的旅游产品"②。综合地看，民族文化旅游空间作为少数民族文化旅游资源和旅游者活动的空间范围和表现形式，其内涵应兼容物质文化和非物质文化、人文资源和自然资源，历史文化遗产和常态民俗生活文化等内容，它是具有明确地理空间范围的旅游主客体互动的空间。后现代地理学家爱德华·索亚曾提出融合"第一空间"物质维度和"第二空间"精神维度在内而具有极大开放性的"第三空间"③概念。民族文化旅游空间作为民族文化旅游地物质性空间和精神性空间的叠合空间，具有"第三空间"性质和地理学、人类学、政治哲学等多学科层面的含义。具体而言，它具有四大属性：一是物理性。它依托于物质实体，并具有明确的自然地理空间范围。二是社会性。它是旅游地文化所有者与游客共同建构的具有公共性与开放性（宗教神圣空间除外）的社会空间。三是符号性。作为旅游吸引物的旅游标示与旅游景观，是民族文化象征符号与旅游消费符号，是旅游规划、游客体验、民族文化展示的集中体现。四是可生产与可消费性。它是民族文化资源商品化生产、产业化开发与旅游消费市场互动的体现，是民族文化产业与旅游产业融合发展的行业特征。

2. 民族文化旅游空间生产及相关概念辨析

空间生产是民族文化资源成为旅游产品和旅游景观的重要途径。法国

---

① 谢彦君：《旅游体验研究——走向实证科学》，中国旅游出版社 2010 年版，第 34—35 页。

② 李琼：《政治经济学视角下的旅游空间生产——消费模式》，《湖北经济学院学报》（人文社会科学版）2009 年第 1 期。

③ ［美］爱德华·索亚（Edward W. Soja）：《第三空间——去往洛杉矶和其他真实和想象地方的旅程》，陆扬等译，上海教育出版社 2005 年版，第 11—12 页。

马克思主义批判哲学家亨瑞·列斐伏尔（Henri Lefebvre）提出空间的实践（Spatial Practice）、空间的表征（Representation①of Space）与表征的空间（Representational Space）概念，对应于感知的空间（The Perceived Space）、构想的空间（The Conceived Space）、生活的空间（The Lived Space）。他认为这三个空间作为"社会空间的三个重要时刻"，彼此之间存在着辩证关系。② 民族文化旅游空间的生产作为空间生产的一种具体方式，它具有空间生产的一般属性和层次。感知的旅游空间生产，指旅游地空间区位与配置组合、地理景观与民族文化物质载体的开发实践；构想的旅游空间生产，指旅游景观符号系统的制造与呈现、旅游产品舞台化再现与产业化开发，是文化旅游参与体验的主要空间；生活的旅游空间生产，既相连于旅游地少数民族社会生活层面，又相连于游客的艺术想象和建构，是获得民族文化旅游原真性体验的重要空间。可见，"民族文化旅游空间生产"概念借鉴融会了社会科学的空间生产、文化空间与文化再生产等核心理念，并凸显了旅游空间基于主客体互动的文化建构本质。文化再生产是法国社会学家布迪厄社会理论中的核心观念，强调人创造文化的能动作用。而文化变迁与再生产问题，正是民族文化保护与旅游可持续发展的核心问题，是民族文化旅游空间生产关注文化及其文化主体性的核心理念，是民族文化旅游空间生产的持续动力。

旅游产品、旅游景观、旅游文化符号、文化空间等概念与民族文化旅游空间及其生产密切相关（见图0-1）。通常意义上，凡为满足旅游者审

---

① 《牛津英语简明词典》给出 Representation 一词的两个相关含义：表征某物即描绘或摹状它，通过描绘或想象而在头脑中想起它；表征还意味着象征、代表、做（什么的）标本或替代。根据这个解释，我们分别将它译为"表象"和"表征"：当它表示成形的客体时，译成"表象"，而当它侧重于强调生产"表象"的过程或行为时，则译为"表征"。"表征"作为一个动词，是指拿一物（符号）代表另一物体或观念的行为。斯图尔特·霍尔对表征作出了详细解释。简言之，表征是通过语言生产意义。用符号生产意义的过程也就成了符号系统内的某种操作实践，即意指实践的过程。因此，文化就成了各种表象以不同规则和方式聚集的场所，也因而成了各种表象为获得支配权而进行斗争的场所。文化研究的这种基本理论观念，是与20世纪语言学转向、结构主义符号学及后结构语言主义话语分析等基本思想倾向相呼应的。就这个意义而言，文化研究并不像我们国内通常理解的那样，仅把文化看成研究对象。它还是一种用文化的方式进行研究的方法。即把社会现象看作具有上述特征的种种文化，来解释其中发生的意义的产生、嬗变和争斗的生动过程。参见〔英〕斯图尔特·霍尔《表征——文化表征与意指实践》，徐亮、陆兴华译，商务印书馆2013年版。

② Henri Lefebvre, *The Production of Space*, Donald Nicholson—Smith trans., Wiley—Blackwell, 1991, pp. 38–42.

美和愉悦之需,而被生产的物品通称为旅游产品。从旅游空间的分层和实际功能看,旅游空间中的物质实体和环境氛围,如道路、建筑、歌舞剧场、舞台及村民生活场景等,它们只是旅游产品存在和呈现的结构要素,如若旅游产品与之分离,它们则与旅游产品毫无关系。但从宽泛的符号消费角度看,"无形的象征、氛围甚至愉悦感,都可以透过符号价值的交换而被购买,视觉消费成为现代旅游活动的另一重要特点"①。所以,作为旅游符号消费必不可少的结构要素,旅游空间中的物质实体和环境氛围也可被视作旅游产品。而旅游歌舞节目,则具有旅游吸引物的特点,是典型而核心的旅游产品。可见,旅游空间生产既有典型商品化旅游产品的生产,也有旅游商品依存和呈现所依赖的实体、环境与氛围的生产,还有旅游者与民族文化旅游地东道主互动的社会关系的生产。旅游空间生产是较一般旅游产品生产更为复杂的一种复合性生产。

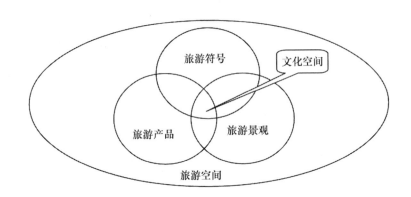

图0—1 相关概念之间的关系

景观作为从外部被观看和体验的生产、消费和交换的各种社会过程和时间的现象形式,主要表达为可以看见、形成印象和想象的地理。景观的现代观念和体验的演化,与观看及表征空间的各种技术具有密切关联性。② 而旅游景观,特别是通过人为规划设计与生产制造的人文景

---

① 宗晓莲:《旅游地空间商品化的形式与影响研究——以云南省丽江古城为例》,《旅游学刊》2005年第4期。

② 参见[英]凯·安德森、[美]莫娜·多莫什、[英]史蒂夫·派尔、[英]奈杰尔·思里夫特《文化地理学手册》,李蕾蕾、张景秋译,商务印书馆2009年版,第341—365页。

观，为游客营造出具有文化表征与符号意义的旅游空间。旅游景观包括自然景观和人文景观。人文景观中只有向游客开放，并且直接服务于旅游需求的才属于旅游产品。如同样是民族服饰，只有成为商品交换和舞台展演道具的才是旅游产品；而穿在普通老百姓身上的就只能是文化旅游地人文景观的一部分。从政治学角度看，"景观是以影像为中介的人们之间的社会关系"①。集中体现社会意识形态和文化政治的各种旅游景观和场景的规划、设计与生产制造，正是民族文化旅游空间生产的实现途径。

旅游文化符号与旅游产品、旅游景观部分内涵叠合。如作为民族文化旅游地标志性文化符号的文化空间，就是核心的旅游产品和典型的旅游景观。而静态的民族特色建筑和旅游地文化标识等，往往是没有开发成旅游产品的文化景观和文化象征符号。

联合国教科文组织将"文化空间"定义为："具有特殊价值的非物质文化遗产的集中表现。"② 它强调在确定的时间和固定的场所举行的传统的民族民间文化活动。民族文化旅游空间生产的核心内容，强调文化旅游产品的民族性、传统性、空间场景性。所以，文化空间是民族文化旅游空间生产的最核心的内容和主要的产品形式。

3. 民族文化旅游空间生产的原则

民族文化旅游空间生产，既应遵循广义文化旅游发展的一般性规律和要求，还应遵循少数民族文化旅游开发和空间生产的特殊性规律和要求。1990 年全球国际旅游工作会议颁布的《可持续旅游发展行动战略》指出，"在保持和增加未来发展机会的基础上，满足游客和当地居民的需要，是旅游可持续发展的核心思想"③。民族文化旅游空间生产应在严格控制旅游地生态、社会、经济发展可承受限度的基础上，满足当下及未来的游客和民族文化持有者的需要。民族旅游地的旅游环境容量（环境承载力）、游客的文化体验满意度和旅游系统利益相关者的和谐度，应是考量民族文化旅游空间生产成功与否的关键指标。由于空间生产是一个动态的文化建构过程，

---

① ［法］居伊·德波：《景观社会》，王昭凤译，南京大学出版社 2007 年版，第 3 页。

② ［澳］乌丙安：《非物质文化遗产保护中文化圈理论的应用》，《江西社会科学》2005 年第 1 期。

③ ［澳］克里斯·库珀：《旅游研究经典评论》，钟林生、谢婷译，南开大学出版社 2006 年版，第 143 页。

所以制定和运用量化指标有相当大的难度。这里，笔者尝试以人类学质性分析方法来探讨民族文化旅游空间生产所应遵循的内在规律和原则。

基于旅游环境容量，把握旅游空间与生活空间、生态旅游与大众旅游的生产边界。"空间观念总是与文化结构结合在一起的……空间的意义与人类情感、生活事实密切联系。"① 旅游空间与生活空间相互作用、共同依存于民族文化旅游空间结构中。相对于旅游地文化持有者封闭、真实的生活空间，进入旅游市场的旅游空间，是开放的、被制造的符号空间。"研究表明，旅游者数量累计达到或超过东道主环境承载力或饱和点，会出现居民不满的负面效应。"② 著名学者科恩曾指出，旅游在从外部向民族社区日常生活渗透的过程中，会出现一种与社区中人们日常生活相分离的具有象征意义的"旅游圈"（Tourism Sphere）。③ 它是对民族文化旅游地旅游空间与东道主生活空间的界定。杨振之也曾借用马康纳（MacCannell）的"前台""后台"理论，提出了"前台、帷幕、后台"的民族文化保护与旅游开发新模式。④ 只有适度把握游客与东道主、旅游空间与生活空间的边界，严格控制旅游开发经营对旅游地社会文化的过激影响，才能确保旅游经济收益和民族传统文化保护获得双赢。这是民族文化旅游空间生产的根本原则。

经济学家密山（Mishan）明确提出"大众旅游不仅不可能造就旅游的民主化，而且还会毁坏旅游目的地——因为地理空间是一个非常有限的资源"⑤。众多研究人员都"提倡负责的旅游，实施大众旅游的生态化管理，降低游客对生态旅游的影响"⑥。民族文化旅游地的开发要视具体情况而定。并不是所有的民族文化旅游地都适合进行大众旅游空间生产和仿造的后现代旅游空间生产。如生态博物馆（以贵州梭嘎生态博物馆为代

---

① 张捷：《空间概念的演化：物质的、地理的抑或是精神的?》，载陶东风、周宪主编《文化研究》（第十辑），社会科学文献出版社 2010 年版，第 72 页。

② ［加］杰弗里·沃尔（Geoffrey Wall）、［加］阿利斯特·马斐森（Alister Mathieson）：《旅游变化、影响与机遇》，肖贵蓉译，高等教育出版社 2007 年版，第 178 页。

③ 参见杨慧《旅游、人类学与中国社会》，云南大学出版社 2001 年版，第 19—43 页。

④ 杨振之：《前台、帷幕、后台：民族文化保护与旅游开发的新模式探索》，《民族研究》2006 年第 2 期。

⑤ 参见［英］约翰·厄里（John Urry）《游客凝视》，杨慧等译，广西师范大学出版社 2009 年版，第 60 页。

⑥ 徐红罡：《旅游系统分析》，南开大学出版社 2009 年版，第 58 页。

表）和民族文化生态村（以云南民族文化生态村为代表）。它们通常由一个或多个民族村寨或村落组成，秉承并体现文化遗产原地整体保护的理念。即使民族文化的大众旅游和后现代旅游，其空间生产也应有文化真实性方面的基本要求。

　　基于游客不同体验需求，生产不同类型的旅游空间。民族文化旅游空间生产，是为满足游客不同程度和不同方式的文化体验需求，在旅游资源容量限度内发掘旅游空间生产内容和形式的最大限度可能。游客的参与体验与文化原真性感知标准、体验需求密切相关。原真性是旅游体验的核心概念，有客观主义原真性（Boortin，1964；MacCannell，1973）、建构主义原真性（Cohen，1988；Culler，1981）、后现代主义原真性（Eco，1986；Baudrillard，1983）、存在主义原真性（Wang，1999；Steiner&Reisinger，2006）、定制化的原真性（Wang Yu，2007）等分类。科恩（Cohen）根据体验需求目的将旅游体验划分为休闲、转移、经历、实验和存在五种类型。[1]可见，游客的体验方式和文化原真性需求是多元化的。

　　民族文化旅游空间生产在感知的旅游空间、构想的旅游空间和生活的旅游空间三层面展开（见图0—2）。为保护民族文化不受破坏，营造马康纳（MacCannell）提出的"旅游背景下的舞台真实"[2]，是旅游空间生产的核心内容。民族文化旅游空间生产的关键在于如何把握民族文化的真实性与舞台化的"度"。纳尔逊·格拉本认为，人们所看到的是相对真实的"游戏"。即使新的社会语境或商业现象在文化的展示中打上深深的烙印，它仍然为我们提供了新的、变化中的"真实性"。[3] 所以，对旅游空间进行适当的舞台化，营造"舞台真实"的旅游空间，提高旅游者的真实感和满意度，不仅能保留民族文化的本色，在一定程度上遏制民族文化汉化，为传统文化提供创新和发展的机会。尽量在真实的民族村寨内展示传统的民俗文化活动，培训研究型导游，强调旅游空间的地方感，通过神话、地方起源的历史再现和庆典活动的场景展演，等等，都是营造旅游空间"舞台真实"的有效手段。布鲁纳（Bruner）认为"真实性"对游客

---

①　Cohen E. , A Phenomenology of Tourist Experience, *Journal of Sociology*, 1979, No. 2.

②　参见［美］马康纳（MacCannell）《旅游者休闲阶层新论》，张晓萍等译，广西师范大学出版社2008年版，第101—122页。

③　纳尔逊·格拉本、彭兆荣：《旅游人类学家谈中国旅游的可持续发展》，《旅游学刊》2006年第1期。

而言却并不重要,重要的是如何将产品制造得有说服力、可信和逼真。①鉴于此,民族文化旅游的空间生产可适量考虑后现代空间的生产,如运用一定的科技手段复原历史,再现民族神话故事,或通过高科技模拟提供日常生活中不能获得的真实感,使产品丰富多样。但这样的仿造生产,一定要把握好度。

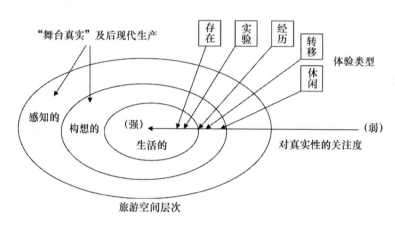

图0—2　基于游客体验需求的旅游空间生产模型

4. 民族文化旅游空间生产的内容

民族文化旅游空间生产,是民族文化旅游地的地理空间、文化空间、社会空间的交融性生产。生产内容可归纳为旅游物理空间的生产、旅游景观符号空间的生产、旅游参与体验空间的生产,三类内容相对独立;但在不同空间层面上又有部分交叠融合。以此看,这三类生产内容分别对应于物质与地理形态空间的客观生产、文化符号空间的主客观建构、精神体验空间的个体主观心理(见表0—1)。

旅游物理空间的生产。根据空间生产理论,民族旅游地旅游物理空间的生产与民族旅游地"感知的空间""空间的实践"相对应,属于旅游空间客观的物质形态部分,包含实体性旅游资源与旅游环境,如建筑、交通、节庆场所、纪念地等。具有地理意义上的客观物质实体的生产特点。按旅游物理空间的性质与功能划分,其生产内容又分为三个层面:

---

① Bruner, E. M., Abraham Lincoln as Authentic Reproduction: A Critique of Postmodernism, *Journal of American Anthropologist*, 1996, No. 2.

表 0—1　　　　　　　　　　民族文化旅游空间的生产内容

生产内容	所在旅游空间层级	生产性质	生产特点	产品形态
旅游物理空间的生产	感知的旅游空间	地理意义的物质形态空间	客观物质实体的生产	民族文化旅游景区实体、功能区和边缘拓展区
旅游景观符号空间的生产	构想的旅游空间	文化意义的符号空间	主客体互动与主客观建构	产业化、舞台化开发的民族歌舞与传统艺术等标志性文化符号与旅游吸引物
旅游参与体验空间的生产	生活的旅游空间	精神意义的体验空间	个体主观心理的生产	富有地方感的民族节庆、"农家乐"等传统民俗文化空间

一是核心层，指文化旅游参与体验的旅游景观区与文化展演区等实体，如民俗广场、展演活动中心、文化传习馆、博物馆、资料中心等。相当于"前台"。大众旅游者可以参与各种民俗活动，休闲与转移的旅游体验类型可以得到满足。

二是辅助支持层，指文化休闲娱乐及接待购物中心、家庭旅馆等，属于"前台"向"后台"过渡的中间地带。主要满足游客在旅游地正常的生活需要和常规休闲娱乐。

三是扩展边缘层，又有两个层面。一是指民族文化旅游地的农业观光、科普探险及由旅游中心向周边边缘旅游带延伸的区域。这一层面适合考察探险型游客。二是指一般不向游客开放的民族文化原生境，即"后台"。这一层面适合具有较高文化水平的知识型旅游者考察少数民族民间信仰、传统聚落、方言土语、神话传说、传统民居等地方性知识。能够满足实验型与存在型游客的体验。

旅游景观符号空间的生产。根据空间生产理论，民族旅游地旅游景观符号空间的生产与"构想的空间""空间的表征"相对应。民族文化旅游景观符号空间的生产，是指标志性景观符号系统的制造和符号性旅游产品的舞台化表演与产业化开发，是文化主体、旅游规划人员根据民族文化特色和市场需求而有意识规划与生产的概念化的空间想象。为旅游者认识、了解进而达到认同少数民族文化，提供了体验与互动的空间。作为核心的民族文化旅游产品，它通常是"前台"物理空间展演的核心内容，具有文化意义上的主客体互动与主客观建构生产的特点。这是对传统文化在旅游开发环境下进行艺术加工、提炼、重新阐释的过程。旅游景观符号作为旅游文化商品，是民族文化旅游资源商品化的结果，是民族文化的再生形态。符号生产"要以旅游地原生文化符号为前提和基础，同时兼顾旅游者全球化、多元化的'凝视'取向。具有丰富象征意义的符号可以创造性地被用于产品主题设计、宣传口号设计、游客参与方式的设计中去，这使得旅游产品的表现形式与文化内涵更生动、更有趣、更合乎人性，更有排他性、吸引力和竞争力"①。民族"文化符号化有利于旅游景点的集中展示"，"使得旅游文化景观仪式化、戏剧化、商品化，有利于旅游地形象的宣传推广"②。

旅游景观符号空间依托具有民族文化符号意义的文化遗产进行生产。但凡被称作文化遗产的都是最具民族特性的传统文化，物质文化是其"形"，非物质文化是其"神"。旅游景观符号空间的生产就是民族文化遗产"形"与"神"结合再现的生产。根据联合国教科文组织《保护非物质文化遗产公约》的定义，"非物质文化遗产"指被各群体、团体、有时为个人视为其文化遗产的各种实践、表演、表现形式、知识和技能及其有关的工具、实物、工艺品和文化场所。国务院颁布的《关于加强我国非物质文化遗产保护工作的意见》对非物质文化遗产的定义是："各族人民世代相承、与群众生活密切相关的各种传统文化表现形式和文化空间"。非物质文化遗产的"神"是旅游景观符号空间的"灵魂"。综观民族文化旅游情况，少数民族非物质文化遗产的旅游开发以表演艺术、社会民俗、礼仪、节庆、传统手工艺技能展演为主。如建筑往往是一个民族宇宙观、地方性知识和传统建筑技艺浓缩的文化符号，它往往被设计生产为民族文化旅游地的标志性符号。最典型的非物质文化遗产生产是民族歌舞与传统艺术的开发。如大型原生态歌舞"云南印象""印象·刘三姐""丽水金沙"等颇具吸引力的成功旅游产品，已成为西南民族文化旅游地的品牌产品。

旅游参与体验空间的生产。根据空间生产理论，民族文化旅游参与体验空间与民族旅游地文化持有者"生活的空间""表征的空间"相对应。

---

① 杨振之、邹积艺：《旅游的"符号化"与符号化旅游——对旅游及旅游开发的符号学审视》，《旅游学刊》2006 年第 5 期。

② 谢元鲁：《旅游文化学》，北京大学出版社 2007 年版，第 82 页。

这一空间反映了旅游地文化持有者真实的生活，亦包含旅游者亦真亦幻的参与体验。它是在旅游物理空间与旅游景观符号空间基础上的生产，是旅游利益相关者共同建构的旅游体验原真性的场景空间。作为旅游体验产品，参与体验空间是旅游心理与行为的综合体现，具有"综合（精神）空间"的性质。其生产具有精神意义上的个体主观心理生产的特点。民族文化遗产转化为旅游产品的过程，就是旅游景观符号空间与参与体验旅游空间的生产过程。旅游景观符号空间与旅游参与体验空间的生产在相当程度上相互融合。两者所在的构想的旅游空间与生活的旅游空间的边界亦有交叠。

　　旅游的根本目的在于寻求愉悦体验，这是旅游的本质规定。"在旅游体验过程中，对旅游主体（旅游者）来说，意义的获得或形成，要借助于旅游体验过程中存在的一些基本的象征性工具来实现。这些基本工具带有符号的性质，它们仿佛是旅游世界的质素，与旅游主体、旅游客体以及旅游媒体一道附丽于这三种要素之上，不断地推出一个个具体的旅游情境，从而建构着旅游世界，也展示和形成旅游的意义。"[①] 武虹剑、龙江智指出："旅游体验的生成依赖旅游者与旅游场的互动，它将引发旅游者内在心理的感受过程，形塑旅游者的体验。从塑造游客真实性体验出发，参与性是实现游客体验的重要途径，参与程度越高，体验效果越好。旅游体验是旅游者对旅游的参与和体会过程，是心理和行为的复合体，它是与旅游活动相始终的。"[②] 所以，旅游体验空间的生产，既要提高游客的参与性，又要关注体验的个性化差异。要积极争取文化持有者的支持，真正发掘和保护民族传统文化的核心价值观念，尽量向游客提供原真性高、活态、整体的符号景观。而各族人民世代相承、与群众生活密切相关的各种传统文化表现形式和文化空间，就是最理想的体验空间产品。"只有让旅游者以适当的方式走进'后台'，才能真正实现与旅游地原生文化的互动。'前台'与'后台'是两种类型的文化展示空间，'前台'是符号化旅游的实验，'后台'是核心区，旅游者在这两类空间中会有区别明显的两类体验方式、参与方式和游览方式，这对旅游经营者和当地居民来说也

---

　　① 谢彦君：《旅游体验研究——一种现象学的视角》，南开大学出版社 2005 年版，第40 页。

　　② 武虹剑、龙江智：《旅游体验生成途径的理论模型》，《社会科学辑刊》2009 年第 3 期。

会有不同的效益。"①

参与体验旅游空间的生产，以少数民族节庆旅游和农家乐最为典型。少数民族节日众多，藏族的雪顿节、壮族的歌节、白族的三月三节、傣族的泼水节、彝族的火把节、瑶族的盘王节等全国知名。少数民族节庆旅游是民族歌舞、宗教仪式、服装、饮食等传统文化荟萃一堂，主客互动的文化空间，其本土化民族特色突出。它以丰富的文化内涵、显著的休闲性、深入的体验性等特征，成为最具吸引力的参与体验旅游空间产品。民族文化旅游地的农家乐接待户是民族文化持有者民俗生活前台化的典型。如西双版纳傣族园、迪庆香格里拉霞给村等。从事农家乐旅游服务活动的少数民族在自己家中接待游客，游客通过与主人同吃同住同劳动，在与少数民族共同的生活中获得真实的多元复合的体验效果，可以满足游客个体从追求愉悦到寻求意义的不同体验需求。

5. 民族文化旅游空间的生产方式

原态保护式生产。主要是指以保持和维护少数民族原生文化环境为主要目标的旅游空间生产。如贵州、广西、云南的民族文化生态村（社区博物馆）就属于这种类型。它们通常是保持原生文化状态的民族旅游自然村。在较完整保护和展现民族文化原貌的前提下，进行适当的旅游基础设施建设和交通条件的改善。这种原态保护式生产，在旅游资源和旅游产品的开发上强调资源的原生状态，以良好生态环境和原汁原味的民风民俗吸引旅游者。如云南宁蒗的落水村、西双版纳的曼春满、迪庆的奔子栏等。但这种生产方式，不能提供持久、规范、大规模的旅游接待条件，不适宜大众旅游，只适宜开展追求原真性体验的文化生态旅游，但又是营造游客体验原真性必不可少的较为基础的民族文化旅游空间生产方式。

历史复原式生产。指基于旅游地民族历史文化传统，对历史文化面貌和场景的复原性生产。历史复原式生产通常依据当地少数民族的历史起源、宗教信仰、英雄人物等的神话传说、历史掌故，通过文化遗址、古建筑等实体塑造标志性景观符号，或复原具有典型象征意义的历史文化场景。如一些傣族旅游景点会通过佛教经典故事雕塑或壁画表达其宗教文化特点。民族历史英雄的雕像往往成为旅游地的形象标志。美国的"普里毛斯种植园"，以及许多欧洲民俗博物馆的展览，就采用了这种空间生产

---

① 邹本涛：《旅游体验文化新论》，《社会科学家》2010 年第 2 期。

方式。这种生产方式对于提升民族文化旅游场景和游客体验的真实性都是非常有益的。

模拟示范式生产。指采用人造模拟景观的方式对民族地方性知识或传统文化的异地模拟再生产。就产品效益来看，模拟示范式生产突破了原赋旅游资源时空分布的局限性，能够在较灵活的时空向游人集中展示民俗文化，有利于民族文化资源的集约化开发，方便游客在短时间内获得最佳旅游观赏效果；从民族文化保护传承来看，这类文化示范的旅游产品有利于少数民族文化的传播交流，避免了对民族旅游地文化的破坏。但其缺点也是非常明显的。那就是本真的民族文化内涵会在加工复制过程中损失和歪曲，舞台化痕迹过重，会降低游客旅游体验的真实性。而且这种开发模式投入高，占地大。中国的深圳锦绣中华园、北京中华民族园、云南民族村，美国的夏威夷波利尼西亚文化中心，韩国的民俗村等，都属于这种模拟示范式生产。这种生产方式往往兼具历史复原式生产的部分特点。

创新复合式生产。指在依托现有民族文化旅游资源基础上，通过综合利用多种旅游开发模式，适度采借外来文化或通过产业化途径，发明和激活传统，创新民族文化的旅游空间生产。特别是通过民族文化节庆旅游、舞台化展演等文化产业项目的开发，来进行旅游空间的创新复合式生产。如为发掘旅游产品，云南弥勒的可邑彝族村发明了本地原先没有的彝族传统的火把节。邱北仙人洞彝族村则发明了旅游节、辣椒节、赛装会等新式节日，还汲取了一些彝族主流文化因子置换被汉化的文化因子，使传统宗教器物吞口面具逐渐复活并变成了旅游艺术商品。该村还成立老、中、青文艺表演队，对传统生产生活习俗进行提炼和舞台化展演。这种创新复合式生产呈现出普遍发展的趋势，这与民族旅游地文化持有者文化保护意识的增强和旅游参与能力的提高有直接关系。

虚拟流动式生产。虚拟流动式空间生产是指民族文化旅游资源通过互联网、电视、广播、报纸、杂志等现代传媒生产而获得旅游展示空间，游客通过传媒形式而获得旅游体验空间。约翰·厄里（John Urry）指出，"动态的、系统化的社会关系将凝视者及被凝视者连接起来"。"在当代旅游业中，技术的、符号的和组织的话语一起建构了旅游景点。"[①] 曼纽·

---

① ［英］约翰·厄里（John Urry）：《游客凝视》，杨慧等译，广西师范大学出版社2009年版，第199页。

卡斯特将这个由全球计算机网络、全球通信网络、全球流通网络组成的新空间称作"流动空间"。[①] 一方面,民族文化旅游的地域性、民族性资源特色和实景式参与体验受到"流动空间"的空前挑战;另一方面,"流动空间"又为民族文化旅游生产了更广泛的虚拟体验空间和信息传播空间。这种空间生产方式体现了空间生产的时代性,并在现今传媒时代日益得到重视。但相对民族文化旅游强调文化体验的特征而言,它始终只是民族文化旅游空间生产的非主流方式(见表0—2)。

表0—2　　　　　　　　民族文化旅游空间的生产方式

生产方式	生产原理	优点	缺点	案例
原态保护式生产	以保持和维护少数民族文化原生境为主要目标	适宜开展文化原真性体验	环境承载力有限,不适宜大众旅游	西双版纳傣族园等民族文化生态旅游村
历史复原式生产	复原具有典型象征意义的历史文化场景	对提升旅游场景真实性有益	历史真实性较难把握	民族起源、民族英雄人物等的雕像及故事场景再现
模拟示范式生产	采用人造景观方式对民族文化的异地模拟再生产	突破时空限制,保护文化原生境	文化真实性较难把握、成本高	深圳锦绣中华、云南民族村等民族文化主题公园
创新复合式生产	综合利用多种旅游开发模式,发明和激活民族文化传统	符合传统与现代融合的民族文化发展规律	文化创新度较难把握	民族节庆旅游、传统歌舞技艺等文化产业项目开发
虚拟流动式生产	通过全球化的"流动空间"生产体验空间和信息传播空间	克服时空限制,提供高科技、时代性的多元体验	缺乏真实性,依赖高科技	民族文化类旅游网站、视频、虚拟景观等

6. 民族文化旅游空间生产模式的分类

民族文化旅游地类型多元,涵盖文化生态村、生态博物馆、传统文化保护区、历史文化名城(名镇、名村)、风景名胜区、世界文化遗产地等。其开发经营模式与旅游发展状况也是多样性的。要从以上民族文化旅游的多元类型和状态中总结其共性规律、建构旅游空间生产模式,是非常困难的。目前,关于民族文化以遗产旅游利用与保护的分类较多。如以产

---

① [西]参见曼纽·卡斯特(Manuel Castells)《网络社会的崛起》,夏铸九等译,社会科学文献出版社2006年版,第434—435页。

品类型为分类标准的，有民族文化景观实体类（如民族文化旅游村寨、民族文化旅游商业街区、民族文化旅游度假区、民族类博物馆等）、可参与性民俗活动类（如大型民族节事旅游、民族歌舞展演等）、民族旅游商品类（如民族服装、工艺品等）；从开发利用手段看，有复合型、原态型、复原型、模拟型、提升型等多种；从文化遗产旅游利用市场化程度看，有高度产业化、小商品化、低度商品化多种；从文化遗产旅游利用内容看，分非物质文化遗产（无形文化）型和物质文化遗产（有形文化）型两种。事实上，一个民族文化旅游景点的文化遗产的旅游利用往往是以上多种情形交叉并存的，其保护形式与效应自然也因此表现出复合的特性。也许，从文化遗产旅游利用与保护的空间（原地、本地、异地）进行分类，可以避免分类交叉。

从民族文化遗产旅游资源及其文化主体存在的地理空间来看，民族文化旅游空间的生产可概括为旅游空间原地生产、旅游空间本地生产、旅游空间异地生产三类。当然，每一种空间生产模式亦可涵盖诸多类型。几乎所有的民族文化旅游类型都可包罗其中。而三种模式不会出现交叉。这种分类，一方面有效避免了民族文化旅游不同分类交叉而导致的混乱；另一方面，能深入揭示民族文化遗产旅游利用与保护在民族文化遗产原生地、少数民族区域、都市异地三种不同地理空间与场域的表现与影响。

本书将运用这种分类进行民族文化遗产旅游利用与保护的多元模式类型的比较研究。

二 研究背景

（一）时代背景与政策环境

1. 民族文化遗产保护的相关背景与政策

在全球化时代，尤其是进入 21 世纪，文化遗产引起了全世界的关注。特别是对非物质文化遗产的保护，隐含着对长期被排斥在以西方为中心的文化霸权体系之外的弱势国家与民族的文化遗产的重视和关注，颠覆了长期以来国家精英阶层和主流强势文化宰制公共话语的文化政治形态。文化多样性的保护已在世界范围诸多领域达成共识。人们认识到不同文化间的多元关系和张力结构是世界人类文化存续与发展不可或缺的动力。在意大利、英国、韩国等文化遗产保护工作开展较好的国家，文化遗产保护已经与文化产业化发展紧密关联。文化产业化发展，为文化遗产保护提供了资金保障，成为保护文化遗产的重要举措。

少数民族文化的传承保护与开发利用问题，伴随着西部大开发已成为关系到民族地区经济社会可持续发展的重要议题。中国政府、学术界、民间力量已开展了一系列探索与实践。中国共产党十七大把文化建设列为与经济建设、政治建设和社会建设同等重要的四大建设任务之一。第十一届全国人民代表大会通过的《政府工作报告》把"加强民族文化遗产保护""加快文化产业基地和区域性特色文化产业群的建设"定为政府今后的工作重点。民族地区丰富的文化旅游资源，使文化旅游业普遍成为民族地区的支柱产业或重点产业。目前，中国已有27个省（区）市将旅游业确定为支柱产业。民族文化旅游产业兼具文化产业与经济产业性质与功能，是实现少数民族文化遗产保护与创新发展，并将其成果服务于民族地方发展的重要途径之一，具有推动少数民族地方全面协调发展的潜力和基础。对处于文化旅游产业开发与市场化运作过程中的少数民族文化遗产进行创新性保护与利用，已成为保障当下民族文化遗产科学发展和当前民族地区经济文化社会整体协调发展的时代要求。

在中国，民族文化保护对象涵盖文物、风景名胜、世界文化遗产、民族民间无形文化遗产、历史文化保护区、历史文化名城（镇、村）等不同类型。目前，民族文化保护已基本形成比较完整的保护体系。

以1982年全国人大常委会颁布实施的《文物保护法》为标志，中国对文化遗产的保护开始走上法制化轨道。早期，主要关注物质文化遗产的保护。1984年，提出"历史文化保护区"的概念。20世纪90年代以后，开始了无形文化遗产保护的法制建设。1997年，国务院制定颁布《传统工艺美术保护条例》。2003年，文化部正式启动了"中国民族民间文化保护工程"，确定了"保护为主，抢救第一，合理利用，继承发展"的工作方针和"政府主导，社会参与，长远规划，分步实施，明确职责，形成合力"的工作原则。

2005年，国务院颁布的《关于加强文化遗产保护的通知》指出："文化遗产包括物质文化遗产和非物质文化遗产。物质文化遗产是具有历史、艺术和科学价值的文物，包括古遗址、古墓葬、古建筑、石窟寺、石刻、壁画、近代现代重要史迹及代表性建筑等不可移动文物，历史上各时代的重要实物、艺术品、文献、手稿、图书资料等可移动文物；以及在建筑式样、分布均匀或与环境景色结合方面具有突出普遍价值的历史文化名城（街区、村镇）。非物质文化遗产是指各种以非物质形态存在的与群众生活密切相关、世代相承的传统文化表现形式，包括口头传统、传统表演艺术、民俗活动和礼仪与节庆、有关自然界和宇宙的民间传统知识和实践、传统手工艺技能等以及与上述传统文化表现形式相关的文化空间。我国文化遗产蕴含着中华民族特有的精神价值、思维方式、想象力，体现着中华民族的生命力和创造力，是各民族智慧的结晶，也是全人类文明的瑰宝。保护文化遗产，保持民族文化的传承，是联结民族情感纽带、增进民族团结和维护国家统一及社会稳定的重要文化基础，也是维护世界文化多样性和创造性，促进人类共同发展的前提。加强文化遗产保护，是建设社会主义先进文化，贯彻落实科学发展观和构建社会主义和谐社会的必然要求。"

2006 年，中国颁布了《关于加强非物质文化遗产保护的通知》。自 2006 年 12 月 1 日起施行《国家级非物质文化遗产保护与管理暂行办法》。对国家级非物质文化遗产的保护，实行"保护为主、抢救第一、合理利用、传承发展"的方针，坚持真实性和整体性的保护原则。①

2009 年《国务院关于进一步繁荣发展少数民族文化事业的若干意见》（国发〔2009〕29 号）提出"坚持社会效益和经济效益相统一，把社会效益放在首位，充分发挥政府和市场的作用，促进少数民族文化事业和文化产业协调发展"。"发挥少数民族文化资源优势，鼓励少数民族文化产业多样化发展，促进文化产业与教育、科技、信息、体育、旅游、休闲等领域联动发展。""加强对少数民族文化遗产的挖掘和保护，尊重、继承和弘扬少数民族优秀传统文化，大力推动少数民族文化创新，积极促进少数民族文化产业发展，加强边疆民族地区文化建设，努力推进少数民族文化对外交流等具体政策措施，以繁荣发展少数民族文化事业。""加大对列入名录的非物质文化遗产项目保护力度。积极开展少数民族文化生态保护工作，有计划地进行整体性动态保护。加强保护具有浓郁传统文化特色的少数民族建筑、村寨。""在有利于社会发展和民族进步的前提下，使各民族饮食习惯、衣着服饰、建筑风格、生产方式、技术技艺、文学艺

---

① 国家文物局网站，http：//www. sach. gov. cn/tabid/313/InfoID/13723/Default. aspx，2013 年 3 月 16 日。

术、宗教信仰、节日风俗等，得到切实尊重、保护和传承。加强对工业化、信息化、城镇化、市场化、国际化深入发展形势下少数民族文化发展特点和规律研究，不断开辟传承和弘扬少数民族优秀传统文化的有效途径，推进和谐文化和中华民族共有精神家园建设。""大力推动少数民族文化创新。促进现代技术和手段在少数民族文化发展中的应用，鼓励具有民族特色和时代气息的优秀文化作品创作，提高少数民族文化产品数量和质量。加大对少数民族艺术精品创作扶持力度，打造一批有影响的少数民族文学、戏曲、影视、音乐等文化艺术品牌。"

2011 年 2 月 25 日通过的《非物质文化遗产保护法》，明确非物质文化遗产是指各族人民世代相传并视为其文化遗产组成部分的各种传统文化表现形式以及与传统文化表现形式相关的实物和场所。包括：传统口头文学以及作为其载体的语言；传统美术、书法、音乐、舞蹈、戏剧、曲艺和杂技；传统技艺、医药和历法；传统礼仪、节庆等民俗；传统体育和游艺；其他非物质文化遗产。规定"国家对非物质文化遗产采取认定、记录、建档等措施予以保存，对体现中华民族优秀传统文化，具有历史、文学、艺术、科学价值的非物质文化遗产采取传承、传播等措施予以保护"。"保护非物质文化遗产，应当注重其真实性、整体性和传承性，有利于增强中华民族的文化认同，有利于维护国家统一和民族团结，有利于促进社会和谐和可持续发展。""使用非物质文化遗产，应当尊重其形式和内涵。""图书馆、文化馆、博物馆、科技馆等公共文化机构和非物质文化遗产学术研究机构、保护机构以及利用财政性资金举办的文艺表演团体、演出场所经营单位等，应当根据各自业务范围，开展非物质文化遗产的整理、研究、学术交流和非物质文化遗产代表性项目的宣传、展示。""国家鼓励和支持发挥非物质文化遗产资源的特殊优势，在有效保护的基础上，合理利用非物质文化遗产代表性项目开发具有地方、民族特色和市场潜力的文化产品和文化服务。""开发利用非物质文化遗产代表性项目的，应当支持代表性传承人开展传承活动，保护属于该项目组成部分的实物和场所。"

《中华人民共和国国民经济和社会发展第十二个五年规划纲要》提出要"拓展文化遗产传承利用途径"。国家文物局在《国家文物博物馆事业发展"十二五"规划》（2011 年 6 月通过）中指出，"文物利用需要进一步凝聚共识、提高效益；社会力量参与文物保护利用的途径仍需拓展"。

"十二五"时期，要把提高质量作为文化遗产事业加速发展的核心任务。统筹兼顾文化遗产事业的规模发展和内涵发展，更加注重文化遗产保护理念的转变，更加注重文化遗产管理体制和运行机制的改革，更加注重文化遗产保护模式和利用途径的创新。围绕国家经济社会发展大局，积极推动文物保护、利用、传承的有机结合。促进文化遗产事业作为文化遗产事业跨越发展的着力点。《规划》还强调了加强文化遗产保护管理制度创新和机制创新。

从以上不断发展完善的中国政策法规可见，文化遗产保护、利用、传承、发展创新的有机结合，以及融入经济社会发展等理念得到日益重视和强调。这些是中国政府在长期实践中探索总结的适合中国国情的民族文化遗产保护与利用策略。近些年来，以社区博物馆（包括生态博物馆、文化生态村等）和现代传媒所带动的数字博物馆等文化保护形式在中国社会的广泛运用，将中国民族文化遗产保护事业推向社会各界广泛参与、理论探索与社会实践不断创新发展的新阶段。

2. 民族文化遗产旅游利用的相关背景与政策

自改革开放以来，我国旅游业从弱到强、从小到大，持续快速健康发展，取得了令人瞩目的成就。这在中共中央、国务院的一些重要文件中都有所体现。比如，在中国共产党的十七届三中全会上，作出了《中共中央关于推进农村改革发展若干重大问题的决定》，对农村改革提出了新的目标和要求，明确提出了"因地制宜发展特色产业和乡村旅游业"，这表明中央对于旅游业在农民增收、农业增效、农村增色方面的独特作用非常看重。针对服务业在国民经济中比重不断下降，经济结构不合理的现状，国务院出台了《关于加快服务业发展的若干意见》（国发〔2007〕7号），在文件中五次提到"旅游"，明确提出要"围绕小康社会建设目标和消费结构转型升级的要求，大力发展旅游、文化、体育和休闲娱乐等服务业，优化服务消费结构，丰富人民群众精神文化生活"。

通过回顾30年（1979—2008）的政府工作报告，可以清楚地看到中央对旅游业认识的变化，而这也是旅游政策和法规演变的直接依据。30年间，国务院的《政府工作报告》中提及"旅游"共63次（1982年、1984年、1995年未出现）。1992年出台的国务院重要文件《关于加快发展第三产业的决定》明确将旅游业界定为"产业"范围。到了"九五""十五"时期（1995—2005），24个省、自治区和直辖市把旅游业作为支柱产业、重点产业、先导产业来发展。在 1998 年召开的中央经济工作会议上，旅游业正式被界定为国民经济新的增长点。①

在《国务院关于实施西部大开发若干政策措施的通知》（国发〔2000〕30 号）中，把发展特色旅游确定为西部开发的重点任务和战略目标。随后在中西部地区，各省区逐渐认识到要把民族文化作为资源优势，把旅游产业当作优势产业来发展。2007 年《西部大开发"十一五"规划》提倡包括旅游及与旅游相结合的文化产业在内的六大特色优势产业的发展。《西部大开发"十二五"规划》提倡"打造富有西部特色的旅游产品体系"，"深入挖掘民族传统文化资源，促进优秀传统文化传承、创新和发展"。可见，国家一系列文化政策举措，都强调文化保护利用、创新发展与服务地方建设发展。从西部民族地区实际情况看，文化旅游已成为西部民族地区的支柱产业或重点产业，具有战略地位。民族文化旅游地已普遍具有通过文化旅游产业推动地方全面协调发展的潜力和基础。如何充分发挥文化旅游在民族地方建设发展中的积极作用，克服消极影响，已成为当前西部民族文化旅游地全面协调可持续发展的现实需要。

2009 年 9 月 23 日，文化部、国家旅游局发布《关于促进文化与旅游结合发展的指导意见》。2009 年 6 月，国家民委、财政部颁布了《关于做好少数国家民族特色村寨保护与发展试点工作的指导意见》。中国共产党十七届六中全会决议指出，要"积极发展文化旅游，促进非物质文化遗产保护传承与旅游相结合"。中国共产党的第十八次全国代表大会的报告（2012 年 11 月 8 日）指明要"加快完善文化管理体制和文化生产经营机制，基本建立现代文化市场体系"，"形成有利于创新创造的文化发展环境"。要"建设优秀传统文化传承体系，弘扬中华优秀传统文化"，"繁荣发展少数民族文化事业"。也提出"加快完善文化管理体制和文化生产经营机制，基本建立现代文化市场体系，健全国有文化资产管理体制，形成有利于创新创造的文化发展环境"。

云南省在全国首先提出建设文化大省、把旅游业发展成云南支柱产业的目标。《云南省人民政府贯彻落实国务院关于进一步繁荣发展少数民族文化事业若干意见的实施意见》（云政发〔2010〕136 号）提出，"加快

---

① 参见魏小安、曾博伟《旅游政策与规定》，北京师范大学出版社 2009 年版，第 63—65 页。

濒危少数民族文化遗产的抢救、保护，依托少数民族非物质文化遗产项目和代表性传承人建立一批传承基地"。"采取特殊有效措施，充分发挥少数民族文化资源优势，优化资源配置，发展壮大民族文化产业，促进文化产业与教育、科技、信息、体育、旅游、休闲等领域的联动发展，努力建设一批少数民族文化产业园区，积极发展乡村民族文化旅游业，扶持一批民族特色鲜明、市场效益好的少数民族文化产业。"《云南省加快少数民族和民族地区经济社会发展"十二五"规划》（云政发〔2011〕163号）提出，"积极扶持民族文化产业发展。重点扶持一批具有良好发展前景的文化企业和文化产业示范户，培育民族传统文化生产性项目和带头人，重视开展非物质文化遗产生产性项目的传承和发展，使之转化为经济优势，促进民族文化产业多层次、多方位全面发展"。"大力发展旅游业。依托少数民族地区历史文化、人文景观、自然景观、民族风情，构建以自然观光游、民俗风情游、文化精品游、休闲度假游、农村生态游等各具特色的多层次旅游体系，建设重点旅游城镇和重点旅游特色村，提升和开发资源型旅游产品及文化旅游产品，进一步完善旅游基础设施和服务设施。把旅游业作为促进民族地区发展的朝阳产业、睦邻产业和富民产业，充分发挥旅游绿色引擎的带动效应。"

目前，文化旅游是云南省已确定的主导文化产业之一。云南作为民族文化大省和旅游强省，民族文化旅游业的发展相对成熟，而且汇集了全国主要及最新的民族文化遗产旅游利用与保护的模式及类型，能为研究提供较全面而丰富的案例资料。

（二）理论背景

1. 文化遗产保护的人类学视野

民族文化可视为本民族特有生活智慧和适应策略的体现。费孝通先生"各美其美，美人之美，美美与共，天下大同"之论，高度概括了各民族对自身文化及他者文化应持有的文化理解与合作的价值观念。这也代表着中国学术界在民族文化保护方面的基本观点。民族文化保护理念与人类学基本概念与主要研究方法密切关联。从人类学研究所涵盖的内容、提出的问题、涉及的主题以及被公认为既可以规范本学科又可以使之区别于其他学科的核心概念上看，跨文化的研究视角（Cross—Cultural Perspective）、整体性视角（The Holistic Perspective）、民族志田野工作（Ethnographic

Filed Work），是人类学最基本的三个概念，也是人类学的主要研究方法。由此衍生出文化普通论（Universalism）、全貌论（Holism）、整合论（Integration）、文化适应和变迁论（Adaptation）、文化相对论（Cultural Relativism）等重要论题。①

　　民族文化遗产保护在相当程度上依赖于民族文化在自然及社会中的生存环境和状态，这种环境通常被称作文化生境。从文化生境角度看，民族文化保护涉及全球化、文化多样性、文化圈、文化层、文化生态、文化空间、文化变迁、文化再生产、文化认同等诸多人类学概念。其中，宏观文化生境角度强调族群文化间的互动以及国家、全球化、市场、传媒等现代力量对民族文化及其主体的影响；微观文化生境角度强调族群文化自身存在及变化的状况。

　　全球化：文化间的融会与冲突。当今全球化时代，频繁密切的文化接触与交往，为不同民族文化提供了对话、反思、发展的机遇，同时也使其遭遇前所未有的涵化、融会与冲突。第二次世界大战之后，民族国家和独立国家的涌现，世界各国民族（族群）意识高涨，使文化的地方性知识特色、民族性和国家性在世界范围日益凸显。在文化融会与冲突的全球化过程中，作为世界文化体系组成部分的各种民族（族群）文化在继承传统的同时也造就了自身的现代性，不断提升自身文化的竞争力。全球化为民族（族群）文化特色和现代价值的拓展和彰显提供了世界性的空间。

　　文化多样性：多元文化平等对话。人类学的文化相对主义原则强调文化只能在各自的环境中加以评判，由此引申为尊重不同社会群体文化，特别是弱势群体和少数族群的文化，尊重文化多样性。联合国教科文组织2001年提出的《世界文化多样性宣言》和2005年通过的《保护文化内容和艺术表现形式多样性国际公约》申明多元文化平等对话的重要意义，强调对原生文化和本土文化安全的保护。这种新的文化关系准则的确定，标志着人类文化史上价值观念的转变。人类文化的多样性为文化的和平存在与持续发展创造了可能。多元文化的平等对话是建构文化求同存异、和而不同文化观的基础。民族文化的价值只有在多元文化的依存与对话中，在本土化与世界性相结合的动态传承保护中才能得到彰显。

　　文化空间：民族（族群）文化主权地位的凸显。空间是当今社会文

---

① 参见庄孔韶《人类学通论》，山西教育出版社2005年版，第10—13页。

化理论的一个核心主题。空间表达指涉意识形态、价值观、民族主义及人们在空间中的主体性行为等方面。① 人类学的"文化空间"，是一个有人类的行为、时间观念、岁时传统或者人类本身"在场"的物理空间和文化场。② 联合国教科文组织在保护非物质文化遗产时使用了"文化空间"这一专有名词，用来指人类口头和非物质遗产代表作的形态和样式。非物质文化遗产作为民族特征"活"的显现，是本民族基本的识别标志，是文化权利的重要组成部分，受到国际人权法的保护。③《联合国教科文组织保护非物质文化遗产国际公约》及其后的一系列报告文件反映出对弱势群体文化利益和文化政治问题的关注。可见，原先被隐喻为非主流、边缘、弱势的少数民族（族群）文化正在打破原有的主流文化霸权和不平等的文化关系，少数民族（族群）文化主权地位正逐渐在世界范围获得人类认可。

文化圈与文化层：文化的时空流布。文化圈是指具有相同的文化特质、文化丛的众多文化群体所构成的区域，是一个地理空间概念；而文化层是指一种文化在一个文化区域或文化发展序列中所占据的历史位置，强调文化形成发展的时间序列。文化圈标志着文化层的空间布局，文化层标志着文化圈的时间演化，其分别提供了文化研究的空间向度与时间向度。文化圈理论与方法在抢救、保护民族文化遗产工作中有重要的应用价值。将其运用到现存民族民间文化遗产的研究中，可以看到横向空间并存的文化圈差异和纵向历史发展不同阶段的文化差异。④ 其是开展民族文化的历时性研究和共时性研究的重要学术维度。

文化生态：文化保护传承的生境。文化生态是文化在自然和社会环境中的生存状态。文化生命体依存于环境，并通过其获得文化生态系统的动态平衡。文化生态环境对于文化发展和保护具有重要意义。要实现文化传承保护与发展，就必须改善和优化文化存在的自然环境与社会环境。目前，文化旅游普遍成为少数民族地区的支柱产业或重点产业，这些地区的少数民族文化正处于一种旅游化生存状态中。要在重视民族文化原生境、

---

① 黄继刚：《空间文化理论探析》，《新疆社会科学》2008 年第 5 期。
② 向云驹：《论"文化空间"》，《中央民族大学学报》（哲学社会科学版）2008 年第 3 期。
③ 参见关凯《族群政治》，中央民族大学出版社 2009 年版，第 156—159 页。
④ 乌丙安：《非物质文化遗产保护中文化圈理论的应用》，《江西社会科学》2005 年第 1 期。

整体性、活态保护重要性的同时，积极谋求以"旅游在场"与"文化再现"为基本特征的创新性旅游化保护，为民族文化的传承保护创造一个与时俱进的能够链接传统与现代的文化生态。

文化变迁：文化存在的另一面相。人类学视野中，文化变迁一般是指由于文化自身的发展或异文化间的接触、交流而造成的文化内容或结构的变化，发生于文化系统内部或文化接触的外部环境。文化变迁是文化存在的一种绝对状态。文化变迁有两种趋向：或自主创新与发展，或被涵化乃至被同化。文化创新可以是创新文化精神、文化价值观或新的知识体系。文化创新是文化变迁的真正动力，是人类历史文化变迁的主流，是人类文明的进步表现。事实上，由于影响文化的历史传统、社会政治环境、自然地理环境等原因，文化的变迁和整合是多向度和多维度的。如何应对文化旅游与产业开发所引发的民族文化变迁问题，已成为民族文化保护与永续发展所面临的具有世界性的普遍问题。各民族应在与其他民族的文化比较与竞争中，把握未来发展趋向，充分吸收和利用现代科技所带来的文明发展自身，推动民族文化的创新发展。

文化再生产：文化主体能动性的彰显。萨林斯、吉登斯、布迪厄等人类学家在承认社会、文化具有强大制约作用的同时，也强调人改变和创造文化的能动作用。文化再生产概念揭示出文化是动态发展变化的，强调文化是人在一定社会条件下创造性、适应性改变的结果。它有助于我们发掘文化主体性，更深入地了解文化变迁的实质。当今时代，文化全球化造成文化霸权与文化多样性矛盾日益凸显的文化悖论：在传媒时代的世界文化交换体系中，非主流、弱势的少数民族（族群）文化在同质性增加、民族性不断丧失的同时；其文化形态和意义空间通过媒介也得到最大限度的彰显。任何一种文化要存续下去，就必须进行自身文化再生产与社会调适，以适应社会发展的现实之需。民族文化的保护传承是动态持续、文化重构的过程。从这个角度看，民族文化的保护应遵循文化主体的能动性和文化自身的发展规律。

文化认同：文化存续的目的与意义。认同（Identity）是个复杂概念。在人类学语境中，认同更多地表现为对其所属文化的心理归属认同。文化认同普遍使用在民族（族群）认同和民族（族群）文化认同方面。民族（族群）文化既包含物质的、空间的有形样态，又包含象征的、充满意义的无形样态。前者被普遍称为有形文化或物质文化；后者被称为无形文化或非物质文化。所有优秀的民族文化遗产，都是以不同的民族或社区为背景，由民众集体创造和发展而来的。文化遗产对社区民众的社会生活和社区公共空间的存在、认同意识与乡土教育等具有重要意义，所有民族民间文化都可以保护在基层社区。① 而最基层社区的民族文化保护，通过完整再现该民族文化的历史记忆与现实发展，真实体现该民族文化存续的目的与意义。除此之外，现代高科技传媒使超空间、流动空间、更大公共空间的认同成为可能。

基于中国民族文化遗产保护现状，与以上概念相关的人类学理念的中国本土化应用，应体现在四个方面：立足中国国情，借鉴国外经验，营造多元文化和谐发展的文化理念与社会氛围；倡导社会、经济、文化协同发展，推动文化遗产利用与传承保护的良性互动；培育民族文化主体自主创新能力和文化再生产创新机制；关注非物质文化遗产保护，推进少数民族文化空间与文化生态建设，完善文化遗产保护社会机制。

2. 文化遗产的旅游化（旅游态）保护

文化旅游是当前民族文化遗产生存的一种特殊生境。文化遗产保护一直是国际法规制定的基本原则和根本目的，文化遗产的利用已从"有利于保护"发展成为一种"重要的保护方式"，文化遗产的旅游利用与发展方式日益成为文化遗产保护与发展的重要课题。② 目前，中国已有 27 个省区市将旅游业确定为支柱产业。文化旅游业普遍成为中国少数民族地区的支柱产业或重点产业，民族文化遗产成为文化旅游的资源、商品、产品，这些地区的少数民族文化正处于一种持续受旅游因素影响的生存发展状态中。旅游化保护，是与文化遗产生活化保护传承相对应的概念，强调文化通过旅游利用得到生存发展和有效保护。它只是民族文化遗产保护模式中的一种，却是民族文化旅游地文化遗产保护最主要的方式。民族文化遗产的旅游化保护，已成为民族文化旅游地区社会经济文化和谐发展与文化旅游可持续发展的共同要求。

民族文化旅游化保护的主要内涵应包括以下几点：一是民族文化在旅游开发过程中得到有效传承和传扬。作为旅游资源、旅游产品和旅游商品

---

① 周星：《民族民间文化艺术保护与基层社区》，《民族艺术》2004 年第 2 期。
② 张朝枝、郑艳芬：《文化遗产保护与利用关系的国际规则演变》，《旅游学刊》2011 年第 1 期。

的民族文化遗产,一方面继承了本民族优秀的文化传统,具有文化遗产内在属性;另一方面,得到符合时代要求的与时俱进的文化创新与发展,社会价值得到体现。二是民族文化遗产主体(文化持有者)的文化自觉意识在旅游经营和开发中得到激发和体现。

旅游化保护的基本特征。"旅游在场"与"文化再现"是民族文化旅游化保护的两大基本特征,两者互为条件、相辅相成,体现文化旅游与文化保护的互动关系。前者反映民族文化旅游化保护的背景、状态和过程,主要体现旅游作为文化保护客观环境和外力因素的规律特点;后者说明民族文化旅游化保护的文化样态和表现形式,主要体现文化本身发展变迁与再生产的规律特点。"旅游在场"是"文化再现"重要的动因和场域之一,使"文化再现"的社会经济文化价值得以实现;"文化再现"则为"旅游在场"提供了鲜活的文化内涵和持续不断的文化生命力。

旅游化保护的基本原则。一是社会经济文化协同发展的多元主体保护原则。由于中国少数民族地区社会经济相对落后,民族文化的保护与开发利用兼具扶贫和发展经济的功能。只有建立起经济与文化良性互动的发展机制,文化的保护才有坚实的基础和可靠的保障。在某种意义上,中国民族文化保护走的是社会、经济、文化协同发展之路。而旅游化保护则是这种理念的一种实践模式。就目前民族文化旅游化保护现状来看,少数民族群众是传承、保有、提供文化旅游资源的文化所有者,企业是文化旅游资源转化为旅游产品和商品的生产实施者,两者是民族文化旅游化保护的关键要素。由于两者普遍以各自现实的经济利益为出发点,缺乏宏观长远的社会规划与约束协调机制,这是造成民族文化旅游不可持续发展的主要原因之一。加之,少数民族群众在旅游空间中的非主导性和脆弱性,会成为影响民族文化旅游可持续保护与发展的不稳定内因。所以,关键的还在于地方政府给予发展方向的指导、政策性扶持与规制,并积极协调解决企业和村民在利益分配方面的矛盾冲突。通常情况下,在民族文化旅游中,文化持有者是核心主体,地方政府是主导力量,开发企业是中坚力量,学者专家、民间社团、旅游中介机构等是辅助力量。成功的民族文化旅游化保护,必须要有多元主体和谐互动的协作机制。

二是文化再生产的动态保护原则。文化变迁是文化存在的一种绝对状态。文化变迁有两种趋向:创新、发展或者涵化、变异,甚至被同化、消失。而文化的创新、发展是文化变迁的真正动力。事实上,由于诸多影响因素，文化的变迁和整合是多向度和多维度的。传统是其中非常重要的因素之一。由于"传统使代与代之间、一个历史阶段与另一个历史阶段之间保持了某种连续性和同一性"①，所以只有继承民族文化传统，才能始终保持民族文化特质；只有继承发扬优秀民族文化，才谈得上是对民族文化的传承保护。如何解决文化变迁与传统继承之间的矛盾？这就要求民族文化保护，必须遵循文化自身的发展规律和文化主体的能动性。最重要的是培育民族文化主体自主创新能力和文化再生产创新机制。而旅游化保护就是这一理念的生动体现：应对文化旅游所引发的民族文化变迁，坚持文化再生产的动态保护原则。利用文化旅游的优势，运用时代精神、现代理念和技术手段，发掘和保护民族文化遗产，通过文化旅游资源的商品化生产与市场化运作，提升民族文化自身的适应性与生命力。使其通过文化旅游产业进入社会公共空间，获得广泛的社会认同，确立自己在全球化时代多元文化体系中的地位，最终实现传统与现代的结合，经济效益与社会效益的统一。而民族文化再生产创新机制建设，应包括民族文化持有者在文化保护传承、参与社区旅游发展的观念及能力的培养提升；文化传习馆、博物馆、民间艺人、民间传承人等实体的培植；通过旅游收益设立民族文化保护与发展基金，开展民族文化社会传承教育活动，建设民族文化数据信息库，等等。

三　研究现状与问题的提出

（一）研究现状

学术界对少数民族文化遗产旅游利用与保护的关注，主要与民族文化旅游对少数民族文化遗产的影响、国家相关政策出台等社会背景有关。从学术研究的发展来看，20 世纪 80 年代至 90 年代的早期，相关研究较多地关注民族文化旅游资源开发的经济与社会文化影响；21 世纪初期，则较多地关注民族文化旅游资源开发的模式、原则，研究内容侧重于产品开发中文化保护的问题。其中民族文化旅游资源保护性开发原则和开发模式是研究热点。近些年的研究较多关注文化遗产旅游利用与保护之间的良性

---

① ［美］爱德华·希尔斯：《论传统》，傅铿、吕乐译，上海人民出版社 2009 年版，第 2 页。

互动及可持续发展问题。

20世纪80年代，国内旅游经济被当作旅游带头学科来研究（申葆嘉，1999），与国内旅游政策、国内外旅游经济发展动态紧密联系（魏小安，1999等）。学者们普遍关注旅游业迅速发展所导致的社会结构变化及其社会效应。20世纪90年代以来，关注旅游社会文化影响的学者日渐增多（郑向敏，1996；戴凡、保继刚，1996；刘赵平，1999；杨俭波，2001；李经龙，2003；良警宇，2005；李伟，2005；杨振之、徐赣丽，2006；艾菊红，2007等）。王宁（2001）、肖洪根（2001）、彭兆荣（2004）、谢元鲁（2007）等人从社会学、人类学、文化学等角度进行了相关理论方法的探讨。西部大开发以来，旅游开发被认为是西部民族地区实现经济繁荣和社会稳定的战略抉择（肖星，2005等）。2005年以后，少数民族地区旅游业进入全面发展时期，西部民族地区旅游产业发展成为国民经济支柱产业（刘安全，2008；李柏文，2010），在推动民族地区经济社会发展的同时，也带来一系列影响，引起了学界的普遍关注，并逐渐形成民族经济、民族社会文化和生态环境三个主要研究领域。其中对民族社会文化影响的研究成果较多，孙九霞、张晓萍、马晓京、杨慧、宗晓莲等学者从旅游人类学、民族学角度进行了持续的探讨。孙九霞（2011）在实地调研的基础上提出，旅游发展已成为民族文化旅游社区发展的新动力。文化旅游对区域经济、生态环境的旅游影响研究以旅游经济学、环境科学为主，学科特点明显。关于西部民族地区的相关成果相对较少，并多为宏观分析。综合来看，西部民族地区区域经济、民族社会文化和生态环境三个方向的旅游影响研究呈现出不同的学科特点。学术界普遍认为西部民族文化旅游对民族地区经济、社会文化、生态环境的影响有积极与消极两方面；普遍肯定文化旅游对民族地区经济发展的促进作用；而对社会文化、生态环境的旅游影响，初期研究多强调消极影响，2000年以后的研究开始逐渐关注和强调旅游对民族文化遗产具有保护的积极作用。

综合来看，国内民族文化遗产旅游利用与保护的相关研究主要集中在三方面：

一是关于民族文化旅游对文化保护的影响及解决途径的探讨。

代表性观点有：王德刚、史云（2006）认为，旅游开发作为一把双刃剑，既"复兴"了传统文化，给其保护和传承创造了前所未有的机遇；同时也不可避免地带来了一些消极后果，导致传统文化受到摧残、变异与消亡。要使传统文化走向正态的发展之路，"社区自主"是根本性原则，政府"有限干预"是积极手段。① 潘顺安（2009）认为，发展旅游会引起民族文化被外来文化同化、民族信仰失去庄严感和神圣感、社会价值观改变和邻里关系紧张、民族文化庸俗化、伪文化出现等。从经济学角度提出赋予社区居民文化产权，合理分配旅游收益，成立社区民族文化旅游开发咨询委员会，健全旅游开发经营的监管机制，维护正常的旅游市场秩序，积极扶持社区居民从事旅游经营活动，大力发展与旅游有关联的其他产业等方面的经济措施。② 史本林、赵文亮（2006）认为，民族旅游开发对民族文化的积极影响在于：为民族文化的传承提供动力，促进民族社会文化的交流，拯救和发展传统文化，加速民族文化世界化的进程；消极影响有：传统的民族文化内涵被同化，民族文化商品化、庸俗化，民族价值观的退化，民族文化遗址、遗迹被破坏。处理好开发利用与保护之间的关系，要走民族生态旅游之路，树立文化认同观念。③ 刘建平、陈姣凤、林龙飞（2007）认为，旅游开发可为非物质文化遗产创造良好的生存环境，寻求新的保护方式，提供资金支持，培养群众基础。消极影响在于：可能会加速非物质文化遗产消亡，导致失真。要强化政府管理，建立法律保护体系，完善协调保护机制，以开发促保护；加大文化宣传力度，提高全社会对遗产保护的认识；运用现代科学技术，拓宽开发与保护途径；借鉴国外先进经验，增强国际竞争实力。④

二是对民族文化旅游与文化保护的互动关系及保护机制的分析探讨。已有的研究普遍肯定了民族文化旅游是文化保护的一种有效途径。

对民族文化旅游与文化保护互动关系的主要研究与主要观点有：张朝枝（2008）提出的旅游发展与遗产保护冲突和良性互动的动态二元关系论。⑤ 杰弗里·沃尔、阿利斯特·马斐森（Geoffery Wall、Alister Mathieson，2007）提

---

① 王德刚、史云：《传承与变异——传统文化对旅游开发的应答》，《旅游科学》2006 年第 4 期。

② 潘顺安：《旅游开发引起民族文化变异的经济学审视》，《贵州民族研究》2009 年第 6 期。

③ 史本林、赵文亮：《民族旅游开发与民族文化保护理念》，《资源开发与市场》2006 年第 5 期。

④ 刘建平、陈姣凤、林龙飞：《论旅游开发与非物质文化遗产保护》，《贵州民族研究》2007 年第 3 期。

⑤ 张朝枝：《旅游与遗产保护——基于案例的理论研究》，南开大学出版社 2008 年版。

出，文化既是过程又是产品。在旅游中，两种既重叠又相容。作为过程，旅游者参与文化体验，寻求意义。旅游把作为过程的文化转变为作为产品的文化。鉴于文化产品和体验被促销为旅游吸引物，也许可以说旅游本身就是一种文化产业。旅游对文化的影响并非是单纯的保护而是致力于延续的文化发明进程中。这与文化本身的特性相符合。① 马晓京（2002）提出，旅游开发中的民族文化商品化既可以促进民族传统文化的延续，也可以刺激文化变迁，在不同民族地区、不同旅游时期会有所不同，对民族文化的保护与传承利弊兼有。② 良警宇（2005）认为，旅游开发促进了民族传统文化的挖掘和展现，民族传统文化的价值在旅游开发过程中得以体现。③ 王德刚、田芸（2010）提出，旅游是使"非物质文化遗产"在现代社会中以一种新的方式进行生存和发展的模式，旅游化生存作为一种"非物质文化遗产"传承和满足社会发展需求的双赢模式，具有其他模式无法比拟的优势。④ 陈莉（2007）认为，对非物质文化遗产的开发利用不等于保护，也代替不了原汁原味的保护，应当将保护放在第一位，其次才是合理开发。⑤ 唐晓云、吴忠军（2006）从文化经济学的角度，阐述民族文化传承与经济系统的内在关系。民族文化旅游商品社会意识性和商品性的二重特殊属性，要求文化资源在开发过程中必须合理、合法、规范、公平。民族社区居民的参与是解决好开发与保护关系的基础条件。⑥

现有的研究主要从以下角度对民族文化保护机制进行了分析和探讨。

从文化遗产的属性、分类与自身规律角度进行探讨的主要观点有：徐赣丽（2006）认为，从旅游开发的实践和理论来看，建立旅游对文化的保护机制既有必要性，也具有可行性。旅游业的发展与文化的保护是可以也应该协调和互相促进的。民俗与旅游的互动关系提供了旅游产业保护民

① ［加］杰弗里·沃尔（Geoffery Wall）、阿利斯特·马斐森（Alister Mathieson）：《旅游变化、影响与机遇》，肖贵蓉译，高等教育出版社 2007 年版。

② 马晓京：《民族旅游开发与民族传统文化保护的再认识》，《广西民族研究》2002 年第 4 期。

③ 良警宇：《旅游开发与民族文化和生态环境的保护：水满村的事例》，《广西民族学院学报》（哲学社会科学版）2005 年第 1 期。

④ 王德刚、田芸：《旅游化生存：非物质文化遗产的现代生存模式》，《北京第二外国语学院学报》2010 年第 1 期。

⑤ 陈莉：《非物质文化遗产的保护与开发利用》，《贵州民族研究》2007 年第 2 期。

⑥ 唐晓云、吴忠军：《论西部民族文化资源的旅游开发》，《广西经济管理干部学院学报》2006 年第 1 期。

俗资源的必要性和可能性。① 宗晓莲（2006）认为，文化遗产保护被放入旅游开发、地方经济发展的背景下时，原本单纯的"文化"更被复杂化。这就造成了文化本身的价值被忽略。因此，文化保护必须建立在文化价值的认知基础之上，以免模糊了保护的焦点与精神，忽略了那些无形的文化形式。② 潘顺安（2009）提出，在开发利用文化资源时，必须首先从文化资源的界定入手，通过比较评估，将文化资源区分为保护型、开发型和保护开发型等类型；开发其观赏性和营利性的文化价值，要考虑付出保护文化资源的成本；要坚持文化资源保护与文化资源开发二者协调可持续发展，当二者发生矛盾时，必须优先保护文化资源。③ 宋振春（2010）指出，在文化遗产旅游开发的宏观管理体制中，应该明确区分旅游经营体系和社会文化管理体系各自的内容，分别采取相应的管理体制与政策；在文化遗产的旅游开发过程中，应尊重居民的主导地位及其创新努力，将文化遗产的保护利用与居民生活紧密联系起来，才能保持文化遗产的生命力和吸引力，保障文化遗产旅游的可持续发展。④ 任冠文（2006）提出，通过法律保护可接触性文化遗产，通过引导、教育社区民众以保护不可接触性文化遗产。⑤ 贾玎（2007）构建了西部民族地区旅游开发与文化保护互动的宏观发展模式。其理念是以民族文化为核心，通过对民族文化的分层开发、分层保护，发挥文化变迁和文化保留、复兴两种文化的作用，在民族地区的旅游发展和当地民族文化的保护之间形成良性互动关系，在相互推动中实现民族现代化目标。⑥

从保护主体的角度进行探讨的主要观点有：孙九霞（2010）认为，旅游能够成为文化遗产保护的有效选择。对供给者而言，因为发展旅游而从中获益，使遗产的主人看到自身文化的价值。作为遗产最重要主体的社区，因参与旅游业而唤起的认同感和自豪感，是保护文化遗产最为关键的一环。⑦ 刘红梅（2004）提出，要想正确处理两者关系，必须树立保护性

①　徐赣丽：《民俗旅游与民族文化变迁：桂北壮瑶三村考察》，民族出版社 2006 年版。
②　宗晓莲：《旅游开发与文化变迁》，中国旅游出版社 2006 年版。
③　潘顺安：《旅游开发引起民族文化变异的经济学审视》，《贵州民族研究》2009 年第 6 期。
④　宋振春：《发展旅游应遵从文化遗产的基本属性和功能》，《旅游学刊》2010 年第 4 期。
⑤　任冠文：《论民族文化旅游资源的开发与保护》，《广西民族研究》2006 年第 1 期。
⑥　贾玎：《西部地区旅游开发与文化保护互动模式研究》，华东师范大学 2007 年硕士论文。
⑦　孙九霞：《旅游作为文化遗产保护的一种选择》，《旅游学刊》2010 年第 5 期。

开发的理念,政府是民族文化最基本的保护主体,民族文化的创造者和所有者是民族文化最根本的保护主体,旅游企业是民族文化重要的保护主体。① 刘晖(2001)提出,民族传统文化的传承必须建立在民间主动配合的基础之上。民族地区的旅游开发应强调以文化为本。在尊重传统文化原貌基础上应尽可能地利用文化的形式,保留文化的内在价值,促使民族优秀传统文化与现代文化进行有机的整合。②

从文化生态角度进行探讨的主要观点有:谢元鲁(2007)提出,文化保护要从物质实体和旅游文化环境两个层次进行保护。文化保护要继续进行文化多样性和差异性的保护,维护文化生态。旅游文化保护与开发的冲突表现在传统性与现代性的冲突、真实性与商品化的冲突。导致冲突的根源在于经济发展与文化发展的不平衡。对旅游业发展应以环境、社会、文化等多元目标取代单纯经济指标的衡量。③ 徐文燕(2008)提出,民族文化资源的保护性开发必须遵循文化生态系统的内在规律。④

此外,宋志伟、徐永志、李霞(2011)提出,建立健全由法律、行政、经济、传承培训等构成的保障机制,制订集文化遗产保护和旅游开发于一体的复合型规划,是达成对其文化遗产有效保护和合理开发利用的重要途径及前提。⑤

三是基于个案进行保护模式的探讨与理论建构。

杨振之(2006)借鉴美国社会人类学家马康纳的"前台、后台"理论,提出了民族文化保护与旅游开发的"前台、帷幕、后台"模式。建议将少数民族社区划分为前台、帷幕、后台三个区域,前台地区作为商业化的展示区,全面开发民族旅游;帷幕地区作为缓冲区;后台作为传统文化的核心保护区,以传统文化的保护为主,不进行旅游开发。⑥ 郭颖

---

① 刘红梅:《关于民族旅游开发与民族文化保护的几点思考》,《开发研究》2004 年第 3 期。

② 刘晖:《摩梭人文化保护区质疑——论少数民族文化旅游资源的保护与开发》,《旅游学刊》2001 年第 5 期。

③ 谢元鲁:《旅游文化学》,北京大学出版社 2007 年版。

④ 徐文燕:《论民族文化多样性保护与旅游资源的合理开发》,《黑龙江民族丛刊》2008 年第 2 期。

⑤ 宋志伟、徐永志、李霞:《民族文化遗产保护性旅游开发探讨——以藏香原产地西藏尼木县吞巴乡为例》,《中央民族大学学报》(哲学社会科学版)2011 年第 1 期。

⑥ 杨振之:《前台、帷幕、后台:民族文化保护与旅游开发的新模式探索》,《民族研究》2006 年第 2 期。

（2002）以泸沽湖地区摩梭文化为例，提出实行分离保护，建立划分功能区、民族文化保护区的模式。① 黄亮、陆林、丁雨莲（2006）以傣族园为例阐述了民族文化生态旅游发展模式。② 杨正文（2008）认为郎德上寨20多年的村寨博物馆模式将旅游接待等同日常生活方式，全民参与式的旅游适度发展和分配制度，确保了大多数村民的文化权利，真正确保了村民的和谐相处以及共同推动村寨的文化传承机制的运转。③ 张晓宇、杨华荣（2011）等人提出借鉴西方"局部开发，限制游客"模式进行管理。④ 另有一些学者就不同类型民族文化旅游资源的具体开发，提出民族生态保护区模式⑤（马晓京，2003）、民族文化生态村模式⑥（王国祥，2003）、文化生态村模式⑦（黄萍、杜通平、李贵卿、赖兵，2005）。

以上各种模式的提出，是基于民族文化旅游地的不同类型。可以大致划分为"前台、帷幕、后台"模式、民族文化保护区模式、"局部开发，限制游客"模式和民族文化生态旅游模式、民族生态保护区模式、民族文化生态村模式、文化生态村模式、村寨博物馆模式两大类，实际体现了两种民族文化遗产保护观：前者侧重有意识地进行民族文化旅游地的空间区隔，阻止旅游开发对民族文化的不良影响，更多强调通过改变文化生存环境起到对文化保护的作用；后者侧重遵循文化自身发展规律和社会协调保障，更多强调文化自身发展与调适的作用。

综上所述，21世纪以来的国内相关研究普遍认为，旅游开发作为一把双刃剑，在给文化遗产保护传承创造前所未有机遇的同时，也造成一些消极影响。肯定文化旅游对文化遗产保护的积极作用已成为主流观点

---

① 郭颖：《民族文化旅游资源保护性开发的理论与实践——以泸沽湖为例》，四川大学2002年硕士论文。

② 黄亮、陆林、丁雨莲：《少数民族村寨的旅游发展模式研究——以西双版纳傣族园为例》，《旅游学刊》2006年第5期。

③ 杨正文：《从村寨空间到村寨博物馆——贵州村寨博物馆的文化保护实践》，《中国农业大学学报》（社会科学版）2008年第3期。

④ 张晓宇、杨华荣：《试析民族地区的旅游开发与文化保护》，《人民论坛》2010年第8期；《少数民族地区旅游文化资源的开发与保护》，《前沿》2011年第9期。

⑤ 马晓京：《民族生态旅游——保护性开发民族旅游的有效模式》，《人文地理》2003年第3期。

⑥ 王国祥：《民族旅游地保护与开发互动机制探索——云南省邱北县仙人洞彝族文化生态村个案研究》，《云南社会科学》2003年第2期。

⑦ 黄萍、杜通平、李贵卿、赖兵：《文化生态村：四川民族旅游可持续发展的有效模式》，《农村经济》2005年第1期。

（马晓京，2002；徐赣丽，2006；孙九霞，2010 等）。同时，还提出一些重要观点，如旅游化生存是一种"非物质文化遗产"传承和满足社会发展需求的双赢模式；文化（特别是非物质文化遗产）的旅游产业化发展是文化遗产可持续发展和活态传承的重要手段①（张晓萍、秦艳培，2010）；旅游正日益成为文化保护的积极力量，文化遗产的旅游利用与发展方式日益成为文化遗产保护与发展的重要课题②（张朝枝、郑艳芬，2011）；等等。

从国外相关研究的发展情况来看，欧美学术界早在 20 世纪 70 年代城市产业转型过程中就注意到文化遗产再利用与保护的问题。1975 年欧洲的"建筑遗产年"是遗产旅游成为大众消费需求的标志。20 世纪 70—80年代，随着发展人类学的兴起，旅游业对当地经济、社会及文化的影响是人类学研究的主流。其中，70 年代的研究主题是旅游对发展中国家的社会文化影响；而 80 年代的研究主题是旅游对西方发达社会的影响、旅游发展背景下的文化适应问题和东道主社会的社会文化建设以及环境保护问题；进入 20 世纪 90 年代后，国外发展人类学者开始关注旅游的可持续发展问题，社会文化的变迁和可持续发展成为研究的重点。近年来，许多社会科学家赞同或支持发展文化旅游（Cultural Tourism）或生态旅游（Eco-tourism），可持续发展和当地人参与是文化生态旅游长期发展的关键。董皓、张喜喜（2012）通过检索 2001—2010 年国际公认的两大旅游研究权威期刊 Annals of Tourism Research 与 Tourism Management 发表的文化遗产旅游的相关文献，认为社区参与及利益相关者研究是近年来文化遗产旅游开发与管理研究关注的焦点；开发与保护之争也是贯穿文化遗产旅游始终的话题；发现国外近十年来普遍采用案例研究与模型构建，注重定性研究与定量研究相结合，多学科渗透与融合趋势明显；认为未来的工作应在坚持文化遗产旅游可持续发展的同时，融合绿色理念与低碳发展观，注重实践基础之上的理论创新。③

---

① 秦艳培：《非物质文化遗产旅游商品性的开发》，《郑州大学学报》（哲学社会科学版）2010 年第 4 期；张晓萍、李鑫：《基于文化空间理论的非物质文化遗产保护与旅游化生存实践》，《学术探索》2010 年第 6 期。

② 张朝枝、郑艳芬：《文化遗产保护与利用关系的国际规则演变》，《旅游学刊》2011 年第 1 期。

③ 董皓、张喜喜：《近十年国外文化遗产旅游研究动态及趋势：基于〈Annals of Tourism Research〉与〈Tourism Management〉相关文章的述评》，《人文地理》2012 年第 5 期。

就文化遗产的旅游利用与保护的具体情况来看，通过对国外旅游研究最具影响力的学术刊物 *Annals of Tourism Research* 为主的相关文献检索和整理，可以看出自20世纪80年代末至90年代以来，相关研究关注文化遗产（文化传统）与旅游的属性与关系问题，文化遗产与旅游的对话经常表现出冲突的特点（Hall & McArthur，1993；Heeley，1989；Hewison，1987；Fowler，1989）。这一时期，不同理论方法被用于研究文化遗产与旅游的关系。大量作者通过检验文化生产与旅游消费两者的结构性连接，提出文化遗产与旅游的内在关联（Cohen，1988；MacCannell，1976；John Urry，1990；Watson & Kopachevsky，1994）。维杜·尼瑞央替（Wiendu Nuryanti）在此基础上进一步提出，旅游与遗产的复杂关系存在于传统与现代的张力中。连接遗产与旅游的主要挑战在于通过阐释重建历史。建造遗产是遗产旅游的核心，其途径包括保存、城市绅士化（Gentrification）①、复原、革新、重建、恢复等概念的部分或全部，以此获得遗产保存与发展间的平衡（1996）。② 奥达·Z. P. 马布拉（Audax Z. P. Mabulla）以非洲个案研究说明，只有通过文化旅游，文化遗产才可以获得可持续的存活、生产力及全球性的教育、研究等价值体现（2000）。③ 胡安塔·C. 刘（Juanita C. Liu）提出，旅游能够成为文化的保管监护者（2005）。④ 格瑞格·理查（Greg Richar）指出文化遗产，特别是活态的、无形的文化遗产在创造性旅游中将得到越来越多的强调（2011）。⑤

---

① "绅士化"这一名词由英国学者鲁思·格拉斯（Ruth Glass）在1964年首先提出。薛德升和孟延春率先将"Gentrification"概念引入中国，并翻译为"绅士化"（也有学者将其翻译为"中产阶层化"）。绅士化概念的内涵与意义自1964年以来已经发生了显著的变化，而21世纪的绅士化概念更加复杂与多元。可以简单理解绅士化为中产阶级再造并重构城市空间，将社会地位相对低的城市邻里转变为更高地位的中产阶级邻里的过程。绅士化的成因不是单纯的经济因素，也不是单纯的个人选择，而是中心城市中资金与文化、政府与个人、供给与消费等众多因素共同作用的结果。Sharon Zukin, Gentrification: culture sad capital in the urban core, *Annual Review of Sociology*, 1987, p.145. 宋伟轩：《西方城市绅士化理论纷争及启示》，《人文地理》2013年第1期。

② Wiendu Nuryanti, Heritage and Postmodern Tourism, *Annals of Tourirm Research*, 1996, No. 2.

③ Audax Z. P. Mabulla, Strategy for Cultural Heritage Management (CHM) in Africa: A Case Study, *African Archaeological Review*, 2000, No. 4.

④ Juanita C. Liu, Tourism and the value of culture in regions, *Annals of Regional Science*, 2005, Vol. 39.

⑤ Greg Richar, Creativity and Tourism, *Annals of Tourism Research*, 2011, No. 4.

　　民族旅游及其相关社会文化问题,一直是西方人类学研究的主要内容。以瓦伦·史密斯(Valene Smith)为代表的一批人类学家从 20 世纪 70 年代就开始关注旅游发展对欠发达国家和地区社会文化变迁的影响。[①]丹尼逊·纳什(Dennison Nash)认为旅游是人类社会普遍存在的活动,包含着不同文化间的接触,因此,对不同文化的接触、交流与研究是人类学研究的一个重要主题(1981)。[②]格林伍德通过对西班牙富恩特拉比亚(Fuenterrabia)地区的阿拉德(Alarde)仪式的研究发现,旅游的发展使这一带有宗教信仰色彩的大众仪式成为一种商业活动,阐述了文化商品化的过程及其影响,认为商品化改变了文化产品和活动的内涵(2002)。[③]更多的研究者对文化真实性与商品化关系进行了讨论,以马康纳(Mac-Cannell)和科恩(Cohen)为代表。马康纳(MacCannell)提出"舞台真实"概念,并深入分析了东道主地区为吸引游客而设计的"舞台真实"对传统文化的影响,这成为研究旅游开发与文化保护时的重要概念(1976)。[④]科恩(Cohen)认为商品化有助于保护文化传统,东道主把旅游工艺品和活动看作自己文化真实的一些方面,文化是动态的具有灵活性,其真实性并非仅仅源自纯粹的传统;并进一步认为,旅游从外部直接向民族社区真实的日常生活渗透,出现一种与社区中人们日常生活相分离的旅游圈;伴随一个族群完全被旅游浸入后,这种旅游圈和他们的日常生活相分离的现象会逐渐缓和并最终消失(1988)。[⑤]

　　不少学者通过个案研究,肯定了旅游发展对少数族群文化保护和传承的作用。如戴琦通过对美国西南印第安人的艺术和工艺品的研究表明,旅游发展使印第安人的工艺品得到复兴,增强了印第安民族的认同感,激发了对民族文化遗产的自豪感(2002)。[⑥]麦迪纳尔·K(Medinal K.)考察

---

　　① [美]瓦伦·史密斯:《东道主与游客——旅游人类学研究》,张晓萍等译,云南大学出版社 2002 年版。

　　② Dennison Nash, Tourism as an Anthropological Subject, *Current Anthropology*, 1981, No. 5.

　　③ 参见[美]瓦伦·史密斯《东道主与游客——旅游人类学研究》,张晓萍等译,云南大学出版社 2002 年版,第 149—161 页。

　　④ MacCannell, *The Tourist: A New Theory of the Leisure Class.* New York: Shocken, 1976.

　　⑤ Cohen E., Authenticity and Commoditization in Tourism, *Annals of Tourism Research*, 1988, No. 15.

　　⑥ 参见[美]瓦伦·史密斯《东道主与游客——旅游人类学研究》,张晓萍等译,云南大学出版社 2002 年版,第 195—208 页。

了伯里兹城（Belize）附近典型的玛雅村庄圣·泽兹·苏克兹（San Jose Succotz），发现游客对玛雅文化的需求和好奇促使当地村民通过一些新的渠道（主要是玛雅文化专家）恢复和发展玛雅祖先的文化传统，通过传统工艺品的方式复苏和保留了一些玛雅文化精髓（2003）。[①] 凯利·M（Kelly M.）、卡诺·M（Canol M.）和米斯卡·A（Mysyk A.）分别考察了约旦（Jordan）旅游业和墨西哥死亡节这一文化旅游形式，分析了国家在旅游发展和文化认同中的作用（1998；2004）。[②]

（二）问题的提出

总体而言，以上国内外相关研究的理论方法和典型案例能为本选题的开展提供有力支撑。但目前关于民族文化遗产旅游利用与保护的研究仍存在以下明显不足：

一是缺乏涵盖主要类型—模式的比较研究与在此基础上具有普遍指导意义的宏观理论提炼。文化遗产旅游利用与保护的主要问题，如文化遗产旅游的原真性问题、利益相关者问题、文化遗产旅游利用与保护的可持续发展问题等，均与遗产旅游利用的空间形式、模式、机制有关。但研究者往往以各自需要为出发点，关于旅游利用与保护的分类杂而多，难以宏观把握文化遗产旅游利用与保护的模式类型与整体情况，缺乏宏观理论的提炼总结。此外，以往关于民族文化遗产旅游利用与保护关系的研究个案，主要集中在民族村落（包括民族文化生态村）、生态博物馆等几种有限的类型和模式。随着民族文化遗产旅游的发展和后现代空间生产特征的凸显，民族文化遗产保护利用的类型和模式逐渐多样化、复合化。以往关注的这几种类型与模式，已远远不能涵盖和代表民族文化遗产旅游利用与保护的主要类型和发展特点。

二是缺乏微观系统的民族志个案研究与模型构建、定性研究与定量研究相结合的多学科整合研究。目前的研究虽然认可民族文化遗产旅游利用与保护的良性互动关系，但缺乏从旅游利用与保护统一体系统角度对资源

---

① Medinal K., Commoditizing Culture: Tourism and Maya Identity, *Annals of Tourism Research*, 2003, No. 2.

② Kelly M., Canol M. and Mysyk A., Jordan's Potential Tourism Development, *Annals of Tourism Research*, 1998, No. 4.; Kelly M., Canol M. and Mysyk A., Culture Tourism, the State, and Day of the Dead, *Annals of Tourism Research*, 2004, No. 4.

类型、管理运作模式、政策环境、主体观念意识、市场与全球化外力、利益相关者互动、文化自身发展规律等影响因子的全面综合的微观系统分析与研究，而国外近十年来普遍采用案例研究与模型构建，注重定性研究与定量研究相结合，多学科渗透与融合趋势明显。

基于此，笔者拟开展主要旅游空间生产模式类型中具有创新性、代表性的景点民族志的比较研究。从民族文化遗产旅游资源存在及被旅游利用的地理空间来看，可概括为旅游空间原地生产模式、旅游空间本地生产模式、旅游空间异地生产模式三类。当然，每一种空间生产模式亦可涵盖诸多类型。几乎所有的民族文化旅游类型都可包罗其中。这种分类，一方面避免了民族文化旅游分类交叉而导致的混乱；另一方面，便于深入开展民族文化遗产旅游与保护从文化遗产原生地到民族自治地方，再到都市异地的不同场域的表现与效应。多点民族志研究从典型个案微观系统的角度，为多元模式类型的宏观比较提供翔实的田野资料。

基于文化遗产保护利用多元旅游空间生产模式类型的比较研究，拟解决的关键问题是：文化旅游背景下民族文化遗产保护有什么共性的特征表现（问题、特点及发展趋向）？民族文化遗产旅游利用与保护的良性互动、其共同可持续发展的基本原则、内在机理是什么？并在此基础上进行关于文化旅游背景下民族文化遗产的创新性保护利用系统建构及其运作保障机制建设的探讨。

四　研究思路与研究方法

（一）总体研究思路

第一步，基于文献综述与背景研究，确立旅游空间生产研究视角和文化遗产旅游利用与保护统一体系统研究方法。

第二步，全面掌握目前少数民族文化遗产旅游利用与保护发展的主要模式类型及其运作情况，从旅游空间生产角度拟定原地、本地、异地三类模式，以期包罗主要的民族文化旅游类型。选取发展成熟、较为成功的，在同类型中较具创新性、代表性的民族文化旅游景区（点），作为创新模式研究的典型案例。每种模式确定不同类型的典型个案，开展个案的民族文化遗产资源状况、旅游开发背景、民族文化遗产的旅游空间生产与保护情况的调查分析，进行保护利用可持续性与创新性评价及理论分析总结。

　　第三步，基于创新模式个案的调研分析，进行文化遗产保护利用多元模式的比较研究，提炼总结民族文化遗产旅游利用与保护的共性特征表现（问题、特点及发展趋向）、良性互动关系的内在机理等，并在此基础上，进行可持续保护利用的运作保障机制及系统的建构（见图0—3）。

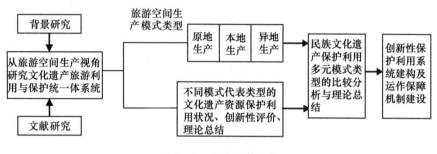

图0—3　总体研究思路

（二）民族文化遗产旅游利用与保护统一体系统研究思路

　　所谓系统，是由相互联系、相互作用的许多要素结合而成的、具有特定功能的统一体。帕格（Page，2004）认为，研究者理解旅游现象本质的方法是系统论方法。这种方法的主要目的是将现实世界复杂的旅游活动合理化和简单化，并用很多强调旅游内在联系的要素来表示。一个"旅游系统"就是一个涵盖了旅游者完整旅行经历的框架。这种方法的分析价值在于，它能够使人们分别从供应商和购买者的角度来理解旅游的全过程，同时，明确认识一些能够影响和控制旅游活动的相关组织。[①]吴必虎（1998）认为，旅游系统构架应包括客源市场系统、出行系统、目的地系统和支持系统利益相关者（Stake Holder）所组成的共同体。基于一般系统结构理论存在政府主体、观赏主体（旅游者）、经营主体（旅游从业人员和组织）、文化主体（居民与当地非政府组织）四大主体[②]，袁国宏（2008）认为，旅游动力系统是由旅游者、旅游产

_____

[①]　［英］史蒂芬·佩吉：《现代旅游管理导论》，电子工业出版社2004年版，第52页。

[②]　吴必虎：《旅游系统：对旅游活动与旅游科学的一种解释》，《旅游学刊》1998年第1期。

业、目的地政府、客源地政府、旅游社区五大适应性主体活动的根本动力构成的系统。① 按世界旅游组织制定的《全球旅游伦理规范》和旅游行业行为规范中的定义，旅游地利益相关者包括旅游发生地和旅游目的地的政府组织及非政府组织、旅游开发商、旅游及相关企业、旅游企业员工、旅游地居民、旅游媒体、旅游者等。②

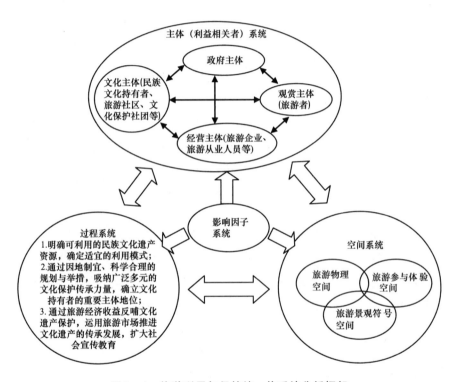

图 0—4　旅游利用与保护统一体系统分析框架

　　综合以上观点，笔者认为民族文化遗产旅游利用与保护统一体系统作为民族文化遗产旅游系统与保护系统的有机统一体，远比单一系统的设置更为科学，也更为复杂。统一体系统由主体（利益相关者）系统、民族文化旅游空间系统、民族文化遗产保护过程系统、影响因子系统四

　　① 袁国宏：《旅游系统管理及其与旅游可持续发展的关系研究》，暨南大学 2008 年博士论文。

　　② 曹红枝：《基于利益相关者理论的民俗旅游开发讨论》，《改革与战略》2007 年第 23 期。

大子系统的互动构成。主体、空间、过程、影响因子既是统一体系统构成与运作的核心要素，又是统一体系统分析的四个基本维度。其中主体（利益相关者）系统包括文化保护传承主体（民族文化持有者、旅游社区、文化保护社团）、经营主体（旅游开发企业、旅游从业人员）、观赏主体（旅游者）、政府主体；影响因子系统包括政策、制度、环境、人才、资源、市场、媒介等因素；民族文化旅游空间系统即民族文化遗产旅游利用的空间生产系统，包括旅游物理空间、旅游景观符号空间、旅游参与体验空间；民族文化遗产保护过程系统主要展现民族文化遗产保护的具体状况。每一个旅游空间生产模式个案都是一个完整的民族文化遗产旅游利用与保护统一体系统，笔者将以图0—4这样一个系统分析框架展开个案研究。

（三）研究视角与方法

主要方法有：

一是文献研究法：通过各种渠道收集、整理、分析国内外相关主题文献资料和个案的具体资料，是开展此项跨学科研究的必要准备，在此基础上的结论可为深入研究提供参考与借鉴。

二是参与观察和深度访谈法：参与观察和深度访谈是人类学、民族学田野工作的主要方法。人类学重视微观、质性的研究，借助主位与客位的转换，以"地方性知识"的文化解释模式进行参与观察和民族志研究。通过参与观察和深度访谈收集个案真实、完整的第一手资料，可以验证文献资料，检验理论预设，为深入研究奠定良好基础。在访谈对象的选取上，综合考虑性别、文化程度、年龄、社会身份（职业）、民族等指标。在访谈中，以价值无涉、力求真实、尊重报告人的立场开展半结构式或开放式访谈对话。为保护被访者，在一些涉及权益立场的访谈文本表述中，被访者的真实姓名用汉语拼音字母代替。

三是问卷调查法：问卷调查法作为一种结构式访问，其最大特点是调查结果可以进行量化统计，便于进行普同性分析和比较研究的总结归纳，以掌握整体情况。运用分类抽样的方式，样本所选取的对象基本上覆盖了不同层面、类型的人群，能够较为真实地反映当地不同人群和整体人群的态度。问卷统计数据之间的内在关联，既可反映出问卷调研的准确性与真实性又可验证相关参与观察和深度访谈的结果。该课题研究的问卷内容设计参考图0—4旅游利用与保护统一体系统分析框架,以统一体系统的四个子系统为主题设置具体问题。其中主体系统合并于影响因子系统,另增加创新性与代表性评价部分。问题按5分制设置,在可供选择的答案中,采用了"完全同意、同意、基本同意、不同意、完全不同意"与5分至1分的对应等级排列,分值与被调查者的肯定性评价、满意度成正比。其中分值大于等于4分,介于"同意"与"非常同意"之间,属于满意度较高的肯定性评价;分值小于4分大于等于3分,介于"同意"与"基本同意"之间,属于满意度一般的肯定性评价;分值小于3分,介于"基本同意"与"完全不同意"之间,属于满意度较低的否定性评价。

四是比较研究法:适用于多元模式和多种类型个案的比较分析和总结归纳(见图0—5)。

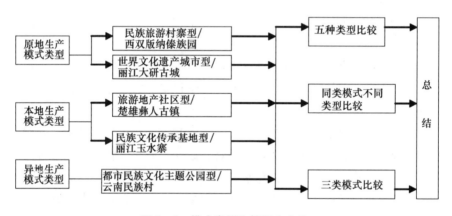

图0—5　模式类型比较研究方法

五　个案选择与田野工作

云南省是中国少数民族种类最多的省份,民族文化旅游资源具有多样性和丰富性,这在全国是独具优势的。作为民族文化大省和旅游强省,云南的民族文化保护与旅游业的发展都较为成熟,政策环境较好(详见"研究背景"部分的介绍),故而民族文化旅游利用与保护的类型在全国来讲,都是较为丰富的。笔者从众多民族文化旅游景点,按原地、本地、异地三类旅游空间生产模式分别选取不同模式主要类型较具创新性个案5个(见图0—6)。

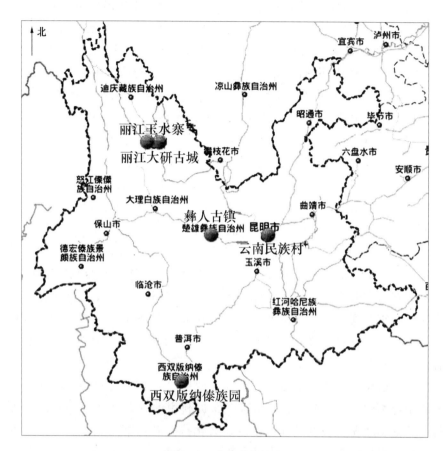

图0—6 个案地理分布

它们分别是：

西双版纳傣族园：4A级旅游景点，位于云南省西双版纳傣族自治州景洪市勐罕镇，属于民族文化旅游特色村与新农村建设一体化、文化遗产原地旅游利用与保护的旅游空间原地生产模式——少数民族旅游村寨类型。

丽江大研古城：5A级旅游景点丽江古城的核心主体部分[①]，位于云南省丽江市古城区，属于世界文化遗产与城市建设一体化、文化遗产原地

① 据和仕勇主编的《丽江古城志》介绍，作为世界文化遗产的丽江古城，其保护区域囊括大研古城黑龙潭、束河古镇、白沙古村。其中，大研古城是核心主体部分。

旅游利用与保护的旅游空间原地生产模式——世界文化遗产城市类型。

楚雄彝人古镇：4A级旅游景点，位于云南省楚雄彝族自治州楚雄市经济开发区，属于民族文化主题公园与城市旅游地产社区建设一体化、文化遗产本地旅游利用与保护的旅游空间本地生产模式——旅游地产社区类型。

丽江玉水寨：4A级旅游景点，位于云南省丽江市玉龙纳西族自治县，属于民族文化主题公园与社区民族文化传承基地建设一体化、文化遗产本地旅游利用与保护的旅游空间本地生产模式——民族文化传承基地类型。

云南民族村：4A级旅游景点，国家民委及云南省文化厅文化遗产保护基地，位于云南省昆明市滇池旅游度假区，属于民族文化主题公园与政府民族文化传承基地建设一体化、文化遗产异地旅游利用与保护的旅游空间异地生产模式——都市民族文化主题公园类型。

笔者自2011年上半年选定西双版纳傣族园、楚雄彝人古镇、丽江的大研古城与玉水寨、云南民族村等个案进行研究，通过参与观察与访谈、问卷调查与数据统计、文献与网络资料收集等途径和方法，对个案进行了历时近四年的调查研究。研究内容包括民族文化旅游地文化遗产资源情况，文化遗产旅游利用与保护的背景（国家及地方政策举措、利益相关者互动、旅游市场化程度、文化持有者参与情况）、内容与表现形式、发展历程、运作机制及其个性特点、社会效应（对地方经济社会文化发展的作用与影响），以及个案文化遗产保护利用的创新性优势与不足的评价、理论总结等。田野调查对象涵盖文化持有者内部（文化传承人、普通民众、文化精英、基层党政领导等）、旅游企业（旅游开发企业、旅行社等）、政府机构（地方基层政府与县市旅游局、文体局、民宗局等相关机构）。个案调查情况统计见表0—3。

表0—3　　　　　　　　　　**个案调查情况统计**

调查方式＼数据＼调查点	西双版纳傣族园	丽江大研古城	楚雄彝人古镇	丽江玉水寨	云南民族村	合计
有效问卷数（份）	118	99	102	100	98	517
访谈人数（位）	38	29	19	20	24	130
合计	156	128	121	120	122	647

第一章　旅游空间原地生产模式
与文化遗产的保护利用

第一节　旅游空间原地生产模式及个案的选择

　　旅游空间原地生产模式是指在文化旅游资源地进行的一种相对稳定的旅游空间生产模式。以村寨旅游、中国历史文化名城（名镇、名村）旅游、世界遗产地旅游为内容的具有代表性的旅游类型。就民族文化旅游而言，以少数民族为世代居住民族的旅游村寨、中国历史文化名村（名镇、名城）和世界文化遗产地最具代表性。从根本上看，就是村寨与城镇两种类型。民族文化持有者既是文化旅游景区民族文化遗产传承保护的重要主体，也是旅游景观必不可少的一部分。

　　以此标准，笔者选择少数民族村寨景区西双版纳傣族园和世界文化遗产丽江古城的主体部分丽江大研古城为典型个案。对个案文化遗产资源情况、文化遗产旅游利用与保护的背景、内容、制度机制、社会效应等进行调查研究。根据民族文化遗产旅游利用与保护统一体系统框架进行分析、总结。

第二节　少数民族旅游村寨型景区:西双版纳傣族园

一　个案及调研基本情况介绍

　　西双版纳傣族园（以下简称傣族园）是少数民族旅游村寨型景区，民族文化遗产的旅游利用与保护由旅游企业主导，是民族文化旅游特色村与新农村建设一体化，原地旅游开发利用与保护模式的典型案例。

　　傣族园位于距西双版纳傣族自治州州府所在地景洪市 27 公里的勐罕镇（俗称橄榄坝）。橄榄坝地区优秀的傣族传统文化最能体现和代表傣族传统文化的精髓。俗话说:到西双版纳不到橄榄坝,等于没有到西双版纳,足见橄榄坝独特的旅游价值。历史上,西双版纳的泼水节和赛龙舟等重要的节庆活动,都要在景洪和橄榄坝两地举行。傣族普遍认为,只有两地举行了泼水活动和赛龙舟,才算真正过了泼水节。全镇辖曼景匡、曼听、曼法等9个村委会84个村民小组,驻有1个国营农场。辖区内居住着傣、哈尼、汉等16个民族,其中傣族人口21300多人,占全镇人口的75.08%,为主体民族。勐罕镇曾获全国首批生态示范区、国家级生态旅游示范镇、全国环境优美乡镇、云南旅游小镇、云南旅游名镇、生态乡镇等荣誉称号。

传说佛祖释迦牟尼被请到这里时,对他怀着万分崇敬的人们用白布铺地迎接,因路远而布不够用,人们就将仅有的白布铺了又卷,卷了又铺,直到曼春满。释迦牟尼感动至极,当即为这个地方赐名勐罕,意为卷起来的坝子。傣族园就是在较为集中的曼降、曼春满、曼嘎、曼乍、曼听五个傣族自然村寨(村民小组)基础上建成的景区。这五个傣族自然村寨隶属曼听村委会。傣族园总体规划占地336公顷,南临澜沧江,北依龙得湖。傣族园以亚热带自然风光,浓郁的傣家民俗风情吸引着中外游客,素有孔雀羽翎之美称而享誉海内外,是西双版纳唯一原地集中展示傣族历史文化、生产生活的国家4A级旅游景区。勐罕镇统计年鉴显示,2012年傣族园内共有傣族村民339户人家,1617人。村民的经济收入来源主要靠种植橡胶、种植水稻、参与旅游经营、在傣族园公司就业、种植水果和蔬菜、外出打工等。目前,傣族园公司有员工1184人,其中村民员工占82%,共971人。

笔者于2012年2月至2013年7月数次赴傣族园进行田野调查,调查问卷完成于2013年8月。调查期间,笔者走访了西双版纳州旅游局、文化馆,景洪市旅游局、文体局、文化馆及勐罕镇镇政府等相关部门,对旅游开发企业傣族园公司、傣族文化主体(文化传承人、普通村民、文化精英、基层党政领导)、游客、所在地政府工作人员等进行了问卷调查和访谈。调查对象情况详见表1—1。其中傣族园内所有村民,包括受聘傣族园公司的村民、"傣家乐"及小商铺、小摊的经营者(没有相关的正规资质认定),均为农民。

表 1—1　　　　　　　　　　　个案调查对象情况统计

调查对象\数据\调查方式	性别		文化程度				年龄			身份、职业						其中		民族		合计
	男	女	大学及以上	中专高中	初中	小学	30岁以下	30—60岁	60岁以上	政府	机关人员	个体工商户	企事业单位职工	农民	学生	游客	景区内傣族	少数民族	其他民族	
有效问卷数（份）	62	56	37	30	36	15	34	60	24	15	18	24	41	41	16	50	62	66	52	118
个案访谈数（件）	31	7	9	15	8	6	6	27	5	6	2	3	24	3	0	9	22	29	9	38
合计	93	63	46	45	44	21	40	87	29	21	20	27	65	44	16	59	84	95	61	156

二　民族文化遗产资源状况

从少数民族文物、各种传统文化表现形式及其相关实物和场所三大类情况来看，傣族园的傣族文化遗产是非常丰富的（见表1—2、表1—3、图1—1）。作为基于傣族自然村落形成的文化旅游景点，其丰富的文化遗产主要体现在真实完整的民风民俗，各种传统文化表现形式及其相关实物和场所总体保存较好。包含五个村寨的傣族园景区作为傣族传统文化保护区（曼听傣族传统文化保护区），于2006年被列入云南省非物质文化遗产名录。

表 1—2　　　　　　　　　主要民族文化遗产

名称	分布地点	民族文物或非物质文化遗产名目	确定时间（年）
曼春满总佛寺	曼春满村	省级文物保护单位	1999
曼听傣族传统文化保护区	傣族园五个村寨	云南省非物质文化遗产名录（民俗类）	2006

表 1—3　　　　　　　　　非物质文化遗产传承人

姓名	所在村寨	非物质文化遗产传承内容	非物质文化遗产传承人级别	确定时间（年）
艾诺	曼降	傣族文物资料器物保存者	省级	2007
波空论	曼降	贝叶经制作技艺	省级	2010
都比哈	曼降	贝叶经制作技艺	州级	2012
波康温	曼听	民间舞蹈	州级	2012
玉往	曼听	傣族织锦技艺	州级	2012
岩滇	曼听	傣族建筑	州级	2012

续表

姓名	所在村寨	非物质文化遗产传承内容	非物质文化遗产传承人级别	确定时间（年）
波旺奔	曼听	傣族建筑	州级	2012
波么保	曼乍	贝叶经制作技艺	州级	2012
波儿温	曼乍	贝叶经制作技艺	州级	2012
玉吨	曼乍	傣族织锦技艺	州级	2012
波旺本	曼春满	傣族象脚鼓制作技艺	州级	2012
康朗叫	曼降	贝叶经制作技艺	州级	2012

资料来源：根据 2013 年 9 月勐罕镇镇政府提供资料整理。

云南省西双版纳傣族自治州申报进入 2006 年第一批国家级非物质文化遗产名录的，有傣族章哈（赞哈）[①]、傣族慢轮制陶技艺、傣族泼水节。申报进入 2008 年第二批国家级非物质文化遗产名录的有民间文学《召树屯与喃木诺娜》、传统民间舞蹈傣族象脚鼓舞、傣族织锦技艺、贝叶经制作技艺。申报进入 2011 年第三批国家级非物质文化遗产名录的有傣医药（睡药疗法）。目前，傣族的第一批和第二批国家级非物质文化遗产，在傣族园均有集中展示。傣族园有省级非物质文化遗产传承人 2 人，州级非物质文化遗产传承人 10 人（见表 1—3）。

1999 年被公布为省级文物保护单位的曼春满总佛寺，不仅是橄榄坝的中心佛寺，而且在东南亚享有盛名。它是傣族园所在橄榄坝至今保存完好、最具代表性的中心佛寺。始建于隋文帝开皇三年（公元 583），经过多次修复、重建。凡重大的佛教活动日，坝子里的信徒和各个佛寺的和尚都要前往朝拜。佛寺佛殿坐西朝东，属重檐单坡面歇山式屋面造型。殿内由 12 根粗大的列柱和两根 8 米长的中柱构成抬梁式屋架。佛殿大厅金碧辉煌，佛塔、戒堂、僧舍装饰精美，有许多精美的壁画和布画装饰。佛寺四周椰树、贝叶树、槟榔树环绕，景色宜人。

傣族园景区 5 个村寨历史悠久，全民信奉南传上座部佛教。傣族有自己的语言和文字。由于发展旅游，村中年轻人基本都能听说汉语方言和普通话。中老年村民掌握傣文程度较高，多数有到佛寺当和尚的学习经历。傣族妇女的民族服装较具民族特色。通常上身穿圆领窄袖、大襟或对襟的紧身短衣，系银腰带，下着腰身细小、下摆宽大、长至脚踝的筒裙。傣族

---

① 傣族音译，傣族传统曲艺表现形式，亦指擅长曲艺演唱之人。

图1—1　傣族园文化景观

男子平时几乎不穿民族服装,遇有民族节庆等宗教活动时一般穿无领对襟或大襟小袖衫,下穿长管裤,用白布、青布包头。傣族饮食以大米为主,偶尔也食糯米。5个村寨的傣族干栏式民居仍然以传统的干栏式竹木建筑为主。傣族园外其他傣族村寨传统民居的建材与结构发生了较大变化。

村里祭祀神佛的活动非常频繁,定期到佛寺进行施舍奉献的宗教活动被称为"赕佛"。此外,傣族仍然保持了原始宗教信仰,有着家神—寨神—勐神(地域神)的崇拜体系。每年的泼水节、开门节、关门节是盛大的佛教节日。泼水节是傣族辞旧迎新的传统节日,被称为傣历新年,时间在农历四月中旬。节日期间的主要活动有用清水为佛祖像沐浴(浴佛)、祭拜祖先、堆沙、泼水、丢沙包、赛龙船、放高升等。大量傣族农耕及天文历法等生产知识、建筑技艺及建房习俗、宗教信仰及宗教礼俗、民间传统歌舞艺术与工艺均得到完整的保存与体现。2012年12月25日,在曼将佛寺举行盛大立柱仪式。万名群众聚集傣族园,许多村民诚恳跪拜,献上礼金。立柱仪式结束后,曼将村民在佛寺周围摆了500桌长街宴,有近万人来佛寺庆贺。

三 旅游开发背景

傣族园是云南省旅游精品景区。其建设是根据云南省委、省政府提出的建设云南民族文化旅游大省以及西双版纳州委、州政府提出的"旅游强州"发展战略,经省计委、省旅游局批准,通过州、市政府参与分析、论证、立项,于1998年11月施工建设,1999年5月1日开始营业的。1998年,广东东莞信谊实业总公司开始建设开发傣族园项目。同年6月,西双版纳傣族园有限公司注册。但是广东东莞信谊实业总公司在工程开工建设后,出现资金不到位、工程施工面临停工的状况。1999年3月,州市镇政府动员橄榄坝农场参与合股投资建设傣族园。1999年3月5日,橄榄坝农场经云南农垦总局批准,投资1000万元参与合股建设傣族园。1999年3月8日,橄榄坝农场委派范文武、石明煌、肖春芳代表农场参与管理傣族园。[1] 2000年12月13日,广东方面退出橄榄坝傣族园,农场重新吸纳宜良南洋建筑公司入股并以农场方面确认的350万元购买广东方面股份。傣族园可以看作国有企业产业转型的尝试。

傣族园在2001年被评为国家4A级旅游风景区,2003年被评为中国

---

[1] 叶勇辉:《橄榄坝农场史》,云南人民出版社2007年版,第227页。

旅游知名品牌，2004 年被国家旅游局授予"生态文明示范村"，2007 年被云南省委宣传部、云南省文明办授予"和谐文化村"，2008 年名列"中国十大最具影响力风景旅游区"和"国际知名旅游景区"之榜，2009 年荣获"中国最美十大主题公园"桂冠。截至 2009 年年底，傣族园累计接待游客 500 余万人次（含免费接待人次），实现景区收入 1 亿多元，上缴税收 500 多万元，支付村民土地补偿费近 500 万元，实现旅游综合收入 2.1 亿元。公司营业收入也由 1999 年的 246 万元上升到 2009 年的 1500 万元，自然经济增长率约为 24%，经济效益凸显。傣族园公司现有员工以村寨村民为主，解决了大部分村民的劳动就业。目前，景区村民从事旅游服务的超过 500 余人，占园内旅游从业人员的 60%。园内村民人均年收入也由 1999 年的 3000 元上升到 2009 年的 8000 余元，年实现社会综合效益 5000 余万元。成了西双版纳乃至云南依托民族文化资源，做大做强文化产业，推动文化产业发展，拉动地方经济繁荣，促进社区和谐发展的成功典范。中共中央宣传部部长刘云山称"傣族园的运作模式是一种创新，是一种成功的经验，值得推广"①。

傣族园公司秘书 LSX 对橄榄坝被"发现"及傣族园发展历程作了简要总结：

傣族园这个地方最早引起外界注意，是在 20 世纪 60 年代。我国著名作家冯牧来曼听采风，走在曼听至曼春满的路上，看到了盛况空前的蝴蝶会，写下《澜沧江边的蝴蝶会》这篇脍炙人口的名篇。以后，陆续有人来寻找这个地方。当地村民开始做一些接待。随着改革开放允许发展私人经济，这里有了四个小景点。90 年代末期，农村第二次改革以后，公司抓住了泼水节这个亮点，但是因为资金不足没有成功。后来，我们在前面的基础上以"泼水节印象"打出品牌。为了留住游客，又有了"傣家乐"、歌舞表演等。后来发现保护干栏式建筑是一个重点，要把基础建设搞好，就向村民灌输建异化建筑是砸子孙饭碗的思想。现在传统民居建筑每家补助一万五，异化建筑少了。公司和村寨之间的问题逐渐得到解决。现在开始实施创建 5A 景区的建设规划。

---

① 参见范文武《西双版纳傣族园十年发展回顾》(1999—2009)，内部资料，2009 年。

四　空间系统：民族文化遗产旅游利用的空间生产情况

根据笔者参与观察的情况，结合傣族园导游图（见图1—2），傣族园常规旅游线路和主要游览内容大致是：寨门迎宾——曼将村（入国家级非物质文化遗产展示中心参观赞哈演唱、贝叶经制作、银制品加工、制陶、织锦、舂米、榨糖等）——曼春满村（参观曼春满佛寺，了解傣族南传佛教和宗教生活习俗）——曼听村（参观大白塔、公主井、塔包树、将军树等）——勐巴拉诺西剧场（观看经典大型傣家歌舞表演）——泼水节广场（参与体验泼水节）。此外，各村都有数量众多的傣族农家乐，尤以曼乍村的傣味食物最有名。游客可以充分领略傣族园景区的热带自然景观，体验傣族民俗风情。景区旅游空间生产情况见表1—4。

表1—4　　　　　　　　　　景区旅游空间生产情况

旅游空间三层次		主要旅游服务设施及产品
物理空间	1	五寨自然环境、民居建筑等实体空间
	2	泼水广场、剧院等旅游景观区与文化展演区
	3	停车场、商铺、家庭旅馆等所有对游客开放的旅游接待服务空间
符号空间	1	勐巴拉诺西露天剧场表演
	2	泼水广场的"天天泼水节"活动
	3	非物质文化遗产展示
参与体验空间	1	民族节庆
	2	"傣家乐"活动
	3	傣族婚礼活动

图1—2　傣族园导游图

1. 物理空间

根据空间生产理论，民族旅游地旅游物理空间的生产应与民族旅游地"感知的空间""空间的实践"相对应，属于旅游空间客观的物质形态部分，包含"吃、住、行、游、娱、购"六大旅游要素所依赖的实体性旅游资源与环境，如建筑、交通、节庆场所等，具有地理意义上的客观物质实体的生产特点。旅游物理空间按性质与功能划分，一般包括民族文化旅游景区实体、功能区和边缘拓展区。具体生产内容指文化旅游参与体验的旅游景观区与文化展演区等实体，如民俗广场、展演活动中心、文化传习馆、博物馆、资料中心等；文化休闲娱乐及接待购物中心、家庭旅馆等；民族文化旅游地的农业观光、科普探险及由旅游中心向周边边缘旅游带延伸的区域等。

在傣族园这样一个民族文化原生境的旅游地，生活在这里穿着傣族服装、说着傣家话的傣族群众及其居住环境，自然成为旅游物理空间中最为基础和重要的组成。公司通过系列举措，使得5个村寨通过道路连为一体。

从景区大门入园，第一个村寨叫曼将，汉语意为篾套寨。2012年统计有46户人家。非物质文化遗产展示中心就布局于该寨。

第二个村寨叫曼春满，汉语意为栽花寨。2012年统计有116户人家。傣家人热爱自然，在庭院里广种果树和花草。傣族的庭院园林，虽然面积有限，但庭园内栽种植物种类多样，俨然是生物多样性的小天地。水果、蔬菜、香料、染料、观叶植物、药用植物、食笋竹类等种类繁多。用来制作贝叶经的贝叶棕与作为傣家人柴薪林的铁刀木，是该地代表性树种。重要景点曼春满总佛寺就坐落于该村。寺门口是傣族园店铺摊位较为集中的地方。

第三个村寨曼乍，汉语意为厨师寨。2012年统计有53户人家。因为这个寨子过去专门培养给土司衙门做饭菜的人而得名。村口的菩提树，是傣家人的神树。树下草坪是深受欢迎的绿色舞台。五个寨子的村民在农闲时分常会在此自娱自乐。景区核心层勐巴拉诺西剧场、泼水广场及游客服务中心、较大规模商铺集中分布于此。

第四个村寨曼嘎，是五个村寨中最小的。2012年统计有30户人家。曼嘎村除有"傣家乐"服务外，没有其他特别的景点设置。

第五个村寨曼听,汉语意为宫廷花园寨。2012 年统计有 91 户人家。大白塔建于公元 669 年,寺内释迦牟尼塑像为橄榄坝之最。院内富丽堂皇的诵经阁为一位泰国华侨捐资修建。有公主井、塔包树、"将军树"等景观。

傣族园实施"公司 + 农户"的发展举措,使村民通过经营傣族传统饮食、卖水果、摆烧烤摊、到公司工作、土地出租等多元化形式参与旅游开发。傣族园公司为丰富景区内容,提升旅游服务功能,平衡各寨利益,鼓励各寨积极参与,并根据五个寨子的地理位置及各自资源特色,进行分类规划、分类指导,做到"一村一特色",让游客在每个村寨都能寻找到不同的视觉感受和旅游需求。如曼将注重旅游工艺品的开发,曼春满注重南传上座部佛教文化的开发,曼乍、曼嘎注重旅游餐饮的开发,曼听注重花园寨的开发。五个村寨参与旅游的最广泛形式是经营"傣家乐",特别是在春节、国庆等旅游旺季时,可以说是全民总动员,整个景区的傣族竹楼几乎都住满游客。这是五个村寨与景区物理空间叠合的生动体现。景区的商铺摊位集中分布于主要旅游景点和游客活动的核心区域。商店多是外地人租赁经营,本地傣族群众普遍以摆摊为主。据傣族园公司市场部介绍,整个景区傣族村民的流动摊位有 100 多家,外地入园经营的有 50 多家。主要旅游景点的经营服务情况见表 1—5。

表 1—5 主要旅游景点的经营服务情况

景点	所属村寨	店铺数量及经营内容	摊位数量及经营内容
剧场—泼水广场—游客中心	曼乍、曼听、曼嘎三村交界处	15 家出租泼水服装、用具;卖服装、烧烤、饮料、小百货等	40 家卖小工艺品、烧烤、水果、饮料、椰肉干等;与动物合影收费、摄影等
傣族园大门	曼将村	5 家卖服装、工艺品、小百货等	8 家卖小工艺品、水果等
曼春满佛寺	曼春满村	30 家卖服装、工艺品、小百货等	50 家卖小工艺品、烧烤、水果、饮料、椰肉干等;与动物合影收费、摄影等
曼听白塔	曼听村	4 家经营百货	15 家以卖水果、小工艺品为主
曼乍佛寺	曼乍村	5 家经营玉石珠宝、百货、傣族小吃等	5 家以卖水果、小工艺品为主

资料来源:根据 2013 年 9 月统计资料整理。

傣族园游览内容、村民参与旅游经营的基本情况见图1—3。

图1—3　傣寨风光及村民摊位

大家是这样描述的：

ZL（傣族园公司员工，2012年1月12日）：反映傣族园文化特色的重要景点有非物质文化遗产中心、泼水广场、傣竹楼、佛寺等。傣族园的参观游览路线主要针对散客。团队一般由导游带领乘坐游览车。通常在大门口接团。第一站是曼降村的非物质文化遗产展示区，然后是曼春满佛寺。之后游客有些去曼听佛寺看塔包树；有些到步行街观看歌舞、参加泼水活动。歌舞表演每天有两个时段，2:50和4:30。有些游客会在曼听佛寺禅修，还有些到曼嘎村看小庙，到龙德湖。导游根据游客意愿可以灵活安排路线。散客一般会游一天。团队通常下午1:30进来。

AHW（副镇长，2013年9月7日）：五个村参与的情况不一样。曼听以沙坝地种植为主，是蔬菜基地，兼种橡胶，出租水田，对旅游依赖少。参与旅游经济的只有10%，卖些小商品。黄金周、春节旅游旺季的时候，每家都会有客人。2004年春节，按摩椅都有人睡，游客太多，自驾车旅游的非常多。曼嘎只有32户，没有集体经济，橡胶也没有，汉族比较多，对做生意有一定见解和方法，经济主要靠"傣家乐"，人均纯收入上万元。男的以前搞拖拉机运输，现在房子翻新以后，从事"傣家乐"。妇女比较勤快，三五家合伙，当导游的，做饭的都有，客人也满意。曼乍以前是厨师寨，位于傣族园的活动中心，做的饭菜比较好吃，名气比较大。家庭经济依靠"傣家乐"经营的人家，路边有70%，里面有30%。曼春满比较大，佛寺周围收入好一点。有些人家基本没有客人，主要以小商品为主，人购买东西的欲望比吃饭的欲望小。做旅游的不足三分之一，117户中只有三四十户从事旅游。曼将村修了水泥观光路，现在慢慢在改观，旅游参与的"傣家乐"有几家，住宿的还不多。

LSX（傣族园公司员工，2013年9月7日）：现在5个村子的地理位置不一样，参与旅游经营的程度、方式也不一样。比如"傣家乐"，原来做得好的是曼乍，现在重心转移到曼嘎了。公司组织开展"傣家乐"培训，利益观念影响了村民。饭菜质量、服务态度等是"傣家乐"好坏的重要因素。现在很多人开始认真思考如何搞好"傣家乐"。公司专门做了一个方案扶持曼听成立纺织厂、养孔雀，但是曼听本身经济条件好些，人们不太重视，没有做成。曼春满的佛寺也不是太配合，人们的旅游经济意识还不强。

AWK（曼将村民，2012年1月18日）：现在自驾游的游客最多。一般在大年初一开始慢慢增多。游客多的时候，"傣家乐"的生意很好。本来周边宾馆就少，"傣家乐"又便宜，"傣家乐"通常都是客满。

AG（曼乍村民，2013年9月8日）：刚开始建傣族园时，我们寨子做"傣家乐"，生意挺好的。以前只是我们寨子做，现在其他的寨子像曼听、曼春满等都做了，游客就少了一些。我们全村有53户，我们寨子以"傣家乐"为生的有11家，占1/5。除了这11家以外，在春节，泼水节这些节日，其他的也会做。村民的经济来源主要靠橡胶，还有摆小摊，土地大部分租给傣族园公司了，现在土地比较少。我们对旅游经营有兴趣，我们跟傣族园公司一起发展。

AL（曼春满村民，2013年9月8日）：我们村搞农家乐，卖东西，参与旅游的收入占20%—30%。主要是割胶收入多，占家庭收入的50%。我家一般割胶有几万元收入。靠出去做生意、打工的收入占10%。田地出租收入占10%。在傣族园摆摊要收费的。地段好、好赚钱的大摊位和商铺，基本都租给外地人了。大生意都是外地人搞的。村民的小摊一般不收管理费。老百姓摆些小摊可以，成本小，比较自由。但小生意只能维持基本生活。公司提供的就业机会还是太少。

BHF（曼听村民，2013年9月9日）：我们这边主要是种地。游客可以参观曼听佛寺。从傣族园公司得到的这两笔钱。一是门票分红，现在每家每户一年两次分红有8000多元。二是，我们在傣族园的外围，公司每年给村寨经费用于维护村寨，2002年刚开始给3万元，2009年开始给5万元，还有每家1万5千元的建筑费。我们沙坝地多，以农业收入为主。2012年人均收入6000多元。我们的水田也不少，租金也高。还种香蕉，一年有两三万元收入。橡胶的收入不稳定，不管市场行情怎样，对老百姓的影响不是很大。橡胶收入是一家的开支，其他的是可以存起来的收入。旅游收入占10%左右，主要是为游客提供住宿、接待，还有租地收入。

BHY（曼嘎村民，2013年9月8日）：我们村的经济来源跟其他村寨不一样，其他村寨有沙地种蔬菜，还有橡胶，我们村没有。以前人口少，分的很少。土地基本上都租出去种香蕉了，本来也不多。广东、海南的外地人来租。我们主要靠打工，在傣族园公司或者到外面打工的人家占80%，做工程、保安、小本生意的都有。村里一共30户，搞"傣家乐"的有10多家，占50%左右，是收入的主要来源。

2. 景观符号空间

根据空间生产理论，民族文化旅游景观符号空间的生产与"构想的空间""空间的表征"相对应,是指标志性景观符号系统的制造和符号性旅游产品的舞台化表演与产业化开发,是文化主体、旅游规划人员根据民族文化特色和市场需求而有意识规划与生产的概念化的空间想象,是对传统文化在旅游开发环境下进行艺术加工、提炼、重新阐释的过程。旅游景观符号作为旅游文化商品,是民族文化旅游资源商品化的结果,是民族文化的再生形态。傣族园代表性景观符号空间有三:一是勐巴拉诺西露天剧场表演;二是泼水广场的"天天泼水节"活动;三是曼将村的非物质文化遗产展示中心。

为切实推动民俗文化旅游向产业化、品牌化方向发展,1999年,傣族园公司投巨资修建了规模较大、设备一流的勐巴拉诺西歌舞剧场,并组建了傣族园艺术团,积极培养本土傣族演艺人才。高薪聘请了西双版纳州一流的节目主持人、歌舞编导等专业人士培训演员、创作剧目。艺术团在2003年5月的西双版纳州广场文化月活动会演中一举夺冠,成了全州发展民族文化产业的一大亮点。目前,傣族园艺术团已拥有演职人员167人,演出剧目百余个,向国内外的数百万游客演出3500余场次。根据2012年1月笔者的参与观察,其剧场节目依次有:《西双版纳明珠》(舞蹈)—《孔雀舞》—《伞舞》—《让我听懂你的语言》(歌伴舞)—《傣乡情》(服饰劳动工具展演)—《有一个美丽的地方》(歌伴舞)—《想找竹楼安个家》(歌伴舞)—傣族园之花评比(观众参与互动节目)等。表演内容和形式兼具民族性、地方性、娱乐性、参与性。节目通过符号化的艺术再现,既全面展现了傣族独特的民俗文化,又给予观众美的艺术享受。一批自行制作、充满浓郁民族特色的经典歌舞,如《西双版纳明珠》《西双版纳天上人间》《想找竹楼安个家》等,深受游客喜爱。

泼水广场是景区主要旅游活动区(见图1—4)。1999年,傣族园自建园之初就致力于打造"泼水节系列民俗活动"品牌。通过高薪聘请编导和节目主持人加盟,强化演员培训,进行泼水广场和观景楼等基础设施的改造,于2003年10月,取得西双版纳州"天天泼水节"活动项目的专项经营权。傣族园在取得首轮泼水专营权后,把泼水狂欢活动当作景区的主打旅游品牌,全力倾情打造"百名小卜哨天天欢度泼水节"这一民俗旅游活动。2006年8月,州旅游局再次将西双版纳泼水专营权授予傣族园独家经营。傣族园公司在取得了又一轮的泼水专营权后,为更好地提升泼水狂欢旅游活动的内涵,突出景区特色,投入巨资对泼水广场进行

图1—4 剧场及泼水广场表演

了改造，在泼水广场周围修建了泼水观景楼，方便游客观赏泼水狂欢活动；在泼水广场增设了景观细雾喷水设施，全面更换了广场瓷砖，换上了防滑的广场花砖；对泼水广场的文化象征标志——傣家王子出征雕像进行翻新装饰。并在泼水广场周围增设了冷饮、烧烤、水果等服务项目。"天天泼水节"作为傣族园标志性的文化旅游品牌，通过每天当地傣族群众定时的舞台化集中展演，让游客有机会在有限的时空参与体验傣族泼水节。同时,为村民提供了就业机会,极大地提高了村民的旅游参与意识。接受笔者访谈的不少游客和村民,虽然认识到"这是一份工作,只是一个表演"。但对此活动形式还是给予了肯定的评价。特别是作为文化持有者的傣族村民,对泼水节作为文化旅游资本运作所带来的经济效益和社会效益充分认可,并不认为"天天泼水节"的艺术加工会影响它的文化真实性,"因为有些游客很喜欢"。当然"如果在我们真正过泼水节时来,会看到我们最重要的事是去寺庙赕佛,还有其他很多宗教活动。那时候来的游客也很多"。

为了更深入地了解傣族园公司景观符号空间生产的社会效应及旅游符号展演主体的看法,2012年1月16日,笔者与公司演艺部负责人进行了更深入的交谈。

问:你们演艺部的工作是怎样安排的?

答:我们现有演员74人,女60人,男14人。多是本地人,一般是初中毕业,有跳舞的天赋。上午8:30开始练功,排练舞蹈,下午演出。每天泼水广场、勐巴拉诺西歌舞剧场有两场演出。泼水活动有个开场跳舞仪式,有三个老波涛敲象脚鼓,演员跳舞。开场仪式完了之后,剧场3:20开始表演。现在有9个固定的节目,还有选美比赛,要求是只要下面有一个观众也要把表演完成。4:30分又有一个泼水开场仪式,然后是剧场演出。

问:舞台化的歌舞表演是请专家策划的吗?是不是和傣族人实际的生活很不一样了?能完全反映当地的傣族文化吗?还有发掘提升的地方吗?

答:我们表演的节目,是版纳州歌舞团的老师编导的。她是杨丽萍的一个师妹,现在已经去世了。我们编排的节目还是原生态的,不是很舞台化的表演。演员全部都是地道的村民,内容上还可以代表和反映傣族人民生活生产的方方面面,有几个歌曲还是原创的。只是可能更艺术化地展现傣族人的日常生活。村民招来以后,我们要进行培训。大家都很认可。没有人说"这不是我们傣族的文化"。以前招过一些专业学校毕业的,但是都留不住。从表演的内容看,应该更深层地挖掘傣族民俗,比如傣族的文身、傣戏、傣拳、章哈等。

问:"天天泼水节"活动有很多议论,它没有宗教的神圣性,内容单薄。对泼水节的解说是不是太弱了?毕竟很多游客只来一次,根本不可能完全正确地了解傣族泼水节?

答:泼水作为迎接新年的一种活动方式,内容很多,首先要到佛寺里面给佛像洗礼，然后拜佛等，包括赕佛，堆沙，在江边划龙舟，赶摆等等。泼水节是国家批准的非物质文化遗产，导游在带游客过来的路上会给他们做详细的讲解。可能有些散客没有听到讲解，会有不太了解的情况，泼水广场现场会有一些介绍的。

但部分村民并不这么看。曼听村委会干部 AKH 认为：

从经济角度讲，"天天泼水节"的表演活动作为一种旅游手段，还是认可的。但对于保护文化来说还是不赞同的，我们传统文化中关门节到开门节的三个月是不让有娱乐活动的。谈婚论嫁，盖新房等都不允许，但是旅游开发都搞乱了。这样，文化的神秘感慢慢消失了。在保护方面是村里自发保护的，傣族园的保护效果只是表面的，本质的东西并没有呈现。

为保护傣族园的非物质文化遗产，提升景区的文化品质，丰富旅游文化内容，2009 年 4 月，傣族园公司制定了《傣族园国家级非物质文化遗产展示区实施方案》。公司从景区五寨挑选了一批拥有传统工艺技能的民间传人，在展示区集中展示傣族国家级非物质文化遗产和部分传统民俗工艺。据笔者 2012 年 1 月的参与观察，有十多位老咪涛①进行纺线织锦；两位老波涛②现场刻制贝叶经；两位中年妇女进行曼轮制陶表演；数名男女艺人现场进行章哈（演唱）表演；银饰加工者数人；另有部分村民进行榨甘蔗、米线加工制作等劳动生活展演。展示区艺人生产的产品可自行销售给游客，公司每月发放人均 150—200 元的生活补贴。但非物质文化遗产展示中心也仅是一个旅游符号。正如该中心的负责人 YGH 说的：

1998 年建园以后，公司就开始召集老人集中进行非物质文化遗产的展示。国家级非物质文化遗产展示中心的牌子是州文化馆近年才挂的。刚开始，我们这边的老人不了解这个展示，纺线的只有 4 个人。后来项目增加，最多时有 37 个人。以前章哈只有 2 个人，现在有 6 个人，制陶一直是 2 个，织布以前也是 2 个，现在是 6 个。这边的非物质文化遗产展示内容还差一些，比如傣族的竹编，葫芦丝乐器的制作、演奏，也没有发掘。非物质文化遗产展示中心是出于旅游的需要才成立的。这些非物质文化遗产在村民家里已经很少见到了。只是因为可以有一些收入，村民才来这里

---

① 傣语音译，大妈之意。
② 傣语音译，大伯之意。

上班。

3. 参与体验空间

根据空间生产理论,民族文化旅游参与体验空间与民族旅游地文化持有者"生活的空间""表征的空间"相对应。这一空间反映了旅游地文化持有者真实的生活,亦包含旅游者亦真亦幻的参与体验。作为旅游体验产品,参与体验空间是旅游心理与行为的综合体现,具有"综合(精神)空间"的性质。它是在旅游物理空间与旅游景观符号空间基础上的生产,以富有地方感的民族节庆、农家乐等传统民俗文化空间最具代表性。当然这种以参与体验为主旨的旅游空间生产还具有与旅游市场互动密切、内容形式与时俱进的特点。

少数民族节庆旅游以丰富的文化内涵、深入的体验性,成为最具吸引力的旅游产品。傣历新年是傣族最隆重的节日。橄榄坝是西双版纳泼水节活动的重要场所之一。节日来临之前,每个村寨都要制作高升、礼花、装饰龙舟、开展划船训练,青年人还要排练歌舞节目,准备表演。家家户户都要备制节日盛装。节日来临,要杀猪宰牛,做年糕,准备丰盛的年饭,宴请亲朋好友。节日期间要举行放高升、赛龙舟、赶摆、泼水等活动。作为傣民族盛大传统节日,傣族歌舞、服装、宗教仪式等传统文化被集中体现。节目通常要进行三天。第一天举行赛龙舟、放高升、丢包;第二天主要开展堆沙、斗鸡;第三天也就是最隆重的"浴佛"、泼水祝福。从傣族园2013年(傣历1375)新年节活动(见表1—6),可以看出节日仍以传统的挑沙、堆沙、浴佛、听佛爷念经、滴水、江边划龙舟、放高升、祈福、泼水、赶摆等活动为主,新增了选美比赛及巡演、万人泼水狂欢等新内容;节庆活动的物理空间突破了傣族园有限的空间,延伸至镇政府和城镇主街道。

表1—6　　　　　　　　勐罕镇傣历1375新年节庆活动安排

日期	时间	活动项目	地点
4月15日	早上	准备傣族美食迎远方客人	各家各户
4月15日	15:00以后	挑沙、堆沙	曼春满佛寺
	15:00以后	浴佛	傣族园各寨佛寺

续表

日期	时间	活动项目	地点
4月16日	7:00-10:00	傣族园五寨佛寺	听佛爷念经、滴水
	9:00—12:00	选美比赛及巡演活动	勐罕镇城镇主街道
	13:00-16:30	江边划龙舟、放高升活动	江边码头
	14:50-18:00	万人泼水狂欢	傣族园泼水广场
	20:00-23:00	选美比赛决赛	镇政府篮球场
4月17日	10:00-10:30	祈福仪式	镇政府篮球场
	15:00-18:00	泼水狂欢	城镇主街道、傣族园
	13:00—19:00	大型赶摆、放高升活动	曼嘎俭村委会嘎哩小学

资料来源：西双版纳傣族园生态旅游网，http://www.yndzy.cn/dzy/shownews.asp? news_id=1530。

　　民族文化旅游地从事农家乐的旅游接待户，是民族文化持有者民俗生活前台化的典型。与少数民族同吃同住同劳动的共同生活经历，可以满足游客个体从追求愉悦到寻求意义的不同旅游体验需求。早在2000年11月，傣族园公司经过精心策划，出台《"傣家乐"旅游服务实施方案》，先后在曼春满、曼乍投资30余万元，包装25户"傣家乐"接待户。为了让"傣家乐"这一民俗品牌上规模、上档次，公司对五个村寨的定点接待户进行重点引导、扶持，先后投资100多万元用于接待户的旅游接待设施、庭院绿化和游路等的整治、改造等项目。从五个村寨中选出50户村民开展"傣家乐"接待服务，并出资为其建造冲水式卫生间、安装太阳能热水器、进行庭院改造。随着2001年4月15日《东方时空》的现场直播，"学一首傣家歌，跳一曲傣家舞，吃一顿傣家饭，住一宿傣家楼，观一次傣家景，干一回傣家活，泼一身幸福水，做一天傣家人"的"傣家乐"，成为傣族园迅速红火的文化旅游品牌。全国各地的游客纷至沓来。"傣家乐"项目的推出和实施，引起了州市政府及旅游部门的高度重视。2010年，景洪市旅游局把傣族园5个村都纳入特色旅游村的培植范围，与傣族园公司签订了《景洪市傣族园景区提升改造项目》责任书，将傣族园景区旅游开发建设推上了新台阶。目前，5个村寨住宿接待总单间数共有659间，总接待量2499人，用餐接待共708桌，总用餐人数6934人。2012年，5个村寨共有村民336户，"傣家乐"101户，其中83

家挂牌。"傣家乐"所占比例较高的村寨是曼乍和曼嘎村。曼乍村53户，其中"傣家乐"36户，占村寨总户数的近68%。曼嘎村30户，其中"傣家乐"20户，占村寨总户的近67%。以曼乍村为例，曼乍村的傣家风味是傣族园景区内做得最好、也是农家乐经营得最好的村寨之一（见图1—5）。依靠傣族园公司发展旅游业，曼乍村民每年增加的收入总额可达300多万元。曼乍村自开展旅游业以来所增加的收入占家庭总收入的90%以上。[①]"傣家乐"文明接待户身着民族服饰，展现傣家热情好客的传统礼仪。饮食以正宗传统傣味为主，目前在继承传统的基础上不断推陈出新，兼营具有本民族特色的土特产和工艺品。"傣家乐"特色经营，集中保护和展示了傣族的历史、文化、宗教、习俗、建筑、服饰、饮食等特色文化，调动了村民参与旅游的积极性，使村民在文化知识、价值观念、思维方式、经营理念等方面发生了较大变化，同时有力地推进了傣族园的新农村建设。

图1—5　曼乍村傣家乐民俗体验

① 数据来源于2012年1月景洪市旅游局与傣族园公司提供的资料。

在传统文化旅游的基础上，傣族园于 2013 年推出傣族结婚拴线仪式等新的旅游体验产品。西双版纳傣族园、曼听公园、傣江南、傣泐金湾等单位联合在 2 月推出一系列傣家婚礼活动。活动内容包括曼听总佛寺老佛爷拴线、情侣骑大象、傣式婚礼、泼水广场婚礼、获得景区提供的贝叶经等。春节黄金周，新增了高空热气球鸟瞰傣族园全貌项目；泼水活动每天增加一场；歌舞表演每天增加一场到两场。五一黄金周期间，平常许多没有从事旅游服务的村民都开始摆摊设点，傣味烧烤、竹筒饭、菠萝饭、凉拌等傣家特色小吃吸引了众多游客；傣族园滨江路沿线、园区外马路、傣家竹楼下停满了自驾游的轿车。据傣族园公司统计，5 个村寨直接参与旅游接待的傣族人家不少于 300 户。"傣家乐"生意红火，曼乍寨 AY 家一天的收入就有 20000 多元。

笔者在调研期间，曾多次访谈过居住在傣族人家的游客。大家的感受大同小异。对不少游客而言，傣族园优美舒适的生态环境和独特淳朴的傣族文化，是最吸引他们的。2013 年 9 月 10 日，笔者在下榻的傣族人家，遇到一位东北来的游客。对于他不远千里来到傣族园的原因及体验，他这样说：

我这是第三次来傣族园了。朋友推荐的。以前两次是做生意有应酬来的。这次是带老婆、孙子度假来了。选择这里，是因为这里气候好，风景好，空气好，人好啊。我们住的这家老板人很好，我扭了脚，他还拿药酒给我擦。我几次来都住他们家。我孙子特别爱吃傣族风味，很地道，在外边吃不到的。这里很清静，地方大，空气又好，到处走走看看，很舒服、很锻炼身体的。歌舞表演和泼水活动，都是免费的。佛寺不少，有些东南亚佛教文化的特色。我去过不少地方，觉得这里特别适合一家人来。还可以看看傣族人是怎么生活的，挺有意思。

综合来看，傣族文化遗产资源被旅游利用的方式以原态保护式生产为主。傣族园旅游空间生产范围较广。结合表 1—7 问卷调查统计结果看，游客对傣族园旅游空间的整体评价均值为 4.22，介于 5 分（非常同意）与 4 分（同意）之间，可见满意度非常高。其中对参与体验空间（4.32）的满意度最高；物理空间（4.20）居次；符号空间（4.14）次之。对文化遗产的真实性（3.83）、展示内容（3.34）、形式手段（3.90）的评价介于 4 分（同意）与 3 分（基本同意）之间，其中对文化遗产的真实性、文化遗产的展示形式、手段的评价,接近4分,属于较为满意的肯定评价。整个旅游空间系统均值为3.96。总体而言,整个空间系统较为完整,旅游物理空间、景观符号空间、参与体验空间层级分明,具有很强的互补性。但在文化遗产展示内容与形式手段方面可拓展空间较大,特别是在旅游活动核心区的文化展示还有较大的提升空间。

表1—7 旅游空间系统问卷评价统计

问卷主题	旅游空间游客满意度评价均值4.22			文化遗产真实性评价均值(问卷1.4)	文化遗产展示内容评价均值(问卷1.5)	文化遗产展示形式、手段评价均值(问卷1.6)
	物理空间(问卷1.1)	符号空间(问卷1.2)	参与体验空间(问卷1.3)			
平均分值(分)	4.20	4.14	4.32	3.83	3.34	3.90
系统均值(分)	3.96					

五 过程系统:旅游利用背景下的文化遗产保护情况

综合来看,傣族园民族文化遗产保护是一种公司主导、政府扶持下的保护。傣族园公司、西双版纳州文化馆、勐罕镇镇政府、村民等是主要的文化保护主体。

1. 傣族园公司

2000年4月13日,《西双版纳傣族园傣民族文化的保护与发展》首次提出傣族园"保护就是发展"的经营理念,首创旅游景区"公司+农户"的运作模式,制定了一系列民族文化保护措施。公司一方面按照景区发展规划,不断投入资金修建村寨道路等基础设施,进行园区绿化、美化,改善村寨的环境卫生条件、交通条件;另一方面制订培训计划,帮助村民提高文化素质、文化资源保护意识和旅游服务技能,鼓励和扶持他们依托旅游致富。公司与村民之间逐步形成的这种相互依托、互惠互利、共同发展的关系,成为景区之后十余年健康发展的根本保障。同时,傣族园所在的5个村寨(村民小组)作为中国行政区划的最基层单位,其发展始终被规制及得益于国家相关政策举措。可以说,傣族园的文化遗产保护是一种公司主导、政府扶持的模式。

调研表明,傣族园所在的5个村寨村民的文化保护意识,主要得益于公司长期的学习培训及文化旅游开发利用活动。公司曾于2000年8月28

日，出台了《提高村民整体素质的三年培训计划》。从 2000 年 11 月起，举办夜校培训学习班，分片区、分层次地对村干部、文明庭院户及"傣家乐"接待户进行培训，向村民传授旅游致富知识和服务技能，极大地提高了景区村民的整体素质。2004 年 8 月，公司再次修订出台《提高景区村民整体素质的五年培训计划》。培训内容涉及"傣家乐"接待知识、民族文化保护、生态保护、园艺栽培、消防安全、英语对话等。同时，公司还针对各村寨特点，有侧重地对村民开展各种培训。通过培训，使景区 5 个村寨的老年人基本上能用普通话与游客交流，青壮年村民能讲流利的普通话，有些还能说一点英语。在调查中得知，针对傣族园内傣族村民与汉族员工的傣汉双语学习，将是近期的培训重点。此外，公司充分发挥村文化活动室的功能，配备、完善活动设施，定期为景区村民订阅书刊、报纸资料等，对村民提供必要的文化支持；同时加大对民间艺人培养和培训的力度，每年聘请专业教师，定期开展一次至两次培训，提升民间艺人的层次与水平。

物质文化遗产及非物质文化遗产本是文化遗产不可分的两个方面。在物质文化遗产保护方面，傣族园公司先后投入数千万元资金修建园区的基础设施，改善村寨的生产、生活环境，对景区进行统一策划、包装、宣传。旅游开发的同时，公司注重保护傣家典型的干栏式建筑、历史文物、傣家传统生活礼仪和宗教文化传统。将旅游资源的保护放在第一位，以保护求发展，以发展促保护，在保护的基础上进行合理开发，尽可能解决村民日益增长的物质文化需求与保护民族传统文化之间的矛盾，最大限度地满足村民对现代文明的需要。

由于建筑是一个民族宇宙观、地方性知识和传统建筑技艺浓缩的文化符号，它往往被设计生产为民族文化旅游地的标志性符号。傣族园公司重视傣族传统竹楼建筑的保护，且举措得力，使傣族园至今保存着西双版纳州规模较为完整的傣族民居，傣族竹楼成为傣族园标志性的民族文化符号和旅游吸引物。2002 年 6 月 12 日，傣族园出台了《保护干栏式建筑的具体措施和办法》，实行建房申请、审核、批准资金补足建设施工的操作程序，并计划从门票收入中拿出 5%—10% 的资金设立专项住房补贴基金。2002 年 8 月，傣族园公司向云南省人大常委会提出《关于保护傣族干栏式建筑的立法建议》，引起了立法部门的重视。2003 年，公司制定了《保护干杆式建筑的管理办法》，建立专项住房补贴基金。2009 年傣族园公司又出台了《傣族园五寨村民保护民族建筑及传统文化补偿方案》，从门票收入中提出 10% 用于补偿 5 个村寨村民保护传统民族文化。对景区每年按照公司规定新建盖木质干栏式建筑的村民，除奖励 15000 元外，在子女就业时优先安排和照顾。截至 2009 年，公司已累计向 119 户村民发放建房补贴 60 万元。2002 年，傣族园奖励了岩香中、岩化等 10 户对保护傣家竹楼有贡献的绿色家园示范户，同时还对 34 户按传统傣家竹楼工艺建盖房屋的村民，授予"竹楼示范户"称号，并按每户 4000 元的标准发放奖金，在规划安排旅游接待项目时优先安排给竹楼示范户。截至 2014 年 11 月，傣族园景区内 5 寨共有 50 余户村民，获得了"竹楼示范户"的授牌和奖励，傣族园公司为此已经支付奖金近 30 万元。① 调研发现，民居保护的成果普遍得到从政府到村民、游客的一致肯定。

此外，在曼听、曼嘎村寨设孔雀生态饲养展示区，公司提供孔雀种苗和相应的饲料及技术指导，并实施每月检查制度。对合格者，公司年底以饲养户成年孔雀的数量给予每只 50—100 元的经济补偿。在各村寨开展家庭庭院绿化、美化活动，进一步推动景区"大花园寨"建设，公司提供种苗和技术指导，并实施每月检查制度，对合格者，公司每户给予 1000 元的经济补偿。

在非物质文化遗产保护方面，傣族园公司于 2009 年 4 月 25 日制定《西双版纳傣族园国家级非物质文化遗产展示区实施方案》，设立景区非物质文化管理委员会，开展景区非物质文化的弘扬、传承、发展及保护工作。在曼将至曼春满佛寺间的村寨游路上，设立非物质文化遗产展示区（见图 1—6），进行贝叶经制作、慢轮制陶、章哈表演、象脚鼓表演、纺线、织锦、榨甘蔗、金银首饰加工等劳动生活展示。为弘扬傣族传统文化，强化和培养村民文化遗产保护意识，培养更多傣族传统文化传承人，公司于 2009 年 5 月 18 日至 22 日在展示区举办了第一期国家级非物质文化遗产培训与比赛活动。西双版纳州、市文化部门及民族宗教部门的领导到场，新闻媒体进行了跟踪报道。但非物质文化遗产展示区的保护传承效果并不理想。

---

① 参见范文武《西双版纳傣族园十年发展回顾》（1999—2009），2009 年，内部资料，第 58—59 页。

图1—6　国家级非物质文化遗产展示中心

有位村民的观点比较有代表性：

现在，好多非物质文化遗产不是代代相传的，主要是靠自己喜欢，自己学习。现在也没有年轻人愿意学。如果这些老人不在了，这些技艺就保存不下去了。以后需要傣族园公司培训年轻人学习，搞更隆重一点的活动。公司要保护的话，应该组织收购这些传统手工艺品，保证产品有销路，做的人有收入。不然，还是不会有人愿意学的。

此外，公司在曼乍寨设傣家饮食文化、烤酒、品糯米香茗等饮食文化展示区。公司帮助5个村寨各有侧重地开展织锦、傣族首饰加工、制陶、榨糖等民族手工艺制作活动，指导村民开发销售旅游纪念品。

从联合国教科文组织颁布的《非物质文化遗产保护公约》看，非物质文化遗产保护不是僵化的保护，通过与时俱进的创新发展从而使非物质文化遗产的文化价值得到体现和传承，才是保护的真正内涵。由此，笔者认为傣族园公司通过景观符号的生产，使傣族传统音乐舞蹈得到提炼升华和宣传推广，是非物质文化遗产保护的突出成果之一。早在1999年，公司在推出"天天泼水节"的同时,组建了傣族艺术团,积极培养本土化的演艺人才。2009 年,傣族园艺术团已拥有演职人员 167 人,演出剧目百余个。五年时间向国内外的 100 多万游客演出 3500 余场。广大游客在饱览西双版纳热带风光的同时,近距离领略和品味到了一个个充满浓郁民族特色的歌舞。现代象脚鼓舞是傣族园舞台表演的压轴节目。虽然在传统象脚鼓舞的基础上,加入了不少现代的舞台元素,但作为傣族传统舞蹈文化象征的象脚鼓舞,仍深受游客的喜爱。

傣族园另一项非物质文化遗产保护的突出成果,是通过"傣家乐"服务使傣族传统饮食文化也得到大力传承。公司为此专门成立"傣家乐"接待部,推出《傣族园"傣家乐"管理方案》。强调"饮食以正宗傣味为主,汉味饮食为辅,突出傣味菜的特色,不断挖掘、保护、开发绿色健康无污染菜系,在继承传统的基础上不断推陈出新,创造傣族饮食文化品牌;出售具有本民族特色的工艺品和土特产;'傣家乐'文明接待户应身着本民族服饰;保持傣家浓郁的民风民俗、传统生活习性和热情好客的礼仪"①。正是傣族园"傣家乐"的规模化推广和发展,使傣族传统特色餐饮文化通过旅游利用获得新的生机。而且,为进一步提升"傣家乐"的民族文化内涵,2013 年 6 月 1 日,傣族园正式推出歌伴餐形式。"傣家乐"接待部选择曼嘎村 1 号岩勒家作为示范户。让游客在享用美食的同时,感受傣家人的敬酒礼仪,欣赏葫芦丝演奏、团结舞、象脚鼓舞等本土歌舞。

下一步,根据傣族园公司正在进行的 5A 级旅游景区建设规划,傣族园公司将实施专项的《傣族园非物质文化遗产保护方案》。计划在曼春满佛寺内(原勐罕佛学分院)建一所贝叶文化学校,让爱好贝叶文化的傣族群众、景区员工、游客系统学习贝叶文化和贝叶经的制作技能。拟聘用贝叶经民间制作艺人和贝叶文化讲师,邀请曼春满佛寺住持免费授课。拟在傣族园龙得湖北岸的傣家新寨,建傣楼 6 座,开辟傣锦制作场地,每天安排 36 名傣族妇女进行纺线、傣锦、傣包等手工艺品加工的展示,发动指导景区 100 户村民利用家庭庭院制作傣锦手工艺品,由公司统一指导销售;在傣家新寨主游路上,组建 30 人的章哈演唱迎宾组,建一所章哈学校,每年定期开办章哈学习专业班,聘请民间专业章哈指导演员、景区讲

---

① 参见范文武《西双版纳傣族园十年发展回顾》(1999—2009),2009 年,内部资料,第 230—231 页。

解员、傣族村民、游客；计划建傣家陶艺学校和傣家米酒作坊，主要由景区村民、公司员工参加培训学习和表演，陶艺作品和傣家米酒由公司统一指导出售。项目建设总投资为 1510 万元，可解决景区 300 个村民就业，景区村民每年可增加经济收入 540 万元。[①]

2. 政府相关部门

在傣族园开展文化遗产保护的政府部门主要有州文化馆、勐罕镇镇政府、民间社团及个人，主要有西双版纳州佛教协会、各级非物质文化遗产传承人。

州文化馆是非物质文化遗产申报与保护管理的主要责任部门。2013年 7 月 13—18 日，西双版纳州文化馆在傣族园举办了贝叶经制作技艺的第四次培训班。来自勐罕镇各佛寺的佛爷、和尚 155 人，在园区内的曼春满佛寺、曼将佛寺学习贝叶经制作技艺，参加贝叶经刻写大赛。西双版纳州佛教协会副会长参加了培训会。贝叶经传承人授课。此次参加培训的学员年纪最小的 8 岁。学习结束后，州文化馆向学员颁发了结业证书。

2013 年 9 月 9 日，笔者专访了西双版纳州文化馆段其儒馆长。就傣族园非物质文化遗产展示区及所在曼听傣族传统文化保护区的申报、保护培训工作做了具体了解。下面是段其儒馆长介绍的一些情况：

西双版纳州当时提出申报景洪市勐罕镇曼听傣族传统文化保护区，共包含了七个村寨，后来只列了傣族园的五个村寨。傣族园非物质文化遗产展示区的牌子是我们州文化馆向云南省文化厅申报的。我们是保护责任单位，非物质文化遗产的培训活动由州上直接办，还义务指导镇上的文化站[②]。橄榄坝的傣族章哈比较多，自 2009 年开始培训班办过三四期，有180 人左右。贝叶经培训了 4 期，有 400 多人参加，一期 5 天。在傣族园培训过傣族织锦，组织了 40 架织机，有 50 多人参加。还有一些没有培训过，如泼水节、象脚鼓、傣族医药等。

2011 年举办了傣族长诗《召树屯与喃木诺娜》培训班，有 60 多人参加。艾诺是傣族民族民间文化资料收集者。《召树屯与喃木诺娜》代表傣族美好的爱情观。以前文化生活比较单调时在民间还有，后来广播媒体出现以后就很少了，现在基本上没有人能够完全演唱下来。办培训班时，我

① 根据 2013 年 9 月傣族园公司提供的资料整理。
② 即文化广播电视服务中心，大家普遍习惯沿用旧称谓。

们首先找到民间版本，做成教材教授，还做过一个3小时广播剧。办培训班时表演其中的一些。非物质文化遗产项目给的经费，就要用于培养传承人。现在橄榄坝传承人省级的3个，州级的五六个，国家级的有2个。有些带的学生多，有些带的学生少。章哈保护给过两次经费。这些年总的大概有700多人，十多次培训，经费总共300多万元。

现在在橄榄坝村里有两处贝叶经制作技艺传习场。章哈传习馆建在橄榄坝文化站。织锦有的传承人比较多，与现代工艺相结合。整个版纳地区有1000多个织锦地方和传承人。（20世纪）70年代以前妇女都会，从农业经济转入市场经济以后，慢慢就少了，只是姑娘嫁妆会有些（织锦）。召集培训来的都是一些技术比较熟练的。现在就是帮助她们销售产品，引导他们提高质量和市场接轨。这里有个夜市，早先市场有卖傣族织锦的，后来没有了。现在西双版纳文化传媒公司正在做这一块市场的营销，把材料直接发给民间艺人，但给艺人的报酬太少，在外边卖一条120元带包装，给传承人的只有30元。

根据镇政府提供的《2012年勐罕镇政府工作总结》《2012年勐罕镇政府工作报告》，结合访谈资料，可以看出：作为傣族园所在乡镇的直接行政管理部门，勐罕镇镇政府对其文化遗产保护，多从建设旅游名镇、民族文化名镇角度进行规划安排。

目前，把龙得湖纳入傣族园总体规划，推动傣族园创建5A级改造提升、全力打造傣乡大风情园，加快推进旅游名镇建设。2012年，以傣族园为民族民间传统文化和民间建筑传承展示的重要基地，实施对古塔、古寺、宗教壁画修复工程，保持傣族"干栏"式建筑风格。为加大特色民居和民族文化保护传承的力度，制定了《勐罕镇整镇推进民居改造实施方案》。2012年完成民居改造300户，2013年计划新建500户。镇政府跟住建部门协商，给异化建筑穿衣戴帽，结合近几年中央危房改造补助，尽量挽回一些传统特色建筑，但是每户补助只有1.2万元，而预算中改造一户需要1.8万元，资金比较困难。现在住建局把傣族园五个村寨申报为传统保护民居。如果通过专家验收，每家有2000元到5000元不等的补助，可以有固定的房屋维修费用。镇建设规划管理服务中心根据州市住建局要求，综合考虑傣族园民居建筑的木料问题、电器问题、防火防风问题、使用寿命问题，为傣族园村民设计第四代传统民居的样板房。

2012年，镇党委、政府将"建设民族文化名镇"列入重要议事日程。

加大文物保护。曼春满佛寺已被列入省级重点文物保护单位,并已申报国家级重点文物保护单位。2007 年 8 月 9 日,勐罕镇被西双版纳州政府命名为"章哈之乡",并在勐罕镇文化广播电视服务中心成立了"傣族章哈演唱传习所"。2010 年 8 月 12 日,景洪市民族民间文化传习馆挂牌成立,与州文化馆配合举办了 4 期章哈培训班,共有 350 余人;贝叶制作技艺三期,共有 220 余人;傣族织锦技艺培训班一期,共有 43 人,与景洪市文化馆举办傣族武术传承培训班一期,共有 49 人参加培训;协助景洪市文化馆录制傣族武术课件和章哈课件。目前勐罕镇共有文化传承人 6 名,其中省级艺人(章哈演唱)3 名,省级民间收藏者 1 名,省级贝叶经制作技艺 1 名。2010 年,州委宣传部投入资金建成西双版纳州唯一的傣族章哈录音室(见图 1—7);修建了占地面积 410 平方米的傣族武术训练场。

图 1—7 勐罕镇文化站录音室

下一步,勐罕镇文化广播电视服务中心还将开展民族民间文化进校园活动。傣族章哈项目将在镇中心小学实施。傣族武术项目将在镇中学实施。由民间传承人具体负责授课工作,并整理和编排教材。国庆节等重大节日,将开展民族文化传承表演比赛实践活动和民族风情课。

3. 村民

通过与村民的访谈及在傣族园的参与观察,笔者发现,村民对本民族文化遗产的保护,是一种民间自然生活状态下,村落与外界(全球化、市场化、行政制度等)多种力量互动的潜移默化中的保护。虽然文化旅游对村民文化遗产保护意识的强化具有积极意义,但更大的影响还是来自村民文化生活的现实需求。如各村"社房"的建盖。"社房"原是村寨议事、集会的场所。为丰富业余文化生活,由各村委会牵头组织,公司适当给予补贴,村民建盖了"社房"。曼春满的"社房"还布置成村史馆(见图1—8),用傣文图片和文字展示了村寨的发展历史,村民捐赠了不少民族文物。虽然其称谓未变,但其文化功能已与时俱进了。曼听作为云南省省级文明村,建立了文化活动室及相关文化活动场所,对非物质文化遗产的传承、保护起到了推动作用。不少村寨通过部分优秀民间艺人的带动组成民间艺术团,每年举办一次民间非物质文化文艺会演。接受访谈的村民几乎都认为,旅游开发并未对村落文化及民俗生活带来较大冲击;旅游开发前后的傣族文化并未发生根本性的变化。傣族园公司方面并未对村民保持文化特色方面有什么特别的要求。笔者认为,这与傣族园景区空间格局和旅游开发模式有着直接关系。核心区域的剧场化旅游空间与周边较大范围的民族文化生活空间,既区隔又关联的结构关系,使文化旅游与村民正常生活之间始终能保持一种文化生态系统的动态平衡。

图1—8 曼春满村史馆

从公司和村民的以下介绍中,可窥其一斑。

ZL(傣族园公司领导,2012年1月13日):公司与村民是公司加农户的合作关系。我们专门有一个部门叫民族事务部,它的主要功能是与村委会、村民小组协调。我们这五个村民小组都属于一个村委会。各村民小组协调成员以村干部为主,还有一些德高望重的人。景区每年的门票收入按一定提成给他们,规定他们不能随便带外人进来。穿傣族服装方面,我们没有特别强调,规定他们非得穿也不现实。大部分村民逐渐有了自觉保护的意识。

AL（曼春满村民，2013 年 9 月 8 日）：傣族园搞了十多年旅游，感觉变化不明显，只是民居保护好一点。另外，就是旅游保护了很多文化，大家意识到通过旅游可以得到经济效益，经济条件好了点。傣族园五个寨子的女同志基本上不外嫁，傣族园里的男孩子都找的是漂亮的女孩子，这是旅游带来的好处。上新房，请新年，过赕这些是我们的传统，哪家有事，全村人都会来帮忙，男人会帮助杀猪，宰牛等。过赕和结婚都是 3 天。一直没有变。只是服装会变。因为傣族服装要自己做，麻烦。汉族服装买现成的就可以穿。傣语还好，不会担心变化。宗教也不会变化。宗教一直要用的。佛寺住宿地方是不对外的，参观的地方在前面对他们的生活一般不会造成什么影响。

AG（曼乍村民，2013 年 9 月 8 日）：没有上过学的人文化程度低，政策上的东西很难沟通，很多被汉化。跟出去打工也有关系，与旅游都有关系。很多村民没上过学，认识少，对民族文化可以赚钱的认识不到位，文化的保护意识较弱，有保护意识的人连 1/10 都不到。开会做保护动员时，村民会说，现在经济条件好了，不想再住祖辈的竹楼，也想住混凝土楼房。这种想法对旅游是一种打击，人们的意识还不到位。读过书的民族文化意识要强一点，比如语言、礼貌方面。有些地方旅游对我们的影响还是大的，我们对外界的接触多了，普通话好多了。旅游对我们的传统文化影响不大；传统的婚丧嫁娶也没有本质改变。最大的改变就是年轻人有了小孩之后满月是要过的，要过周岁，现在被汉化了，以前没有。婚礼的话，只是以前请客的量小，现在经济好了，生活水平也提高了，每个村寨都富起来了。所以请客的排场更大了。如果是上班的人他在家要办一次婚礼，回到单位也要办一次可能要穿婚纱。现在有跟汉族通婚的，在 1995 年以后恋爱自由慢慢就多了。另外，现在服装变化太大了，现在人们穿汉装的多了，只有过节时还会穿民族服装。我们这一代不会改变多少，以后就不知道了。

民族文化精英在民族文化遗产保护方面往往发挥了宣传引导和表率的积极作用。傣族园的文化顾问艾诺曾是 2011 年中央电视台感动中国人物之一。2007 年，被认定为省级非物质文化遗产传承人（傣族文物资料器物保存者）。他以前做过记者，曾经在云南广播电台工作过，退休以后回到曼将村的老家中，是村民中较有威望的文化人。也正因为村民对本民族文化遗产的保护是一种民间自然生活状态下的保护，没有广泛的文化自觉，所以其对政府、企业等外力的依赖也可想而知。从根本上说，民间保护传承的力量并未真正凝聚与体现出来。2012 年 1 月 14 日，笔者与艾诺的访谈关注了这一问题。

问：傣族园旅游开发十多年了，对村民的影响如何？

答：好的影响是公司对自然环境的保护，把傣族文化宣传出去了。在一些硬件上，有明显改善，公路修了一些。尊老敬老，扶持大学生，给他们发补贴。民居建筑如果按照干栏式建造，公司给补贴。现在也有一些用水泥了，有一些异化，但是相对还好。在勐海县那边，完全看不到傣族味道的建筑，新农村建设把傣家毁完了，以前的竜林都没有了。

问：傣族园内有哪些优秀传统文化的保护传承做得好？哪些做得不好？

答：从去年开始每个县都成立了贝叶经培训班，州文化馆每年都会到傣族园进行培训，这里是一个培训基地。每次都聘请我讲贝叶经的历史、内容、制作方法。在我们傣族园，一个老汉俗将近五六十年，从来没间断过贝叶经的刻录制作。现在泰国、老挝那边，贝叶经都成了古文物了。但泰国、老挝有很多工艺精湛的工艺品，主要是要靠政府扶持。不好的是村委会跟公司沟通不够，公司种的树，被村民砍了些。

问：你刚才说大家的保护意识还不够，主要体现在哪里？

答：真正的傣族文化已经越来越少了。文盲多，不少人不懂傣文，不识汉文，喜喝酒，做事随心所欲，本身素质不高，没有传承意识。有段时间，傣族新年要拨款才过，不拨就不过，这本来是傣族的传统习俗，这样非常不好。但如果澜沧江干枯了，我们就没有水泼了。好的传统的东西随着时代的进步在改变，一些槟榔古树都被挖了卖了，太悲哀了。祭寨神的竜林被橡胶林包围了，过几年就保不住了。傣族园公司跟村民需要经常联络，主要是语言不通，现在我在整理傣汉语言对照，准备组织学习。现在村民不愿意学习，比较（让人）恼火。

结合表1—8过程系统问卷评价统计结果综合来看，傣族园的傣族文化遗产保护的整体评价均值为4.22，介于5分（非常同意）与4分（同意）之间，可见满意度非常高。其中文化遗产资源对旅游可持续发展的促进效果（4.33），认可度最高；文化遗产得到保护、创新发展与宣传弘扬（4.21）的认可度次之；文化遗产旅游利用与保护的互动效果良好（4.12）的认可度相对低一些。但三者间的差距较小。这说明，文化遗产旅游利用与保护之间的互动关系及效果还是较为理想的。

表1—8　　　　　　　　　　过程系统问卷评价统计

问卷主题	文化遗产得到保护、创新发展与宣传弘扬（问卷2.1）	文化遗产资源促进了旅游的可持续发展（问卷2.2）	文化遗产旅游利用与保护的互动效果良好（问卷2.3）
问题分值（分）	4.21	4.33	4.12
系统均值（分）	4.22		

六　主体（利益相关者）系统与影响因子系统

这两个系统均涉及多种因素的相互作用。主体（利益相关者）系统的矛盾与问题往往是影响因子系统作用的直接反映；影响因子系统对文化遗产旅游利用与保护统一体系统的作用往往直接体现在主体（利益相关者）系统。

1. 主体（利益相关者）系统

傣族园社区的主要利益相关者有公司、五个村寨小组及其村民、曼听村委会、勐罕镇镇政府相关职能部门等。由于傣族园旅游开发的特殊历史背景，公司成为傣族园村寨治理的主导力量，而曼听村委会和五个村寨的村民更多起到配合的作用；旅游、城建、文化等基层职能部门主要起到政策落实与推动引导的作用；专家学者是参与力量。五个村寨的傣族村民既是民族文化遗产的本体，也是旅游利用与保护的主体；傣族园公司既是景区的开发与管理主体，也是旅游利用与保护的主体。作为旅游空间原地生产模式的少数民族旅游村寨类型，傣族村民与傣族园公司自然成为核心主体及利益与矛盾最为集中的一对利益相关者。目前，在傣族园公司上班的村民员工有200多人，从建园之初成立的村民协调小组成员有23个人。傣族园社区居民虽然广泛参与到旅游经营活动中，公司也力主推行社区参与旅游。但在实际的参与过程中，由于利益诉求点不同，公司短期利益与长期利益之间、公司与村民之间、村寨之间及村寨内部，存在着各种各样的利益关系，导致了利益相关者之间冲突事件的发生。这是社区深度参与旅游开发的障碍。

结合田野调查的情况，主要矛盾与问题主要体现在傣族园村民土地租金低，村寨基础设施建设滞后，民居建筑修缮及新建的功能、原料、经费受限，参与旅游的待遇不公，亲朋好友入园受管制等方面。伴随傣族园十余年的旅游发展，这对核心主体的关系结构也处于变动之中。这变化主要表现在纵向的不同历史发展阶段、横向的不同村寨与公司互动两个层面：

在1999年傣族园创建之时，公司以每年300元/亩（每5年按基数的10%递增）的土地补偿金支付村民。这是村民除农业收入外唯一的经济来源。加之村民思想观念的进步，特别是市场意识和民主权益意识的增强，对旅游参与和利益划分有了许多新的要求和期望。通过访谈得知，傣族园社区居民的人均水田为2.05亩，人均旱地为0.54亩，人均橡胶面积0.99亩。一般每个家庭有两个劳动力就够了。橡胶树的经营需要的人手不多，收益相对较高。伴随傣族园十余年的发展，傣族园五个村寨的经济结构产生了较大改变，现在大多数村民的家庭主要收入来源于种植橡胶，特别是不经营"傣家乐"的农户多从事其他副业或外出打工。原先对旅游经济的普遍期望与依赖有很大改变。出租土地给公司最多的曼春满村民提出了与傣族园实行门票分红的要求。"傣家乐"经营最集中的曼乍村民提出竹楼院落等自然人文景观资源入股的要求。在调查中了解到，村民们普遍还是愿意居住竹楼，大部分村民对于搬迁建房并不愿意。但是面对公司的保护要求，面对自身的现代化需要，往往陷入两难境地。因为传统房子无法满足现代消费品的配套要求（也包括很多游客的舒适度要求）。况且，门票收入没有分配给村民，他们保护房屋缺乏积极性；原定的土地租金太低，而寨子里出租水田，租金每亩大概在1000元。再者，村民从公司收益中得到的其他好处并不太多。按照公司目前的补偿办法，新建200平方米的竹楼房屋可以获得6000元的补助。而建盖一座200平方米的木制傣楼仅木料至少需要二三十万元，因为国内退耕还林和禁伐政策的限制，建房木料全部从国外进口，价格更高。但是如果不盖新房，原来的旧房是很难吸引游客的。这种两难局面恐怕不是单纯靠补贴能够解决的。

在五个村寨村民内部，村民与公司的关系也表现出多样化趋势。虽然争取寨寨有利益，户户有实惠。但事实上，五个村寨很难利益均衡。早期的调查就发现由于五个村寨因地理位置与资源人才的差异，使他们在参与旅游经营服务与利益获取方面形成差异，最终导致村民内部的利益冲突。① 目前傣族园村民的主要旅游经济收益来源于"傣家乐"的经

---

① 参见孙九霞《旅游人类学的社区旅游与社区参与》，商务印书馆2009年版，第139—152页。

营。2012 年，五寨共有"傣家乐"101 户，其中 83 家挂牌，17 家没挂牌。其中曼乍村从事"傣家乐"接待服务的有 39 户（其中 3 家没挂牌），占全村 53 户的 74%。而曼将村"傣家乐"10 户占全村 46 户的 22%；曼听村"傣家乐"28 户占全村 91 户的 31%；曼嘎村"傣家乐"20 户占全村 30 户的 67%；曼春满村"傣家乐"20 户占全村 116 户的 17 %。村民从旅游经营中获益的多少往往直接决定了他们参与民族文化旅游利用与保护的程度。获益多的村民与公司形成双赢的互动关系；而获益较少的村民则较少参与，甚至置身事外，致使民族文化保护与利用的主体性缺失。

以下是反映这些问题与矛盾的各种声音：

AXS（曼听村干部，2013 年 9 月 12 日）：傣族园的旅游开发有十多年，基础设施建设不好。比如道路建设、电线等，现在傣族园公司都没做。二期工程开始时就承诺的，但到现在都没解决。现在是我们村民自己修的路。现在基本上是修好了，公司只出了 30% 的钱。公园里的基础设施，政府也做了不少。景区的规划建设还不到位。村民意见很大。这几年政策好，新农村建设，政府有补贴，村民出工出力。现在，还有自来水、电线、路灯的问题也都没解决。今年政府会帮助解决。但技术员、机器这些，要傣族园公司出面搞。现在公司也同意了。今年主要是解决修路的问题。以前我们用澜沧江的水，现在用政府提供的水。但是有担忧。下雨后，一开水龙头就有黄水流出，烧开以后杂质太多。而且费用也不低。要求公司要考虑村民的利益，帮村里解决水电问题，要互惠互利。

AY（曼乍村干部，2013 年 9 月 12 日）：外地人可以进来摆摊，好摊位都租出去了。没有考虑村民做生意，很多铺面租给外地人。比如电瓶车的租用，都没有首先考虑村民的利益。没有村民担任傣族园公司领导。公司在大门口不让车进来，限制亲戚朋友免费进来，傣族园里面的农家乐生意不好做。村民协调小组的作用也起不到，提的意见都没答复。老百姓也不高兴。

AG（曼乍村干部，2013 年 9 月 8 日）：按理来说，我们觉得以后最好不要收门票。最好把村里村外的环境都保护好，民居也保护好。公司搞的泼水广场和剧场可以收费。这种建议需要政府和公司考虑。这是外来人的要求，也是我们的需求。我是很早搞接待的。游客从外面进来会消费。门票不收的话，有很多回头客想来傣家坐坐的。这种做法对公司来说也会好很多，游客也会增多。买门票会有很多束缚，客源就会少。现在控制得很严。住在里边的村民保安都认识，去外打工的村民回来报个名字就可以进来了。但是长期考虑的话，村民的利益不多，门票收入公司占大部分。

AL（曼春满村干部，2013 年 9 月 9 日）：建房木料（存在）问题，要森林公安、林业局批准有困难。从缅甸运来的木料要经过很多审批过程，也比较困难，成本太高，傣族园原来说要筹建的木材公司也没有落实。建议保护好民居，要有实际行动，要提供充足木料。（现在）木料价钱贵，没有来源，（建房）成本很高，年限短，维护的代价很大，保护很难。跟公司要求组织统一采购进口木料的事情，（这样）可以降低成本，但公司没有管。现在建（一座）干栏式建筑最少要 30 万元左右。村民也在尽力保护，异化建筑现在也有一些。傣族园公司没有具体的解决方案，危房改造都没解决。

YGH（曼将村干部，2013 年 9 月 12 日）：土地租金太低，50 年的限制，现在行情是一亩一年租金在三四千元。但我们租给公司的一亩一年是600 多元，差距太大。也不准外租，整个被傣族园公司控制。其他村子的土地可以（用来）种香蕉、建房。但在傣族园里受到很多管制。

AHJ（曼听村干部，2013 年 9 月 9 日）：我们有个佛寺，维护得比较好，每年有 5 万元的维护费用。前一段关闭时因为利益问题没有解决，有一段时间公司没有给钱，游客不讲卫生，乱碰寺庙里的东西，封闭过两年多。现在有门票补助，拿了两年了，一年一家有 8000 多元，基本上村民还是满意的。现在大家也拿到了公司的钱，配合公司的主要是保护民居，但是没有具体的设计方案，没有设计图纸，木料来源也困难，无法进行。村子人口比较稳定，分家现象少，（房子）基本上都是翻新的，新建的不多。橄榄坝保护得相对比较好。我们对以后的发展还是看好的，但是公司应该有具体的方案。单凭村民的力量比较薄弱，如果样样都能规划好，还是很有希望的。

AHW（勐罕镇干部，2013 年 9 月 6 日）：傣族园公司前期投入 1300万元，后期投入也没有多少，想要发展必须要保护，像傣族园这样，村寨保持比较完整的还很多，但是密集型的少。曼春满村寨本身有上千年的历史，佛塔、佛寺都是隋唐时代的，我们镇上有一个塔建造的年代是傣历276 年，也有一千多年了，全镇有 40 多座寺庙。

AHF（曼嘎村干部，2013 年 9 月 8 日）：傣族园公司的开发好坏都有。

好的地方是分红，修路不用自己出钱，建房子有补助。2011 年签的门票分红每户将近 9000 元。有专门的清洁工，整体卫生环境比较好。不好的方面，比如不想住傣楼，想住汉族的房子，但是公司不给盖，有限制。傣楼的问题是天热时比较闷，刮大风时，瓦片会被刮走，方便性也不如汉族的。用木料做的房子，比较便宜，但是没有厕所（洗手间）。汉族的房子可以建成标准间接待客人。话说回来，毕竟是傣族传统的东西，应该保存下来，如果以后都成汉族的房子了，就没有（傣族特点）了。再就是土地租金太低，租出去市场价一般是每亩一年 3500—4000 元，觉得不公平。外边的人进来买土地也受限制。

傣族园公司创业发展史反映出，作为傣族园最大股东的橄榄坝农场，是勐罕镇最大的国有企业，为勐罕镇提供主要的财政收入。傣族园从立项、招商、成立、规划、建设到开展经营的整个过程中，都是政府与公司签订土地租赁与旅游开发合同。傣族园公司设有专门与村民协调的民族事务部，其基本职能是处理好公司与村委会、村小组及村民的关系，全面提高村民的素质，改善景区的旅游形象。具体职能主要包括：协调民族关系，负责村民培训，组织村民活动，处理公司与村民间的纠纷，受理村民投诉，管理"傣家乐"定点接待户，负责景区土地管理及补偿费发放。在傣族园十余年的旅游发展过程中，公司成为村民相关福利与利益分配的掌控者。傣族园创建开发十余年，由于村寨分散，村民参与旅游经营的情况多样化，一直未能形成有力的旅游管理与参与性的民间社团组织。代表村民的组织是由五个村寨所属农村基层自治组织——曼听村委会及五个村小组领导共同组成的村民协调小组。协调小组以曼听村委会为龙头，以各村小组的主要干部为成员。主要职责是协调公司与社区居民的关系、协调公司管理景区。协调小组的基本架构是建立在村级基层组织的基础上，充分利用村委会对村民的动员能力，达到沟通和协调的目的。公司还根据协调小组成员在村委会和村小组中的职务高低，每月给予不同数额的补贴。村民协调小组在村民与公司利益矛盾冲突时主要起到配合公司、说服引导村民的作用。

归根结底，笔者认为产生以上问题的原因主要是傣族园公司与村民在文化遗产旅游与保护方面的经费、能力、经验不足，同时政府相关部门缺乏强有力的扶持。这有历史原因，也是中国村镇基层社区文化遗产旅游利用与保护的普遍情况。正如勐罕镇 AHW 副镇长（2013 年 9 月 6 日）

所言：

从广东东莞公司开始，当时对镇政府来说，是第一次大的招商引资，考虑不周全。开发十多年来，镇上是没有任何经济利益的。我们是丙方，只有权利和义务。以前还没有村委会，叫办事处，傣族园里的五个村寨存在很多利益分配上的问题。发展到 2007 年，矛盾开始突出。到 2010 年，村民跟傣族园公司的矛盾公开化。村民用法律手段维护了自己的利益，找律师重新与公司商谈。傣族园景区与园内五个村寨村民签订了景区门票分成协议，从门票收入中每年提出 15% —20% 的金额，作为民族文化保护资金发放给景区五个村寨村民。前五年门票税后按 15% 分给村民，后面32 年按 20% 分。前几年 15%，是因为从景洪到傣族园的公路在修。游客比较少。以前游客上午在植物园，下午来傣族园这边，然后回市里，只有27 公里。现在扩建封路，游客必须返回植物园再回市里，增加了三分之二的路程，要多走七八十公里。50 年合同到期后，资产归还五个村寨集体所有。现在半年兑现一次门票分红给老百姓。事实上，也反映出经过傣族园十多年的旅游发展，老百姓的文化与权益意识都得到了提高，素质也提高了，是互惠互利的。

2011 年 6 月 27 日，《西双版纳傣族园开发合同补充协议书》就村民与傣族园公司之间的矛盾焦点问题达成解决方案，协议书规定：傣族园景区的实际门票总收入（扣除营业税及附加后）自 2011 年 7 月 1 日起至2016 年 6 月 30 日止，乙方每年按 15% 提取并返还给甲方；自 2016 年 7月 1 日起至 2048 年 12 月 31 日《西双版纳傣族园开发合同》终止，乙方每年按 20% 提取并返还给甲方。为保护园区内的干栏式建筑，乙方在本协议签订四年内对甲方每户村民进行补助，补助标准为 15000 元。其中甲方村民新建干栏式建筑的，乙方给予每户 15000 元补助；甲方村民原建盖好并已领取了补助款的，不足 15000 元的予以补助；甲方村民已盖好异化建筑的，应在乙方指导下进行改造装修，经乙方验收合格后给予每户15000 元补助；本协议签订后，甲方村民再擅自建盖异化建筑的，由乙方扣减该村民所在村小组的门票提成款 15000 元，且甲方应对该村民进行相应处理，该户村民不再享受景区的任何补偿；乙方应积极配合并支持甲方村民干栏式建筑所需材料。甲方进入景区内的本州亲戚朋友，凭证件登记免费入园。甲方村民承办婚事、丧事、上新房等活动，由甲方提前 3 天将请客名单提供给乙方，乙方应准予入园。甲方 5 个村寨范围内的游路、电路、排水沟、花木、绿化设施由乙方负责建设和维修，甲方应配合乙方共同维护；甲方村民在自家土地上种植农作物等，乙方不得干涉；甲方租赁土地给园外人员建房的，须经国家土地、建设部门准许方可进行。乙方应对园内导游进行严谨的管理和培训，导游的宣传讲解必须符合傣族文化传统和风俗实际，否则甲方有权制止。

2013 年 8 月 1 日，傣族园按协议书规定拿出 145.05 万元（上半年税后收入）门票收入分给村民。五个村寨村民共 340 户，每户可分得 4266.1 元。扣除异化建筑 8 户的 3.41 万元，五个村寨实际所得金额为 141.64 万元。据了解，各村的分配情况不同。有的村子将钱用于集资修路；有的村子则将钱分给了各户。

《西双版纳傣族园开发合同补充协议书》出台后，村民在配合傣族园公司开展工作方面，的确有较为明显的改观。曼听村委会干部认为门票分红成功的原因是"给律师的报酬高，政府协助、引导，主要还是老百姓自己努力争取的"。

LXM（傣族园公司干部，2013 年 9 月 7 日）：2011 年公司跟村民签了门票分工以后，现在逃票的少了。由于涉及村民的利益，每村自发出两个人，在大门口辨认本村的亲戚。最大的改变是村民自己的文化保护意识增强了。现在有门票分成，有条约，每年盖新房公司补助 1.5 万元。如果建筑异化了，就没分成和补助。所以，异化建筑占不到 10%，新建的混凝土的很少看到。

LW（勐罕镇干部，2013 年 9 月 5 日）：自从门票分红以后，村民的利益多了，感觉他们真正融入了，也会严格要求自己，民居保护意识也强了。

从以上情况可以看出，村民参与傣族园公司共同科学规划与发展傣族文化旅游的意识、能力与经验正在逐步成长与强大。从长远看，这是傣族园民族文化旅游利用与遗产保护可持续发展的重要保障。

2. 影响因子系统

少数民族参与度、国家及地方政府相关政策、旅游开发企业的规划与管理运作模式、文化旅游产业市场因素、民间团体与专家学者的参与情况，这些都是傣族园文化遗产旅游利用与保护的影响因素。同时，这些主要影响因素又相互作用，共同构成影响因子系统。

从傣族园的发展历程可以看出，作为国家政策宣传执行机构的各相关政府部门及旅游市场是影响因子系统中的核心因素。傣族园文化旅游业是在政府提出发展乡村旅游、开展非物质文化遗产保护、推进新农村建设等的政策环境下不断发展的。从国家到省州市各级政府的政策举措，成为傣族园建设发展的复合型的推动力。

2013 年 3 月 28 日颁行的《云南省非物质文化遗产保护条例》指出，民族传统文化生态保护区实行属地管理的原则，由所在地县级人民政府进行管理和整体性保护。对批准设立的民族传统文化生态保护区，上级有关部门和当地人民政府应当给予政策优惠和资金扶持。民族传统文化生态保护区应当以保护划定区域内的非物质文化遗产为核心，科学合理制订专项保护规划，并纳入当地城乡建设规划。鼓励有条件的民族传统文化生态保护区开展特色文化旅游和符合其特色的文化项目的开发经营活动。省级民族传统文化生态保护区所在地的县级以上人民政府应当从每年旅游收入中安排一定比例的资金，用于民族传统文化生态保护区的保护和建设。

2005 年，国务院副总理吴仪在全国旅游工作会议上的讲话指出："要把旅游业与解决三农问题结合起来，积极开发农村旅游资源，大力发展农业旅游。"2006 年国家旅游局确定的旅游宣传主题为"2006 年中国乡村游"，为我国的乡村旅游发展带来了新的契机。社会主义新农村建设为我国乡村旅游走上一个新的台阶提供了好的经济平台和资源优势，同时乡村旅游也将促进农民持续增收，进而在社会主义新农村建设中发挥积极的作用。民族地区旅游业有着得天独厚的条件，旅游扶贫正成为西部欠发达地区发展经济的重要手段之一。

《景洪市旅游产业"十二五"发展规划》（2011 年 11 月）强调文化遗产保护与文化旅游产业的相互促进和协调发展。指出旅游产业转型升级的目标是，要在旅游发展模式上实现由"政府主导型"向"政府引导调控、市场主导型"的转变；在旅游发展方式上，实现旅游产业由"粗放式"发展向"内涵式"发展转变；在旅游产品结构调整上，实现由单一的"观光产品"向兼具"休闲度假、康体疗养、商务会议、娱乐购物"综合功能的精品转变。傣族园所在勐罕旅游小镇旅游业发展的主要任务是：将西双版纳楠景康体度假基地、菩提岛度假基地、景宽高速公路、景洪港橄榄坝码头和小城镇特色化改造的开发建设有机结合，建设六大特色组团；将保存最为完好的原生态傣族自然村寨实施整体保护开发和提升改造，构建独具特色的风情大傣乡，完善旅游小镇功能。将勐罕旅游小镇建设成为傣族风情浓郁的特色旅游名镇和具有国际水准与吸引力的精品旅游名镇，按照5A级景区标准完善景区接待设施，建设休闲度假景区的傣族园景区提升改造工程，均被列入《景洪市"十二五"主要重点建设项目规划表》。① 为了解市旅游局"十二五"规划涉及傣族园文化旅游发展的具体情况，2013年9月，笔者拜访了景洪市旅游局桑林局长。桑局长谈道：

傣族园是整个区域比较有代表性的一个片区，今后的规划是作为风情大傣乡发展。傣族园发展已经有了基础和一定影响，但还需要提升层次，要有新的规划。傣族园公司摸索出乡村旅游发展模式，是整个西双版纳傣族发展链条的一个反映。傣族园集中展示傣族文化，傣族传统民居保护、公司加农户模式，对推动生态文化建设做出了巨大贡献。

以前傣族园公司的能力有限，现在它属于城投公司，城投公司承担一些政府职能，一些很难做的事现在都交给城投做，包括道路建设等。下一步傣族园公司要在现有基础上扩大。现在面临的是重新招商，看能不能把文化传承放入，这是重点。民居保护现在也存在很多问题，比如木料的采集问题，民居生命周期短。这个问题靠村民、公司做起来比较困难，应该由全社会来做。我们有民居保护条例，比如建设部门设计，按照建筑材料应该有规划、新民居的细则。文化规划部门要把传承放在规划里面来做。以后的发展还是公司加农户模式。现在的农家乐还比较低端，以后应该提升档次，统一包装，统一销售。通过家庭发展，把一种文化特色固定下来，比如，傣陶的所有加工应该在农户手里，产品的销售应该在公司手里，要形成产业链条。游客可以进入傣族园，自己制陶，自己纺织等，提升游客的参与度。以后要把村寨作为傣族园的后花园。除现有"天天泼水节"项目外，傣族园公司要加大非物质文化传承，要深入每个村民中去发展非物质文化，形成模式。对于傣族园所在的村寨来说，老百姓也想住高楼，门票分成等。但是这个可能形成门票经济、死经济。在以后的发展中会打破这种模式，门票经济只是旅游经济中的一部分。以后整个盈利的模式会展示给村民看，通过效益来带动老村的发展。

---

① 根据2013年9月15日景洪市旅游局提供资料整理。

景洪市有三个旅游小镇。其中橄榄坝定位是民族文化传承、风情大傣乡、高山文化、非物质文化遗产传承。从全州的整个区域来看，橄榄坝是村镇对城市的延伸。橄榄坝是全州三大旅游景区之一。随着昆曼高速公路的开通，西双版纳的旅游业将从大后方转向国际旅游的前沿阵地。澜沧江·湄公河次区域的开发，西双版纳将直接登上国际旅游的舞台。以后到老挝或者望天树，傣族园都是一个必经之地，起到一个很好的集散作用，将从原来的旅游目的地成为集散地。目前，城市周边最适合做旅游和集散地的就是橄榄坝。把傣族园模式推广到其他几个村，形成更大的规模。橄榄坝这个地方也不适宜有太多项目，因为田园风光是最美的，一定要保留下来。过多的项目对以后的发展不利。橄榄坝和傣族园每年分担了将近四分之一的自驾车流量。

除去以上宏观规划，旅游特色村建设一直是傣族园文化遗产旅游利用与保护的重要工作。景洪市旅游局《景洪市旅游特色村建设工作总体情况汇报》（2011年11月26日）一文指出，根据《西双版纳景洪市乡村旅游发展规划》和《西双版纳州发展乡村旅游实施意见》，要以旅游资源为基础，以民族特色为支撑，通过乡村旅游发展，促进"三农"问题的解决。以田园观光、农庄度假和民俗节庆为主题，将乡村旅游作为旅游战略的重要组成，持续给予政策性扶持。按照"一村一品，一村一能"科学推进乡村旅游发展。利用各类乡村风光、文化和生活吸引物，合理开展乡村观光、休闲、体验性旅游活动，为保护生态环境和弘扬民族文化发挥积极的推动作用。傣族园内的曼乍村是第三批旅游特色村之一，全寨有54户231人，在傣族园公司工作的38人，经营农家乐的有36户，有星级经营户16户，并制作了9户旅游特色招牌，该村乡村旅游费用共投入32余万元。曼乍村村民平均每户年均收入6万元以上。依靠傣族园公司发展旅游业，仅曼乍村民每年增加的收入总额就达300多万元。曼乍村自开展旅游业以来所增加的收入占家庭总收入的90%以上。景洪市旅游局承担的《景洪市科技新产品试制项目》（西双版纳傣文化旅游产品整合开发项〔2011〕22号）在2011—2012年度，要对傣族手工织锦、手工造纸、传统制陶进行特色旅游商品研发。这对保护傣族文化遗产、提高民间艺人创作积极性、优化文化产业结构有很好的现实意义。

以傣族园为中心的傣族文化旅游已成为当地带动少数民族新农村建设

的支柱产业。傣族园所在曼听村委会目前基本实现了"五通"（通电、通水、通公路、通电话、通广播电视），曼春满村民小组集资 60 万元修建"社房"和灯光球场；曼降村民小组集资 20 万元修建了社房。在旅游发展规划中，地方政府的目标始终集中在如何把游客吸引过来，通过旅游综合收益带动地方发展。景洪市的曼春满村、曼乍村约 60% 以上的村民从事旅游经营接待。仅 2009 年，勐罕镇曼春满村、曼嘎村等从事旅游经营的家庭人均收入达到 6000 元以上。发展乡村旅游，调动了村民参与旅游经营的积极性，使村民在文化知识、价值观念、思维方式、经营理念、生活习俗等方面发生了极大的变化，同时集中保护和展示了傣族历史、文化、宗教、习俗、建筑、服饰、饮食等特色文化，营造了治安稳定、安居乐业、团结互助的和谐氛围，促进了新农村建设的发展。[①] 曼春满等村被评定为全省首批旅游特色村。曼春满、曼降、曼嘎、曼乍等村被评定为州级旅游特色村。这些都为勐罕镇下一步的"大傣乡风情园"的建设奠定了好的基础。

从傣族园 2013 年傣历新年开展的情况看，把泼水节系列活动当作民族地区文化产业来做，是提高民俗文化含量，弘扬民族文化的重要战略。公司根据傣族的民间节日习俗举办村民广泛参与的大规模赶摆、放高升等活动，让傣族的传统节日活动成为景区的重要活动内容，既营造了傣家氛围环境，丰富了景区的活动内容，公司又支付给村民相应的参与活动的报酬，提高了村民的参与热情，弘扬了傣族传统文化。西双版纳傣族园始终致力于民俗旅游产业的开发，"天天泼水节"、民间歌舞比赛活动、民间赶摆、"傣家乐"等系列民俗产品，成了版纳民俗旅游产品的一大亮点和卖点。傣医药（睡药疗法）成为 2011 年第三批国家级非物质文化遗产名录。这一非物质文化遗产可以开发养生保健旅游产品，在傣族文化旅游发展中应有光明的前景。

就傣族园民族文化遗产旅游开发与保护的下一步建设进程，勐罕镇政府和傣族园公司都有自己的计划和考虑。

AHW 副镇长（勐罕镇副镇长，2013 年 9 月 6 日）：政府让村民做主角，政府负责综合整治，起引导作用。我们从 2006 年开始新农村建设。傣族有个传统：是自己的家园自己建，不等待。现在借助大环境，农民集

---

① 根据 2011 年 1 月 19 日西双版纳州旅游局提供资料整理。

资修建基础设施投资已经达到 1 亿多元,现在主要工作是美化亮化、电网改造、安装现代网络等。今年的"美丽乡村"项目,我们政府要投入傣族园村寨 500 万元。我们做我们的,傣族园公司做他们的。到现在为止,农网改造都是我们做的。我们这次计划安装太阳能路灯,在傣族园做一个文化博物馆。

从开发的角度,公司应该完善景区的基础设施,之前协议规定的路灯、电线改造都还没实现,安全隐患较大。公司现在的投入不多,强调商业利益,没有新的东西拿出来,对傣族村寨的发展不利。景区功能定位不好,没有充分挖掘,特色不够。应该提升旅游的内容,把傣族的文化充分展示出来,现在的非物质文化遗产中心、歌舞表演、泼水活动不足以展示文化。应该学习老挝的和尚布施活动,恢复村寨佛教活动。现在开发引进了很多东南亚的东西。布施是一个特色活动,同时也可以展示傣族文化。让游客能感受到南传佛教文化。村民应从根本意识上改变观念,真正融入景区的发展中。

LW(勐罕镇文化副镇长,2013 年 9 月 5 日):傣族园既然是旅游开发,必然会跟傣族文化联系起来。如果把文化抛开就是一个空壳,旅游也做不出来。在非物质文化遗产展示中心也是只有几个老人在那里,文化的精髓没有很好地体现出来。另外民族的自觉性和意识也有待提高。从去年 7 月开始,景洪市开始下派文化副乡(镇)长,主抓民族文化建设、文化产业、体育产业,要建民族文化名州。十七届六中全会提出了文化强省,2010 年以后提出文化名州的建设思路。文化不单单是保护,还要有文化产业、文化事业,政府现在更多的重心是放在文化事业上。

现在,傣族园公司在做二期开发征地,跟老百姓协调之前,都要先跟政府沟通。现在有一个美丽乡村工程放在傣族园,还有民族宗教局的一个 3121 工程也在傣族园,是新农村建设项目。州文化馆也会到基层来做活动,非物质文化遗产保护所有的经费都在上面,活动也是从上而下来做。政府在做文化名州建设这一块上,有村史馆建设的规划思路。现在,我们把曼春满作为试点,2010 年 8 月建成一个村史馆。因为没有经费,其他村小组会以更加简单的方式来做。下一步计划傣拳、制陶、贝叶经保护传承进学校。计划在傣族园里建一个博物馆,建在里面可以带来更多效益。现在处于申报阶段。大傣乡风情园的建设,采取政府主导,企业运作,以全镇坝区傣族村寨为依托的模式，现在是以傣族园公司为主，政府扶持，是针对整个文化旅游镇来做的。可以拉动整个地区经济，旅游可以起到保护民族文化的作用。现在实质性的推进是村民投工投劳建成了一条环坝路，使橄榄坝的整体旅游成为可能。

LSY（傣族园公司干部，2013 年 9 月 7 日）：我们现在是云南省城投公司的下属企业，现在我们景区归景洪市城投公司管，是控股经营，长远来看有资金做保障，主要是看经营。现在傣族园的提升改造新项目主要是建民族村（见图 1—9）。重点要拓展非物质文化遗产，用资 3 亿元，经费是自筹的，已经到位了。橄榄坝的路，需要城投公司来修建，计划两年完成。期间对旅游的损失我们考虑了 3 种补救措施，问题不是很大。借这个时机，现在主要是抓紧内部建设。现在游客不多，员工轮班。要进行一些硬件改造，如建造步行街、新大门、游客中心，这在以前的规划之内。现在龙德湖那边的地，政府批下来了。在新景区里面要建民族村。在龙德湖旁边，还要建一个更大的专业表演剧场。老景区进行美化绿化，电路改造等。两边一起做。现在最大的事情是在澜沧江上面建水电站，解决饮水问题。请大型的建筑公司来做，参照云南省的标准来进行建设，预计两年完成。现在最大的困难是征地问题，需要政府出面协调。要景洪市土地资源局的批准。现在就是打造一个"泼水节印象"品牌，形式固定的节目。有远景规划，通过 5—10 年把整个镇打造成一个大傣乡景区。

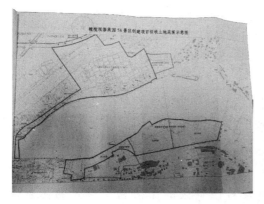

图 1—9　傣族园规划图

结合表1—9影响因子系统问卷评价统计结果看，对傣族园文化遗产旅游利用与保护影响较大的因素，依次是国家及地方政府相关政策（4.17）、少数民族参与度（4.13）、旅游开发企业的规划与管理运作模式（4.11）。这与以上调查分析结果相符。影响因子系统均值是4.09，对应于"同意"这一肯定性评价层次。

表1—9　　　　　　　　　影响因子系统问卷评价统计

问卷主题（文化遗产旅游利用与保护的影响因素）	少数民族参与度（问卷3.1）	国家及地方政府相关政策影响（问卷3.2）	旅游开发企业的规划与管理运作模式（问卷3.3）	文化旅游产业市场影响（问卷3.4）	民间团体、专家学者影响（问卷3.5）
平均分值（分）	4.13	4.17	4.11	4.04	4.02
系统均值（分）	4.09				

七　保护利用的可持续性与创新性评价

结合表1—11问卷调查结果统计，就以上傣族园民族文化遗产旅游利用与保护系统各子系统的情况，可作以下小结：

从民族文化旅游空间系统看，旅游空间系统的三类空间具有很强的互补性，原生境的旅游利用与保护确保了文化遗产开发主体与保护主体的同一性和民族文化旅游的文化真实性。

从旅游利用与保护结合的过程系统看，丰富而本真性较强的民族文化遗产为旅游发展提供了源源不断的动力，良好的旅游经济反哺文化遗产保护与创新，使旅游利用与保护达到了良性互动与双赢的效果。

从主体系统看，虽然公司与村民是利益冲突的主要焦点，但从问卷及访谈调查统计结果看，村民认为傣族园开发带来的好处是主要的，普遍持肯定态度。

从影响因子系统看，政府利用发展乡村旅游来缓解三农问题的宏观调控，为傣族园文化遗产的可持续旅游利用与保护提供了制度保障，曾为傣族园实现民族文化遗产可持续保护利用一大不利因素的傣族文化持有者与公司的利益冲突，已通过双方的补充协议予以化解。

表1—10显示，被调查对象对该景区的保护利用模式的代表性（4.15）、创新性和发展优势（4.19），都给予了较高的评价，整体均值4.17。从表1—11问卷调查统计整体情况来看，文化遗产保护的过程系

统评价均值4.22，认可度是最高的，其次是创新性、代表性评价（均值4.17）、影响因子系统（均值4.09）。文化遗产旅游开发利用的旅游空间系统评价均值3.96，认可度相对较低。这是因为傣族园公司对所在村寨自然景观与人文景观的旅游资源利用，采取了类似生态博物馆的原态整体利用方式，没有在景区村寨建造现代化的旅游接待服务设施，往往无法满足大众观光客方便快捷的现代需要。大批团队游客只是在固定的时间段到此走一遭而已。事实上，傣族园更适合民族文化体验型游客。

表1—10　　　　　　**创新性、代表性问卷评价统计**

问卷主题	该景区在民族文化遗产保护利用方面较为成功，具有创新性和发展优势（问卷4.1）	该景区的保护利用模式在同类景区中较为典型，具有代表性（问卷4.2）
平均分值（分）	4.19	4.15
总均值（分）	4.17	

表1—11　　　　　　**问卷调查结果统计情况**

调查统计分类	旅游空间系统						过程系统			影响因子系统					创新性、代表性评价	
问题序号	1.1	1.2	1.3	1.4	1.5	1.6	2.1	2.2	2.3	3.1	3.2	3.3	3.4	3.5	4.1	4.2
问题均值（分）	4.20	4.14	4.32	3.83	3.34	3.90	4.21	4.33	4.12	4.13	4.17	4.11	4.04	4.02	4.19	4.15
子系统均值（分）	3.96						4.22			4.09					4.17	
总均值	4.11															

　　傣族园个案说明，作为景区与村寨叠合的民族旅游社区，民族文化处于一种持续的旅游情境与旅游化生存状态中。笔者将这种情况的民族文化保护称作民族文化旅游化保护。研究表明，民族文化旅游化保护，是民族旅游社区文化传承保护与文化旅游可持续发展的共同要求；旅游—生活空间作为民族文化旅游化保护的空间格局，是民族旅游社区地方再造及现代化发展的必然结果；社会经济文化协同发展的多元主体保护和文化再生产的动态保护，是民族文化旅游化保护的基本原则。有学者强调，各种文化遗产，几乎都是以不同的民族或社区为背景，由社区

民众集体创造和发展而来的,所有民族文化都可以保护在基层社区。[①]对于地域文化和民族文化的保护而言,最有效的途径便是就地保护。作为景区与村寨叠合的民族旅游社区,秉承并体现了文化遗产原地整体保护的理念,在民族文化旅游化保护方面堪称典范。

八 少数民族村寨型景区的创新性理论分析与总结

傣族园旅游社区是从"旅游圈"到旅游—生活空间的地方再造。

科恩曾指出,旅游在从外部向民族社区日常生活渗透的过程中,会出现一种与社区中人们日常生活相分离的具有象征意义的"旅游圈"(Tourism Sphere)。"旅游圈"是对民族旅游社区旅游空间与东道主生活空间的界定。东道主把自身的"真实生活"搬上舞台,设计建造越来越多远离民族社区及其传统栖息地的景点。一旦一个族群完全被旅游转变后,这种"旅游圈"和他们的日常生活相分离的现象会逐渐缓和并最终消失,逐渐融入这一民族的文化和日常生活中[②]。杰克逊·R.(Jaakson R.)提出了类似的"旅游气泡"(Tourist Bubble)概念,他认为东道主会在旅游核心区与边缘区之间设立边界暗示(Boundary Cues)来表达旅游地主客群体的心理区隔。[③] 在对国外相关研究评述的基础上,李东和、赵玉宗提出"旅游罩"的概念,以此指称对旅游者旅游活动构成限制的客观现象。[④]陈秀清、钟永德通过对国外"旅游罩"内涵发展进程的梳理,认为国外学者出于研究的需要,给予"旅游罩"不同的概念,但内涵基本是相同的,用"旅游罩"来指代可以给予旅游者安全、舒适感知的旅游环境和旅游区域。[⑤] 事实上,"旅游圈""旅游气泡""旅游罩"等概念兼具地理的、物理的、文化的、心理的空间属性,其体现出东道主文化保护屏障与旅游主客群体文化隔离的双重功效。从理论上讲,"旅游圈"确实能在一

---

① 周星:《民族民间文化艺术保护与基层社区》,《民族艺术》2004年第2期。

② 参见杨慧《旅游、人类学与中国社会》,云南大学出版社2001年版,第19—43页。

③ Jaakson R., Beyond the Tourist Bubble? Cruiseship Passengers in Port, *Annals of Tourism Research*, Vol. 31, No. 1, 2004.

④ 李东和、赵玉宗:《旅游罩:类型、形成机制及其对旅游业发展的启示》,《旅游学刊》2006年第2期。

⑤ 陈秀清、钟永德:《国内外旅游罩研究综述》,《湖南医科大学学报》(社会科学版)2008年第1期。

定程度上起到保护民族文化旅游地传统文化的作用。基于此原理，马康纳（MacCannell）提出"舞台真实"①、杨振之提出"前台、帷幕、后台"的民族文化保护与旅游开发新模式。② 学术界普遍承认：营造"舞台真实"的旅游空间和"前台"，确实能提高旅游者的真实感和满意度，既能保留民族文化本色，还能遏制民族文化涵化。但实际上，像傣族园这样社区即景区的旅游社区，往往在民族文化旅游全面开发和村民全民参与后，"旅游圈"会逐渐消失，旅游空间与东道主生活空间的边界将不复存在。是否真如上述学者预言的那样，没有了"旅游圈"和"帷幕"的屏障保护，民族文化就会被外来文化涵化或同化呢？而傣族园的案例却恰恰说明，"旅游圈"的消失与旅游—生活空间的形成，已成为傣族园民族文化旅游化保护和发展的新格局。这也正是少数民族村寨型景区进行民族文化遗产保护的创新性所在。

空间生产是民族文化资源转化为旅游产品和民族文化实现旅游化保护和发展的重要途径。以旅游成为社区傣族村民日常生活的常态为标志，傣族园的文化旅游空间与村民的生活空间相互作用、边界交融，最终使旅游—生活空间形成。旅游—生活空间包含剧场化的旅游空间与生活化的旅游空间两个层次，亦指游客的旅游空间与文化持有者的生活空间的交融并置。傣族园旅游—生活空间的形成，与其本身的文化空间属性及景区文化旅游开发的全面推进、村民的全民参与密切相关，其是民族文化旅游化保护实践的表现形式和结果。因此，旅游—生活空间，是本书探讨傣族园民族文化旅游化保护的核心概念。

在某种程度上，傣族园作为传统傣族文化原地整体保护较为成功的旅游社区，其本身就是一个文化空间。联合国教科文组织将"文化空间"定义为："具有特殊价值的非物质文化遗产的集中表现。"人类学的"文化空间"，是一个有人类的行为、时间观念、岁时传统或者人类本身"在场"的物理空间和文化场。③ 伴随傣族园文化旅游的全面推

---

① ［美］马康纳（MacCannell）：《旅游者休闲阶层新论》，张晓萍等译，广西师范大学出版社 2008 年版，第 101—122 页。

② 杨振之：《前台、帷幕、后台：民族文化保护与旅游开发的新模式探索》，《民族研究》2006 年第 2 期。

③ 向云驹：《论"文化空间"》，《中央民族大学学报 》（哲学社会科学版）2008 年第 3 期。

进，傣族园已逐渐从未加雕琢的传统的文化空间向各种社会力量集体建构的旅游—生活空间过渡。而"傣家乐"旅游特色经营户的涌现，则是游客与村民全面接触，傣族园旅游—生活空间真正形成的标志。2000年和2004年，傣族园公司对五个村寨村民实施了整体素质培训与旅游专业教育培训，并根据各村寨特色组织进行了传统旅游工艺品、南传上座部佛教文化、餐饮文化、生态花园等项目的保护性开发建设。近些年，又陆续对景区100户村民家庭进行旅游接待基础设施的改造，使"傣家乐"成为几乎全民参与的旅游特色经营项目。以上举措极大地丰富了景区旅游的内容，增加了村民的收入，激发了村民文化保护与旅游参与的热情。最终，使傣族园真正发展成为旅游空间与生活空间边界交融的旅游社区，景区内的村寨自然风貌、傣族民俗风情，乃至村民的日常生活场景，无不成为文化旅游资源，部分还被开发成旅游产品和商品。

旅游—生活空间的生产，是旅游社区地方再造的现代化成果。空间生产理论大师亨瑞·列斐伏尔（Henri Lefebvre）认为，空间的建构过程是新生产关系和社会关系产生及其日常生活化的过程。以生计而展开的生产和消费关系是最基本的，它构成了新的社会秩序的基础。[①] 旅游—生活空间生产的结果，直观表现为空间转换：村民的私人生活空间转换为公共旅游空间；傣家竹楼、传统工艺及饮食等生活文化资本化，家庭个人行为逐渐演变为景区村落普遍性的集体行动；更深层的变化还在于其与外部世界共同进行着更大社会空间关系网络的建构等方面。而后者正是旅游—生活空间意义之所在。旅游—生活空间形塑的过程，是一个少数民族地方社会在市场化、全球化世界建立起社会关系网络的文化的、经济的和政治的现代化过程。外部世界成为旅游—生活空间意义建构的重要影响力：空间被纳入国家的治理范围之中，政府关于傣族园社会经济文化建设目标的权力规划，成为一种自上而下的地方性决策；企业的旅游发展规划及产业化实施，成为民族文化凭借旅游途径得以保护性发展的主要推力；游客作为村民与全球化、与市场化互动的间接载

---

① Henri Lefebvre, *The Production of Space*, Donald Nicholson—Smith trans. , Wiley—Blackwell, 1991, pp. 37—66.

体，通过对傣族文化的认可和文化旅游消费需求，刺激着傣族文化的旅游商品化生产。其中，国家、企业作为文化生产控制的两大基本力量——制度权力和资本权力的代表，通过社会控制与经济控制发挥着重要作用。同时，作为空间主体的村民，通过与外界多元文化的接触，对族群性、族群文化价值的重新认识及文化旅游化保护观念及执行力在逐渐增强，通过文化经营而获取社会效益与经济效益。以民族性作为文化生产的基点，为这些边缘化的民族群体抗辩现实的文化霸权、抗争不平等的政治经济关系，提供了一个切入的契机。[①] 少数民族通过旅游进行文化再生产，激活、保护与传承了自己的民族文化，确立了自己在当代多元文化体系中的地位。可见，充斥着多种权力话语与多元主体的旅游空间实践，反映出民族文化旅游资本化和民族文化传承保护的多重社会效应。

民族文化旅游的空间生产，包括旅游地自然景观与民族文化物质载体等物理空间的开发建设；标志性旅游景观符号系统的制造、旅游产品舞台化再现与产业化开发；相连于旅游地社会民俗生活和游客原真性体验的空间生产；等等。民族文化旅游化保护和空间生产，在旅游—生活空间的剧场化旅游空间与生活化旅游空间两个层面展开。

剧场化旅游空间是旅游规划人员根据民族文化特色和市场需求，有意识设计、规划与生产的概念化的空间。其以舞台化表演与产业化开发为主要形式，展现的是标志性和符号性的文化旅游产品。在通常情况下，剧场化旅游空间依托具有民族文化符号意义的传统文化，如表演艺术、礼仪、节庆、传统手工艺等进行生产，通过文化精英精心设计、市场化专业运作生产的旅游产品，是民族文化遗产"形"与"神"结合再现的文化再生形态，是民族文化旅游资源商品化的结果。其民族文化保护的意义在于：所产生直接的经济效益，能够吸纳和激发各界社会精英对少数民族传统文化的发掘、传承及符号化保护。这是一种以外来精英为主的、多主体参与的民族文化的旅游化保护与发展，其侧重对非物质文化遗产的抢救性发掘与保护。它的显著特色在于：文化旅游产品及景观展示集中、生动、丰富，凸显文化特色，具有巨大的大众文化消费

[①]　陈庆德：《文化生产的双重控制》，《湖南师范大学社会科学学报》2007 年第 3 期。

潜力;不足之处在于:文化符号脱离整体活态的文化生境,留给观众的印象碎片化、表面化。"天天泼水节"和勐巴拉诺西剧场表演,是傣族园民族文化通过剧场化旅游空间得以保护的典型案例。

生活化旅游空间可以直观理解为傣族村民私人生活空间成为接待游客的旅游公共空间。它意味着私人生活空间的旅游化、旅游公共空间的生活化。这一空间反映了旅游地文化持有者真实的生活,亦包含旅游者的参与体验。它是旅游利益相关者共同建构的旅游体验原真性的场景空间。少数民族传统生活和富集非物质文化遗产的代表性文化空间,能为游客提供原真性高、活态、整体的旅游参与体验空间产品,是典型的生活化旅游空间。生活化旅游空间的开发,往往与政府的新农村建设、和谐社会建设、民族文化保护等目标相整合,蕴含着政治、经济、文化多重意义。其民族文化保护的意义在于:政府扶持力度大,村民参与度高,能产生直接的社会经济效益,能够激发草根民众对民族传统文化的发掘、传承、保护,唤起文化持有者的民族文化自觉与文化保护意识;能促进民族地区社会经济文化协同发展。这是一种以文化持有者自身为主的、多主体参与的民族文化的旅游化保护与发展。其侧重对民族物质文化遗产全面、整体的抢救性发掘与保护。显著特色在于:突破常规旅游符号空间与原真性生活空间分离的局限,为游客提供丰富、生动、原真性的文化体验空间。竹楼民居建筑环境的保护、非物质文化遗产的抢救性展演、农家乐特色经营的推广,是傣族园民族文化通过生活化旅游空间得以保护的代表性案例。

基于以上分析,笔者认为,傣族园的民族文化旅游化保护,是在遵循文化自身发展规律和民族文化旅游地具体特点基础上的一种有效的文化保护举措,通过旅游—生活空间保护模式得以实现。剧场化旅游空间和生活化旅游空间,是民族文化旅游—生活空间的不同层面,也可以说是不同子系统,它们之间通过旅游产品、保护主体、保护内容、保护效果四个方面的互补,达到共同的民族文化旅游化保护目的,实现其功能与社会效应的互补。少数民族村寨型景区的文化保护利用模式可用图1—10表示。

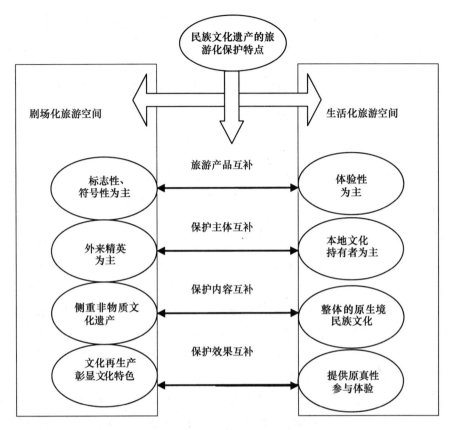

图 1—10　少数民族村寨型景区的文化保护利用模式

第三节　世界文化遗产城市型景区：丽江大研古城①

一　个案及调研基本情况介绍

丽江市是云南省州市级城市，是拥有世界文化遗产、世界自然遗产和世界记忆遗产的著名旅游地。2001 年 10 月，在联合国教科文组织亚太地区文化遗产管理第五届年会上，丽江市以保护世界遗产带动旅游业，旅游发展反哺遗产保护的成功经验被确定为"丽江模式"。2003 年 6 月，丽江

---

①　世界文化遗产丽江古城的保护范围包括大研古城、黑龙潭、束河古镇、白沙古村。严格来讲，丽江古城包括大研古城，大研古城是丽江古城的核心主体部分。但民间普遍将大研古城称作丽江古城。为表述严谨准确，本书中的"古城"专指大研古城，"丽江古城"专指包括大研古城在内的世界文化遗产保护区域。

市被列为全国 8 个文化体制改革综合试点城市之一。木府博物院被世界银行和国家文化部确定为"文化产业的典型案例之一";丽江丽水金沙演艺公司被文化部授予"文化产业示范基地"称号。目前,在丽江市文化旅游产业中发展较为成功的丽江古城、玉龙雪山风景区、"印象丽江"实景演出、"丽水金沙"表演、纳西古乐演奏等无一不是以纳西族传统文化为核心源泉的。① 文化旅游产业已成为丽江市的支柱产业和新的经济增长点。丽江市也因此成为研究民族文化遗产旅游利用与保护的典型。

丽江古城位于滇西北、川西北、藏东南结合部,是进入大香格里拉旅游区的重要门户,同时也是茶马古道旅游线上的重要节点。丽江古城于1986 年被国务院列为"中国历史文化名城"。1997 年 12 月 4 日,被列入世界文化遗产名录。2001 年 10 月,丽江古城文化遗产保护与遗产旅游相互促进的做法被确定为"丽江模式",在亚太遗产地加以推广。2007 年,获联合国教科文组织亚太地区文化遗产保护优秀奖。2006 年,被中央文明办、住房和城乡建设部、国家旅游局三部委联合授予全国文明风景旅游区,2009 年以来,先后被评为国家 5A 级景区、民族文化旅游品牌十强之一、海内外游客最向往的景区、国家旅游名片、中国最佳旅游品牌景区、中国百强旅游景区、改革 30 年中国最佳旅游目的地等。②

大研古城是丽江古城的主体部分,海拔 2416 米,总面积 3.8 平方千米,今有居民 2.5 万多人,纳西族是古城的原住主体民族。玉泉水从古城的西北方向流出,分成西河、中河、东河三条支流,再分成无数股支渠。古城街道布局合理,主街傍河,小巷临渠,清澈的泉水穿街过户。古城中造型各异的石桥、木桥多达 365 座,居中国之冠。古城居民喜爱盆景花卉,纳西人喜爱琴棋书画,照壁堂屋常有山水花鸟和诗词佳句,走进古城民居,总能让人感受到一股浓郁的文化气息。古城中心有一块方形广场,是著名的四方街。四条主街通向四方,小巷如网,往来畅便。③ 以四方街为中心的区域是纳西民族传统聚集区,仅著名的建筑群就有四方街、木府、忠义坊、关门口等数十处,历史上曾是木氏土司统治的政治、经济、文化核心区域。

---

① 高烈明:《丽江民族文化旅游资源的现代意义和旅游价值》,载杨国清主编《腾飞的翅膀:二○○九丽江文化旅游研讨会论文集》,云南人民出版社 2010 年版,第 187 页。

② 来源于 2013 年 8 月丽江古城管理局提供资料。

③ 参见和仕勇《世界文化遗产丽江古城志》,云南民族出版社 2011 年版,第 474—475 页。

　　笔者选取丽江古城的核心主体部分大研古城，作为民族文化遗产旅游利用与保护的旅游空间原地生产模式的典型个案，曾于 2011 年 2 月至 2013 年 8 月三次赴丽江主要文化旅游景点进行田野调查，调查问卷完成于 2013 年 8 月。调查期间，笔者与丽江古城管理局、丽江文化研究会的工作人员、旅游公司员工、古城主要社区居委会负责人、游客及当地纳西族学者、普通群众进行了访谈和资料收集。调查对象情况见表 1—12。需要特别说明的是，接受访谈的大研古城各居委会领导被归类于政府机关人员。

表 1—12　　　　　　　　　　　个案调查对象情况统计

调查对象　　数据　　调查方式	性别		文化程度				年龄			身份、职业						其中		民族		合计
	男	女	大学及以上	中专高中	初中	小学	30岁以下	30—60岁	60岁以上	政府机关人员	个体工商户	企事业单位职工	农民	学生	其中	游客	景区内纳西族	少数民族	其他民族	
有效问卷数（份）	57	42	42	37	13	7	35	42	22	15	45	11	4	6	18	40	45	62	37	99
个案访谈数（件）	18	11	10	15	4	0	5	20	4	10	4	9	6	0	0	10	15	17	12	29
合计	75	53	52	52	17	7	40	62	26	25	49	20	10	6	18	50	60	79	49	128

二　民族文化遗产资源现状

　　世代生活在大研古城的纳西族人对保护古城水源、市貌、交通等有自发性的乡规民约。古城从城镇的整体布局到民居的形式，以及建筑用材料、工艺装饰、施工工艺、环境等方面，均完好地保存了古代面貌，包括道路、水系、桥梁、街巷铺面等细节都得到完整保留。四方街是丽江古街的代表，位于大研古城的核心位置。其西侧的制高点是科贡坊，为风格独特的三层门楼。西有西河，东为中河。西河上设有活动闸门，可利用西河与中河的高差冲洗街面。从四方街四角延伸出四大主街：光义街、七一街、五一街、新华街，又从四大主街岔出众多街巷，形成以四方街为中心、沿街逐层外延的城镇格局。合理有序的城市空间与水系、独具特色的民族传统文化，是其独特之处。

　　目前，大研古城及周边的文物包括狮子山青铜器出土点、木府明代建筑遗址、狮子山丹凤楼遗址、宝山州印土地等古遗址;白马龙潭寺(1982年公布为古城区文物保护单位)、狮子山文昌宫、嵌雪楼(1988年公布为县级文物保护单位)、文庙(1988年公布为县级文物保护单位)、武庙(1988年公布为县级文物保护单位)、玉龙锁脉山(1988年公布为古城区文物保护单位)、汝吉小学(1988年公布为县级文物保护单位)、红二方面军过丽江指挥部、丽江府中学堂旧址(1988年公布为县级文物保护单位)等文物保护单位;周霖故居(丽江古城重点保护民居)、方国瑜故居(丽江古城重点保护民居和古城区文物保护单位)、顾彼得故居等名人故居。此外,还有木氏土司衙署和狮子山万古楼。木氏土司衙署简称木府,位于古城狮子山东麓,今称丽江古城博物馆,1996年"2·3"地震后恢复重建。木府占地46亩,中轴线长369米,这座基本按原样恢复的古代建筑群中,设有古今纳西族政治、经济、军事、文化教育、宗教诸内容的展览场馆,堪称丽江纳西族文化之大观园。狮子山1998年开辟为公园。山顶建造的五层古典式全木结构望景楼,名"万古楼"。楼高32.8米,16根24米长的木柱一柱通顶,楼上有大小12600个纳西族风格的龙头,创下世界之最。①

大研古城原住主体民族纳西族有自己的语言和文字。其语言属汉藏语系藏缅语族彝语支。纳西族一般信仰东巴教、喇嘛教、佛教、道教以及天、地、山、水等自然神,具有多神信仰的性质。东巴教是纳西族原始宗教,且兼收并蓄其他宗教,笃信万物有灵,为多神教。纳西族古老的象形文字,主要由宗教职业者东巴用来书写经典,故又称东巴文,是目前世界上仅存的仍在使用的象形文字,用东巴文书写的东巴教经典称《东巴经》。纳西族民间音乐中最为世人瞩目的当属纳西古乐。纳西古乐由《白沙细乐》和《丽江洞经音乐》两部分组成。大研古城的建筑为例,古城的建筑群都是土木结构的瓦屋,可以分为"二坊一照壁或三坊一照壁、四合五天井、前后院、一进两院、四合院"等多种形式,这些建筑的门窗,牌楼上有精工细雕的图案。纳西族民族服饰具有鲜明的民族特色,未婚女子一般梳长发或扎长辫垂肩后,已婚妇女则在头顶梳发髻,喜欢戴蓝色帽子。上身着宽腰大袖的袍褂,外加坎肩,下穿长裤,系百褶围腰,足穿船形绣花鞋。在领、袖、襟等处绣有花边,朴素大方。由于纳西族受汉

---

① 参见和仕勇《世界文化遗产丽江古城志》,云南民族出版社2011年版,第394—403页。

族的影响较深，男子服饰与汉族的基本相同，穿长袍马褂或对襟短衫，下着长裤。妇女服饰中最具特点的是身后的七星羊皮披肩，披肩上并排钉着七个直径为二寸左右的绣花圆布圈，每圈中有一对垂穗。这一装束的来源有多种不同的说法。较为通常的说法是代表七颗星星，寓意为"披星戴月"。还有一种说法认为纳西族自古将青蛙视为智慧之神，能解人危难，因此那些圆形图案代表青蛙的眼睛，是一种青蛙图腾崇拜的历史遗痕。纳西族许多节日都与汉族相同，如春节、清明、端午、中秋等，但是节日活动内容与汉族有所差异，带有鲜明的民族特色。此外纳西族也有一些自己的传统节日，如"三月龙王庙会"、农历正月十五日的"棒棒节"、夏历七月中旬举办的丽江七月会，也称为"七月骡马会"等。春节是纳西族最大的传统节日，并且伴有许多祭祀活动。

丽江是云南非物质文化遗产丰富、保护较早的地区。古城市、区两级非物质文化遗产项目较多。截至 2013 年，市级非物质文化遗产项目有 44 项，其中古城区有 17 项，占近 39%。区级各类非物质文化遗产项目有 113 项，传承人 143 人，对丽江古城纳西族传统文化保护区进行整体保护。古城区现有非物质文化遗产项目几乎涵盖国家现有各类非物质文化遗产（见表 1—13）。

表 1—13　　　　　　　　　纳西族非物质文化遗产

名称	主要分布地点	级别	确定时间（年）
纳西族东巴画	丽江市	国家级	2006
东巴造纸	迪庆州、丽江市	国家级	2006
纳西族热美蹉民间舞蹈	丽江市	国家级	2008
纳西族白沙细乐	丽江市	国家级	2011
纳西族传统服饰	丽江市	省级	2008
东巴舞	丽江市古城区、玉龙县	省级	2008
各类非物质文化遗产项目 17 项	丽江市古城区	市级	2005—2013
各类非物质文化遗产项目 113 项，传承人 143 人	丽江市古城区	区级	2005—2013
丽江古城纳西族传统文化保护区	丽江市丽江古城	区级	2005

资料来源：根据 2013 年 8 月古城区文化遗产保护中心提供资料整理。

三 旅游开发背景

根据相关资料及丽江古城管理局和红阳副局长的介绍,丽江古城文化遗产旅游的肇始可追溯到 1994 年 10 月 24 日举行的云南省滇西北旅游现场会。在丽江市举行的闭幕式上,和志强省长把丽江古城申报世界文化遗产提上议事日程。会后就开始制定丽江旅游规划。1994—1996 年成功地招商引资,1995 年开始启动建设工程。1996 年丽江发生地震。借震后重建之机,众多部门机构搬迁出古城,大研古城恢复本来面貌。1997 年 12 月 4 日,丽江古城成功进入世界文化遗产名录,成为全国仅有的两个城市型文化遗产之一,是云南唯一的世界文化遗产。

1999 年昆明世博会的举办,为丽江古城文化遗产旅游蓬勃发展创造了机会。1999 年开始,旅游人数不断增多。除 2003 年受非典影响外,丽江古城成为丽江旅游热点。目前,以旅游业为龙头的第三产业占全市生产总值的比重,已达 50% 以上。1995 年,丽江地区①游客接待量和旅游总收入,仅为 84.5 万人次和 3.3 亿元;至 2012 年,增加到 1599.1 万人次和 211.21 亿元,分别增长 18.9 倍和 64 倍。据云南省科协和文化厅所做的科学技术课题研究显示,丽江古城品牌对丽江社会经济的贡献率已达 63%。② 旅游业已成为丽江市发展的支柱产业,丽江古城也成为丽江旅游业的核心竞争力,是丽江市旅游业的最大支撑和最亮品牌。

2005 年,世界文化遗产丽江古城保护管理局(以下简称丽江古城管理局)成立,作为丽江市人民政府对丽江古城依法行使保护与管理的职能部门。目前,丽江古城管理局负责大研古城的规划、执法、古城维护费征收和民族文化开发保护,古城区大研街道办事处负责大研古城的社会事业管理。

由于地处西部,受经济发展水平和政府财政限制,整个丽江古城原来的保护经费主要靠入不敷出的地方财政安排。为了切实解决丽江古城保护管理资金严重匮乏的问题,根据《云南省丽江古城保护条例》的相关规

---

① 2002 年 12 月 26 日,丽江地区撤地设市,丽江县分设古城区和玉龙纳西族自治县。新设立的丽江市辖 1 区 4 县,即古城区、玉龙县、宁蒗县、永胜县、华坪县。

② 和仕勇:《争当建设世界文化名市排头兵》,《云南通讯》2013 年第 4 期。

定，报云南省人民政府批准，从 2001 年起，相关部门开始向游客征收古城维护费，并全部投入到了丽江古城保护管理中。

丽江古城成为世界文化遗产后，因为旅游业的迅速发展导致城市功能改变，大量外来经商人员进入核心区域大研古城，原住民从生活便利和经济收益考虑逐步搬离古城。大研古城外来经商人口明显超过本地居民，而且这种趋势还在继续。目前，与旅游业发展相结合的古城整治更新被作为主要战略，同时深层次的文化旅游也被认为是利用古城纳西族的文化遗产资源来复苏城市经济的最好途径。不仅要保护丽江古城历史形成的城市空间结构、道路格局、风貌特色，而且要保护古城居民原有的生活形态，缓解古城范围内的环境压力，分散游客。所以，如何形成纳西传统民族文化保护与民族文化旅游提升的共赢机制，成为近些年丽江古城世界文化遗产管理与发展的主要工作。

四　旅游空间系统：民族文化遗产旅游利用的空间生产情况

连接遗产与旅游的关键挑战在于通过阐释当下重构历史。阐释不仅是对遗产物理现象与有形元素的描述，它还关系到对遗产精神真实性、内在意义的理解与情感回应。[①] 大研古城通过历史文物古迹修复、传统商业气氛营造和传统纳西族民俗展演等历史性符号生产，为游客提供丰富的文化体验，体现出使历史文化遗产活在当下的生产理念和对遗产的历史文化内涵与意义进行阐释与重构的生产特点。旅游空间生产方式多元，集原态保护式生产、历史复原式生产、模拟示范式生产、复合式生产为一体。生产内容表现为旅游产品、设施及与之相关的历史文化氛围。

物质文化遗产的空间生产依托建筑、雕像等物质实体，为游客提供旅游体验的场所、氛围、环境——如木府博物院、雪山书院、方国瑜故居及古城街道、广场牌坊、水系、桥梁、民居庭院、槛联匾额、碑刻条石等。非物质文化遗产、商业氛围与民俗生活场景的空间生产，有传统民俗体验项目、传统手工技艺展演与旅游商品的展销等——如纳西古乐演奏、东巴造纸及打铜、纳西族传统婚庆、放河灯、歌舞打跳、骑马等（见表1—14）。

---

① Wiendu Nuryanti. , Heritage And Postmodern Tourism , *Annals of Tourism Research*, Vol. 23, No. 2 , 1996.

表 1—14 景区旅游空间生产情况

旅游空间三层次		主要旅游服务设施及产品
物理空间	1	大研古城的河流、桥梁、道路、民居等自然风物
	2	古城内的各级文物保护单位
	3	纳西民族特色的旅游接待服务设施（人文资源）
符号空间	1	木府博物院（历史文化场所）
	2	雪山书院（地方文化场所）
	3	纳西古乐、河灯、马队、铜器等（文化旅游产品）
参与体验空间	1	纳西喜院（婚俗）
	2	东巴纸坊（东巴纸）
	3	恒裕公清代老宅（民居与餐饮）

2012 年 8 月 10 日，丽江古城管理局副局长 HHY、丽江古城旅游分公司 YXC 经理，就大研古城旅游空间的民族文化发掘、保护、展示、布局等生产情况做了大致的介绍：

古城管理局副局长 HHY：丽江古城管理局成立了文化产业分公司，在古城的五一街拿出一部分公房进行招标，也有一些优惠政策，把保护文化与开发旅游结合起来，计划把五一街打造成一个民俗文化街。"十二五"规划重点工作是恢复明清两代的文庙、武庙、流官建筑等文化景观。我们要尽量把丽江古城的文化展示出来。

我们组织人在四方街和玉河广场打跳。群众娱乐、锻炼，自愿向游客展示，以老年人为主。民间参与的，还有普贤寺院、雪山书院的开发。现在做民间文化传承的太多，东巴文化协会民间就有 160 多个。丽江古城管理局也成立了丽江纳西文化研究会。专门为"十二五"规划、遗产保护规划做决策咨询。这个组织在拉萨、北京、成都、昆明等地都分布有协会，有专门的研讨会、专门的报刊。

丽江有两个遗产日，国家层面是在每年 6 月第二个星期六。丽江有三个世界遗产日，12 月 4 日定为丽江遗产日。在这两个遗产日时，丽江地区的国家级非物质文化遗产热美蹉（传统民间舞蹈）、白沙细乐都会在丽江古城集中展示。丽江从 2005 年开始，只要有节日、有活动，这些非物质文化遗产节目都会集中展示，是一个活态的展示。下一步还要继续探索。

丽江古城旅游分公司经理 YXC：古城管理公司跟管理局设置上是平级的。运作的模式现在也在探索。

故居院落自 2007 年以来一直在运作，尽可能收集一些文化名人，以本土文化为主，不排斥外来文化，这个项目处于这个阶段。书院项目也是古城中在打造的项目。作为文化遗产保护单位，雪山书院靠民间的力量来运作，比较灵活，目前比较成功。近期在免费开办东巴文化传承，专门请东巴教授，在做一些公益的教育活动。从 3 月开始的讲坛跟东巴教育是一体的。书院是一种教育传承，恢复丽江传统文化教育的模式，不以经济利益为主。

文化保护展示这块，现在是尽量梳理出来，条件成熟一个做一个。我们扶持民族文化产品，原来计划十家，2004 年启动，现在做得最好的就是造纸人家。能够传承下来是与旅游与文化结合比较好的。宣科的古乐会也是在古城一个小院落里发展起来的。现在有十几家扶持的，需要边做边探索，下一步有具体的实施办法和管理条例，需要听证、梳理。保护门店也有关门的。像鸡豆凉粉店，这些项目确实有很多问题。现在尽量引导与旅游对接，建议既保留传统，又要吸引游客。比如东巴造纸就是迎合游客的心理来做的。现在做了很多有使用价值的商品。过去的凉粉店比较单一。现在的凉粉店在卖凉粉的同时也卖各种小吃，就可以生存。五一街一个老奶奶做了一辈子卤腐，做了 59 年了，由她的姑娘在传承，方式也在变革，其产品现在销售不错。作为传统工艺在扶持，这一家还是成功的。另外一家做蜜饯的，也在扶持，红白事很常用，也要保护。

1. 物理空间

大研古城的物理空间涵盖城市空间与水系、众多文物古迹及独具特色的民族风貌等实体（见图 1—11）。在大研古城文化遗产的保护规划中，政府尽可能体现其民族文化和商业氛围浓郁的传统风貌。古城历史文化景观建设项目正在进行。继方国瑜故居博物馆之后，2012 年 12 月 27 日，位于新华街翠文段 71 号的王丕震先生纪念馆开馆。除众多文物古迹和各类旅游经营及服务设施外，四方街和玉河广场的纳西族歌舞打跳、穿着纳西民族服装的妇女，也成为大研古城一道亮丽的风景。由于大研古城曾是茶马古道重镇，其商业氛围的恢复建设成为物理空间生产的一大重要标志。

图 1—11　物理空间的代表性景观

　　历史上，大研古城是茶马古道重镇，元明以来逐渐形成滇西北的政治、经济、文化中心，也是纳西族历史文化发展中心。自明代以来，80%以上人口主要靠手工业和商业为其生活来源。到清末民国时期，古城内有2500多人为从事手工业的工人。明代，是纳西族历史上极为重要的时期，经济的发展特别是手工业商贸获得较快的发展，同时土司采取较开明的开放政策，在大量吸收先进民族文化的基础上充实发展自己，曾从内地请进各种手工业匠师，同时本民族也涌现出高超的手工艺匠人。清雍正元年"改土归流"后，大研古城的纳西族地主经济得到很大的发展，促进了手工业脱离农业而初具规模，开始形成初级市场。清末，官府举办一年一度的龙王庙物资交流会，设"劝工场"工业品展览馆，进行手工业评品奖励，会间减半征收货物贸易税金，以鼓励手工业发展。辛亥革命后，工业生产有新发展，大研镇商贾云集，手工业兴旺。民国三十年（1941），中国工业合作总社派遣俄国人顾彼得至丽江，开办"中国工会协会滇黔区合作事务所"，投放贷款扶持手工业生产。资助工人到上海、甘肃等地学习技术。几年间，在大研古城及部分乡村开办了30余个手工业生产合作社。民国三十六年（1947）5月27日，在大研镇兴仁街79号召开有13个行业的36名代表参加的会议，成立丽江县总工会，下设洗染、陶器、首饰、石作、铁器、铜器、制革、理发、泥木、食馆、缝纫、羔皮、中医共13个职业工会。①

　　为规范商业行为，保护民族文化载体，调整大研古城商业的布局与结构，丽江古城管理局编制了《丽江古城传统商业文化保护管理规划》《丽江古城旅游资源保护管理规划》《丽江古城传统文化保护管理规划》。为保障古城商业有序健康发展，丽江古城管理局对古城内的商业行为实行准入制度，把《准营证》作为进入古城进行商业经营的条件进行审批。积极鼓励经营具有地方民族特色的商品，规范店内装潢、招牌、柜台，控制店铺的规模、数量，定期对外来经营者进行培训，让他们了解古城传统文化。在商业规划与管理中，大力扶持能体现纳西传统特色的店铺，现保护门店有十多家。东大街（自大水车入口至新华街翠文段的四方街）是大研古城最核心、最热闹的街道。根据笔者2012年8月12日的统计，共有店铺170家。店铺分类及数量大致如表1—15所示。由此可见，古城商业

---

　　①　和仕勇：《世界文化遗产丽江古城志》，云南民族出版社2011年版，第219—220页。

经营种类齐全，结构合理。

表1—15　　　　　　　　古城东大街经营店铺情况

经营类型	餐饮食品（含药、保健品）	服装配饰	旅游工艺品	客栈	玉器	文化休闲（音乐书法）	皮毛制品	土特产	公共服务（银行、电信、邮政等）	影像服务	旅游接待服务
数量（家）	40	50	41	6	7	5	5	5	6	3	6

资料来源：根据2012年8月12日调研资料整理

2. 景观符号空间

木府、雪山书院、纳西古乐表演等堪称大研古城具代表性的景观符号空间。

木府是大研古城的标志性建筑之一（见图1—12）。木府原为丽江世袭土司木氏的衙署，始建于元代（1271—1368），1998年重建后改为古城博物院，现在销售门票，市场运作。博物院占地46亩，坐西向东，沿中轴线建有忠义坊、议事厅、万卷楼、护法殿、光碧楼、玉音楼、三清殿、戏台、过街楼、家院、走廊等。有历代皇帝钦赐匾额11块。宏大的建筑群内有涵盖纳西族政治、文化、宗教、经济、军事诸多内容的展馆，并配有专业导游解说，是展示丽江历史文化的重要场所。就其历史文化价值和空间布局的重要性而言，堪称是古城深厚历史文化的象征性符号。根据管理局工作人员的统计资料和笔者随机访谈游客的情况看，凡到古城的游客几乎都到木府参观。其已成为丽江古城最具历史文化感的旅游产品。在边疆民族文化旅游语境中，木府作为历史上中国多元一体大一统国家疆界的政治象征意义亦得到体现。木府所创造的社会价值与经济价值极为可观。特别是2012年电视连续剧《木府风云》热播以来，木府更是成为丽江古城炙手可热的旅游消费符号。

雪山书院是明清时期古城学子童生接受儒家典籍教化，学习"四书五经"，习作"八股"及诗词歌赋之场所，也是学者讲学研讨、兼议时政之院所。恢复重建雪山书院属于丽江古城"十二五"规划项目。恢复重建后的书院已初具规模（见图1—13），召开了纳西文化座谈会和学术研讨会，运用文字、图书和录音、录像，挖掘和整理与世界文化遗产丽江古城密切相关的历史人文资料，发行了院刊《雪韵》，还开设了"丽江讲

图1—12　木府

坛"。协助丽江电视台与玉龙县电视台开设纳西语"可喜可乐秀"节目。"可喜可乐秀"深受本土听众的喜爱。这一切得到了社会各界有识之士和文化人的关注与支持，市内外多家新闻媒体先后进行了报道，誉为"丽江古城的文化高地""丽江古城的'镇城之院'"。书院负责人向笔者介绍，恢复重建后的雪山书院将建成图书档案资料保管、研究、社会教育与文化旅游的场馆，计划增建数字图书馆、多媒体功能厅、陈列室，向居民和游客开放，以继承发扬丽江文化教育传统，丰富古城文化景观，体现古城文化遗产的深厚文化内涵和渊源；还计划借用多媒体方式重新整理古代书籍、字画、档案等资料，供人们参观游览和学习交流；继续开展开设"丽江讲坛"、开展专题研究、组织书籍出版等项目。可见，同样是历史符号的建构，木府符号（化）生产以呈现历史真实的写实性生产为基调，而雪山书院的符号（化）生产则更多体现出服务现实、与时俱进的生产特点。生产性方式保护非物质文化遗产的实践，除具有历史性符号生产特点外，还具有鲜明的族群性符号建构特点。

雪山书院是政府扶持、民间社团运作的模式。院长 HGX，是一位经历丰富、眼界开阔的纳西族知识分子。2009 年，在他进驻古城时，整个古城的原住居民正在大规模外迁。朋友们都说，"我们都往外逃了你还敢进来？"而他说"正因为你们逃了，我才进来"。2013 年 8 月 20 日，院长做了一些介绍：

　　雪山书院是 2011 年在民政局注册的民间组织。雪山书院的恢复是古城东部流官文化项目的一个子项目。房子是丽江古城管理局给的。书院是以藏书、写书、出书、教书、读书 5 个主导方向在做事，承载了书院的 5 个功能。我们还报了一个"丽江古城纳西族民俗博物馆"项目。十几年，我陆陆续续收集了一些东西，为这个博物馆做好了准备。建数字化图书馆是远景目标。参加书院活动的什么人都有，包括导游。书院给丽江已经退离休的老专家提供了宣传展示民族文化成果的平台。现在书院还在做一个大网站。我们偶尔利用假期来教授东巴文。我们的乐队用小提琴把世界名曲用我们民族的方式演奏，这是全世界著名音乐家都不敢想、不敢做的一件事情，我们已经做成了。每年丽江旅游学院旅游系的毕业班都会到我们这里来实习。

图 1—13　雪山书院

　　纳西族传统音乐"白沙细乐"入选 2011 年第三批国家级非物质文化遗产。包括"白沙细乐"在内的纳西古乐是丽江民族文化旅游品牌。纳西古乐通常指东巴音乐、"白沙细乐"，以及由中原传入的洞经音乐等流传于纳西族地区的历史悠久的古老音乐。其中洞经音乐是汉族道教音乐和佛学相融会后形成的科仪音乐。其流传于丽江纳西族地区数百年，融合了纳西音乐的特点。丽江洞经音乐被认为是保存最完整，又最具地方民族特色的科仪音乐。借助文化旅游产业，丽江洞经音乐开始在民间复兴。与此同时，传承方式产生了新变化。如传习馆、培训班、古乐会等大量出现，录音、摄像、刻制 CD、VCD 等成为传承辅助手段，简谱或五线谱成为洞经音乐的记录方式。①

　　宣科先生和纳西古乐是丽江最早的文化品牌，后来发展成为享誉国内外的文化旅游品牌，纳西古乐的旅游热效应历经二十余年而不衰，带动了"丽水金沙""印象丽江"等文化产业。宣科先生致力于洞经音乐的研究，深入挖掘、整理、加工、提炼，成功将南唐后主李煜的《浪淘沙》、元代词人张养浩的《山坡羊·潼关怀古》与原曲谱填配，从而使唐诗宋词风韵得以重现人间，让人们体会到唐宋音乐悠久的旋律和无限的韵味。宣科先生从 1984 年开始任丽江大研纳西古乐会会长。古乐会在 20 世纪 80 年代初期大都免费演出，1987 年开始营业性演出。1993年古乐会进京演出获得较大成功，自此接受国内外邀请。2000 年，古乐会改制为丽江宣科纳西古文化有限公司。丽江洞经音乐从此开始走上文化产业的道路，并产生了较好的经济效益。古乐会的成功，同时带动了周边的一些古乐会，也结合旅游业的发展组织展演活动或传承活动，对保护和弘扬丽江洞经音乐起到了积极的作用。二十多年来，仅古乐会就接待了中外游客近百万人。迄今为止，有近 60 家国内外著名的报纸、杂志、电台、电视台报道过古乐会的演出盛况，丽江洞经音乐在国内外产生的影响越来越大。2012 年 7 月调研期间，笔者就数次见到古乐演奏结束后等候宣科签名的游客拍成了长龙。当笔者问及"你认为哪些文化旅游品牌可以代表丽江或堪称丽江的符号？"几乎所有访谈对象都提及纳西古乐。从纳西古乐这一民间音乐艺术旅游符号化的过程可见，除去政策及旅游市场等重要因素，像宣科先生这样的民族文化精英，他用

――――――――――
　　① 参见和仕勇《世界文化遗产丽江古城志》，云南民族出版社 2011 年版，第 344—345 页。

智慧、情感与历史性创造赋予纳西古乐以生命力。这是笔者在回顾纳西古乐发展历程及聆听古乐后的切身感受。

而位于纳西古乐厅对面的东巴宫,其命运则不同。它成立于20世纪90年代,收集整理了大量纳西族民间歌舞,并进行了舞台艺术加工,形成一批富有民族气息和东巴文化特色的精彩节目。如丁巴什罗舞、东巴经唱腔《吉日经》、"白沙细乐"乐章、丽江洞经音乐及纳西民歌、民间舞蹈等。学者认为"一台乐舞,满堂学问"。既宣传了传统的东巴歌舞,又使从业者学习并传承着民族文化。常年有国内外的歌舞及音乐爱好者做短期学习,东巴宫与南京艺术学院建立了长期合作关系。2009年6月,东巴宫开始进行市场化改造。如今,其完全丧失了民族文化特色,成为一般的歌舞酒吧。东巴宫的案例表明,文化旅游对于文化遗产保护而言,是把双刃剑。对民族音乐文化遗产的传承坚守,不仅要遵循文化旅游市场的发展规律,对遗产的专业化传承发展和深厚情感也是一大重要因素。

纳西族妇女出售河灯与纳西汉子的马队也是大研古城富有民族特色与地域特色的符号景观(见图1—14)。古城纳西族有祭祖时放河灯为先祖照亮前行道路之习俗。现在古城西河、中河热闹地段有纳西族小姑娘销售河灯的旅游景观,不过河灯演化成了许愿灯。不少游客会骑上高头大马,在纳西汉子的带领下游览古城,留下了极具象征性的旅游照片。

图1—14　部分符号景观

3. 参与体验空间

遗产的重要性和价值,在于宣传遗产保护价值的同时如何利用遗产为旅游者创造具有实际意义的体验。① 与傣族园富有地方感的民族节庆、"傣家乐"等传统民俗文化空间不同，大研古城的旅游参与体验空间因其旅游经营项目的本质属性，使其表现出较强的符号化特点。尽管如此，以纳西喜院和东巴纸坊为代表的古城传统文化保护项目，作为古城民族文化旅游的核心内容，仍然积极进行着文化体验旅游的尝试和拓展。古城民族分公司建设中的《古城传统文化保护项目——走进纳西人家》，意在建立民族文化基地，将代表古城不同民族传统文化主题的各个院落作为传统文化研究、保护和传承的基地，为古城居民免费传授传统手工艺；同时研究和开发相关的传统文化旅游产品，在院落中进行生产、展示和销售，丰富古城民族文化产品。

纳西喜院是游客进行纳西族传统婚姻家庭习俗文化体验的场所（见图1—15），属于古城"走进纳西人家"系列文化旅游项目之一，是对历史上社会风俗、礼仪庆典这类非物质文化遗产的生产式保护。这个项目旨在建立古城传统文化发掘、保护、展示、传承、经营体系，使古城民族文化旅游得到可持续发展。工作人员 HYJ 是大学毕业新参加工作的本地纳西族女孩。她告诉笔者，虽然自己是本地地道的纳西族，但本民族这些传统婚姻家庭习俗在现实生活中传承得较少，特别是纳西年轻人知之甚少。在纳西喜院的学习工作，让她重新认识了自己的民族传统文化。最让她感动的是，在家庭习俗展演过程中，那些本地年长的纳西族大妈大爷是

图1—15　纳西喜院

---

① ［英］戴伦·J. 蒂莫西、斯蒂芬·W. 博伊德：《遗产旅游》，程尽能译，旅游教育出版社2007年版，第274页。

那么自然、真实，大家真的就像一家人。在向游客展演文化的同时，自己正在重新找回丢失的文化记忆与民族自豪感。

以下是根据 2012 年 8 月 9—10 日与纳西喜院经理 ZJ、工作人员 HYJ 的访谈录音整理的资料。从中可以清楚地了解纳西喜院进行参与体验空间生产的内容和模式以及本土纳西人在纳西文化遗产的持有者、保护者与旅游利用者之间的角色转换。

ZJ（纳西喜院经理，2012 年 8 月 10 日）：纳西喜院属于丽江大研古城文化旅游公司。公司专门负责从事古城内民俗旅游项目的开发，设有游客服务中心，包括马帮、喜院、河灯项目，还有一些院落的管理。2009 年丽江市政府提出一个"走进纳西人家"项目，之中包括古城中的一些民族文化院落，包括编织院、画院、打铜院等十个院落。后来有一些院落不适应市场。现在只有纳西喜院得以保存。纳西喜院也是对传统的摸索，古城原住民很少了，这个东西需要人来传承下去。通过让游客体验少数民族文化的同时，让参与其中的人更加尊重和理解自己的文化，逐步把文化在院落中保存下来。虽然改变了一些，但是最基本的、最古朴的东西可以保存下来。通过喜院的民俗文化展演，对于展演的人是认同上的提升。更多的本地人认同了这些文化，给游客更多的交流空间和体验空间，让游客也可以保护这些文化，把最基本的观念延续和传承下去。

最早，纳西喜院是博物馆的形式，采取保护展现传统民俗的方式。这个项目是纳西婚俗展示，同时以婚庆策划与服务为主。两年来，整个经营是非常困难的。我后来接手，提出民俗文化体验这个概念。在纳西喜院，不单是婚俗体验，所有纳西民俗都可以通过活动体验到。与市旅游局、旅行社都有联系。目前在东南亚的销售是比较好的。当时还考虑做成文化社区，在五一节周边选择展演院落，不同的院落有不同的主题，最终成为一个文化社区。但市场是自动调节的，无法去控制，只能逐渐去适应。喜院的经营自己应该是非常自信的。基于两点，一是游客有需求，游客最希望看到的就是民俗特色，在这个庭院里可以见到很多的纳西人，了解纳西文化；二是作为世界文化遗产地，也需要这样一个庭院，可以获得政府的支持。但在传统民俗的展演操作上也有一些误区和不足，结合旅游市场对于原生态的考量有待提高。

HYJ（纳西喜院员工，2012 年 8 月 9 日）：纳西婚俗展示有规定的流程。第一个流程是在古城口，原来送金钥匙，后来改成送一个专利产品。

游客参与跳红绳，祈求幸福。一般有员工 20 人参与。沿东大街到四方街的放生仪式，有东巴祈福。然后到万子桥，向贵宾抛洒五谷。最后到纳西喜院，跨火盆，除晦气，喝进门酒。游客在外院听建筑民俗的介绍，然后休息，同时品尝蜜饯等小吃。之后上正席，8 盘 4 碗 1 个火锅。同时会有一些原生态的歌舞表演，通过男女对唱表演展示民俗。没有真人结婚时，只是口述介绍。因为结婚是神圣的，不能随便以表演代替。还会有一些民族服饰的介绍，有一些宾客互动，最后有一个篝火晚会。整个流程大概从 6：00 开始到 8：30 结束。客人要事先与我们预约。周边客栈也会推荐游客过来，一次起码得一桌人。

文化展演不少是公司的创新，有些是机动安排的。比如发给游客玩的乐巴鼓，就是调节气氛的。我们跟游客说，摇的声音越大，听到的人越多，就会越幸福。乐巴鼓以前是祭祀道具。跳红绳以前也只有新人才跳。我们想让游客有更多的文化体验。我们的演员有 60 岁左右的老阿妈 4 人，22—26 岁的年轻人较多，还有 40 岁左右的中年妇女两人，有东巴、传统乐器手。如果一个院子都是年轻人，也不真实。刚进来实习时，还以为这里是一家人，觉得很祥和。节目是请玉龙县歌舞团编排的。一般有 8 个左右的节目，有乐器表演、单独唱歌的，也有边唱边跳，纯粹的表演。员工都是当地的纳西族，大学生有四五个。

时隔一年，当笔者 2013 年 8 月 17 日再次探访纳西喜院，却发现它已歇业了。笔者不禁感慨古城文化体验旅游项目拓展的不易。这在一定程度上说明，丽江古城的旅游始终还是停留在大众旅游阶段。拥挤的人流、喧闹的街道、匆忙的脚步、浮光掠影的"凝视"……大众旅游市场驱使丽江古城表现出强烈的旅游符号化特点。

东巴造纸早在 2006 年就已入选第一批国家级非物质文化遗产。十余家从装饰布局到人员配备统一的东巴纸坊连锁店，俨然已成为古城的东巴文化特色符号。在三眼井边、关门口等处的作坊，有纳西族东巴传统手工造纸工艺流程的展演。游客与消费者还可亲自动手参与制作。而且每个连锁店都有东巴。游客在东巴纸坊的文化体验在于：一是可以参与体验纳西族东巴传统手工造纸流程，购买品种丰富、使用价值与观赏纪念价值兼具的成品；二是可以向在场东巴请教各种问题，深入学习了解东巴纸的制作技艺及相关民族文化知识。

东巴纸的制作工艺独特，选材于构树的树皮，通过拌灰煮烂、洗净、捣浆、抄纸、晒纸、砑光等程序，并且加入了纸药，具有印巴次大陆与中原造纸法相结合的独特工艺特点。在生产过程中不加任何化学制剂，以手工为主，能耗小、污染轻，不同于现代造纸技术，体现了东巴文化人与自然和谐相处，崇尚和平的观念。东巴纸具有不易被虫蛀的功效，而且色白质厚，可以长期保存。创办于 2004 年的东巴纸坊现有 15 个分店，5 个加盟店，形成 8 个体系 100 多个产品。其产品特色是用东巴手工纸书写东巴经文和东巴经典名句，是纳西族有关自然界和宇宙的造纸知识实践与市场化、产业化经营方式成功结合的体现。每年的观光客就有 100 多万人次，仅手工纸产品《纳西纸书》《茶马纸书》《东马纸典》等每年就要销售上万册。

笔者访问了几个店的东巴和销售员。得知东巴来自政府、企业、民间创办的各类东巴文化传承基地。他们的工作主要是在游客所购买的纸制品上进行东巴文创作，向游客解说东巴字及东巴文化。身穿纳西服装的销售人员多为年轻女性，不少是利用假期出来打工的在读大学生，还有来自大理的白族，他们多数出于对东巴文化的兴趣而选择这份工作。可见，这种规范的符号化生产经营模式使真正的东巴文化通过旅游市场得到跨越民族边界的传播和振兴。

2012 年 8 月 9 日，笔者在关门口的东巴纸坊（见图 1—16），东巴工作人员就游客参与体验的情况做了具体介绍：

每个店都有一个东巴，一是为了游客更多地了解东巴文化，二是游客买了产品以后，免费书写东巴文字作纪念。游客要体验造纸，我们会先做好纸浆，提供给游客。做的过程，是先浸泡树皮。一般泡 7 天，以泡软为标准，蒸煮一般三天三夜，保持沸腾状态。然后捣碎，漂洗干净，在倒浆桶里倒浆、浇纸。很多专业做的人提供了准确的浇纸方法和抄纸方法，不像宣纸那样细。一块板只可以上一张东巴纸，在木板上晾干，晾干的时间依据天气而定，然后抛光。传统的纸张用于书写东巴经，大小是 26 厘米乘以 60 厘米左右，然后对折就可以了。我们东巴纸用的是传统的纸张，在开发产品时融入的是三江并流区域的纳西文化和东巴文化。现在写的较多的是吉祥语、祝福语。这些是在纳西文化研习馆学过的。我认同这种传统工艺，如果要传承下去应该要有传承和创新。如果单纯地停留在宗教用纸，满足不了游客的需求，也传播不了东巴文化。古城里有三个游客造纸体验点。有很多大学生假期就过来帮忙，兼顾学习。门店里淡季有两个人就够了。东巴纸坊只是一个平台。民间也在传承。有些老东巴会在山上放牛羊时把原料采集回来进行制作。民间做一个法事可能需要几十本东巴经，一个程序可能需要一本到几本经书。

现有成品有办公用品、出版物、明信片等。云南美术出版社已经出版了《茶马纸书》《纳西纸书》。《纳西纸书》主要介绍纳西族的生产生活、文化历史以及三江并流区域文化。《茶马纸书》主要介绍云南普洱到西藏拉萨一线沿途小镇的民风民俗、文化历史，介绍普洱茶的制作流程和马帮。原来产品比较少，现在有 100 多种。销路好的一般是灯具和出版物。

图 1—16　东巴纸坊

恒裕公清代老宅建于 1875 年，是一个体验纳西民居文化及饮食文化的亮点（见图 1—17）。老宅主人 LJX 是古城李氏第十三代后人。据说李氏家族来到丽江已经有 400 年了。其家谱记载，土司木增时代，来自江苏南京的祖先被聘到木府里当国学老师，做了木增的汉语老师，同时做了万卷楼的大掌印、大把式，主持万卷楼建造工程。LJX 以前搞过旅游，当

图 1—17　恒裕公清代老宅

过英语老师。后来干脆停了所有的事情，回到家里守院子。院子是 2012
年 3 月对外开放的。一天做两桌地道的纳西菜，基本可以维持老宅的开
支。三年前，他和中国台湾的一家基金会合作。基金会投入了 100 万元左
右，进行修缮和保养设施设备的购置。目前，他打算申报民居博物馆。他
现在有一个团队，合作伙伴一个是"手绣丽江"公司老总（主要是挖掘
本土民族服饰刺绣文化），另一个是雕刻绘画研究会，还有一个是复兴龙
（商号）茶叶公司的。团队的共同理念是：文化保护与文化经营兼顾。老

宅现在的特色：一是民居文物展示；二是经营纳西餐饮；三是展销合作伙伴的产品。计划于 2013 年 9 月博物馆开展，每天游客限制在二三十人之内。他认为，民居博物馆是有形文化和无形文化结合起来的活态博物馆，是古城唯一活态的纳西民族文化的实体性场所。笔者参观了这座老宅，从所展示文物到老宅自身建筑细部，的确不同凡响。在大研古城，这样有价值的老宅没被公司收购或租用经营的，可能仅此一家。从这个角度看，LJX 堪称纳西民居文化的守护者。他拒绝了很多经济诱惑，把"守房子"当作自己的事业在做。LJX 在 2013 年 8 月 16 日的交谈中详尽介绍了其利用恒裕公清代老宅开展文化体验项目和文化保护工作的具体情况。下面是整理过的访谈主要内容：

问：请介绍一下老宅和目前开放经营的具体情况。

答：这个院子是我的曾祖父他们那一辈盖的，名字是我们家建于同治七年的商号名字。我们李氏家族到了丽江以后一直是书香门第，我们家出了 4 个举人。早中期一直是书香门第，后期开始经商，也应该是儒商。因为从我们的建筑就可以看出来，处处都是书卷气，而且我们的堂屋里面供的是孔子的牌位。到处都可以看出对读书的重视。我们的坚守其实也是有目的的。物以稀为贵，我们也是希望通过它的稀少体现它的金贵。

开放的目的是不能死守，为了找到一个持续的发展，决定先从吃的做起来，民居应该是衣食住行都有的，所以我们先从吃的做起，一开始先从朋友圈，慢慢扩散到游客，主要还是散客。我们虽然一天两桌，但是标准定得比较高。客人也觉得可以在 1875 年的老房子里吃饭，不仅仅是吃饭，也是吃一种文化，物以类聚，人以群分，虽然丽江的游客每年早就突破了1000 多万，我们的接待量可能只是千分之零点零几都占不到，我们面对的客人主要是政府的接待，还有一些高端客人，好多都是企业的老总、高管。我们也在不断扩展人脉。最早的时候是因为和"花间堂"老板的一个合作，他们现在在丽江做了 3 年，大概有超过 9 家店，在全国也有很多店。我们最早认识是因为"花间堂"在开设总店的时候，寻找铺面看中了我的这个院子。一旦我们的院子被收购，免不了布局和结构都会被更改。后来当她了解我们的真正意图以后，非常支持我们，并且答应他们的酒店开了以后，把他们的客人介绍到我们这里来吃饭。结果她确实也做到了，我们 90% 的客人都是他们的客人，而且他们本身就是高端酒店，所以带给我们的也是高端的客户。现在我们对他们的回报就是，他们的客人不仅仅是吃饭，我们会把这个院子，这个古城和民族的最真实的文化展现给他们。这也是客人的收获，这样子也在他们那个高端的圈子里传播和扩散，从而就形成了一个相对稳定和相对高端的客源。

我们都是家里人在做，我们做的就是纳西家常菜，这种菜大厨师不会做，现在在做的是我老婆。来几个人我们就配几个人的份量，菜品的话就是品种多一些，量少一些，荤素搭配，让客人尽可能吃到一些有代表性的纳西菜。客人一般都是提前一天定菜，我们可以根据人数购买，保持食材的新鲜。因为我老婆是玉龙县宝山石头城的，我们可以得到他们那里的原材料，还有一些喝的。东西不多，但是就可以成为我们的招牌菜。一年的接待量是3650人左右。但是我们比较自由，如果今天想休息了，我们就不接了。我们还是少而精，让来的人真正体会到百年老宅的感觉。现在我们是刚刚开始做，等到我们成功一半的时候，我们就要开始筛选了，谢绝那些来了就划拳、打扑克的人。

问：您这座老宅的保护情况怎么样？

答：幸运的是，3年前，我们和中国台湾一家非常好的基金会开始合作。他们非常赞同我们的理念，所以也很愿意给我们资金做这个事情。作为本地人，谁家在丽江古城都有院子，最大的问题就是家族利益的分配。我们守院子的11年当中，也面对了很多类似"花间堂"这样的诱惑。今天面对一个价，明天一个价，有些人直接告诉你一个数字！所以，首先要把家庭内部理顺了，然后才能坦然面对外部的诱惑。我们家的院子也是如此。这个院子不是我一个人的，产权是几兄弟分配好了的，四合院正好一人一份。争取了基金以后给另外的兄弟一些经济上的补偿。台湾的基金会是不求回报的，支持我们做这个事情。台湾给我们的支持主要是资金，一方面先把约定的房租费给付了，另一方面就是房屋的修缮费。大的框架没有动过，但是小的东西不断在修修补补。而且这个事情还要专业的人才会，不然就是破坏它。像我们的门窗都没有刷过漆，现在你看到的是经过了138年的风化自然形成的本色。台湾的基金会前期投入了100万元左右，设施设备需要采购。后续的资金，现在是我自己承担。因为前期的3年合作已经结束了。实际我们签约了15年，按照合同后续的资金今年7月应该进入。因为这3年不仅没有收入而且还不断地有投入。所以在合约快到期的时候，我主动提出，后续的资金由我们两口子自己来承担，那15年的合约里我们需要继续为他们做的，就是坚持把房子保护下去。旅游旺季过去以后，我们要按照民居博物馆的这个思路重新布展，包括展板、介绍、宣传册等。现在我们就没有额外的资金支持了，基本上就靠我们自己的收入。

问：我看你这里还有一些"手绣丽江"及雕刻绘画研究会的作品，是怎么回事？

答：其实很多真正原汁原味的有传统技艺的商品，古城里是看不到的，因为古城的营运成本太高了。我这里无偿地提供给他们展销的场所。还有一个是铜器展销，这个制作铜器的也是省级的非物质传承人，他会把他最精品的东西拿到我们这里来展销。在这里展销的茶叶要打上我们商号的名字。我们预计今年9月开展，每天游客限制在20至30人，主要的布展交给我们雕刻绘画艺术会的各位艺术家，展销的产品主要来自这四家合作的公司。我们其实还是尽量靠自己，因为吸纳别人的资金和资助，最后可能产权等都会出现一些问题，营运也会受到很多牵制。

问：您的保护经营方式很灵活也很不容易，是怎样形成的？

答：很多人给我们建议，要让这个院子能火起来。一火，地方也就重视了。好的东西一定要会用，要用好的方法把它推出去，能起到四两拨千斤的作用。不要按照常规的线路去走，要真正依靠我们自己的文化底蕴，借助社会的力量，把它运作起来。我们走的路，应该是受了宣科先生的启发，借鉴了他的模式。他也是草根，一点点做起来的。很多人都觉得宣科先生哪天不在了，纳西古乐在市场上可能马上就消失了。他是灵魂，他不在了，古乐会可能就很难像现在这样再发展下去了。古乐会回到最初的民间传播的方式，不会再像现在产生这么大的影响和经济效益。我们是传统文化的守护者。祖辈留下来的物件都是一百年以上的。祖先一百多年前吃饭用过的碗、房子的孔子牌位、粉彩、青花瓷都有。想买老宅的有上亿资产的老板，有时候一年会碰到十多个。我就告诉他们这个不是钱的问题，这是一种守护，往小来说是守护一个家族，传承和延续一个家族的问题；往大来说我们在做中国的传统文化这样的事情。有些游客觉得我们才是真正的中国人。

问：你的民居博物馆今后打算如何发展呢？

答：今年开始申请丽江古城民居博物馆，申报民居博物馆是我们自己的想法，希望最后丽江市文管局能够给我们挂牌。我想把这个院子做成一个展示民族文化的平台。一个是传统饮食、另一个是传统手工艺品的展销。还不断有一些东西进来——只要是代表本民族传统的。而且还会不断去挖掘征集上了一定年代的民居物件,藏品要不断地丰富。我现在的藏品加起来应该有上百件,这个数字只是家里面的,加上收来的几十个,总数可能在两百件左右。总的来说还是追寻我们祖先说的度,还有就是要找到保护与发展之间的平衡点。但是说的容易做起来难,因为要放弃很多东西才能找到这个平衡。("手绣丽江")他们也在做一些收藏,除了创意的这方面,也有一些老的东西,甚至上百年的东西也有。雕刻绘画这个研究会里面有一个人非常典型,是剑川的白族,这个人收藏了一些古建筑雕刻、雕件、房屋框架。它也是非常支持我们把这个平台做起来,如果我们有需要,他也会来丰富展品。一个是经营性的餐饮,另一个是非营利性的民居博物馆。这个就是我们的平衡点,发展和保护一样一半。

从表1—16问卷统计情况看,大研古城的旅游空间游客满意度评价均值是4.16,介于"非常同意"与"同意"之间,属于肯定程度非常高的评价。其中旅游符号空间的肯定评价均值最高(4.29),旅游物理空间次之(4.21),均属于满意度较高的评价。而参与体验空间的肯定性评价值(3.99)接近4分,稍差。文化遗产真实性评价均值较高(4.20),而文化遗产展示内容(3.99)、形式、手段(3.89)评价均值稍差。总的系统均值是4.10,属于"同意"以上层次的肯定性评价。这与调研的情况是相符的。

表1—16　　　　　　　　旅游空间系统问卷评价统计

问卷主题	旅游空间游客满意度评价均值4.16			文化遗产真实性评价均值(问卷1.4)	文化遗产展示内容评价均值(问卷1.5)	文化遗产展示形式、手段评价均值(问卷1.6)
	物理空间(问卷1.1)	符号空间(问卷1.2)	参与体验空间(问卷1.3)			
平均分值(分)	4.21	4.29	3.99	4.20	3.99	3.89
系统均值(分)	4.10					

五　过程系统:旅游利用背景下的文化遗产保护情况

大研古城的文化遗产保护主体较为复杂,政府职能部门、民间社会及个人(文化持有者及外来人)均有涉及。主要的保护主体有丽江古城管理局、古城区政府机构(非物质文化遗产保护中心、旅游局、大研街道办事处及基层社区)、民间社团(雪山书院等)、纳西原住民及企业(如纳西喜院、东巴纸坊、恒裕公清代老宅等)、古城旅游移民(外来经营户、游客等)。其保护行为往往又是相互交叉重合的。民间社团、纳西原住民及企业的相关方面前文已有阐述。下面，笔者主要以丽江古城管理局与古城区政府相关部门的角度对大研古城民族文化保护的情况进行综合分析。

1. 丽江古城管理局

2005 年，丽江古城管理局成立，作为丽江市人民政府对丽江古城依法行使保护与管理的职能部门，主要职能有：贯彻执行有关世界文化遗产保护管理的法律、法规和政策；在一定范围内按权限行使综合行政处罚权；负责《世界文化遗产丽江古城保护规划》的修编组织实施；负责丽江古城内基础设施的管理和完善；负责古城保护管理资金的征稽、管理和使用；组织进行丽江古城保护管理的宣传、教育、培训、学术研究及交流；负责对丽江古城传统民族文化的普查、收集、整理、研究及交流；负责丽江古城内房屋修建项目审查及《准营证》审批；负责丽江古城的保护修缮、管理运营和市政公用基础设施维护和建设等保护建设项目的实施。

根据保护管理工作需要，丽江古城管理局内设办公室、保护建设科、文化保护管理科、财务科、综合管理科、监察执法科（加挂综合监察执法支队牌子）6 个职能科室，局下设遗产监测中心和丽江古城维护费征稽支队，从执法、监督、资金保障、遗产监测、合作协调等方面对丽江古城物质遗产和非物质遗产进行保护和管理。

综合来看，丽江古城管理局的文化遗产保护工作主要包括以下几方面：

一是政府规划先行与法制保障。政府规划在古城的保护发展中起到了重要的作用。1988 年由云南省城乡规划设计研究院编制《丽江历史文化名城保护规划》，并于 1997 年修编《丽江历史文化名城保护详细规划》；1996 年地震后，由云南省城乡规划设计研究院编制了《大研古城中心地段地震后恢复重建保护规划》，并在联合国教科文组织的指导下，编制了《丽江古城民居修复建设手册》；2002 年由上海同济城市规划设计研究院编制了《世界文化遗产丽江古城保护规划》；2002 年为配合新一轮总体规划的制定，由上海同济城市规划设计研究院编制《丽江城市发展概念规划》，委托上海同济城市规划设计院和中国国家历史文化名城中心编制《世界文化遗产丽江古城保护规划》。在联合国教科文组织世界遗产委员会第 37 届会议上，顺利审议通过了《世界文化遗产丽江古城保护规划》。《世界文化遗产丽江古城保护规划》自立项到审议通过，历时 10 年，内容涉及 7.279 平方公里世界文化遗产地的保护框架、保护范围与要求、民居建筑群保护、民族文化保护与传承、居民生活改善、旅游的可持续发展、综合防灾规划等十四个领域。① 2006年，丽江古城管理局编制了《世界文化遗产丽江古城传统商业文化保护管理专项规划》。2008 年，《世界文化遗产丽江古城管理规划》批准实施工作完成。1995 年，云南省人大常委会批准通过了丽江纳西族自治县提交的《丽江历史文化名城保护管理条例》。2001 年，云南省人大批准丽江纳西族自治县人大常委会提出的《丽江纳西族自治县东巴文化保护条例》。2005 年 12 月 2 日，云南省十届人大常委会第十九次会议通过了《云南丽江古城保护条例》，自 2006 年 3 月 1 日起施行。这次会议还审议通过了《云南纳西族东巴文化保护条例》，自 2006 年 1 月 1 日起施行。为了配合古城保护条例和东巴文化条例的实施，自 1990 年年底开始，陆续出台了相关管理办法和专题规划。

二是加强民族传统民居等保护性基础设施建设。根据丽江古城管理局统计，已累计投入 14 亿多元人民币，实施了涉及环卫、通信、供电、供水、排水、消防、交通、文物保护、民居修缮、旅游等方面的基础设施建设，完成了街区道路改建、三线两管入地、景观用水治理、城郊环境整治、绿化美化亮化工程、民居修缮补助等一系列保护性修复项目，通过以上保护性基础保护性设施项目的实施，不仅较好地履行了中国政府向联合国教科文组织做出的郑重承诺，也使丽江古城的旅游环境、人居环境质量有了根本性转变。

传统民居修缮是丽江古城保护的基础性工作。丽江市采取了长期的循环式的修缮计划，按照《丽江古城传统民居保护维修手册》每年有计划地进行传统民居的修缮和维护。2002 年至今，政府、社区、专家和民间力量积极参与。丽江古城管理局专门成立了项目实施工作组，配置专门的工作人员。大研古城街道居委会是这个项目实施的重要协调机构。在同济大学、云南理工大学等专家的配合下，大研古城街道委员会各居委会向每户居民家庭解释修缮目的和计划，受理修缮申请，讨论修缮方案等。与美

---

① 丽江古城官网，http://www.ljgc.gov.cn/? viewnews—5474.html，2013 年 9 月 1 日。

国世界遗产基金会合作，五年共完成 299 户传统民居、236 个院落的修缮。由丽江市政府和美国全球遗产基金会提供 50% 的修缮补助。其中有些原住民家庭为特别贫困家庭，经过申请得到了更高比例的补助。这个长期、有计划的传统民居修缮计划，在 2007 年获得了联合国教科文组织亚太地区文化遗产保护优秀奖。

三是发掘与提升民族文化保护与旅游产业。丽江古城管理局每年从古城维护费中划拨 1000 万元专项资金用于古城民族文化的挖掘整理与保护展示。2002 年，针对原住居民外迁过多状况，除给予惠民补助、改善生活条件等政策优待，还采取多种措施，在居民中提倡和鼓励使用纳西语言、文字、服饰，恢复传统民间节庆习俗，组织广场歌舞文艺表演，支持从事东巴文化、纳西古乐、民间手工艺的单位和个人、传承民族民间文化。2000 年 7 月，恢复了用水冲洗四方街及放河灯的习俗。从 2002 年 5 月开始，开展了茶马古道和传统民间手工艺的展示。鼓励纳西族居民每晚在四方街、古城入口处、剑南春文苑广场等空地开展民族歌舞打跳活动。2002 年，对一批民族文化特色店铺，给予房屋、租金、费用方面的资助。2004 年 3 月，组建成立丽江古城管理有限责任公司古城民族旅游发展分公司，对有民族文化特色的商铺给予授牌保护。自 2005 年始，何志刚书院、打铜院等地方文化传习场所相继开业，也给游客提供了文化体验的场所。从 2008 年开始，逐步收回古城内政府直管公房铺面的使用权和经营权，集中用于丽江古城传统民族文化的保护工作。在古城内选择十个特色民居院落，组建成东巴纸制作及民族首饰、纺织、生活器具加工的传统手工艺作坊，实施"走进纳西人家""传统民族文化商贸街"等民族文化展示项目。民族文化旅游发展分公司改建为古城民族文化产业分公司之后，在古城五一街打造具有民族特色的"纳西文化一条街"，开设阿妈意饭店、凉粉店、皮毛加工店、打铜店、纳西服装加工店、蜜饯加工店、纳西木雕工艺店、丽江粑粑店等，对古城原住民特色经营户及公司承租的饮食院，按照古城商业规划由公司投资进行整改。逐步推动了五一街东部的"流官文化"区建设，带动古城东部文化旅游的发展。[①] 在不断加大对纳西族非物质文化遗产保护及旅游产业化开发利用的同时，推出"文化名

---

① 参见和仕勇《世界文化遗产丽江古城志》，云南民族出版社 2011 年版，第 548—549 页。

人回落古城"项目，逐步形成一批民族文化示范窗口。2002 年修复开放"方国瑜故居"。2012 年 12 月 27 日，王丕震纪念馆开馆。

建设民族文化特色保护门店（见图 1—18），是丽江古城管理局的创新之举。2012 年 8 月 13 日，笔者就此进行了考察。丽江铜银制造业在历史上曾经辉煌一时，而今天的保护开发并不景气。为此，丽江古城管理局予以大力扶持。从以下考察可见，其逐渐开拓了旅游市场并得到有效保护传承。位于五一街的打铜人家是古城众多民族文化特色保护门店中的一家。店主和善异是古城的非物质文化遗产传承人。店铺内放置着各种加工工具，物架上摆放着游客定制和待售的各式铜器具。就铜器传统加工技艺的旅游开发与保护情况，和善异做了简单的介绍：

因为是传统的手工艺，利润不多，所以作为保护门面扶持。传统工艺主要体现在原材料的配置使用方面。做的时候要师傅跟徒弟一起做，成本不低，又费时间，做一个小火锅最少需要一万锤以上。成品主要有小火锅、各种纪念品。需要了解市场、客人的需求，客人需要什么就会制作什么。现在制作最多的就是纳西族传统工艺火锅，现在加了很多创新的东西，如铃铛、雕花，性质完全转变。完全做成一个火锅至少要 8 天时间。标准的纳西火锅一个可以卖到 1000 元左右。一般是北京、广州、河北、四川等地的人定制的。儿子现在刚开始学，现在这个工艺没有政府扶持是不能发展的。现在古城管理局的支持挺大的。做的工艺要真实，不能影响丽江的声誉。从长远考虑需要政府的宣传。

四是规范和控制古城的商业活动，巩固纳西民族的文化主体地位。大研街道办事处所提供资料显示，截至 2008 年 3 月底，古城内在大研街道辖区有外来商户 1252 家，15821 人。此统计数据尚不含祥和、西安街道部分社区的外来商户及人员。随着申报世界文化遗产的成功，丽江古城声名远扬，游客商人蜂拥而至，古城民族传统文化氛围被破坏。2003 年开始实施"准营证"制度，加强对古城商业活动的控制和管理。该制度对古城内经营活动的位置、内容、形式进行规范，同时还明确规定本地居民在经营从业人员中所占比例。有关部门组织专门力量，对商铺进行清理整顿，把没有民族文化特色的商铺迁出古城。原则上不再审批外地人新开经营项目，并对已在古城内从事经营活动的人员进行文化遗产保护方面的培训。同时，鼓励和引导本地居民经营民族特色商品。

图1—18　古城民族文化特色场所

　　管理部门还制定实施了一系列惠民政策，如向古城居民发放生活补助，对住房困难居民户优先安排公房及廉租屋，安排下岗失业人员就地就业，为古城居民日常用品的运输提供无偿服务等，尽可能留住古城原住居民。2004 年，在丽江古城管理有限责任公司下成立古城便民服务中心，为原住民提供了大量的就业机会，使得古城运输、安全和环境得到了很大改善，降低了古城居民的生活成本，原住民自我服务的社会支撑体系得以形成。

　　据 2004 年与 2007 年年底原住居民留居数统计，新华、新义、光义社区外迁较多，仅新义社区，外迁率达 74%。出现了居民外迁过多而影响民族文化保护的难题，为此，丽江古城保护管理局、大研街道、祥和街道、西安街道的办事处，采取了多种"便民、惠民"措施，帮助原住居民解决就业、发展商业及旅游业，使居民增加收入。2005 年 1 月开始，给原住古城居民每人每月 10 元的生活补助。自 2008 年 9 月 1 日起，古城居民免费入公厕，改善了古城居民的生活环境，增加了各种学习、休闲、娱乐活动场所，对修缮房屋有经济困难的家庭给予资金补助，对居住在古城内 60 岁以上无固定收入的居民给予一定的养老补助，承担古城范围内就读小学学生的学习费用。

　　五是加强文化遗产保护管理的宣传教育。自丽江古城管理局成立以来，严格按照规定，通过建立健全管理制度，加强对管理者的自身培训等手段不断提高队伍能力建设。自 2002 年以来，管理局通过参加各类国际国内会议，加强与世界遗产专家的沟通与交流，获得了世界遗产保护管理最新理念和信息，将丽江古城遗产保护的人力培训和能力建设纳入全球网络。聘请国内专家讲授遗产保护与管理知识，培训对象涵盖了管理者、古城居民、古城经营户、导游等，培训人数达 6516 人，培训内容涉及世界遗产知识、文物保护法规、规范化管理、商业经营、安全、旅游、计算机、园艺等。2008 年 7 月，丽江古城管理局派出高层管理者参加亚太地区世界遗产培训与研究中心相关培训活动。

　　在丽江县范围的中小学，安排了民族文化教育课程，以"多彩的丽江"为教材。组织小学生开展"古城小卫士"活动。邀请有关专家对古城居民及经营人员进行培训，受训人数 3000 多人。开展以世界遗产为主题的知识竞赛和有奖征文活动，有 30 篇有关古城保护的文章在报纸上发表。丽江县职业高中对高中生进行了导游等专业培训。云南大学丽江旅游分院专门组织旅游管理人才培训，受训人数 2000 多人。

2009 年 5 月，大研街道办事处在新华、新义、光义、五一、七一社区，开展针对外来商户的纳西语传习工作，培训 705 人，办班 10 个，促进了纳西语言学习活动的开展。1999 年开始，纳西文化传承进校园。古城区教育局在古城及近郊小学中开展了纳西文化传承活动。培训老师 260 余人（次），内容包括纳西族历史、语言文字、东巴文化知识、民族歌舞、纳西童谣等，组织试点学校任课老师、专家、学者共同编写集民族历史、道德规范、纳西歌谣、纳西东巴经选读、纳西象形文字应用等内容于一体的教材。在实践教学中，以"一团五基地"为试点，开展民族文化艺术教育，一团：即纳西娃娃艺术团；五基地：大研兴仁方国瑜小学纳西母语传承基地、大研中心完小民族打跳基地、祥和白龙潭完小纳西童谣和民族手工艺传承基地、束河黄山完小东巴文化传承基地、大东文明小学"仁美蹉"基地。大研中心完小学生民族打跳《纳西娃娃花花色》荣获"第二届全国中小学生艺术展演活动儿少歌曲创作"一等奖，并被选为"全国十佳少儿歌曲"之一，艺术综合课《喊月亮》获一等奖。[1]

六是成立学术社团推动民族文化发展繁荣。丽江文化研究会、纳西文化研究会成立后，团结动员市内外有识之士，通过举办研讨会，承办重大节日民族民间文艺会演，活跃古城文化。古城内的雪山书院、文林古乐会就是政府扶持、民间运作较为成功的文化遗产保护团体。

七是吸纳社会力量参与管理，不断提升文化遗产保护管理的水平。近年来，丽江古城管理局在吸纳社会力量参与管理方面，不断有新的进展。典型事例就是"民间拍砖会"的举办。2013 年 6 月 7 日下午，第三届丽江古城"民间拍砖会"在雪山书院举行。丽江市委宣传部领导，丽江古城管理局相关负责人以及大研、束河、白沙等地的管理部门、古城原住民代表、"新丽江人"代表、网民代表、专家学者和相关媒体等 80 余人到现场参加了会议。在将近 3 小时的"拍砖"过程当中，参会代表就大家关心的各种尖锐而又敏感的问题进行了面对面的沟通交流。此次"民间拍砖会"还设置了"线上交流"环节，来自全国各地的数万名网民通过微博向会议现场提出问题，参与讨论。2013 年的"民间拍砖会"上，共收集整理到居民及网友意见建议 21 条，涉及商业行为规范、传统文化保

---

① 和仕勇：《世界文化遗产丽江古城志》，云南民族出版社 2011 年版，第 546 页。

护传承、水资源利用、环境整治、基础设施建设、消防安全执法监管等8个方面。2013年7月22日,丽江古城管理局召开了丽江古城保护管理局党组扩大会议。会议通报了"民间拍砖会"意见建议汇总情况,并对相关工作进行了安排部署。①

2. 古城区政府下属的非物质文化遗产保护中心、旅游局、大研街道办事处及基层社区

古城区非物质文化遗产保护中心是大研古城非物质文化遗产保护的政府职能部门。据该中心 LZD 主任介绍,古城的产权属于古城区,但管理权和使用权在丽江古城管理局。丽江古城管理局和古城区政府一直是沟通协作的。这几年做了很多事情,特别是文化遗产日,就是两家一起合作的。通常,具体工作由古城区非物质文化遗产保护中心来做,丽江古城管理局提供经费支持。此外,通过区政府文化局和教育局的协调努力,在促进纳西族语言传承方面做了一些成效显著的工作。在学校传播纳西语、东巴象形文字、东巴绘画、纳西族童谣等,已成为整个古城民族文化宣传教育的特色。

整个古城区的旅游规划发展对大研古城文化遗产旅游利用与保护产生了一定影响。2013年8月16日,古城区旅游局办公室杨主任就分流古城游客、缓解古城环境压力的相关旅游规划向笔者做了介绍:

我们整个的旅游规划是围绕大研古城开展的。古城内部规划属于世界文化遗产的保护范围,由丽江古城管理局管理。现在旅游局的规划主要是为了分流古城的游客,希望把古城里的客源压力往周边扩散。因为古城的人流量太大了会对古城的环境包括整个区域有影响。当时政府提出了以古城为核心,往周边区域来发展的旅游规划。就是把客人逐步分流到周边的区域。现在整个古城区的东部片区属于丽江旅游的一个空白。规划做完了以后正在做招商。在束河古镇及周边发展民俗旅游,也是在比较近的区域来分流古城的客流量。从我们古城区来说,我们只能考虑到大研古城和束河古镇。因为白沙的行政管辖不在我们这个片区。我们现在做的,是束河民俗乡村旅游和西线游路这一块。仅仅只能缓解到古城这边客源分流的问题。在"十二五"规划里,以古城、束河两个核心区为中心,从这两个中心区又划分出来6个片区。6个片区围绕着古城周边展开,这些片区目

---

① 丽江古城官网,http://www.ljgc.gov.cn/? viewnews—5474.html. 2013年8月1日。

前都是以打基础为主，还没有形成真正可以分流或者是承担旅游市场份额的项目。

大研古城的主要街道有光义、五一、新义、七一、新华五条街，主要的社区分布于这些街道。大研街道办事处下设新华、新义、光义、七一、五一、北门、义尚、文智8个社区，共55个居民小组。2012年年末，街道总户数7239户，约有34543人，其中外来人口约11048人，常住人口（户籍人口数）7239户，23495人。常住户籍人口按民族分类为：纳西族14203人，占总人口的60.5％。大研古城管理所的主要职能是依照国家有关城市建设管理的法律、法规，对大研古城范围内的市容市貌、经营活动、道路交通、环境卫生、工程建设、民居建筑、水系、河道等，进行监督管理与维护。大研街道办事处的文化遗产保护工作主要包括以下几个方面：

一是实施古城民风民俗保护工程。通过制定各种优惠政策，如对原居民房屋修复给予一定比例的补贴，对其在城内开展经营活动实行一定的税费减免等，为原住居民就业和生活提供便利；修复一批名人故居和重要的历史建筑，如当时土司木王爷的行宫、云南著名历史学家方国瑜和纳西族著名画家周霖的故居等；鼓励提倡当地居民穿着本民族服饰和从事文化旅游项目，如进行纳西古乐、传统纸张生产、陶瓷、皮革和木雕制作等的展示销售，向游客展现当地独有的文化风貌与生活方式。

二是组织开展群众性社区文化活动，搭建纳西文化传承和发展的平台。大研街道依托社区，积极开展群众文化活动，逐步形成了具有特色的社区文化建设体制。街道老年体育协会有3205个会员，虽然大部分会员已搬出古城，但他们热心古城服务，积极参与各种志愿服务活动。2012年，8个社区的老体协会员参加四方街、玉河广场民族歌舞打跳达12000多人次。街道还利用传统节日积极开展民俗文化活动，如在三多节、中元节、中秋节开展民族歌舞打跳、放河灯、做月饼等传统民俗活动。"十一"和春节黄金周期间，在四方街、玉河广场组织开展为期五天的民族文艺展演活动。近五年的"十一"国庆黄金周，街道每年举办金秋菊花展。与菊花展同时举办的还有书画、摄影、手工艺品展。各项群众性文化活动每年累计投入200万元。为更好地将纳西民族文化传承和发扬光大，大研街道编印《丽江大研古城纳西文化传承课本》，并在古城各社区开设纳西族语言传习班。三年来，古城内的外来党员、经营户、务工人员等

"新古城人"共计1000余人参加了纳西族语言传习班的学习培训。

社区居委会是古城基层社会组织，是贯彻落实国家各项政策的窗口单位。通过对新义、光义、七一、新华、义尚等大研古城主要社区的调研，笔者发现，各社区在民族文化保护方面既有共同点，又有各自的特色。其中，各社区举办的民族歌舞打跳、对外来经营户的纳西族语言培训及义尚纳西古乐队、光义社区文化大院是社区文化保护的亮点。为此，笔者进行了专门的调研。

从下面与各社区书记访谈整理的内容，我们对各社区民族文化保护方面的基本情况可有一个大致的了解：

光义社区书记CSJ（2013年8月20日）：我是2007年来这个社区的。当时，集体经济几乎为零，还负债，社区工作人员的精神也很涣散，没有凝聚力，文化活动几乎没有组织起来。6年过去了，我们已经成功申报了省级文明社区、省级绿色社区。我们成功创建了国家级巾帼志愿者模范社区，第一家成立市级的流动人口管理协会。社区自2007年以后的建设思路就是要打造一个文化社区。其他社区是活动中心，没有文化大院的提法。我们文化大院的活动内容涵盖得比较多，有图书室、健身房、打跳场所、新家庭文化室。参与到文化大院的主要是游客、住户还有消防中队的官兵。我们按照街道党工委办事处的要求，在2009年五六月办了针对经营户的大研第一届纳西母语培训。当时有48人，一直延续到现在一共办了9期，培训了差不多500人。教材和培训的资料，还有平时的笔墨纸张，全部由社区免费提供，请了老师，一期培训是15天，培训结束以后考试，考试合格以后颁发结业证书。到管理局去换准营证的时候，必须出示这个结业证书，但没有硬性的规定。我们搞了以后，大研街道办事处就推广了，现在新华、新义、五一、七一都在搞。这是我们的第一个新思路。另外一个，其他社区没有。我们正在做的，就是针对经营户的纳西歌舞打跳培训，我们已经做了3期。从原来管理原住居民到现在管理"新丽江人"，这是思路的转变。我们要把外来经营户也纳入文化管理中来。现在，每个社区轮流到玉河广场和四方街进行民族歌舞打跳，一个社区一年轮7次，除了星期天休息，一次是6天，最少要30人穿着民族服装，每个星期，一、三、五在四方街，二、四、六在玉河广场。为什么要培训歌舞打跳，是因为他们学会以后，可以穿着服装来参加我们的组织。这个不是无偿的，是要给他们发钱的。现在打跳的30个人主要还是原住民，外来人还没有来参与。因为有些是学了几天学不会，有些是借口生意太忙了走不开。我们完全是按照引导、倡导在搞这个活动。我们打跳培训是免费的。办了3期又停止了，因为没有人来学了，3期总共有60多人来学习过。我们要因地制宜。但是要延续下去很难。主要的创新就是这两个，其他的就是文化交流会，每年10月都有，时间是8天，从9月27日、28日开始布展，一直到10月8日、9日撤展。而且也不限于社区居民，可以来参观、来买卖。我们在文化大院举办了一个"新丽江人"在古城过大年的活动。这是我们的一个老板创意的，来丽江旅游的游客也来参与，那天好像是来了三四十人，在我们这里做饭，做了一桌长街宴。我们社区工作人员也参与了，载歌载舞一起过年。之后又去慰问社区的几个困难户、孤寡老人。春节的时候，为了增加节日氛围，街道办事处在四方街或者玉河广场搭建一个舞台，开展庆新春文艺展演。这个展演主要是给游客看。有些时候，一个社区一个晚上或者一个白天。一个社区出几个节目，酒吧一条街的那些商铺也被拉进来了。已经搞了五六年了。

新义社区书记LYC（2013年8月21日）：纳西族语言培训，我们做了六七期，已经开展四五年了。按照上边的要求，师资自己解决。纳西母语课老师是从新仁小学请来的。老师讲得比较好，师资力量强一点。我们每期50多个人，每年一两期，时间不固定。我们新义社区有一个打跳队，都是社区退离休回来的居民，他们基本上都不住在这里了，但是他的户口还在这里，房子也还在这里。我们组织他们以健身为目的，每年在这些大小会议里面宣传我们社区的工作。打跳是一个多月一次，除文治社区较远，不参加，其他7社区个轮流。每天晚上出30个人，组织到四方街或玉河广场打跳，每个星期，一、三、五在玉河广场、二、四、六在四方街，都是晚上七点半到九点。2011年，我们新义社区的民族打跳，代表丽江到省里去比赛，拿了银奖。我们只有一个兴仁方国瑜小学，以前叫作兴仁小学。这个小学除了按照规定的教学内容，还让学生用纳西话说故事、唱歌、说话。兴仁小学在民族文化传承教育方面做得比较好。我们社区有廉政文化活动室。这些作品都是我们本社区的居民自己做的。宣科也是我们社区的居民。我们社区是进古城的必经之路，我们每年十月国庆节都开展菊花展、摄影展。纳西族语言培训、搞体育活动的健身场所、打跳培训或者文艺活动培训都在这个活动室。

七一社区书记HXL（2013年8月22日）：我们社区在民族文化的传

承和保护方面，除了纳西族语言教学，像打跳这样大众参与性的民族舞蹈，我们各个社区轮着来。每个社区一周。我们社区的民族文化打跳队，是老体协负责。打跳队基本上都是本地人，有一部分是住在里面的，还有一部分是住在外边的。古城有活动他们就过来，基本上都是纳西族。他们都会跳纳西族的舞蹈，不管你放什么音乐，跳法有一定的区别，他们都会。我们会有40多人打跳，喜欢的人自己都会来，我们不强求。因为我们的社区里面都是穿纳西民族服装，打跳的时候很多游客和外地人加入到他们队伍里面。旅游黄金周和重要节日期间，就有统一安排的活动和节目，其他就没有了，因为我们这边位置偏僻一些。像新义街那边每年都在做书画展、菊花展。菊花展我们国庆节的时候也做过。

新华社区书记SY（2013年8月23日）：每个社区都在办"纳西母语进社区"。古城以纳西族民族文化为主，因为原住民已经都搬出去了，讲纳西话、穿纳西族服装、卖纳西饮食的基本上看不到了，少了。这是大研街道办事处和文化局联系以后搞起来的。今年，我们已经做了4年，每年两次。每期40人左右，4年也有300多人了。原来我们请的是我们本街的懂纳西话、懂东巴文的一个来讲。现在大研办事处叫教委、大研中心校来负责解决教师的问题。教材由大研中心校编写。现在大研中心校没有时间、也没有人才。我们又让一个社区完小的校长负责这个事情。你说培训了多少会说纳西族语言的商户，谁也不敢说，只能说为传承纳西文化做了这么一个工作。关于打跳，就是把搬出去的原住民又组织起来，现在个别商铺有这个爱好的，也把他们组织起来。反正一个月左右有一次，一年下来有10次左右。社区还要拿出一笔钱来发补贴，每人5元、10元。我给人代会建议，由我们文化部门组织一支有品位、年轻的专业队伍，这样可以减少社区的工作负担。有些客栈为了提高入住率，有些自己的创意，像建观景平台什么的。

义尚社区书记LGL（2013年8月23日）：文林村文化底蕴相对深厚，老人喜欢纳西古乐，后来就一代代地传承下来，有一个纳西古乐队，是古城区唯一一家有传承点和传承人的。我们主要是晚上到玉河广场和四方街轮流打跳，白天有接待任务才去，一晚上去三四十个人。如果古城区有庆典或者要接待上面的领导，我们就要去的，主要是大研街道安排的。纳西族语言培训按照上边的要求一年也就是1期，一次15天，我们去年才开始，因为我们比起核心区域发展要慢一些。参加培训的去年有40人，估计今年在 80 人左右，按照街道的要求应该是 9 月左右。老师就是按照教育局安排的本地的老师，主要还是在当地的学校里找的。学的就是平时的用语，就是最基本的（主要是小学纳西语普及的课本）。

义尚纳西古乐队与光义社区文化大院是古城民族文化保护方面的亮点。

义尚社区位于古城东郊，是古城内唯一的农业社区，是纳西古乐"白沙细乐"之村。义尚纳西古乐队，初创于 1948 年。它是一个由大研镇各街道、村寨中的古乐爱好者自发组织的洞经音乐演奏会。当时乐队的主持是丽江著名教育家李义宇和文明村的许蕴藻。义尚纳西古乐队成为当时大研镇颇有名气的民间乐队。1949 后，特别是"文化大革命"十年浩劫期间，洞经音乐被当成"四旧"受到冲击，乐队的学习也被迫中断。直到 20 世纪 70 年代末改革开放以来，纳西古乐才重新得到重视、传承和弘扬。义尚纳西古乐队在老龄协会会长王寿和及副会长王孙两位老人的倡导下，于 1992 年 2 月 15 日正式成立。主要成员有当年的老学员，同时还吸收了一大批中青年学员，队员曾发展到三十多人。学员们的学习兴趣和热情十分高涨，每天刻苦练习，甚至影响了村里人，连村里的妇女和小孩都能跟着哼上几句。1992 年 4 月，义尚纳西古乐队全体 24 人被邀请至昆明的云南民族村，为丽江纳西族村开馆仪式进行演出。由于李老师的严谨教学、学员们的勤奋努力，乐队在长期的学习表演过程中培养造就了一批优秀的中青年演奏员。由于演奏技艺出色，乐队中十多名年轻学员被"东巴宫"艺术团聘请为演奏员。2001 年 4 月，他们随"东巴宫"艺术团赴日本访问演出；2002 年 7 月，又到北京中央民族音乐学院及中国香港演出。他们为乐队争得了荣誉，乐队也因此被云南省旅游局评为"先进集体"。后来，由于该乐队成员各自外出从业，乐队的集体活动逐渐被取消。直到 2011 年 3 月 14 日，在文林村老龄协会会长王复兴、副会长黄新豪的主持下，与文林村村委会讨论后一致决定：恢复义尚纳西古乐队活动，并将每月的 25 日作为乐队活动日。同时讨论并建立了严格的规章制度和演出组织纪律，还聘请了丽江文艺界的和世伟、陈秋元两位老前辈为乐队乐师。当年 3 月 25 日，恢复后的义尚纳西古乐会举行了第一次乐会活动，吸收的会员人数增加到 40 人。乐队队员不仅有本村的村民，还吸收了附近村寨和社区一些爱好古乐演奏的人士，并且动员增加了年轻女队员 8 名。在 2013 年 3 月的第十二届纳西乐舞大赛中，获得了银奖。现在是区级的"白沙细乐"传承点（见图1—19）。①

图1—19　义尚文林古乐队的传承点标牌与乐器

　　光义社区位于世界文化遗产丽江古城的核心区域，丽江古城博物院——木府就坐落在辖区内。社区占地0.86平方公里，下辖8个居民小组，原住居民820户，有以纳西族为主的常住人口2660人，有以外来经营户为主的流动人口2131人。近几年来，社区党支部因地制宜，充分发挥资源优势，不断加大社区公共设施投入。2008年，投资40多万元建成了集计划生育宣传服务、人口文化学校、新家庭文化、图书阅览、老年人活动、妇女之家、精神文明建设、残疾人康复服务、纳西族语言学习培训、纳西饮食文化展示及居民健身等综合服务功能于一体的文化大院，在如何开展旅游移民社区文化建设方面进行了诸多有益的探索。

　　通过各社区反馈的情况，大研街道虽然在古城民族文化建设和古城保护管理方面取得了一定成效，但是也存在以下不容忽视的困难和问题。

　　因为原住民大量外迁，外来的经营者代替了当地纳西居民，成为古城内的主体居民，古城里纳西人和纳西文化正被"边缘化"和"空心化"。大研街道各项民族文化活动的开展基本依靠老年人，这些原住民对古城是有深厚的感情的，而不再在古城中生活的年轻人，以后会不会像这些前辈们一样再回到古城并义务开展大量的文化活动，这个问题值得深思。

　　民间工艺和技艺的保护和传承面临困境，缺少具有影响力的民族文化示范窗口和集中展示点。大研古城自古就是远近闻名的集市和"茶马古

---

① 根据2013年4月17日义尚纳西古乐队提供资料整理。

道"上的重镇。古城中现有30%的纳西族居民仍在从事以铜银器制作、皮毛皮革、纺织、酿造业为主的传统手工业和商业活动。近年来古城内的民族民间文化传统工艺和技艺传承人大部分也已经上了年纪，而有些珍贵的传统工艺和技艺后继乏人，处于濒危的状态，面临着失传的危险。

社区群众性文化活动场地严重不足。大研街道下辖8个社区，有6个社区就在大研古城的核心区，因为受地域的限制，社区文化活动场所明显不足，而一个社区的群众文化活动的开展得好，至少得有100平方米以上的室内活动场所和500平方米的室外活动场地。目前，街道没有一家能够达到这样标准，这种状况严重限制了社区群众开展文化活动。

随着旅游业的发展，东巴文化正在被一些不负责任的人利用，一些店铺打着各种东巴文化的牌子售卖批发商品，欺骗游客。大研街道办事处的相关报告称，古城内店铺招牌的东巴文字有90%是完全错误的，只有10%是基本正确的，其中只有2%是完全正确的，古城内东巴文字的使用也有待进一步规范。因此，古城内需要进一步规范经营秩序，加强经营管理，让伪文化在旅游市场难以立足。

从表1—17过程系统问卷评价统计结果看，"文化遗产资源促进了旅游的可持续发展"的评价值最高（4.13），说明被调查者普遍认可民族文化遗产对古城旅游可持续发展的重要作用。但相关的"文化遗产得到保护、创新发展与宣传弘扬"的评价值（3.57）却明显偏低。反映出文化遗产的旅游利用效果与保护现状之间存在较大差距。所以，综合反映着两者关系的"文化遗产旅游利用与保护的互动效果良好"的评价及文化遗产保护过程系统均值分别为3.86、3.85，介于"同意"与"基本同意"之间。以上这些统计数据之间的内在关联，反映出问卷调研的准确性与真实性。相关参与观察和深度访谈的结果亦可得到验证。

表1—17　　　　　　　过程系统问卷评价统计

问卷主题	文化遗产得到保护、创新发展与宣传弘扬（问卷2.1）	文化遗产资源促进了旅游的可持续发展（问卷2.2）	文化遗产旅游利用与保护的互动效果良好（问卷2.3）
平均分值（分）	3.57	4.13	3.86
系统均值（分）	3.85		

六　主体（利益相关者）系统及影响因子系统

以上调研表明，古城的主体（利益相关者）有以丽江古城管理局为代表的政府部门、旅游开发企业、外来经营者、少数民族原住民等；各利益相关者之间没有明显的利益冲突。就古城民族文化遗产的旅游利用与保护而言，外来文化主体（以外来经营者、游客为代表）与本地文化主体（以古城原住民为代表）之间，主要管理主体丽江古城管理局与古城区政府下属大研街道办事处及古城管理所、各社区居委会之间，政府、民间及个人三层面各类保护主体之间都存在一定的矛盾冲突。

1. 外来文化主体与本地文化主体之间的矛盾冲突

以外来经营者、游客为代表的外来人，作为古城的居民，其所代表和展示的文化自然成为古城文化的一部分，在这个意义上，他们已成为古城的文化主体之一。他们与以古城原住民为代表的本地文化主体的矛盾主要表现在三方面：一是随着外来经营者对古城原住居民的置换，古城出现了文化"空壳化"、留居人口"老年化"与"贫困化"等社会文化问题。古城的人口"置换"造成古城文化的置换。随着大批纳西族人的外迁，传统文化大量消失。留居古城的纳西族大多是习惯于古城生活方式的老人或没有经济实力搬走的困难户。二是外来的经营者与游客共同制造的以符号消费为特征的后现代旅游消费文化，对古城历史与民族传统文化所依赖的文化生态与地方传统造成严重冲击。三是持续、大量的游客聚集古城核心区域及部分经营户对生态环境的污染和破坏，给古城生态系统有限的环境承载力造成巨大冲击。

伴随着来丽江游客的迅速增多，古城居民近年来一直在大量外迁。大研古城主要辖区有新华、新义、光义、七一、五一、义尚等社区。古城核心区（新义、新华、光义大部分）人口基本完成"置换"，外来人口涌入古城，租用民居房屋居住、经商、开客栈。大研古城逐步丧失民族民间文化保护的载体，给民族文化保护带来了难题。在1990年第四次人口普查时，古城有居民6269户25379人。2000年第五次人口普查时仅有13779人，减少了近一半。而在一些主要的旅游街道，居民外迁情况更为严重。例如，新义街居委会1986年年底户籍登记中有578户居民，2003年年底户籍登记中仍有506户1591人，但事实上居住在古城内的原有居民已经不足100户。而新义街居住的外来流动人口已经达到 1955 人，大大超过了原住民人数。旅游开发较早的新华街也存在同样问题，至 2003 年年底，新华街的户籍登记中有 464 户 1688 人，但是实际上仍在古城居住的原有居民已经不足 1/3。当地的一次调查表明，1986—1999 年年底，有 1527 户 5001 人迁出古城，1350 户 4051 人迁入古城。迁走的大部分是纳西族原住居民，迁入的则大部分是城市化过程中的外迁居民，他们的民族成分和来源地比较复杂，古城居民的置换使古城居民呈现出"非本地化"现象，伴随着古城人口置换的必然是古城文化的置换。[①]

　　表 1—18 是笔者根据 2013 年 8 月调研所获资料整理的大研古城 6 个社区的人口情况表。被调查社区工作人员均声明，由于大多数外迁原住民群众的户籍仍然留在古城，所以无法通过户籍统计原住民的数量；而经营户变动频繁，社区所提供的流动人口数据只能做大致的参考。从表 1—18 可以看出，

表 1—18　　　　　　　　　　　**大研古城 6 个社区人口情况表**

社区名称	大概位置	居民小组情况	纳西原住民人口现状	旅游移民流动人口的从业及社区管理状况
义尚社区	古城东郊。居委会在文林村	辖文明、文华、文林 3 个村民小组	户籍登记有 586 户 1731 人。农民户 380 户 1200 多人。居民户 100 多户 500 多人。农民和居民混杂。大约 33% 的已经外迁	从 2007 下半年开始房屋出租。已办理准营证的有 60 多户，正在开发和建设的有 120 户，总数约 180 户。以客栈经营为主。尚未成立联合工会。张艺谋和剑南春集团合作的"印象古城"项目征地 550 亩，返还 50 亩给社区集体，每家分到 166 平方米建新区住宅，老区出租经营
新义社区	四方街周边核心地段。居委会在密士巷	辖百岁坊、四方街、密士巷、积善巷、玉水街 5 个居民小组	户籍登记有 440 户 1422 人。实际居住 50 多户 170 人左右。大约 88% 的已经外迁	外来经营商铺 495 户 1601 人，其中玉水巷全部是外来户。属于古城最早开发区域，密士巷系早年外国人在此喝咖啡而得名。起初酒吧、茶馆较为集中，现各类经营都有。参加工会的有 200 多户
新华社区	酒吧一条街周边核心区域。居委会在翠文段	辖翠文段、双石段、黄山上段、黄山下段 4 个居民小组	户籍登记有 512 户 1607 人。实际居住的只有 5%，是 20 多户 100 多人。大约 94% 的已经外迁	外来经营商铺 322 户，客栈 135 家，酒吧 15 家，辖区内单位门店 8 个。办居住证的有 2250 人，流动人口总数约 5000 人，是外来人口最多的社区。樱花屋、桃花岛、一米阳光、千里走单骑、火鸟等规模较大，主要集中在河边，已形成酒吧一条街，现有 15 家。参加联合工会的有 262 户

---

①　和仕勇：《世界文化遗产丽江古城志》，云南民族出版社 2011 年版，第 547 页。

续表

社区名称	大概位置	居民小组情况	纳西原住民人口现状	旅游移民流动人口的从业及社区管理状况
七一社区	古城南大门。居委会在崇仁巷	辖兴文巷、关门口、八一上段、八一下段、崇仁巷、宝屋巷、依古巷、古佑巷 8 个居民小组	户籍登记有 762 户 2575 人。实际居住的近 100 户 300 多人。大约 87% 的已经外迁	流动人口(含经营户)近 300 户约 2600 多人。民居客栈占 60%,集中在南门;其他经营主要是餐饮、工艺品、旅游商品。20 世纪 90 年代开始,最先是福建人,然后是浙江和四川人,现在开客栈的主要是东北人。大理鹤庆人主要是做工艺品,打银的比较多,在整个丽江和整个古城占了 10% 左右。加入联合工会的有 160 多户
光义社区	木府周边区域。居委会在忠义巷	辖忠义巷、光碧巷、现文巷、金星巷、官院巷、金甲巷、木府巷、新院巷 8 个居民小组。社区面积约占古城近 1/4	户籍登记有 803 户 2659 人,实际居住的约 260 户 800 多人。大约 70% 的已经外迁	外来经营商铺 575 户 5000 人左右,包括门店(手工艺、小生意、银器、玉器、餐厅)、客栈(住宿为经营方式的)。除此之外,还有一些在古城里打工的租房客。偏离四方街—酒吧一条街—大水车核心区,门店偏少,客栈较多。加入联合工会的有 317 户
五一社区	居委会在文治巷	辖兴仁上段、兴仁中段、兴仁下段、振兴巷、文明巷、文治巷、文华巷 7 个居民小组	户籍登记有 1231 户 3815 人。实际居住的有 602 户 1900 左右。大约 50% 的已经外迁	流动人口(含经营户)约 250 户 2780 人。流动人口以东北人、福建人及云南大理人居多,以经营餐饮、客栈为主。加入联合工会的有 140 多户

位于旅游核心区域的新华、新义、七一社区的原住民外迁率非常高,分别是 94%、88%、87%,在其周边的光义、五一、义尚社区的原住民外迁率分别是 70%、50%、33%。这些数据与 12 年前(2003 年)的数据①相比,反映出原住民外迁和旅游移民流入是一个持续加剧的过程。新华、新义、七一、光义 4 个社区的旅游移民人口高达 70% 以上,已成为名副其实的旅游移民社区。从访谈资料看,位置相对边缘的义尚社区因受"印

---

① 参见和仕勇《世界文化遗产丽江古城志》,云南民族出版社 2011 年版,第 547 页。

象古城"项目开发建设的影响，其原住民外迁和旅游移民流入还将迎来高峰。旅游移民来自全国各地，旅游服务行业种类齐全，不同社区已逐渐形成各具特色的商业街区。大研古城已由原先的生活型城市转型为旅游移民商业城市。而这里的旅游移民主要指以外来经营者身份为主的旅游劳工移民。

综合调查资料来看，古城原住民大量外迁的直接原因有二：一是世界文化遗产旅游所带来的房屋租金的可观收益。由于原住民普遍缺乏直接从事商业经营活动的资金和技能，所以，绝大部分原住民选择出租房屋，收取高额租金。二是由于古城市政公用设施及社区生活条件的局限，居住生活确有不便。这些原因归根结底是旅游产业与社会的发展所致。既有中国社会经济发展的大背景、丽江文化旅游发展与政策调控的因素，也有古城原住民素质及价值观念的转变。其中旅游产业发展是一大重要因素。有学者认为旅游可能会加速旅游地生活文化的变迁，但这种文化变迁并不完全是旅游带来的。在旅游开发之前，几乎所有的社会都已经与外界交往，旅游、人口移动、工业化过程、现代传媒等因素都只是导致文化壁垒瓦解的部分因素。①

虽然旅游使古城重新形成了商业繁荣的景象，然而，旅游所引发的古城人口"置换"而发生必然伴随着古城文化的置换而发生，古城里的纳西人和纳西文化正被"边缘化"和"空心化"，纳西族活态民俗文化正被逐渐消解，外来的经营者与游客共同制造了以符号消费为特征的后现代旅游消费文化，对古城历史与民族传统文化所依赖的文化生态与地方传统造成了严重冲击，古城这一城市型世界文化遗产正在遭遇严重的文化危机。调查中，被访谈的丽江本地人普遍抱怨：旅游发展后丽江的物价飞涨；古城居民的贫富差距很大；区域好、房子大的人，收入很高；而区域差、房子小的人，有些人只是解决了温饱问题。留居古城的纳西族大多是习惯于古城生活方式的老人或没有经济实力搬走的困难户，古城出现了留居人口"老年化"与"贫困化"等社会问题。

"新丽江人"是旅游移民在古城的特别指称，是笔者在社区访谈时听到较多的一个词。据社区干部介绍，地方政府提倡把到古城经营超过 5 年

---

① 宗晓莲：《文化变迁——以云南省丽江县纳西族文化为例》，中国旅游出版社 2006 年版，第 72 页。

的外来经营户看作"新丽江人""新古城人"。现今,"新丽江人"是古城的主要居留者。就"新丽江人"对古城世界文化遗产的社会影响,笔者通过与古城区非物质文化遗产保护中心、旅游局、古城区文化产业协会、民间文化保护社团雪山书院及基层社区等单位相关人员的访谈,广泛收集整理了相关信息。以下是一些较具代表性的看法:

古城区文化产业协会会长 HYC (2013 年 8 月 17 日):现在丽江把那些住在古城的外来经营户叫作"新丽江人"。云南较早接受汉文化,木氏土司引进了很多人才。历史上,这种外地人成为丽江人的过程花了几百年的时间。而现在的外来人,最多只有几十年的时间,而且他的目的更多是经济的考虑,几乎不会帮你考虑文化保护传承这些问题。

古城区非物质文化遗产保护中心主任 LZD (2013 年 8 月 20 日):明朝以来,外面的汉族和其他民族来到丽江以后,(因为)人数极少,必须要融入纳西族群体,否则,会自生自灭。但现在的情况不同。一年数百万的外来强势移民(包括游客),可以把我们几十万纳西族吞噬了!现在是强势民族同化我们。他们是来赚钱的,他们不过是看上丽江古城的商机。旅游业带来了丽江的发展,这个是必须肯定的。但是反过来说,旅游使丽江成为云南省物价最高的地方。我们又不得不适应这种不好的变化。

雪山书院院长 HGX (2013 年 8 月 20 日):我们组织了一次以"爱护丽江、保护丽江"为主题的座谈会,大家都认为真正爱丽江的人不会来丽江投资,不爱丽江的人都来赚钱了。就整个丽江古城的现状而言,虽然说"新丽江人"有责任维护和爱护丽江,但真正爱护的不多。没有多少人是真正爱丽江的,他就是来玩,来赚钱的。

七一社区书记 HXL (2013 年 8 月 22 日):丽江古城能够发展到今天,也是得益于在古城经营的"新丽江人"(的投资)。"新丽江人"群体里有差异,不能一概而论。有些人待了几年,觉得丽江环境各方面都不错,很认可这里,就买房子住下来了。我们搞群防群治,他们非常积极地参与进来。但有些人来丽江的目的就是赚钱,不会待很长时间。随着古城旅游和商铺的发展,古城的承载量已经快要饱和了。四方街人满为患,交通拥堵,停车、垃圾清运都是问题,环境退化了。

光义社区书记 CSJ (2013 年 8 月 20 日):"新丽江人"对这个社区的贡献只是参与了旅游业,增加了旅游服务的内容而已。古城经商户的素质参差不齐。在古城经营铜、银器加工的大理鹤庆人较多。他们不少人没有上过几年学，他们几乎没有古城保护、社区文化的概念。人家生意人的终极目标就是赚钱、盈利，他们不会管其他的。而我们原住居民就不一样了，世世代代生活在这里，有感情。

古城区旅游局质监所 TSZ（2013 年 8 月 16 日）：目前古城内的客栈已经办证的至少是一千多户。古城内 90% 的本地人都把房子出租做客栈，基本不参与经营。喜欢做客栈的，东北人比较多，但他们"宰人"比较厉害。发现了这个情况以后，我们对东北来承包客栈的（办证审核）比较严格。

从以上访谈资料可见，社会各界对"新丽江人"有诸多批评。这些"新丽江人"以外来经营户为主，以经济利益为目的。他们来源复杂，层次多样。既有来丽江长期投资经营、举家落户丽江的，也有来丽江短期"淘金"的。被访谈者普遍认为，他们的到来给古城带来了诸多负面影响。最突出的表现是"以赚钱为目的""不会待很长时间""不会管其他的"等。所有这些都反映出这些旅游移民缺乏社区主人翁意识、凝聚力和地方文化认同。针对这种情况，政府应该如何引导、塑造"新丽江人"的社会责任意识？这成为大研古城社会管理所面临的难题。

针对"新丽江人"带来的诸多社会问题，丽江古城管理局、古城区非物质文化遗产保护中心、大研街道办事处等政府机构开展了一系列针对性的工作。一方面，丽江古城管理局对古城商业经营活动进行规范限制，大力扶持原住民开展民族文化经营活动。例如，2003 年开始实施"准营证"制度。2006 年，世界文化遗产丽江古城保护管理局编制了《世界文化遗产丽江古城传统商业文化保护管理专项规划》，加强对古城商业活动的控制和管理，明确规定本地居民在经营从业人员所占比例，把没有民族文化特色的商铺迁出古城，原则上不再审批外地人新的经营项目，并对已在古城内从事经营活动的外来人员进行文化遗产保护方面的培训；同时，制定各种优惠政策，鼓励和引导本地居民经营民族特色商品，对民族文化特色商铺授牌保护，对原住民在城内开展经营活动实行一定的税费减免，为原住民就业和生活提供便利，对原住民房屋修复给予一定比例的补贴，鼓励提倡当地居民穿着本民族服饰和从事文化旅游项目等。① 另一方面，

---

① 笔者根据世界文化遗产丽江古城保护管理局 2012 年 7 月提供的资料整理。

大研街道办事处积极推进旅游移民社区创新管理，开展以创建联合工会，搭建社区服务平台，组织开展群众性社区文化活动，传承发展纳西族民族文化为主要内容的社区文化建设。据社区干部介绍，市委市政府要求街道办事处、居委会把管理服务的主体转向"新丽江人"这个层面。针对古城的具体情况，大研街道办事处和古城区总工会倡议各社区组织成立联合工会，以此为平台，对古城以经营者为主的旅游移民提供服务。服务内容主要有：出具准营证或经营执照的办理证明；办理装修店面和房子的审批手续；与经营户每年签订消防安全责任书；宣传古城管理保护条例及国家计划生育、食品卫生、合法经营等法律法规；为经营户子女提供助学金、帮助解决移民家庭子女的入托、入学等问题。目前，除义尚社区外，古城旅游区的其他 5 家社区都已成立了联合工会。

2. 主要管理主体之间的矛盾冲突

主要表现在：管理主体多，虽主要职责定位不同，但职能有所交叉，会造成"管的人多了，反倒没人管"的局面；古城街巷具体事务管理者社区居委会没有执法权，在具体面对社区管理与遗产保护管理密切相关的事务时处境尴尬。多位社区基层干部反映：

光义社区干部：丽江古城管理局是市政府派出机构，正处级单位，是整个古城保护的最权威的机构。大研街道办事处是丽江市古城区的派出机构，有 8 个社区，其中大研古城有 6 个。古城区大研街道办事处下设古城管理所，有 400 多人。所以说，管理部门很多，还没有算上行政执法的。管理上边交叉，就会有一个问题，管理的人多了，就没有人管了，互相推诿。会有这样的现象。

七一社区干部：古城里这种管理机构非常多，职能交叉或者产生冲突的地方是难免的，像丽江古城管理局，是丽江市正处级单位，和我们古城区政府是平级的。而古城管理所是大研街道办事处的管理部门。他们的工作还是有一点重叠。我们同时受到大研街道和丽江古城管理局的双重领导。古城保护项目等业务工作，我们要听从丽江古城管理局的安排；但我们社区行政上是由大研街道领导。从职能上分，大研古城管理所负责大研古城的环卫、环境这方面，他们没有行政审批权。丽江古城管理局才是古城的行政职能部门。在没有成立丽江古城管理局之前，由我们大研街道在管理，这曾经很混乱。现在管理局各方面都理顺了。可以说对古城管理保护还是起到了很大的作用。我个人认为古城管理所应该受丽江古城管理局的领导，可能更好一些，因为现在有些职能上可能受到丽江古城管理局的领导，但是它的行政主体没有理顺，如果管理局直接领导管理所，古城的保护管理各方面都会做得更好。

新华社区干部：大一点的规划是丽江古城管理局配合着古城区规划局在搞，比如修缮居民房屋等。但各方面一旦出现了什么问题，最终还是要靠大研街道办事处和我们社区解决。好多社区的工作，应该是政府部门做的好多事情，都让社区来做，这一点我觉得不对。社区干部是协助他们，现在变成我们唱主角。从行政执法来说你的身份必须是公务员。但社区一个公务员都没有。我们只能汇报一下，劝说一下。社区最主要和最困难的问题就是人口管理。流动人口带来诸多问题和挑战。居委会协助政府每年开展两次消防安全检查，与经营户签订消防安全责任书，但没有执法权。出了事后，排解矛盾、化解矛盾、安抚工作等善后事宜全部在社区。

新义社区干部：这几年政府在保护管理方面下了大力气。但是来的人越多，污染就越大，管理上难度也比较大。政府执法的时候还是应该因地制宜，该严的时候要严。经营户在古城内放养狗、骑自行车的现象，是越来越突出了。居民建房监管的执法力度不够。让我们基层管，但我们什么执法权都没有，只能做宣传教育工作。

3. 政府、企业、民间及个人不同层面各类保护主体之间的矛盾

主要表现在：政府对留住原住民，对民间文化社团、非物质文化遗产传承人及原住民在古城开展公益性文化遗产保护传承及生产式的市场化保护传承的规划与扶持力度不够。以下访谈对象的观点较具代表性：

古城原住民 A（教师，2013 年 8 月 23 日）：原住居民住在古城的，每个人一个月有 15 元补助，一年 180 元。这个钱是政府为留住原住居民的惠民政策补助，是保护古城的民族文化、人文文化的措施。但从经济利益来看，一个人头就是 180 元，一家五口也就是千把块钱，这个补助和一年出租房屋的几万元、十几万元，甚至二三十万元比，哪个更具有诱惑力，这个不言而喻。

古城原住民 B（退休干部，2013 年 8 月 25 日）：政府留住古城原住居民的惠民政策，收效甚微。建议政府管理部门应该出台一些切实可行的惠民政策，应该鼓励我们的纳西族年轻人自主创业，比方说免工商税收，搞大面积的特色门店。为什么古城的原住居民不愿意在古城里住，因为不方便。毕竟是现代社会，管理局要求古城的房子修旧如旧，保持传统，这

个是无可厚非的。但里面的标准你要放宽,比方说卫生间改造、安装太阳能,你要拿出一个可行的方案。如果唯一的一个忠义菜市场搬了以后,恐怕更没有人在古城里住了。交通也不方便。要留住原住民就得要拿出魄力。只要你不是从事经营活动的,住在古城里面水电费全免,甚至允许你的车辆免费停在古城周边的停车场。这些是最基础的。有些老人觉得故土难离,不愿意搬。但是周边的环境逼着你不得不搬。你的左邻右舍全部都是广东、上海、深圳的老板,养着狗,晚上客栈里面烧着篝火,放着摇滚乐,喝酒狂欢。你说老人家能住吗?以前,家里面有个红事白事,周围的邻居都来帮忙,但现在一个人都不认识。酒吧一条街一两点钟还在放摇滚乐。旺季的时候,总有游客来敲门问有没有房间出租。环境不允许你住在这里了。古城保护工作千头万绪,现在还有很大的改进和提升的空间。

古城原住民 C(社区干部,2013 年 8 月 26 日):1996 年地震以后,政府决定恢复重建木府。当时住在里面的 67 户居民全部搬迁走。迁走的人现在常说划不来,如果不迁走,现在不用干活十几万元房租就到手了。我们因此要做很多安抚工作。建了木府以后,对居民来说没有什么实惠。唯一的好处,就是原住居民可以凭身份证免票参观。但节假日这里人满为患,在这里买个菜到处都是人,走路都不方便。旅游发展后,丽江的物价飞涨,丽江的消费很高。这几年古城居民的贫富差距很大。区域好、房子大的人收入很高,开着名车,光吃租金,可以一样事情不用干。而区域差、房子小的人,有些刚好解决温饱,有的还在吃低保。我们光义社区为什么有四五成的人还在里面,就是区域位置不好这个原因。去年进来了几个财团,一下子收购了十多个院子,现在不断有大批原住民搬出去。

古城原住民 D(古城管理干部,2013 年 8 月 26 日):现在进入古城觉得很烦。毕竟是一个居住类型的社区,但每天都是很多人,半夜什么噪声都有。现在古城中很多人进来,污染很严重,社会治安也有问题。很多人视丽江古城是小资天堂,来这里释放压力。古城成了移民城市,要完整保留是很难的。要想留住原住民也是很难的。

以上从大研古城文化主体、管理主体、保护主体三个角度综合分析了相关利益者的互动及其对大研古城文化遗产保护利用的影响。结合之前的大量田野调查材料,可以肯定的是,政府在古城文化遗产保护利用方面发挥了非常重要的作用。在大理召开滇西北旅游会议、举办东巴国际艺术节等丽江文化旅游发展中的重要事件,都与当时地方政府的发展决策和领导超前的理念密不可分。

　　大研古城文化旅游公司是大研古城文化旅游项目的主要策划实施者，其曾在大研古城率先开展了一系列文化遗产旅游项目，如"走进纳西人家"、放河灯、茶马古道节等。大研古城文化旅游公司总经理 HYC 也是古城区文化产业协会会长。他对古城文化产业的发展政策和环境都较为了解。通过其在古城探索开展民俗类非遗体验旅游的经历，特别是对纳西喜院经营失败的思考和对古城文化旅游发展环境的分析，让我们对影响大研古城文化遗产保护利用的政策环境与产业市场方面的因素有了更进一步的认识。纳西喜院的失败，更说明丽江古城目前还是处于大众观光旅游的发展阶段，还未真正向更高阶段的体验经济转型。HYC 认为丽江有很多具有品质的东西，需要大项目的支撑和拉动。当然丽江的魅力还源于民间的点点滴滴。目前，当地政府很重视文化遗产旅游利用与保护发展，提出了新的旅游发展战略。下一步，丽江文化遗产旅游利用与保护发展要依靠政府从政策、体制、机制各方面提供保障，引导扶持广大的民族文化持有者、企事业单位、民间社团共同参与。

　　下面是 2013 年 8 月 17 日笔者与 HYC 的相关访谈（根据录音进行整理，有删改）。随着一系列问题的提出和回答，我们可以直接从调查对象身上获得大量真实而丰富的信息。

　　问：我想了解您在古城开展文化旅游项目的整个过程和具体情况。咱们先从您的第一个项目放河灯说起，好吗？

　　答：2000 年，我们公司成立。在古城的第一个项目是放河灯。"放一个河灯，圆一个心愿"，是对逝去亲人的追思，是本地的一个风俗。当时投入就是 2 万元。7 月中旬那天，我们免费提供给当地的老百姓来放。我们当时创业的时候 4 个人，晚上公司下班，我们就拿着灯，开始吆喝放河灯。当时大研镇人民政府也比较支持。开始还有一些插曲。我们放了以后，当地的老百姓也来放，一开始 5 元一盏灯。后来，老百姓随便用纸折，1 块钱的也有，5 毛钱的也有。满街都是放河灯的人。到处放，没有人管，这个很危险。大研镇政府派出所就出来制止。之后，我们放河灯，每天都要进行河道清理、防火等一系列工作，我们是有流程的。有些人以为河灯会伴随着长江水流到东海，很虔诚地跟着河灯一起走。结果看到我们工作人员把它捞掉。我们就说这个是为了环保，就是一个仪式而已,讲的是心诚则灵。后面河灯项目做了14年,再没有发生过什么事情,我觉得还是和我们管理很完善有关系。面上看热热闹闹的,很简单,实际上不是的。

问:那你们这种旅游项目进入古城有没有一些标准或者规定呢?

答:古城管理一开始是比较粗放的。是大研镇政府来管理。我们就给他们打报告,批了就按工商税务要求的去做。现在古城管理局就比较严格了,除了要办国家的工商税务以外,古城管理局专门把关,所有的项目都要办准营证。这个也是地方性的政策。对小摊小贩的管理也很严格。但是外来人也很多,有时候也不一定管得过来。但店面是有专门管理条例的。我记得,每个店不能超过两个品种,当时还做了规划,每条街只能做什么具体项目。但是因为一签合同10年、5年,你也没有办法。

问:河灯是你的第一个项目,后来的纳西喜院项目,您是怎么拓展出来的?

答:纳西喜院已经关门了。这个就是理想与现实之间的问题。原因很多,这个项目属于叫好不叫座的项目。因为当时"走进纳西人家"是有一个基础的,在此之前我们和大研古镇政府合作了一个茶马古道之旅,就是10个院子。每个院一个主题。当时老百姓很多,但是经营的不多。古城有些公房(政府资产)。大研镇政府考虑到老百姓会做蜜饯,会编织,有许多有民族特色的传统手工艺,就想把这些有特点的选出来进行展示。当时只是一个临时的项目,筹备了三四个月,但是社会反响很不错。活动完了,我们就把马帮队留在古城。当时有很多的意见,马屎马尿这些细节问题都有人评头论足。当时是我们的专员来拍板定的。他说这个东西很好,可以做。我们就买了几匹马开始做"跟着马帮游古城"这个旅游项目。这些院落有些就空闲了。2003年,丽江区划调整,大研镇政府变成了古城区,成立了办事处。有很多这样那样的改变以后,就无人料理这个事情了。后来成立了丽江古城管理局,我去找领导,说可以做"走进纳西人家"这样一个项目。当时他们很支持,局里面出钱把他们租下来,每个院落一个主题开始再来做。大概花了一年的时间,把所有的院落全部重新修旧如旧恢复出来,引进这些项目的艺人。在后期推广的过程中,可能和体制也有关系,一直理不顺。因为项目需要旅游局批,问题还是很多。后面就不太关注了。可能地段比较好的院落有自己的经营，有些比较偏的就没有生意了，这样可能做了 3年。当时成立了一个丽江古城保护管理公司民族文化发展分公司，他实际上隶属于政府，我是负责人。因为头 3 年是政府的公司，我自己又不能投资，里面又有很多这样那样的一些问题，反正项目一直没有做起来。后来就租了 3 个我们认为比较好的院子，就是现在的纳西喜院、纳西画院和纳西编织院。

我们做纳西喜院，考虑的是要把丽江这个独具特色的婚俗情爱文化展示给游客。因为丽江有一个殉情之地的说法，就是表现爱情的忠贞。虽然我本人年纪不大，但是对于艳遇文化我心里是抵触的。有时候别人说成艳遇风景、艳遇文人，实际上就是酒吧出来的，一时间一呼百应，甚至成了丽江的对外宣传语。我觉得这个很可悲，把真正的文化冲淡了。但是这也反映了一个现实的中国市场的需求：物欲横流。我希望通过我们的项目把正向的文化内涵表达给客人。婚俗仪式里面有很多的内容，我们是花心思做了很好的设计，包括我们在强调爱情不只是两个人，它是两个家庭、两个族群的。因为在传统仪式里，家庭的伦理关系、亲情的伦理关系都有的。实际上这些东西到处都有。包括艳遇好像也适合丽江，因为一个乌烟瘴气的地方不可能有艳遇。丽江就是山好水好，挺浪漫的。来参观的很多游客对我们这个项目评价还是很高的。现在我们还有五六本留言册，里面都是祝福，希望我们生意红火、做大做强。我们真的是在用心做这个事情，以前做大型活动太多了，我觉得这个小 Case，三个月摆平！真的面对市场，做一种商业经营，真的还是有很多的挑战。

问：这个项目没有持续下去的根本原因是客源的问题吗？

答：核心是来的客人有问题，时多时少。这个项目分两个阶段，一开始是纯粹为新人服务。做这个事情的丽江婚纱摄影机构不少于 600 家，丽江已经成了一个户外写真拍照的基地。我觉得有那么多有情人来丽江，来感受我们纳西的这种文化，是好事，是有市场的。最初的想法是和这些机构合作，请他们带进来，给他们佣金，各取所需。但是后来发现这条路走不通。因为现在的婚纱摄影不只在做婚纱，实际已成为一个非法的旅游机构。客人的交通、住宿、吃饭全部安排。他们关注自己的利益，也许他们吃饱了才会考虑给你做。我觉得我这么好的想法受制于别人，命运在别人手中。后来就自己规划，设计了古城迎亲、到四方街过玉河、万子桥祈福等这些仪式。我们的院子离古城入口太远了，为了弥补线路的不足，所以设计这些铺垫。来的团队也好、散客也好，我们用心做 3 个小时，每人收费 200 元。客人从来没有嫌价格高。而且我们有 100 元是返还给做旅游的人，我们只有 100 元的收入。我们那个院子在古城算是大的，但是总体来说还是小。最多可以坐 170 人左右。大家就玩得很开心。员工里本地的小姑娘、小伙子很多。我教他们说，你就当是你自己请客，你的客人，以这样的心态去接待就好了。我当时的想法是，做民俗的应还原到老百姓家的状态，不要有太多做作，所以演出、舞台我都没弄。我们真的很用心地做了很多细节的东西穿插在院子里。包括进门先打跳，喝茶吃甜点，休息。然后我们开始上正席，上菜的时候开始敲锣、报菜名，应该说很用心地做这个事情。来的客人应该也感受到了我们的真诚，给予我们很多的鼓励和祝福。我们那个项目计划 9 点结束，有些喝酒喝到 12 点，茶水免费供应，一直让员工陪着客人交流。有些客人喝醉了，要去酒吧一条街，我们还派人扶他们去。我们这种服务，丽江是不会有的。

问：常规的项目是 3 个小时，这样成本就透支了。是吗？

答：对的，想着人家出了钱，本身正常的节目到 9 点，有些客人很 high，他不走，喝茶免费，他们围着火塘继续嘛。我们就临时组织一些节目和客人交流。因为我觉得丽江特别需要这样的东西，不是我跟你的交流每一句话都有商业的目的在里面，这个哪来的真诚？我也觉得我不缺那个钱。纳西喜院那个项目到现在亏了 180 万元。

问：客源怎么样？团队多吗？

答：马来西亚、新加坡等外国来的比较多。外国团可能对这种深度的文化体验有需求。甚至国内，包括今年苏州的慕名想来参加。还在求我们一定要安排一下，他们有一个四五十人的团队。我们说现在调整、歇业了，建议他们去白沙那边。我说都是本地人，他们做得非常好，建议去那边。以前最多的就是一天 170 个人。我们设计的青梅酒，和爱情有关。意思是青梅竹马，另外酸酸甜甜形同初恋，我们真的用心在做。那个酒 5 元一斤，我们是到七河的五丰酒厂采购的，人家是最好的最纯正的，就是要保证这个品质。很多人都说，喝了这个酒在丽江高海拔地区睡觉很舒服。我们做的菜，八盘四碗一个火锅，还有甜点，游客对我们的餐饮都非常满意。但是我们这个项目，真的是大势所趋。现在，整个云南的旅游都很乱，什么零团费。就是利益至上的环境！我是觉得整个项目一定要通过3个小时才能表述清楚。然而很多团队进来1个小时，甚至40分钟。随便唱几首歌，赶紧让他们吃饭走人。留下的时间他要去购物，要吃回扣。这样的事情发生在我这里，我很气愤。我们做文化产业，又是本地人，特别想把好的东西展现给客人。我们就是这样的人。我们想说这句话。实际上，现在这样的平台比较少，纳西人家展示的比较多。虽然我们也有很多的不足。这个项目会失败的根本原因是项目太小了。

问：会不会考虑重新调整了以后再开放呢？

答：这个项目的失误在于人力成本过高。院落最多的时候工作人员46个人，游客都不好意思，这么多人为他们服务。提高定价的话，就没有人来了。现在雪山上面那么大的项目也就收200块钱，"丽水金沙"也就是200块。最核心的问题还是项目太小！我们也有景区，"东巴王国"是我们另外一家公司搞的景区，这个是大项目，1天五千、一万人，客源还是有的。但纳西喜院这个项目做得非常精致，人再多也不超过170人。有时候我们很矛盾，我们不要太多人，170人封顶。再多接待不了。我一直犹豫，改一个其他的简单的，说改马上就改了。我一直在纠结，心里放不下这个事情，所以院子闲了七八个月。我们毕竟也是企业，要赚钱，要养家糊口。来自外国的旅游团队毕竟还是少，量不够。国内的就是乱七八糟的各种。如果接待散客，菜是一桌桌的，要分菜，每桌菜我们还是要介绍文化内涵的。不上满八盘四碗的话，和我们设计的初衷和理念就不一样。我也会觉得我们的设计过于理想化，另外一个就是成本过高，我们傻傻地去做四十几个人接待四五个人的事情，把别人搞得很不好意思，明知道是亏的。我们的员工的饭是在那里面吃，我一个月光是四十几个员工在里面吃饭就要好几万块钱。

问：请从您作为古城区文化产业协会会长的角度谈谈古城在文化旅游产业发展方面的问题、影响因素及解决思路。

答：有时候发展过程中未来会怎么样，大家思考得不够，这个也不能只怪政府。这都是发展过程中的新课题，没有一个专家能非常准确地预料。我们在古城做了十几年，自己想想，问题的出现可能是预判不足。我后面觉得当地人参与旅游太少了。如果当时就预判旅游会这样，当时政府就可以培训老百姓参与、适应旅游市场，就可以来做这个保护和发展的事情。现在市政府在导向上提出打造文化名市、旅游名市，发展战略是有的。实际要落实到部门、企业或者个体，可能比较明确的引导还是比较薄弱。应该说近二十年丽江的发展是非常快速的，经济发展推动丽江的快速发展，让很多人、社会各界应接不暇，来不及思考丽江宏观的或者说是正确的发展方向。甚至可以说，规划滞后于市场。但是我们说有形的东西比较好保护，因为摸得到、看得见，但是我们说的文化生态、软实力这块就比较难。因为参与的个体太多，比如古城里面有几千户老百姓，每个人都会关心个人利益。有些方面，政府也无能为力。

为什么丽江文化旅游项目做成功的少，因为很难做。我觉得，还是要政府牵头，包括企业牵头重新对这一块布局，因为在发展过程中有很多深层次的问题需要解决，不是面上的。老百姓从农民变市民，变成旅游服务者，身份在转变。引导过程中有很多不足。书记提出了新的旅游战略，"文化名市"也好，"幸福农庄"也好，"文化硅谷"也好，我觉得这是做这个文化产业人的新机遇。现在古城也好，束河古镇也好，已经形成了一个布局。纳西民族的节庆文化、日常民俗文化的保护利用发展，都需要一个大体量来实现这个思维，而且必须有商业、有品质，是完全可以体现丽江魅力的东西。我们现在说的旅游八大要素："吃、住、行、游、购、娱"和学习、体验，都能实现。

新书记来了以后，丽江各个部门都在做丽江文化发展的调研。未来，对于文化产业的政策就需要有一些改善。反过来说，丽江旅游会做得那么好，是因为从确定做旅游城市后，就成立了职能部门旅游局。体制和机制的确需要有一个保证，包括分支、协会。有这些部门机构的管理、支撑、引导很重要。我们建议丽江能不能有个大突破，成立文产局。因为事业和产业完全是两回事情。丽江文化产业的发展已经到了一个瓶颈期了，而且路子非常单一，完全依赖旅游。这个也是丽江独特的。丽江真的是通过旅游这个平台发展的。产业形式依然单一，丽江文化走出去的目前只有宣科一个人。我觉得文化产业的属性也不止只有经济属性，国家层面从"十六大"就提出发展文化产业，文化产业关乎中国的文化安全的东西。

丽江和其他的发达地区怎么比？它的经济体量、各种条件不具备，丽江就是淳朴的民俗文化有绝对的竞争力，而且有这么好的平台。我还是觉得提升的空间挺大的。现在包括政府各部门也在这些方面做了很多事情。

我们谈文化产业，谈了这么多年，文化产业总体还是呈现一个散、小、弱、差的现状。给我们企业的政策不是很多，所以未来政府在相关政策上肯定要有一些优惠倾斜，包括用地、指标等。古城区文化产业单位有3000多家，协会有2800多家会员，个体户特别多，而且做本土的可能只有二三十家，都是外来的。对于打造丽江特色的东西，可能作用不是很大，所以可能要花些工夫引导。另外一个在整个社会发展过程当中，作为国家战略的城镇化，使越来越多的农民转变为居民、市民。几个产业之间的互动发展是必需的，因为旅游产业很脆弱，丽江只抓旅游，其他不抓也不行。就文化旅游产业这块，市民参与旅游培训是必需的。这方面的工作力度比较小。我觉得应该让他们有这种技能，参与到纳西东巴文化旅游产业中来。

要围绕我们民族文化这块继续发展，找到突破口，未来一定要社会效益和经济效益双收。如果没有盈利，就做不了产业；钱都不会赚，就无法产业化。具有了这样的一个基础，未来有更大的实力和盈利能力，就会有条件有机会去做更多有益的事情，这也是相辅相成的事情。

结合表1—19的影响因子系统问卷评价统计结果看，对丽江古城文化遗产旅游利用与保护影响较大的因素，依次是旅游开发企业的规划与管理运作模式（4.12）、民间团体、专家学者（4.12）、文化旅游产业市场影响（4.10）、少数民族参与度（4.07）、国家及地方政府相关政策影响（3.97）。国家及地方政府相关政策影响的肯定评价均值较其他影响因子低，这与大量调研所反映问题与政府相关机构设置不尽合理、惠民措施及文化遗产保护展示的力度不够等问题，有着内在的逻辑关联。整个系统均值是4.08，属于"同意"的肯定性评价。

表1—19　　　　　　　　　影响因子系统问卷评价统计

问卷主题（文化遗产旅游利用与保护的影响因素）	少数民族参与度（问卷3.1）	国家及地方政府相关政策影响（问卷3.2）	旅游开发企业的规划与管理运作模式（问卷3.3）	文化旅游产业市场影响（问卷3.4）	民间团体、专家学者影响（问卷3.5）
平均分值（分）	4.07	3.97	4.12	4.10	4.12
均值（分）	4.08				

七　保护利用的可持续性与创新性评价

结合表1—20问卷调查结果统计，就丽江大研古城民族文化遗产旅游

利用与保护系统情况,可做以下小结:

从民族文化旅游空间系统看,古城旅游空间系统的三类空间具有很强的互补性,但由于民族文化主体大量缺失而导致的符号化,已成为古城民族文化遗产旅游利用与保护的一大特点,这也是肯定性评价不太高的主要原因。系统评价均值是4.10,属于"同意"的肯定性评价。

从旅游利用背景下文化遗产保护的过程系统看,一方面,作为古城从观光型旅游向文化体验型旅游转变的重要资本的纳西民族文化遗产,未得到充分有力的发掘、利用与展示,所以肯定性评价值较低;另一方面,作为丽江模式一大特点的旅游经济反哺文化遗产保护的良好机制,又使旅游利用与保护基本达到良性互动的效果,但深度与广度明显不足。系统评价均值是3.85,介于"同意"与"基本同意"之间,满意度一般。

从主体系统看,虽然外来文化主体与本地文化主体之间、主要管理主体之间及政府、民间、个人三层面各类保护主体之间都存在一定的矛盾冲突。但由于政府与市场的宏观调控,不同利益相关者之间的关系趋于平缓,并逐渐趋于更加理性与合理。与之密切相关的影响因子系统,评价均值是4.08,属于"同意"的肯定性评价。笔者认为,作为中国较早、云南唯一的世界文化遗产,因没有现成的借鉴经验、早期规划预见性不足而导致没有有效规制纳西原住民流失与旅游符号消费经济过热,是目前古城民族文化遗产可持续旅游利用与保护的一大桎梏。

创新性和发展优势评价均值是3.71,个案典型性、代表性评价均值是3.63,综合均值是3.67,介于"基本同意"与"同意"之间,说明丽江古城文化遗产保护利用方面的问题不少,需要提升的空间还很大。总的系统评价均值是3.93,是接近"同意"的肯定性评价。其中,旅游空间系统和影响因子系统的肯定评价值,比过程系统和创新性、代表性评价值稍高(见表1—21)。这与前文的分析是相符的。

丽江创造了世界文化遗产保护与旅游业协调发展的"丽江模式"(全称是"联合国教科文组织亚太地区可持续性文化旅游发展丽江合作模式")。模式得到2001年10月举办的联合国教科文组织亚太地区文化遗产管理第五届年会的充分肯定和高度评价,成为联合国教科文组织指导亚太地区文化遗产保护工作的实施纲要。模式的基本点包括:文化遗产资源的财政管理、旅游业对文化遗产资源的兼容和投资,遗产地社会教育、技能培训和就业模式,遗产地居民及文化遗产保护者之间的分歧解决模式,遗产地管理机构及其职责等。2004 年 5 月，来自世界各地的 "中国丽江文化遗产论坛" 代表对世界文化遗产丽江古城进行了实地考察，对丽江古城的商贸活动、古城保护中当地社团的建设与参与、发展旅游给当地人民生活方式带来的冲击和影响，对历史古迹带来的冲击和影响等方面进行了调研和评估，提出意见和建议，最后重新定义了 "丽江模式"，新增加了几个方面的保护内容。如规范和控制古城商业活动；控制古城环境容量和旅游承载力；加强古城建筑的管理，确保古城建筑风貌的真实性；加强对古城居民和游客进行文化遗产管理和名城意识宣传、教育、引导等。2007 年 8 月，丽江古城民居修复项目荣获 "联合国教科文组织亚太地区 2007 年遗产保护优秀奖"。丽江古城在保护与发展的关系上，已形成 "保护为主、抢救第一、合理利用、加强管理" 的理念。[①]

表 1—20　　　　　　　　问卷调查结果统计

调查统计分类	旅游空间系统						过程系统			影响因子系统					创新性、代表性评价	
问题序号	1.1	1.2	1.3	1.4	1.5	1.6	2.1	2.2	2.3	3.1	3.2	3.3	3.4	3.5	4.1	4.2
问题均值（分）	4.21	4.29	3.99	4.20	3.99	3.89	3.57	4.13	3.86	4.07	3.97	4.12	4.10	4.12	3.71	3.63
系统均值（分）	4.10						3.85			4.08					3.67	
总均值（分）	3.93															

表 1—21　　　　　　创新性、代表性问卷评价统计

问卷主题	该景区在民族文化遗产保护利用方面较为成功，具有创新性和发展优势（问卷4.1）	该景区的保护利用模式在同类景区中较为典型，具有代表性（问卷4.2）
平均分值（分）	3.71	3.63
均值（分）	3.67	

　　然而，"丽江模式" 是就大研古城、束河古镇、白沙古村在内的整个世界文化遗产地而言的模式。而大研古城因文化遗产旅游符号消费经济的商业化冲击等诸多原因，纳西原住民 "活着的文化" 正逐渐式微。

---

　① 参见杨国清《丽江文化旅游崛起解读》，云南人民出版社 2011 年版，第 236—240 页。

但从另一个角度看，毕竟现在大研古城还有纳西古乐，还有那些身着民族服装的纳西女人，还听得到独特的纳西语，看得到丰富多彩的民族节庆、歌舞文化。这在一定程度上得益于文化遗产旅游的发展。丽江古城成为世界文化遗产和著名旅游景区，这一定程度上促成当地政府和社会大众对民族文化保护的关注。旅游业的发展在很大程度上促进了文化保护。随着旅游业的发展，唤起了纳西人对本民族文化的热爱与再认同。借助旅游业的开发，种种已经或正在消失的象征着民族精神的文化事象受到国内外游客及本民族的热切关注。许多濒临失传的文化遗产借助旅游的平台得以生存和复苏。随着《云南省丽江古城保护条例》和《东巴文化保护条例》的出台，传统文化遗产保护被提到了法制化的高度。借助旅游业，东巴造纸技术、打铜、打银、制陶等传统手工业获得新生；民间的传统饮食鸡豆凉粉、丽江粑粑、酥油茶等都成了颇受游客喜爱的风味食品；原本仅限于学术界研究而被人们视为神秘深奥的东巴文化，被越来越多的人带至世界的各个角落。旅游赋予了文化更大的生命力，成为推动丽江经济社会大发展的重要产业。与此同时，在大研古城社区开展外来经营者的纳西语言学习，在中小学校实施双语教学等，这些做法又都是富有创新意义的。

应该强调的是，大研古城作为世界文化遗产地的展示前台与符号标识，其民族文化的式微与旅游符号化特征，是与整个丽江乃至全球的社会发展环境、文化旅游产业发展特点及文化遗产自身的发展特点密切相关的。但文化旅游并非是造成文化变迁的唯一外因。

八　世界文化遗产城市型景区的创新性理论分析与总结

综合来看，丽江大研古城民族文化遗产旅游利用与保护系统可分为两个层级：第一层级是政府主导的历史文化空间，它包括丽江模式所造就的历史文化氛围、商业氛围、纳西民俗文化氛围，以自然风物、历史文物古迹、纳西传统民居、广场民族歌舞打跳为代表，发挥着对丽江古城世界文化遗产自然风物与创造者地方性知识的展示与宣传教育的作用。第二层级是公司、社团主导生产的旅游空间节点，它以景观符号和参与体验空间为标志，使纳西族民族历史文化遗产的主体性与文化真实性得以提升，以雪山书院、东巴纸坊、纳西古乐演奏、打铜人家、纳西喜院等为代表。第一层级为第二层级提供了原真性与整体性的文化氛围，为景观符号空间与参与体验空间的开拓提供了资源支撑。这也是大研古城作为世界文化遗产城市型景区民族文化遗产保护利用的创新性所在。两个层级形成相互依赖的关系与互补的效果，可用图1—20表示。

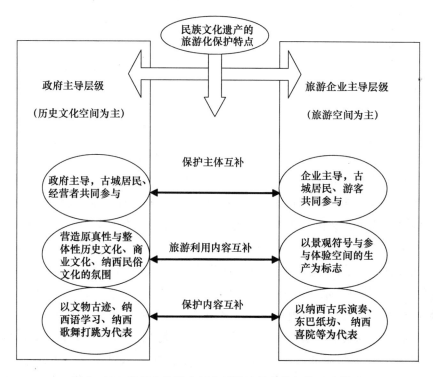

图1—20　世界文化遗产城市型景区的文化保护利用模式

　　大研古城作为整个丽江古城文化旅游活动及商业活动最为集中的标志性场所，它具有文化遗产符号化生产与保护的突出特点。前面表1—16与表1—20的问卷统计结果显示，大研古城符号空间的肯定性评价均值在所有指标评价中是最高的。这在相当程度上表明其旅游符号空间生产较为成功。文化遗产的符号（化）生产是文化旅游产业化发展和旅游消费社会市场需求的必然产物，其与文化遗产的保护传承相辅相成、密不可分。对文化遗产符号化生产的评判，是丽江个案研究的一个重要议题。对在文化旅游产业经济发展中必然出现的符号生产及符号消费，应进行客观的综合分析。

　　联合国教科文组织在《保护非物质文化遗产公约》中明确指出：所

谓"保护"，就是"指采取措施，确保非物质文化遗产的生命力，包括这种遗产各个方面的确认、立档、研究、保存、保护、宣传、弘扬、传承（主要通过正规和非正规教育）和振兴"。文化旅游背景下少数民族文化遗产保护的意义，在于借助文化旅游这一平台使文化遗产获得持久的生命力，让公众认识、认可、认知遗产，并由此使文化遗产的价值和功能得到充分体现。

一方面，文化遗产的符号空间生产，通过创造可观的经济效益和良好的社会效益，使遗产的文化价值和经济价值得到体现，对文化遗产的保护传承及文化旅游产业的发展也产生了重要影响。

就文化遗产自身而言，以文化遗产为基础的旅游产品的符号化生产过程，是对文化遗产进行加工、提炼、再现的文化重构过程。这种重构可以创造、增添现实情境中的新本真，丰富文化遗产的内容形式；可以激活文化遗产的时代价值和当下意义；被符号化生产的旅游品本身就具有公共教育的宣传功能。文化的商业化和商品化，意味着文化产业生产的是可以流行、销售的东西。① 文化遗产通过符号化的产业生产，突破了时间、空间和族群性的局限，民族文化的优秀理念得到提炼、展示与传承。符号（化）生产使过去的传统文化通过商品化、社会化过程，能丰富人们对过去的理解，加强过去、现在与未来之间的联系，使遗产具有应对变化的能力。正如有观点称"在后现代社会，遗产越能预测与适应变化，就会变得越强大"②。在丽江文化旅游产业融合发展中，东巴绘画、东巴舞蹈、民族民间古乐等大批非物质文化遗产得到官方与民间的保护传承；东巴造纸、打铜、打银、制陶等传统手工技能获得振兴。

就文化遗产持有者而言，文化遗产的关键要素和文化表征通过符号（化）生产，成为本族群集体表征的流行表述和区别于他者文化的象征符号。通过民族文化遗产的符号生产，使民族文化主体借由旅游重新获得对本民族、对地方性及对自我的认同与理解，可以激发他们研究、保护、宣传、弘扬、传承、振兴文化遗产的热情。目前，很多发达国家的民族文化旅游产业的目的不仅仅是卖商品，而是在表述，是为了他们所构想的认同

---

① ［美］凯尔纳：《媒体文化：介于现代与后现代之间的文化研究、认同性与政治》，丁宁译，商务印书馆 2004 年版，第 30 页。

② Wiendu Nuryanti. , Heritage And Postmodern Tourism , *Annals of Tourism Research* , Vol. 23, No. 2, 1996.

能够被世界所承认。① 以纳西族为主体的丽江少数民族，通过文化旅游这一平台，在为游客描述出一幅幅族群文化图景的同时，也实现了对本民族身份的认同和社会表述。被符号（化）生产的文化遗产，伴随文化旅游产业的市场流通而走向世界，使其所代表的地方性本土知识在世界舞台获得更为广泛的认同，民族文化遗产也因此成为人类共享的精神产品。如原本仅限于学术界研究的东巴文化正是通过文化旅游被世界认识的。

就文化遗产保护手段、方法而言，文化遗产符号（化）生产是有多种生产类型、多种运作模式的。生产类型主要有历史性生产、族群性生产、艺术性生产三种类型和实现途径。事实上，这三种符号化生产交叉呈现。因为任何一种符号化生产都是基于历史文化传统，连接历史与现实，具有族群性及艺术性的建构。只不过在不同的符号化生产场景中，文化生产的内容和形式各有侧重。运作模式有政府主导的，以丽江古城整体保护为代表；有企业主导的，如东巴造纸、纳西古乐及各种舞台演出等；有民间社团主导的，如雪山书院的重建与运作。民族文化精英与民族文化持有者普遍参与了文化遗产的符号（化）生产。就丽江的情况而言，是以历史性生产、族群性生产为主。如木府、雪山书院、方国瑜故居的重建及纳西古乐、东巴纸坊、婚俗、打跳等纳西标志性文化符号的生产。从运作模式看，地方政府起到非常重要的作用。改革开放以来，丽江地区通过制定地方性法规和民族自治条例，为文化旅游产业的发展提供了法制保障。目前东巴典籍已经进入世界记忆遗产名录，东巴绘画艺术、东巴造纸已列入首批国家级非物质文化遗产名录。2006 年施行的《云南丽江古城保护条例》和《云南纳西族东巴文化保护条例》，是少数民族文化遗产保护领域具有开创意义的省级地方法规。自 20 世纪 90 年代开始，丽江古城管理局陆续出台了相关管理办法和专题规划。2001 年 10 月，联合国教科文组织亚太地区文化遗产管理第五届年会把丽江古城文化遗产保护与文化旅游产业融合发展、良性互动的运作模式称为"丽江模式"。近年来，丽江古城管理局还引导旅游企业开创了许多创新性的文化遗产旅游利用与保护方式。如设置"丽江传统民族文化商业区"，开展民族歌舞打跳的广场文化建设，等等。丽江市委书记王君正提出，要按"政府主导、市场运作，

---

① ［美］乔纳森·弗里德曼：《文化认同与全球化过程》，商务印书馆 2003 年版，第 169 页。

企业主体、社会参与，群众受益、永续利用"的发展战略，实现文化与旅游的深度融合。可见，利用并不一定会给遗产带来破坏和损失；要通过科学论证和科学管理，尊重遗产的客观规律与遗产价值观，选择有利于遗产可持续发展的经营开发方法。

另一方面，这种符号化生产使文化遗产遭遇模式化、碎片化、空壳化、庸俗化及脆弱性之危机。客观上，文化遗产的物质载体因时代变革与科技发展总是处于历史流变中，具有不稳定性；而文化遗产所蕴含的优秀的价值观念相对恒定，是非物质文化遗产生命力之体现。文化遗产的符号（化）生产，作为一种文化遗产为旅游所利用的文化再生产形式，意味着文化遗产所蕴含的文化意义、价值观念相对固定地附着于模式化的物质实体，并生产出旅游消费社会广泛认可的遗产"符号"。这在一定程度上，体现了物质文化与非物质文化不可分的文化整体观，利于文化遗产的全面保护，但也具有文化遗产模式化之嫌。除此之外，文化产业意味着文化的产业化生产与商业化运作，其产品具有商品化、标准化和大众化之特征。为了迎合大众游客的符号化消费欲望，文化遗产的符号（化）生产易倾向于碎片化（解构文化整体性）、空壳化（脱离文化持有者及其日常生活）、商业庸俗化与失真（脱离文化生境、迎合旅游市场的商业化生产与制造）。如丽江纳西族东巴文化是包括典籍、字画、祭祀仪式、音乐唱腔等多种内容的文化体系。但目前只有被列入世界记忆遗产名录的东巴古籍和列入国家非物质文化遗产的东巴画、东巴造纸等得到符号（化）生产和保护，这造成了东巴文化体系的碎片化。在丽江古城有四五处纳西族妇女售卖河灯的符号景观。放河灯本是纳西族人民祭奠亡灵的一种民俗，现在完全失真，已演变为游客许愿的小节目。舞台化的艺术符号生产已脱离了完整、活态的文化土壤，具有较为突出的碎片化、空壳化特征。

在发展中国家，特别是民族地区，由于文化旅游作为支柱产业或重大产业，民族文化遗产旅游往往成为地区经济建设的重要部分。从文化旅游产业角度看，文化遗产符号（化）生产极易失去民间传承的土壤，而过分依赖旅游产业经济，而旅游产业经济具有与生俱来的脆弱性与不可持续性。如丽江古城过度商业化所造就的小资时尚消费符号，正在冲淡遗产旅游的民族传统特色，势必影响古城遗产旅游的可持续发展。这正是文化遗产旅游符号（化）生产过于依赖产业经济的脆弱性与不稳定性的典型表现之一。大规模的文化遗产符号（化）生产，还极易使少数民族历史城镇高度旅游商业化，导致城镇少数民族传统生活空间的萎缩。换言之，文化遗产符号化的根本性危机，在于文化旅游产业生产方式与文化持有者现实的生活文化分离，从而使民族文化遗产失去基于现实土壤的文化再生产能力，容易成为一种所指空洞、能指单一的旅游符号。

尽管丽江市的文化旅游存在不少问题，但其对民族地区经济建设与文化遗产保护的积极作用，是被业界称道的。丽江市丰富而极具民族特色的文化资源和文化旅游产业融合发展的市场机制，使丽江市的民族文化遗产符号（化）生产成为必然，而且方兴未艾。而文化遗产的符号（化）生产及与之相关联的旅游化保护，正是文化旅游产业融合发展背景下文化遗产旅游利用与保护传承互动的突出表现。在文化旅游产业作为国家支柱性产业发展的时代背景下，文化遗产的旅游利用与传承发展将会表现出越来越强的符号化特点，这是文化遗产本身的资本属性及文化旅游产业经济特点所决定的。丽江的个案研究，旨在唤起人们对文化旅游产业融合发展背景下文化遗产旅游利用与保护传承新特点与发展趋向的关注。文化遗产如何规避和控制产业生产方式所带来的负效应，如何与文化主体的现实生活与时俱进地融合，使民族文化遗产的核心价值理念如种子一般扎根于现实土壤，获得永久的生命力，这是值得深入研究的问题。

另一个问题是旅游移民与世界文化遗产发展的核心问题。这是涉及世界文化遗产发展的重要问题。原住民文化作为世界文化遗产的活态内容之一，被认定是其作为世界文化遗产的本来文化特质。1997年12月4日，在联合国教科文组织世界遗产委员会第21届大会上，丽江古城正是以"是保护浓郁的地方民族特色与自然美妙结合的典范，具有特殊价值，历经1996年'2·3'大地震，基本格局不变，核心建筑依存，恢复重建如旧，保存了历史的真实性"的总体评价被列入世界遗产名录。[①] 而如今，古城已从原来的纳西族生活社区变成了旅游商业街区，古城生活状态的地方民族特色遭遇解体。在遗产旅游背景下，古城的原住民文化特色更多地是通过纳西传统工艺、音乐、服饰、饮食、节庆活动等旅游商业模式和旅游景观得以体现。归根结底，是由于旅游移民置换了遗产地核心区的纳西族原住民主体。那么，基于旅游移民社区开展的文化建设则成为发展中的世界文化遗产特色，它体现的是世界文化遗产在遗产旅游经济背景下的生

---

① 来源于世界文化遗产丽江古城保护管理局2012年7月提供资料。

存状态和发展特质。这其中的核心问题就是:作为非纳西族的旅游移民,他们是否还有责任和义务保护传承纳西原住民的文化?作为世界文化遗产活态内容之一的地方民族特色,又该如何传承发展?

作为世界文化遗产的管理者与遗产地社区的管理者,丽江古城管理局与古城所在地基层政府所实施的一系列纳西文化保护传承措施本也无可厚非。但试图通过外来旅游移民保护传承纳西文化,成效自然不容乐观。毕竟他们不是纳西文化的所有者,他们不可能成为纳西文化保护传承的主力军。说到底,少数民族文化的保护传承主要还要依靠本民族的文化持有者。当然,包括外来移民、民间社团、政府部门在内的有利于民族文化保护传承的社会大环境氛围也是必不可少的。这已成为不争的事实。在古城纳西族原住民主体被旅游移民置换与古城旅游符号化不可逆转的背景下,进行纳西族民族文化的保护传承,还要有突破常规的思路。一是民族文化要想通过旅游得到有效保护传承,既要有民族文化持有者的有力参与,又要兼顾旅游市场的需要,而少数民族集宗教、歌舞乐、礼仪等传统文化为一体的群众性年节活动是一种较好的途径;二是高度符号化的旅游景观(空间)应在空间与文化上与真实、完整的少数民族生活空间保持既有区隔又相互关联的结构关系,为民族文化传承保护与旅游产业发展的良性互动、可持续发展创造基本条件。

具体就大研古城的情况来看,现在大研古城缺乏一定规模的民族非物质文化遗产展示场所,古城内现有民族文化经营门店的规划管理还不到位,宣传展示遗产地文化特色的广场文化有待提升。应加强非物质文化遗产传习馆或文化街区的规划建设,组织纳西族居民进行纳西族传统的饮食、服饰、音乐舞蹈、工艺技艺等的生产性保护传承,让游客真正体验到丽江古城深层次的民族文化内涵。还应结合社区文化建设,加强以群众参与性强和娱乐性强的民族节庆文化和民族歌舞打跳为主要内容的广场文化建设。在加强古城旅游景观建设的基础上,还可以考虑同时扩充和强化文化遗产保护空间,整合吸纳大研周边乃至束河、白沙乡镇丰富的文化遗产旅游资源,构建更强大的生活空间,形成以大研古城为文化遗产展示中心、周边纳西乡村为文化原态整体保护区的模式。

笔者认为,大研古城作为世界文化遗产地,除了要保留和凸显能体现文化创造主体纳西人整体活态文化的生活空间外,标志性的符号空间(景观)的生产是必不可少的。这种符号空间(景观)可以是人为有意识创造的场馆性的文化遗产展示、展演中心，也可以是文化主体自发的节庆或日常的集体民俗生活场景（文化空间）。符号空间的生产可以满足短暂停留的文化观光客对世界文化遗产的认知。而对那些需要深度文化体验的游客来说，真实活态的生活空间就显得非常必要。而事实上，生活空间和旅游空间既有融合，又有区隔，两者是相辅相成，互为一体的。说融合，是因为随着游客的光顾，生活空间会向旅游空间转化；说区隔，是因为两类空间通常是有地理空间界限的，旅游空间通常在旅游核心区域，而生活空间往往在旅游核心区域之外。

总之，遗产地民族文化的保护传承，要在民族文化持有者广泛参与的基础上进行规划建设。可以尝试通过旅游空间与生活空间的配置规划，在遗产旅游核心区域建设以本民族文化持有者广泛参与的民族文化旅游产业景观带，与城市周边更大范围的真实、整体的民族文化生活空间形成互补，以争取文化遗产保护与地方社会经济发展的双赢。大研古城移民社区的文化建设是世界文化遗产保护的一种创新性探索，还有待不断提升和推进。

从前文关于移民问题的访谈资料来看，对于以追求经济利益为首要目的、流动性较强的旅游劳工移民来说，移民外来人与地方主人文化角色的转换是有相当大难度的。但社区文化建设因势利导，通过创建联合工会、开展群众性社区文化活动等形式，把古城特有的多元复合的现代移民文化包容整合进来，展现了世界文化遗产地发展中的真实面相，这是值得肯定的。在调研中，不少外来经营户和游客都谈到大研古城既有"古朴自然的历史厚重感，又有浓郁的现代气息"，"虽然民族文化特色的东西少了点，但包容了很多文化元素，更具有世界性，更能满足现代各种游客的需求"。我想，这也是丽江古城旅游热持续高温的一大主要原因吧。早在20世纪70年代，瓦伦·史密斯主编的《东道主与游客》一书就通过众多民族旅游个案，揭示民族旅游地文化在旅游经济背景下不可避免地改变。也许，由于世界文化遗产与旅游经济结合而导致的旅游移民与文化变迁等问题，已成为世界文化遗产地发展所必须面对的结果。大研古城个案的创新亮点之一就在于：中国的世界文化遗产保护，要切合中国遗产保护与遗产经济相裹挟的发展实情，可以通过遗产地社区文化建设来包容外来移民文化、引导和塑造外来移民的地方归属感和社会责任心。

第四节　旅游空间原地生产模式与文化遗产保护利用效应小结

现就以上两个个案的旅游空间本地生产特点与文化遗产保护利用效应进行比较与总结：

一　旅游空间系统的比较与总结

西双版纳傣族园的傣族文化遗产资源被旅游利用的方式以原态整体保护式生产为主。空间生产范围较广。结合问卷调查统计结果（又见表1—7）看，游客对傣族园旅游空间的整体评价均值为4.22，属于肯定程度非常高的评价。其中对参与体验空间的满意度最高（4.32）；物理空间其次（4.20）；符号空间次之（4.14）。对文化遗产真实性（3.83）、展示内容（3.34）、形式手段（3.90）的评价均介于4分（同意）与3分（基本同意）之间，其中对文化遗产真实性、文化遗产展示形式手段的评价，较接近4分，属于较为满意的肯定性评价。整个旅游空间系统均值为3.96。但在文化遗产展示内容与形式手段方面可拓展空间较大，特别是在旅游核心区的符号空间生产（文化展示内容）还有较大的提升空间。泼水广场和剧场的符号空间生产（文化展示内容）单一，加之泼水展演文化真实性颇有争议，是导致整个傣族园文化遗产真实性评价偏低的主要原因。

丽江大研古城纳西族文化遗产资源被旅游利用的方式以符号化生产为主。问卷调查统计结果（又见表1—16）显示，游客对大研古城旅游空间的评价均值是4.16，属于肯定程度较高的评价。其中旅游符号空间的肯定性评价均值最高（4.29），旅游物理空间次之（4.21），均属于满意度较高的评价。而参与体验空间的肯定性评价（3.99）稍低。文化遗产真实性评价均值较高（4.20），而文化遗产展示内容（3.99）、形式、手段（3.89）评价均值稍低。总的系统均值是4.10。但在文化遗产展示内容与形式手段方面可拓展空间较大，特别是参与体验空间生产还有较大的提升空间。

相比较，两个个案类型具有以下共同点与不同点：

共同点有三：一是两个个案类型空间系统总体较为完整，旅游物理空间、景观符号空间、参与体验空间具有较强的互补性。二是都存在旅游景观与文化持有者生活空间交融的旅游—生活空间，如傣族园的傣家乐及日常宗教民俗生活，大研古城的广场打跳、恒裕公老宅等。三是作为文化遗产原地保护利用模式类型，原生地强大的旅游物理空间为符号空间和参与体验空间的生产提供了强有力支撑。

不同点有二：一是旅游空间资源类型与保护利用方式不同。傣族园民族村寨型的旅游空间以民族文化的全景自然展示为主，具有强大的可供旅游利用的文化遗产资源，也正因为此，分散零碎的文化遗产难以成为那些观光型游客直接接受的符号表征，加之单一的剧场化表演又不能全面真实地展现民族文化遗产的本来面貌，以至于对文化遗产的真实性造成负面影响。大研古城世界文化遗产城市型文化遗产的保护利用以历史文化古迹等物质文化遗产的复原性展示为主，景观符号空间过于强大而且符号化特点突出，而活态民俗文化及参与体验空间较为有限。二是生活空间与旅游空间的关联度不同。傣族园民族村寨型的较强，规模化经营的傣家乐和完整活态的民俗文化成为强大的旅游—生活空间。而大研古城世界文化遗产城市型较弱。原住民大量外迁导致古城民俗生活空间的严重萎缩。

二　旅游利用与保护过程系统的比较与总结

问卷调查统计结果（又见表1—8）显示，傣族园文化遗产保护系统的整体评价均值为4.22，认可度非常高。其中文化遗产资源对旅游可持续发展的促进效果（4.33），认可度最高；文化遗产得到保护、创新发展与宣传弘扬的认可度（4.21）次之；文化遗产旅游利用与保护的互动效果良好的认可度（4.12）相对低一些。但三者之间的差距较小。这说明，文化遗产旅游利用与保护之间的互动关系及效果还是较为理想的。

问卷调查统计结果（又见表1—17）显示，大研古城文化遗产保护系统的整体评价均值为3.85，认可度接近"同意"。其中文化遗产资源促进旅游的可持续发展的评价值最高（4.13），说明被调查者普遍认可民族文化遗产对古城旅游可持续发展的重要作用。但相关的文化遗产得到保护、创新发展与宣传弘扬的评价值（3.57）明显偏低，综合反映着两者关系的文化遗产旅游利用与保护的互动效果良好的评价均值为3.86，反映出文化遗产对旅游业发展的实际作用与保护现状之间，存在较大差距。

相比较，傣族园和大研古城这两个个案类型具有以下共同点与不同点。

共同点：两个个案类型文化遗产资源对旅游可持续发展促进效果的认

可度普遍较高,这与两个个案作为文化原生地旅游类型的性质有关。原生地丰富且本真性、整体性较强的文化遗产,为旅游发展提供资源与动力,良好的旅游经济能反哺文化遗产保护;通过旅游开发使文化旅游地人民普遍获得了对旅游地历史传统文化价值的了解与传承。

不同点:傣族园文化遗产旅游利用与保护之间的互动关系及效果较为理想。这是因为村寨村民作为文化持有者,既是旅游景观的重要构成,又是文化遗产核心的保护主体,通过政府、旅游公司的扶持,村民已普遍享受旅游带来的经济实惠,具有保护意识。而大研古城文化遗产旅游利用与保护之间的互动关系及效果不甚理想。文化遗产得到保护、创新发展与宣传弘扬,以及文化遗产旅游利用与保护互动效果的评价一般。结合调研情况来看,文化遗产传承、展示、社会教育等系统化、规模化的保护规划与措施不到位。特别是民族文化遗产保护核心区域缺失,民族文化遗产的传承展示较少而且较分散。尚未与古城边缘区域及邻近区域的"文化富矿"形成有机整体,周边丰富的民俗文化资源和历史文化资源尚无法提供有力支撑。

三 主体系统与影响因子系统的比较与总结

从傣族园主体系统来看,虽然公司与村民是利益冲突的主要焦点,但已通过双方的补充协议予以化解。村民认为傣族园开发带来的好处是主要的,普遍持肯定态度。问卷调查统计结果(又见表1—9)显示:影响因子系统评价均值是4.09,文化遗产旅游利用与保护影响因素依次是国家及地方政府相关政策(4.17)、少数民族参与(4.13)、旅游开发企业(4.11)、文化旅游产业市场(4.04)、民间团体、专家学者(4.02)。

从大研古城主体系统来看,虽然外来文化主体与本地文化主体之间、主要管理主体之间及政府、民间、个人三个层面各类保护主体之间都存在一定的矛盾冲突。但与之密切相关的影响因子系统,问卷调查统计结果(又见表1—19)显示:评价均值是4.08,文化遗产旅游利用与保护影响因素依次是民间团体、专家学者(4.12)、旅游开发企业(4.12)、文化旅游产业市场(4.10)、少数民族参与(4.07)、国家及地方政府相关政策(3.97)。

相比较,两个个案类型具有以下共同点与不同点:

共同点有二:一是两个个案类型主体系统均包含保护主体、文化

（文化持有者）主体、管理主体三大类，并且互有交叉，其中保护主体的外延最大，它涵盖了其他各类主体。二是均受多种因素的共同影响。

不同点有二：一是大研古城主体系统及影响因子系统都比傣族园复杂。前者作为世界文化遗产，民间社团及旅游经济市场的影响力都比较明显。二是两者的主要影响因素不同。虽然傣族园作为企业主导开发的旅游景点，但政府利用发展乡村旅游来缓解"三农问题"的宏观调控，为傣族园文化遗产的可持续旅游利用与保护提供了制度保障。所以，在文化遗产保护利用方面，政府部门、村民、旅游公司对文化遗产保护利用起到主要作用。而大研古城作为政府主导的旅游景点，国家及地方政府相关政策影响的肯定性评价较其他影响因子低，这与政府的惠民政策等力度不够有着内在的逻辑关联。作为中国较早、云南唯一的世界文化遗产，因没有现成的借鉴经验、早期规划预见性不足，而导致没有有效规制纳西族原住民流失与旅游符号消费经济过热，是目前古城民族文化遗产可持续旅游利用与保护的一大桎梏。加之丽江古城文化遗产主要管理机构——丽江古城管理局与丽江古城原住民所在基层社区管理机构——街道社区居委会的结构性分离，也是一大不利因素。所以，在文化遗产保护利用方面，民间团体、专家学者（如雪山书院、纳西古乐会等）、旅游开发企业（古城管理局所属古城旅游分公司及大研古城文化旅游公司）、文化旅游产业市场（以酒吧一条街的形成最为典型）是主要影响因素。

四　旅游利用与保护统一体系统的创新性、代表性及整体效应的比较与总结

问卷调查统计结果（又见表1—10、表1—11）显示，傣族园创新性和发展优势评价均值是4.19，个案典型性、代表性评价均值是4.15，综合均值是4.17。旅游利用与保护统一体系统评价均值4.11。其中各子系统的评价均值从高到低依次是：过程系统（4.22）、影响因子系统（4.09）、旅游空间系统（3.96）。

问卷调查统计结果（又见表1—21、表1—20）显示，大研古城创新性和发展优势评价均值是3.71，个案典型性、代表性评价均值是3.63，综合均值是3.67。旅游利用与保护统一体系统评价均值3.93。其中各子系统的评价均值从高到低依次是：旅游空间系统（4.10）、影响因子系统（4.08）、过程系统（3.85）。

相比较,两个个案类型旅游利用与保护统一体系统及其各子系统的评价均值均接近或高于 4 分,均属于肯定性评价。虽然两个个案类型都是旅游空间原地生产模式,但傣族园民族旅游村寨型的创新性和发展优势、个案典型性与代表性及旅游利用与保护统一体系统的评价均值都比大研古城世界文化遗产城市型的高,而且评价值均介于"同意"与"非常同意"之间,属于满意度较高的肯定性评价。而大研古城这三项评价值均介于"基本同意"与"同意"之间,属于满意度一般的肯定性评价。

为什么会存在这些差异呢?

结合田野调查情况和各子系统的评价均值(又见表 1—11、表 1—20)来看,傣族园民族旅游村寨型的三大系统中,文化遗产保护过程系统的评价值最高(4.22)、影响因子系统的评价值居中(4.09)、旅游空间系统的评价值较低(3.96)。在大研古城较世界文化遗产城市型的三大系统中,文化遗产旅游空间系统的评价值最高(4.10)、影响因子系统的评价值居中(4.08)、保护过程系统的评价值较低(3.85)。可见,保护过程系统与旅游空间系统的实际效应差异及评价分歧是两个个案类型产生差异的关键。

傣族园的旅游空间类似于原态整体利用的生态博物馆,没有生产出丰富的傣族文化的象征性符号,没有在景区村寨建造现代化的旅游接待服务设施。这种民族村寨旅游较适合民族文化体验型游客,所以往往无法满足目前人数比例较大的大众观光型游客的现代需要。与此类型相关联的文化遗产保护自然主要依赖于广大傣族村民。傣族园公司与村民经过十余年的相互磨合,已结成文化遗产保护利用的利益共同体,加之政府部门在文化遗产保护传承与村寨基础设施等方面的大力扶持,文化遗产保护过程系统已经开始良性运作,并体现出较好的社会效益。所以,傣族园文化遗产保护过程系统的评价值最高,而旅游空间系统的评价值较低。

大研古城作为丽江古城世界文化遗产的核心区域,其文物古迹丰富,历史文化积淀深厚,保存至今的古城管理局复原重建的标志性建筑实体众多,加之民族文化遗产保护性经营开发,形成旅游符号空间突出、物理空间强大的空间系统。而原住民大规模外迁导致的整体活态民俗生活空间缺失,使大研古城文化遗产的保护较多依赖于政府、旅游企业及少量的民间社团和原住民。所以,大研古城文化遗产旅游空间系统的评价值最高,而保护过程系统的评价值较低。

综上所述，两个个案类型的共同点为两个个案类型的共性规律，也是旅游空间本地生产模式的主要特征；不同点为民族旅游村寨型和世界文化遗产城市型各自的主要特征。两个个案类型及旅游空间本地生产模式的文化遗产保护利用效果的比较与总结，可用表1—22概括表示。

表1—22　　旅游空间原地生产模式的文化遗产保护利用效应的比较与小结

比较项目 分值/特征（分） 类型/模式	旅游空间子系统	过程子系统	影响因子系统	评价创新性、代表性		旅游利用与保护统一体系统
西双版纳傣族园少数民族旅游村寨型	3.96	4.22	4.09	4.17	4.11	文化遗产的旅游利用与发掘不够，标志性文化旅游符号空间较弱小，参与体验空间稍强；旅游企业与村民是文化遗产保护的核心主体，也是主要影响因素；政府、旅游开发企业扶持有力，民族文化持有者积极参与，民族文化遗产保护利用效果较好
丽江大研古城世界文化遗产城市型	4.10	3.85	4.08	3.67	3.93	标志性文化旅游符号空间较强，而参与体验空间较弱小；大量原住民外迁，民族文化持有者参与明显不足，更多依赖管理主体、民间社团及旅游企业，受旅游市场经济影响较大；历史文化遗产保护利用效果较好，但民族文化遗产保护利用效果一般
旅游空间原地生产模式	4.03	4.04	4.09	3.92	4.02	旅游物理空间普遍强大，文化遗产的整体性、本真性较高；主体（利益相关者）之间结构较复杂，民族文化持有者有广泛参与的条件，但依赖于景区开发主导者与管理者的组织协调。民族文化遗产保护利用效果与民族文化持有者（文化主体）的参与度密切相关

第二章 旅游空间本地生产模式与文化遗产的保护利用

第一节 旅游空间本地生产模式及个案选择

旅游空间本地生产模式是指在民族文化旅游资源富集区域，通常是在民族自治地方进行的一种旅游空间生产模式。旅游空间本地生产模式又可细分为城市社区与农村社区两种类型。民族自治地方的民族文化主题公园为普遍而有代表性的类型。从文化主体看，民族文化持有者（广义的文化传承人）角色和民族文化旅游利用与保护主体角色部分重合。这两种民族自治地方的民族文化主题公园均有功能复杂化的发展趋势。如民族自治地方城市地区的民族文化主题公园，往往成为民族自治地方的城市文化地标，不少还发展为民族文化旅游地产社区；民族自治地方农村地区的民族文化主题公园，有不少是当地民族文化传承保护基地或民族传统文化保护区的核心区域。

综合以上民族文化旅游空间本地生产模式的特点与发展趋势，笔者选择彝人古镇与丽江玉水寨为研究个案。前者是位于云南省楚雄彝族自治州州府所在地楚雄市的旅游地产社区型景区；后者是位于丽江市玉龙纳西族自治县白沙镇的纳西族东巴文化传承基地型景区。笔者对个案文化遗产资源的情况、文化遗产旅游利用与保护的背景、内容与表现形式、制度机制、社会效应等进行调查研究，根据民族文化遗产旅游利用与保护统一体系框架进行分析、总结。

第二节 旅游地产社区型景区：楚雄彝人古镇

一 个案点调研基本情况介绍

彝人古镇作为现代仿古镇，是典型的后现代人造主题公园、国家4A

级旅游景区、"中国最美十大主题公园"之一,是旅游企业主导、民族自治地方文化地标性旅游地产社区,也被誉为特色小城镇。其民族文化遗产的保护利用属于本地开发与保护模式。它位于云南省楚雄彝族自治州楚雄市经济开发区内,建在原(宋)大理国德江城旧址,占地约 3161 亩,总投资 32 亿元,是以古建筑为平台、彝文化为灵魂的大型文化旅游地产项目,是楚雄彝族自治州政府确定的十大文化产业之一,同时也是中国彝族文化大观园的重要组成部分,是楚雄汇通古镇文化旅游开发有限公司(以下简称古镇公司)参与社会管理创新的综合试点单位。据公司负责人介绍,彝人古镇还荣获"中国旅游文化典型楼盘"和"中国城市标志名盘"荣誉与"中国最高火把""规模最大的新建仿古镇"两项世界吉尼斯纪录。

楚雄彝族自治州地处"彝族文化大走廊"的中心部位,具有"一州连三市"(昆明、大理、攀枝花)的区位优势,是全国两个彝族自治州之一。2009 年末,楚雄州常住人口 270.1 万人,少数民族人口 88.6621 万人,占总人口的 33.8%,其中彝族人口 71.7861 万人,占总人口的 27.4%,占少数民族人口的 81.0%。楚雄市地处滇中,面积 4433 平方公里,是楚雄彝族自治州政治、经济、文化中心和改革开放的窗口,是省会昆明通往滇西各地州及南亚和西亚各国的交通要塞,具有得天独厚的区位优势和重要的地理位置,素有"省垣门户、迤西咽喉"之称,又因城郊万家坝出土了世界迄今为止发现最早的铜鼓、编钟,而被誉为"铜鼓之乡"。1983 年撤县建市,1986 年国务院批准为国家乙类开放城市,1992年被列为滇中优先发展的重点城市。①

笔者于 2011 年 7 月至 10 月、2013 年 8 月至 9 月,对彝人古镇进行了田野调查,调查问卷完成于 2013 年 8 月。调查期间,笔者对景区主要的旅游项目进行了参与观察,与古镇公司管理人员、导游、祭火表演的毕摩、游客、本地彝族群众、周边汉族居民、古镇经营户等不同群体进行了访谈,调查对象情况见表 2—1。本书所用资料,除特别注明出处外,主要来源于田野调查。

---

① 楚雄州政府网站,http://www.cxz.gov.cn/InfoContent.aspx? DepartmentId = 0&DocumentId = 402,2012 年 12 月 12 日。

表2—1　　　　　　　　　　　　个案调查对象情况统计

调查方式 / 数据	性别		文化程度				年龄			身份、职业						其中		民族		合计
	男	女	大学及以上	中专高中	初中	小学	30岁以下	30—60岁	60岁以上	政府机关人员	个体工商户	企事业单位职工	农民	学生	其他	游客	景区内彝族	少数民族	其他民族	
有效问卷数（份）	53	49	51	36	11	4	67	35	0	7	18	33	8	30	6	50	43	36	66	102
个案访谈数（件）	11	8	5	12	2	0	5	14	0	2	5	5	5	2	0	5	13	14	5	19
合计	64	57	56	48	13	4	72	49	0	9	23	38	13	32	6	60	56	50	71	121

二　民族文化遗产资源现状

云南省楚雄彝族自治州作为全国仅有的两个彝族自治州之一，是彝族文化较为富集的区域。彝族主要从事农业、畜牧业，山区、半山区居民喜种杂粮，以玉米、小麦、荞麦、大麦为主食；溪谷、平坝区以稻谷种植为主。彝族支系众多，文化特色鲜明。语言属于汉藏语系藏缅语族彝语支。彝族是一个能歌善舞的民族，传统社会常以歌唱的形式宣讲历史、表达感情、传承风俗，有丰富的民间歌舞乐艺术。彝族有许多传统的民族节日，如火把节、彝历年、密枝节、插花节、赛装节等。独具特色的彝族饮食习俗与节庆密不可分。彝族喜欢饮酒，"有酒便是宴"。彝族崇奉多神，以自然崇拜、图腾崇拜和祖先崇拜为主。毕摩和苏尼是彝族宗教活动的主持者，特别是毕摩，不仅是宗教活动的主持者，而且是彝族文化的传播者。毕摩世袭，传男不传女。他们一般都通彝文经典，熟知关于天文历法、史诗传说等，是人神之间的沟通者，凡生死、年节、集会、病灾等都请毕摩到场念经作法。毕摩经书有几大类数百种之多。毕摩除主持宗教活动外，还对民间纠纷进行神明判决。苏尼专事跳神驱鬼，无经书，不世袭，男女皆可。彝族史诗《梅葛》有"彝族大百科全书"之誉，史诗《查姆》《阿鲁举热》为民族文学之瑰宝。早在2006年，彝族史诗《查姆》《阿鲁举热》、彝剧等就被列入云南省级非物质文化遗产名录。2008年，楚雄州申报的彝族民间文学《梅葛》，州所属姚安县申报的传统音乐姚安坝子腔，武定县申报的彝族民歌（彝族酒歌），双柏县和牟定县分别申报的传统舞蹈（民间舞蹈）彝族老虎笙、彝族左脚舞等成为第二批国家级非物质文化遗产。2011年，云南省楚雄彝族自治州申报的传统医药——彝医药（水膏药疗法）被列入第三批国家级非物质文化遗产名录。

彝人古镇通过民族文化旅游产品开发与展演活动，使彝族歌舞、服饰、饮食、节庆等民族文化遗产得到较为集中的旅游利用与保护（见表2—2）。彝人古镇的彝族特色主题广场较多，如毕摩文化广场用于展示彝族祭火及各种节庆活动；水源广场展示了彝族水的文化；梅葛广场雕塑再现了彝族创世史诗《梅葛》的精髓以及彝族先民太阳历文化；火塘会广场是彝族篝火打跳的场所，展示了彝族火文化；德运广场展现了（宋）大理国高氏相国的功绩；咪依噜广场雕塑生动展现了咪依噜勇敢机智、不畏强暴的传说故事。广场等公共空间还布局有毕摩雕像、咪依噜雕塑像、始祖阿普笃慕及其6个儿子的雕像。在彝人部落有乐器表演、歌舞表演、婚俗表演等，集中展示彝族宗教及家庭生活、特色餐饮及酿酒、豆腐加工、刺绣制作等传统手工艺。彝人部落内的阿普湖状似葫芦，反映了彝族葫芦崇拜的观念。在毕摩文化广场，有毕摩诵经、苏尼驱魔、大刀舞、老虎笙、大锣笙等彝族的各种祭祀活动演出。日落时分，彝族群众、游客和观众会围着火塘跳左脚舞。桃花溪上的小舞台上，有中老年人表演彝族的情歌对唱，也有各种现代的歌舞表演。

表2—2 　　　　　　　古镇保护利用的彝族非物质文化遗产

名称、名目	级别	确定时间	保护利用表现形式
彝族民间文学梅葛、传统音乐姚安坝子腔、彝族民歌（彝族酒歌）、传统舞蹈彝族老虎笙、彝族左脚舞等	国家级	2008年	彝人部落"彝乡恋歌"系列节目（品彝族长街宴、赏民族歌舞表演）；火塘会篝火打跳（彝族左脚舞）活动等
其他表演艺术，社会风俗、礼仪和节庆，有关自然界和宇宙的知识和实践，传统的手工艺技能等			彝族乐器表演、彝族婚俗表演；毕摩文化广场的"祭火大典"、毕摩诵经、苏尼驱魔、大刀舞、老虎笙等展演；"威楚彝韵"庙会演出；"德江水韵"实景歌舞演出；彝族民间协会表演；火把节等民族节庆活动；各式民族建筑雕塑、彝族风味餐馆；各类舞台表演、展销会、节日活动等

彝人古镇可谓是民居博物馆。正如项目策划者所言"彝人古镇50年是精品，100年是文物"。彝族特色建筑类型多样，彝族民居建筑主要集中在彝人部落和桃花溪两边。彝族村落主体建筑通常有民居、寨神树、山神、祭祀场地、磨秋场、寨门、祖灵洞、墓地等。大部分建筑在古镇核心区域彝人部落均有体现。以楚雄彝族自治州彝族传统民居建筑样式较为集中，如土掌房、垛木房、闪片房、毛草房等。以土掌房最具代表性。土掌房以块石为墙基，土坯砌墙或夯土为墙，以木为梁，以茅草黏土夯顶，多为平房。结构简单，平面布置紧凑，呈方形或"回"字形布局。房屋隔热良好，平顶可作晒台，是老人们吸烟、聊天，妇女们刺绣、谈心的好去处。桃花溪两边布置有木棚及古戏台。这些木棚建筑具有彝族茅草房、闪片房建筑的特点，主要用做酒吧、茶室、小吃店等。古镇还有现代改良的民族建筑，如新建民居是以楚雄彝族自治州彝族土司、头人的住宅为生活原型改良设计的四合院式建筑。每个区叫作坊，每个坊又由若干四合院组成。每个四合院成一个小围合，每坊一个中围合，整个古镇形成一个大围合。此外，彝族风格的装修、装饰较为突出。如屋脊上刻有石虎；门檐上有镇邪的瓦猫；屋内房梁、拱架等刻有牛羊头、鸟兽、花草；墙壁上配有牛头、羊头装饰，有些墙上还绘有彝族人的劳作、娱乐图。火塘、秋千、刀杆、跷跷板、水车、担磨、桌椅、图腾柱等反映彝族生活气息的装饰物穿插于广场和街头巷尾。

三　旅游开发背景

彝人古镇的建设开发，是楚雄汇通古镇文化旅游开发有限公司在楚雄彝族自治州提出"打造彝族文化精品、发展彝族文化产业、建设彝族文化名州"的背景下，在公司立足楚雄市的区位与民族文化资源优势，结合市场发展需求，成功策划实施的一个文化产业项目。在建设云南民族文化大省和旅游强省的思想指导下，楚雄州委、州政府高度重视文化产业建设，加大力度开发特色旅游。云南省楚雄彝族自治州地处"彝族文化大走廊"的中心部位，是"滇西旅游黄金线"上的重要门户，具有"一州连三市"（昆明、大理、攀枝花市）的区位优势，是全国两个"彝族自治州"之一。进入21世纪以来，昆明、大理、丽江等城市旅游产业发展的提速也让楚雄彝族自治州的区位优势得以凸显。汇通公司策划在德江城旧址附近开发彝人古镇的项目提出后，引起了州、市开发区各级党委政府领导的高度重视，为使古镇上规模、上档次、形成品牌，州委政府协调相关部门，积极支持彝人古镇的开发建设，并将此项目列入了全州文化产业建设的十大项目之一。投资者除了充分享受国家西部大开发和省、州人民政府制定的各项税收优惠政策外，还可享受古镇所在经济开发区的投资与税收相关优惠政策。[①]

　　2005 年 4 月，彝人古镇项目一期开始动工。南大门是发展的起点，由此门向北，道路两侧分布着项目一、二期完工的仿古建筑。这些建筑多设计为商住一体的格局，底层是商铺，二、三层为住宅。第二年 7 月，时值彝族火把节，古镇正式开放运营，不仅吸引了本地大量商客，而且来自省内周边城市的投资者也将目光聚焦于此。楚雄市政府从项目定位和空间拓展的方向选择上给予开发方大力支持。彝人古镇从商业地产向一个更综合的发展目标转变。从项目第三期开始，彝人古镇的商业区和住宅区相对分离。同时，古镇内开发酒店、客栈区，营建彝人部落特色街区，组建演出团队，每晚进行"祭火大典"演出，打造旅游商业综合体与旅游集散地。截至 2012 年，彝人古镇已占地 3161 亩、总投资 2 亿元，历经七期开发成为国家 4A 级景区，年接待游客量已由 2007 年的 130 万人次增长到 720 万人次。[②] 彝人古镇从第三期开始，客户群体已经扩大到了全国范围，60%以上的业主来自浙江、广东、上海、北京、哈尔滨，省内的以昆明、大理居多。从 2004 年开始启动建设的彝人古镇已转变成了集文化景区、旅游集散地、商业综合体等多种功能于一体的特色小城镇。2012 年集聚了3500 户 1.5 万人的常住人口。经过近 10 年的发展，彝人古镇已经成了文化旅游业与地产业相互融合和促进的典范，成为"昆明—大理—丽江"旅游线上非常重要的一个特色旅游景区。为把资源更好地整合，根据市场需求进行改造和整理，古镇 2010 年成立景区管理中心，把商贸会展、旅游接待、物业管理三家公司合并。目前游客以昆明往返大理、丽江、迪庆地区的游客为主。主要旅游景点集中在彝人部落，旅游团队日接待量在四五百人左右。目前，彝人古镇与河北省唐山市滦县、重庆市长寿区开展了古城项目合作，古镇旅游的模式在全国得到了推广。

---

①　彝人古镇项目背景，http：//www.yrgz.com/show.asp？id=226，2012 年 3 月 12 日。
②　21 世纪网数字报，http：//epaper.21cbh.com/html/2013—08/05/content_72947.htm？div=—1，2013 年 8 月 6 日。

四 空间系统:民族文化遗产旅游利用的空间生产情况

进入 21 世纪以来,以少数民族(族群)文化为旅游消费对象的民族文化旅游,日益表现出后现代性①的发展趋向,或者说是一种后现代旅游的趋向。以旅游空间生产为主要特点的模拟的民族文化主题景观,是后现代旅游的一种典型代表。旅游空间客体作为旅游规划人员有意识生产出来的旅游产品,包括旅游地物理空间、旅游景观符号、旅游商品等游客接触并参与其中的空间实体及氛围。在资本流通与大众消费的全球化背景下,彝人古镇通过吸纳整合韩国、东南亚各国的资本而形成"重现德江城宋时盛景,再造清明上河图中繁荣"的旅游消费空间。这个旅游空间提供了从地方性到世界性的文化特色旅游商品,具有詹姆逊所言的被大众商业文化重新整合的全球性、整体性的后现代"超空间"性质②和大卫·哈维所说的"以时间的压缩、空间的分散、多样为标志"的后现代"时空压缩"的特点。③ 彝人古镇旅游空间的生产综合了历史复原、模拟示范、创新复合等多种方式。内容上"去地化"(去地方化)的无所不容与形式上"在地化"(地方化)的符号表征,是其旅游空间客体生产的突出特点。内容上去地方化无所不容,与物理空间的生产相对应;形式上地方化的符号表征,与景观符号空间的生产相对应。以游客广泛参与体验为特征的各类节庆活动及彝族生活文化体验项

---

① 谢立中(2001)的研究表明,大约从 20 世纪六七十年代起,在西方文学艺术领域中许多评论家们开始运用"后现代"来评论当时在绘画、诗歌、小说、电影和建筑等领域中广泛出现的一些被认为是与以往的"现代主义"不同的文化现象,逐步成为一个当代西方文化和社会生活中的基本概念。在 20 世纪 60 年代至 80 年代末有关"现代"与"后现代"问题的讨论中,"后现代""后现代主义"和"后现代性"这三个概念并没有明显区别,差不多都是"后现代主义"或"后现代文化"的同义词。20 世纪 90 年代以后,"后现代性"普遍被界定为一种社会历史状况,如 Z. 鲍曼将其界定为"社会状态"(Zygmunt Bauman, 1991);M. 费瑟斯通指出"后现代性"指称和描述社会结构的"一种离开现代性的阶段性转变或者断裂"(Mike Featherstone, 1991);D. 莱恩(David Lyon, 1994)提出:"后现代性涉及一些假定的社会变迁。"罗伯特·顿(Robert G. Dunn, 1998)指出:"一些作者已经利用'后现代性'一词来指称一系列社会历史的发展。"米歇尔·J. 迪尔(Michael J. Dear, 2000)称:"后现代性指涉人类生存状况方面的一种激进断裂。"参见谢立中《"后现代性"及其相关概念辨析》,《社会科学研究》2001 年第 5 期。

② 姜楠:《空间研究的"文化转向"与文化研究的"空间转向"》,《社会科学》2008 年第 8 期。

③ 陆扬:《空间和地方的后现代维度》,《学术研究》2009 年第 3 期。

目，则构成参与体验空间。

　　综合来看，彝人古镇文化遗产资源旅游利用的空间生产方式包含历史复原式、模拟示范式、复合式、原态保护式等多种。生产内容表现为旅游产品、设施及与之相关的历史文化氛围。彝人古镇文化旅游景观及常态活动情况详见表2—3。旅游空间生产情况见表2—4。

表2—3　　　　　　　　彝人古镇文化旅游景观及常态活动一览表

时间	地点	景观符号	活动内容	旅游空间生产方式
	桃花溪	花溪桥、侏罗纪、腊玛桥、春秋桥、黑虎桥、李贽桥（纪念本土重大古生物演化、历史人物及彝族传统的虎图腾崇拜）		历史复原式生产创新复合式生产
	咪依鲁广场	咪依鲁雕塑（纪念彝族民间传说的女英雄）		历史复原式生产
	德运广场	德运碑（记述古大理国相高明亮丰功伟绩）		历史复原式生产
	望江楼	宋代德江城及今古镇的标志性建筑		历史复原式生产
	水源广场	三眼井（彝族先民的生活用水设施）		模拟示范式生产
	土司府彝王宫相国府	旅游公司办公场所（旅游接待、地产销售、景区发展与社区特色管理展示）		历史复原式生产
	主街	欧式宫廷洋车、马车、电瓶车、清明河游船		创新复合式生产
14:30—17:00	梅葛广场	浮雕汉砖《梅葛》、十月太阳历神兽雕塑、祖先神柱	观赏鸽子、孔雀	创新复合式生产历史复原式生产
17:00—18:00	威楚大道	楚雄州名、特、优土特产一条街	中缅藤球友谊赛	创新复合式生产
17:30—18:30	德江城城门楼		开城门仪式	历史复原式生产
18:30—20:00	成都小吃街		民族乐器、歌舞表演	模拟示范式生产

续表

时间	地点	景观符号	活动内容	旅游空间生产方式
19:00—20:20	彝人部落		"彝乡恋歌"系列节目（品彝族长街宴、赏伴餐歌舞表演）	模拟示范式生产创新复合式生产
19:30—21:30	三期大道四期大道		彝族民间乐器表演	模拟示范式生产创新复合式生产
19:30—22:00	威楚大道、火塘会广场		民族歌舞打跳(彝族左脚舞)	模拟示范式生产创新复合式生产
20:40—21:15	毕摩文化广场		"祭火大典"	模拟示范式生产
20:00—21:30	庙会戏台		"威楚彝韵"庙会演出（彝族古乐、民间歌舞艺术、茶酒文化，及多民族的现代舞蹈、相声小品的表演）	模拟示范式生产创新复合式生产历史复原式生产
21:10—21:30	过街楼		彝族婚俗展演	模拟示范式生产创新复合式生产
20:30—21:10	清明河风雨桥		"德江水韵"实景歌舞演出	创新复合式生产

资料来源：根据2011年7—10月田野调查及景区资料整理。

表 2—4   **景区旅游空间生产情况**

旅游空间三层次		主要旅游设施及产品
物理空间	1	彝族特色建筑、云南传统民居及其他风格建筑；德江城标志性建筑望江楼；毕摩文化广场、梅葛广场、德运广场；雕塑等实体性文化景观
	2	各类经营性商铺
	3	各类水体、绿化等自然景观
符号空间	1	毕摩"祭火大典"仪式
	2	"彝乡恋歌"系列节目（品彝族长街宴、赏伴餐歌舞表演）
	3	彝族老年协会及本土歌手的展演
参与体验空间	1	火把节等节庆活动
	2	火塘会彝族歌舞打跳（左脚舞）
	3	彝族部落竹竿舞

1. 物理空间

"去地化"的无所不容是古镇物理空间纳西族无"一颗印"的主要特点。古镇物理空间包含有实体性自然景观与文化景观。除了彝族特色建筑、雕塑、装饰外，彝人古镇整体建筑样式较为丰富，还有"一颗印、三坊一照壁、四合五天井"等云南传统民居建筑样式和类似北京三合院、北京四合院等中国代表性民居样式。

彝人古镇所在州府城市楚雄是滇西旅游黄金线上的重要门户。彝人古镇位于楚雄市中心区，作为滇中重要旅游商贸区，吸引着全国各地及世界的旅游商品生产商和销售商纷至沓来，由此形成无所不容的旅游空间，其涵盖自然风景、民族历史文化、旅游商贸、旅游地产等诸多内容，似乎正在形成如其宣传资料所言的"世界向往的度假生活，世界羡慕的旅游经济"之辉煌图景。彝人古镇有七大分区，七十多个苑浦，以楚雄州内风景名胜为基本素材，各种木桥、石桥十余座，亭台楼阁、假山地景若干，以餐饮、住宿、购物和娱乐为主的旅游服务行业已形成规模：近 40 家酒吧、茶吧、水吧分布在桃花溪两岸，成为古镇夜生活的中心；从云南山珍、重庆火锅到闽粤海鲜，涵盖中国各大菜系的特色小吃沿茶花溪分布；来自泰国、缅甸、老挝、越南等国的商家汇聚东盟风情街，提供珠宝和特色餐饮；缅甸风情街有规模很大的翡翠批发市场；引领亚洲消费时尚的韩国服装、食品也汇聚彝人古镇。核心景区德江城已形成清明河、茶花溪和德运路为主的三大商业中心区。

彝人古镇旅游空间提供了从地方性到世界性的文化特色旅游商品。游客可以在喧闹的商贸街品尝特色小吃、购买来自缅甸、韩国及国内各地的时尚旅游商品,体验 SPA 休闲健身,也可以乘坐游船游览幽静的"清明河",或乘坐洋车、欧式宫廷马车游览全镇。旅游空间内容的无所不容还直接体现在旅游产品的开发设计上。以建筑为例,建筑作为一个民族宇宙观、地方性知识和传统建筑技艺浓缩的文化符号,它往往被设计生产为民族文化旅游地典型的符号表征。而彝人古镇的建筑风格在以楚雄、武定等地彝族传统民居为原型的基础上,博采了大理、丽江、江南水乡等古园林建筑之长,形成多元建筑文化元素兼容的独特样式。

彝人古镇营造了融会世界文化的全球化旅游图景。正如夏普雷(1994)所言,"在旅游的情景中,后现代最突出的表现是'去差异化'(De—Differentiation)"①,"旅游地呈现同质性、无地方性特征"②。在调研中,笔者就彝人古镇旅游空间无所不包的后现代性及其后果,曾访问过旅游规划管理者、旅游营销者、游客(含本地市民、外地旅游者、古镇居民)、本地彝族群众。被访者几乎都十分认同这种无所不容的旅游空间文化元素是被移植的、碎片化的、全球同质化的、无所不包的、快餐式的;但同时对其满足不同类型和层次的大众旅游者的实际功效给予肯定。从这个意义上看,具有后现代旅游性质的彝人古镇,已成为全球化背景下大众旅游者广泛认同的跨越文化边界与时空范围的旅游消费空间。而"游戏碎片"③,成为彝人古镇旅游空间生产后现代性的必然后果。碎片化的表层化的大众旅游消费不可避免地在一定程度上消解了旅游空间的文化整体性和深度。从以下被访者褒贬不一的评论可窥一斑:

古镇管理人员(LJY,女,40岁):我们把具有区域特色和民族特色的商品都集中在一个地方,既丰富了古镇旅游商品内容,体现古镇的民族特色,又方便游客,活跃旅游市场。何乐而不为!平常旅游团队非常多,周末这里就是昆明及周边城市居民的黄金度假区。

---

① 王宁、刘丹萍、马凌等:《旅游社会学》,南开大学出版社 2008 年版,第 172 页。
② 潘秋玲、丁蕾:《后现代社会下的旅游新趋势》,《人文地理》2007 年第 5 期。
③ [美]瑞泽尔:《后现代社会理论》,谢立中等译,华夏出版社 2003 年版,第 136 页。

图2—1 彝人古镇的商业概貌

古镇旅游公司导游（GH，女，25 岁）：昆明很多旅行社经常安排到大理、丽江旅游的团队来这里。通常是下午来，住一晚，第二天走。一是体验彝族文化。省外的客人特别喜欢；二是这里旅游商品丰富，时尚的、传统的应有尽有，能充分满足客人的娱乐消费。遇到节假，旅行社提前一周预约都排不上队。

古镇居民（女，经营风味食品）：彝人古镇就是个大杂烩！这里是我们楚雄州的大商场、美食城、娱乐场、城市公园！不光外地游客喜欢，楚雄州和周边州市的人都爱来！

游客（男，昆明游客）：这里彝族文化旅游项目设计得还行，特色突出，很热闹，但没深度！只能满足一般性的旅游观光和吃喝玩乐。

据古镇物管公司办公室的 LJY 介绍，目前公司管理维护的是古镇一二期片区，有住户，也有商家，商铺有 1009 家。商住户来自全国各地，也有来自英国、缅甸的。目前，第三期的居住楼盘及还在规划的第八期的高层民宅，都已成为彝人古镇的亮点。

据古镇旅游公司工作人员介绍，古镇的游客来自全国各地。与古镇合作的旅行社有 200 多家。周末时散客多一些，从楚雄周边地州及昆明等地来的比较多，平时团队多一些。

据会展部经理介绍，从 2013 年火把节期间的经营情况看，商铺经营户 1000 多家，统一设置的古镇货棚近 80 家，参展企业 120 家左右，其中经营民族旅游特色商品的有七八十家（见图 2—1）。平常的主要经营服务简况见表 2—5。

表 2—5　　　　　　　　　　景区主要经营服务情况

分布位置	经营内容	店铺、摊位数量
威楚大道	楚雄州土特产	200 多家商铺
缅甸风情街	玉石、翡翠批零兼营	60 家左右商铺
韩国街（德运路）	韩国化妆品、食品小吃、服装等	20 多家商铺
桃花溪两岸	酒吧、茶吧、水吧	近 40 家商铺
茶花溪两岸	特色小吃	30 家左右商铺
古玩街	各类古玩器物	60 家左右商铺
大型餐饮街	地方特色餐饮	13 家餐馆

分布位置	经营内容	店铺、摊位数量
客栈区	住宿接待	51 家客栈
大型娱乐区	碰碰车、过山车等	5 家经营户
工艺品区	砚台、彝族刺绣品	25 家左右经营户
烧烤街	特色风味烧烤	8 家经营户
主干街道两侧	以特色食品、小工艺品为主	150 多家摊位

2. 景观符号空间

彝人古镇景观符号空间的生产就是旅游空间客体地方化符号表征的生产。彝人古镇作为文化与资本结合的旅游地产社区，不再那么依赖传统的生产资源和技术时，文化符号的物质意义就显得更加重要。[①] 彝人古镇旅游空间客体的生产同时包含了"去地化"和"在地化"两个方面。一方面是内容上去地方化的无所不容；另一方面是形式上地方化的符号表征。霍尔认为，表征的实践就是概念、观念、情感等"在一个可被传达和阐释的符号形式中具体化"。[②] 这是一个旅游空间及其客体符号化生产的过程。一方面，彝人古镇作为旅游消费空间，从宏观区位选择和微观的旅游规划布局，都被"主题公园""文化旅游产业"等符号定义，呈现为符号化的旅游消费空间；另一方面，作为具体旅游空间客体的标志性文化符号、核心旅游景观与游客参与体验空间等，均依托传统彝族文化进行符号化生产，体现出彝人古镇旅游空间地方化符号表征的特点。

彝人古镇景观符号空间的生产，是旅游规划人员根据彝族文化特色和市场需求，为旅游者认识、了解彝族文化而有意识规划与生产的概念化的空间想象，是标志性景观符号系统的制造、符号性旅游产品的舞台化表演与产业化开发。但凡被称作文化遗产的都是最具民族特性的传统文化，物质文化是其"形"，非物质文化是其"神"。旅游空间客体的符号化生产就是民族文化遗产"形"与"神"结合再现的生产。这些符号化的旅游

---

① 参见陈映芳《都市大开发——空间生产的政治学》，上海古籍出版社 2009 年版，第 528—529 页。

② ［英］斯图尔特·霍尔编：《表征：文化表象与意指实践》，徐亮等译，商务印书馆 2003 年版，第 10 页。

空间客体,是依托彝族传统文化遗产,兼顾旅游者"凝视"取向,而进行艺术加工、提炼的民族文化再生形态,是彝族文化旅游资源商品化的结果。通常情况下,旅游空间"在地化"符号表征实践,以表演艺术、礼仪、节庆、传统手工艺技能展演为主要内容,以游客参与体验空间的生产为主。彝人古镇以楚雄彝族自治州的本土彝族文化为主题。主要景点有彝人部落(见图2—2)、毕摩文化广场、梅葛广场、咪依鲁广场、土司府、庙会戏台、望江楼、威楚大道等。在彝人部落、毕摩文化广场等核心景点,游客可以体验到地道的彝家美食、彝族歌舞表演和彝族"祭火大典";庙会舞台的方寸舞台之上不仅有彝族古乐"威楚余韵",还汇聚了众多现代舞蹈、相声小品等精彩纷呈的文艺节目。从前面的表2—3可见,彝族民族建筑、歌舞表演、"祭火大典"、节庆活动等旅游产品具有典型的地方化特色。

舞台化的文化空间生产与符号表征是民族文化旅游空间生产的主要手段。"为了强化民族标识、民族特色,营造旅游地的民族形象而出现了传统文化向'艺术'形式的转变,即传统文化游离于现实生活之外,形成了具有表演和观赏价值的艺术。"① 在作为彝族非物质文化遗产和文化显性因子的彝族歌舞艺术在旅游空间生产中,被舞台化生产为"威楚彝韵""彝乡恋歌"等系列舞台剧目。彝族火崇拜的祭火仪式也被开发为舞台节目。毕摩文化广场的"祭火大典"、彝人部落的"彝乡恋歌"系列节目(含品彝族长街宴、赏伴餐歌舞表演)、彝族老年协会及本土歌手的展演,作为每天的常态活动,已成为彝人古镇最具特色和吸引力的景观符号。

每晚8点40分,彝人古镇的毕摩文化广场,都会有一场根据彝族祭火传统习俗编排的"祭火大典"仪式。"祭火大典"虽以祭火为题,但诸多符号化、艺术化的歌舞元素贯穿节目始终。彝族自然崇拜、彝家汉子钻木取火、毕摩诵经演唱等绚丽多彩的民俗文化得到集中展示。仪式结束后,四方宾朋围着篝火跳起左脚舞,成为古镇夜晚的高潮。2011年10月6日,祭火仪式的火把还被当场以1800元的高价拍卖。参加祭火表演的,

---

① 刘晖:《旅游民族学》,民族出版社2006年版,第196页。

图2—2　彝人部落景观

除毕摩是地道的彝族宗教职业者外，其余人员均为公司歌舞团的专业演员。毕摩姓鲁，是古镇公司专门从楚雄彝族自治州姚安县请来的子承父业的第十三代毕摩。除晚上在祭火仪式上担任重要角色，他还在彝人部落里开餐馆，有时还有人请做法事。作为彝族文化的守护者，在某种程度上，毕摩自身已成为古镇彝族文化的表征符号和景观符号空间的核心要素。2011年10月6日，毕摩就笔者提问的"祭火大典"仪式的产生及其真实性等问题做了简要回答：

因为楚雄是彝族自治州,要表现彝族文化的特点,所以公司把我从村子里请来,每晚都有这个宗教的表演。现在儿子也跟着一起。虽然在表演的有些不是彝族,但他们表演的曲调、穿的服装都是真实的。这种形式现在已经大众化了,我们彝族人普遍可以接受。最关键的是宗教仪式没有改变。这是一种商业模式,有些炒作(成分),但公司也要生存,要把我们彝族的文化特色体现出来,又要使游客满足,(一切)还在摸索过程中。村子里大的节日还是要回去主持的。

彝人部落的"彝乡恋歌"系列节目涵盖了楚雄彝族较具代表性的服饰、饮食、婚俗、歌舞乐等方面的传统文化,为游客提供了彝族文化的盛宴(见图2—3)。同时设置有游客参与性节目。在阿普湖上搭建的环形彝家竹楼,摆放着50桌左右的彝族风味,游客边用餐边观赏舞台表演。笔者在调研中,曾随机询问游客对品长街宴、赏民族歌舞的感受,几乎所有的受访者都表现出非常高的满意度。

图2—3 彝乡恋歌节目表演

　　彝族老年协会及本土歌手的展演，是彝人古镇最具特色的符号景观。笔者将此称为自娱—表演性质的主客同位①景观。主客同位的自娱—表演景观的出现，是彝人古镇作为后现代旅游空间主体生产的标志。它彻底打破了现代旅游主体与客体泾渭分明的角色划分。自娱—表演景观的建构主体和展演者是景区内处于去中心化地位的彝族文化持有者，他们具有文化主体与游客的双重角色。从游客局外人的客位视角看，他们是古镇民族文化的主人，他们是真实彝族文化的持有者和展演者，他们连同所展现的文化景观一同构成了旅游空间中被游客欣赏的客体；从他们自身局内人主位的视角看，他们清晰地知道自己是这彝族文化主题公园（古镇社区）的真正主人——他们在景区内休闲娱乐，在古镇旅游场景的激发下，借助旅游活动或旅游氛围寻找本真的自我，体验自己作为彝族文化持有者的存在。他们处于一种文化主体（局内人主位）与旅游客体（局外人客位）同位叠合的阈限②状态。根据学者王宁的观点，"存在性真实是指生命的一种潜在存在状态，旅游中的真实体验是在旅游的阈限过程中去获得这种被激活的存在状态（An Existential State of Being）"③。这种主客同位者的旅游体验正是存在主义原真性④的体验。后现代旅游的重要特征之一是"游客的体验更强调个体性，注重个人的创造性和参与

----

　　①　美国语言学家派克从语音分析的音位（Phonemic）和音素（Phonetic）两个角度，引出了主位（Emic）和客位（Etic）的概念，并指出这两个概念对于语言以外的其他文化现象的研究同样具有重要意义，后来被运用到人类学田野调查中。主位如同音位，是指以当地人的视角、以局内人标准看待和理解文化；客位如同音素，是以外来观察者的角度、以局外人标准看待和理解文化。主位与客位之划分，被用于强调当地人与外来者相区别的文化角色。就民族文化旅游而言，文化旅游目的地的少数民族文化持有者与游客是两大关键主体。少数民族文化持有者是主位的，外来游客是客位的。具体就本文而言，在彝人古镇后现代的旅游—生活空间中，以彝族群众为主的多元主体，他们既是古镇内反映彝族文化的展演性景观（主位），也是从周边各地汇聚到此娱乐的游客（客位），这就产生了主位与客位叠合的情况，即"主客同位"现象。
　　②　阈限是范·杰内普创立的关于过渡仪式的一个重要概念。指仪式参加者在仪式过程中处于一种失去所有身份特征，被排斥在社会正常分类体系之外的边际化状态。美国人类学家维克多·特纳在《仪式过程：结构与反结构》（黄剑波、柳博赟译，中国人民大学出版社2006年版）一书中对此概念进行了创造性的发挥，并使之成为人类学仪式研究的核心概念。
　　③　Ning Wang, Rethinking Authenticity In Tourism Experience, *Annals of Tourism Research*, Vol. 26, No. 2, 1999.
　　④　原真性概念最初源于博物馆与哲学研究领域。原真性是旅游体验的核心概念。目前关于原真性旅游体验的分类主要有客观主义原真性（Boortin, 1964；MacCannell, 1973）、建构主义原真性（Cohen, 1988；Culler, 1981）、后现代主义原真性（Eco, 1986；Baudrillard, 1983）、存在主义原真性（Wang, 1999；Steiner&Reisinger, 2006）、定制化的原真性（Wang Yu, 2007）等。其中存在主义原真性强调对旅游主体即旅游者自身真实性感受的关注。王宁（1999）认为存在主义原真性又可以细分为个体内在的原真性（Intra — Personal Authenticity）和个体间的原真性（Inter — Personal Authenticity）。

感,强调人的主观感受,不再依赖传统的旅游吸引物,人们注重寻求自我独特的体验及不同情绪的满足"①。"后现代旅游的核心意识是从商业化的旅游向生命体验的回归。"② 这种存在主义原真性体验,正是主体在彝人古镇后现代人造景观旅游体验的主要模式之一,它催生了自娱—表演主客同位景观(见图2—4)。

主客同位景观一:彝人部落内的城市彝族老人。

古镇的彝族民俗活动大多集中于傍晚举行。每晚七点至八点二十分,彝人部落是最热闹的地方。这里会有古镇公司歌舞团为品尝彝族长街宴的游客举行的"彝乡恋歌"系列歌舞节目表演。与此同时,在彝人部落大门内,还有一队身着彝族盛装的老年人在进行彝族传统歌曲弹唱表演。八点二十分,专业歌舞团表演结束后,他们便会进入部落广场继续载歌载舞,欢度良宵。2011年10月5日晚,在这里表演的六女四男是楚雄州武定县的彝族老乡会人员。他们白天在城内公园活动,晚上来古镇表演。据调查,像这样的民间团队有十多个,散布于彝人古镇的多个主要景点。多数是由来自州内不同县份的退休人员组成的彝族老乡会。受古镇公司邀请,晚上来古镇娱乐兼表演,公司发给交通补贴。用他们自己的话说,"既是自娱自乐,又能为古镇添彩"。

主客同位景观二:周边被征地汉族老人。

彝人部落、望江楼、庙会戏台等地,是古镇旅游开发公司邀请和安排群众自娱自乐兼表演彝族歌舞较为集中的区域。笔者通过与他们的访谈发现,这些自娱自乐兼表演彝族歌舞的人并非都是真正的彝族。有部分是周边被征地的汉族群众。古镇已成为他们茶余饭后休闲娱乐的聚会场所。一位在歌舞尽兴之后准备归家的汉族大爷告诉笔者,因为楚雄是彝族自治州,平日广播电视等传媒对彝族文化的宣传就比较多,加之村子周边彝族较多,汉族同胞从小受彝族文化影响,所以普遍都会彝族歌舞。可见,彝族文化作为楚雄彝族自治州的代表性文化,无形之中影响了州内的其他民族。彝人古镇作为彝族文化主题公园,彝族文化自然成为古镇排他性的标志性文化符号。

---

① 潘秋玲、丁蕾:《后现代社会下的旅游新趋势》,《人文地理》2007年第5期。
② 白光润、李仙德:《后现代旅游探析》,《旅游科学》2007年第3期。

图 2—4 自娱—表演性质的主客同位景观

主客同位景观三:散布于景区的本土彝族歌手。

在歌舞充斥大众休闲娱乐空间的年代,彝人古镇也少不了冠以"彝族歌王""彝人古镇情歌王子""彝人组合"之名号的彝族民间歌手。他们真实的彝族身份和地道的彝族歌曲展演,成为古镇主街富有原创性和吸引力的旅游景观。与上述景观一和景观二不同,大多数彝族歌手的目的并不是单纯的自娱自乐和展演,贩卖彝族音乐文化唱片是其主要目的。明显的商业经营行为,使这类景观较前两种主客同位景观更为复杂。尽管如此,它仍旧具有彝族文化持有者自娱—表演景观的特质。

针对彝人古镇能否体现楚雄彝族文化特色,其文化旅游的符号表征的社会效应如何等问题,笔者于 2011 年 10 月 7 日专门访问了楚雄彝族文化研究院的 SX 老师。他认为,古镇通过较为系统的规划设计,把彝族传统村落的自然景观与人文景观的精华,把彝族文化中有特色的、能展现的都呈现给了游客,集中展现了楚雄彝族文化的精髓。虽然符号化、舞台化的痕迹非常明显,但作为旅游背景下的民俗文化展示,这是无法避免的。综合彝人古镇旅游营销者、游客、古镇居民、彝族文化研究者的观点,社会对彝人古镇的认可度是非常高的,报告人普遍强调这样一个文化高度浓缩的旅游景区,可以让那些旅游行程紧张的游客在有限的时间与空间内尽可能多地感受彝族文化的特色。

民俗生活事项被高度符号化似乎已成为必不可少的一种旅游开发策略。但其后现代旅游的弊病也显而易见。旅游空间客体的符号化生产是为迎合后现代游客的符号消费欲求,以游客和旅游市场为生产标准,抽取族群标志性的文化符号,同时采借主流社会文化符号,而融会创造的一种拟态的民族文化景观。因此,这种"在地化"的符号表征不可避免地呈现出文化碎片的特征与符号拼凑的痕迹。彝族文化真实、完整的文化体系被肢解,文化符号的原有所指被消解,而重新生产出满足后现代游客符号消费的舞台化、片断式、浅表性的所指意义。楚雄彝族自治州的族群形象在彝人古镇这样一个后现代文化旅游情境中,被塑造为"旅游民族"景观。

3. 参与体验空间

火把节活动是古镇最具代表性的参与体验空间。少数民族节庆是民族歌舞、宗教仪式、服装、饮食等传统文化荟萃一堂的文化空间,也是最具吸引力的旅游景观和参与体验空间。火把节是彝族最具代表性的一个重大节日,它不仅是彝族的年节,也是彝族最盛大的节日。作为传统的民族节日，火把节历史悠久，其参与人数之多、影响之大，在少数民族的文化中颇具代表性。火把节已成为彝族传统文化中最具有标志性的象征符号之一。

农历六月二十四的火把节，是楚雄彝族自治州和凉山彝族自治州最隆重、最盛大、最富有民族特征的节日。有的学者认为此节原是彝族十月历法的一个年节。有的学者认为火把节的起源与人们对火的崇拜有关，其目的是期望用火驱虫除害，保护庄稼生长。火把节期间，各村寨以干松木和松明子扎成大火把竖立寨中，各家门前竖起小火把，入夜点燃，村寨一片通明；人们手持小火把绕行田间、住宅一周后将火把、松明子插于田间地角。青年男女在寨中围绕大火把弹唱、跳舞，彻夜不息。节日期间，还有赛马、斗牛、射箭、摔跤、拔河、荡秋千等娱乐活动，并开设贸易集市。火把节期间通常举行祭祀、文艺体育、社会交往、产品交流四大类活动。

近年来，楚雄彝族自治州政府大力扶持火把节，使其成为彝族传统文化集中展示的一个重要窗口。2011 年 11 月 19 日，"楚雄彝族自治州彝族年活动"就在彝人古镇内隆重举行。古镇大牌坊下松针满地，号角声响彻云霄，盛装的彝族青年男女夹道起舞，客人们喝下热情的迎客酒。威楚大道上摆了可容纳近 3000 人、近 300 桌的长街大宴。彝家人祭奠先祖，庆贺丰盈。夜晚民歌对唱、歌舞表演、毕摩文化广场的祭火大典、篝火晚会等一系列盛大的文化活动，让楚雄市民、游客与彝家人共同领略了彝族新年的魅力。其中不少外地游客是昆明各旅行社与古镇公司提前预约安排的。彝族新年民族文化符号的集中呈现与仪式化操作，得到游客一致好评。笔者随机问了几位外地来的游客"对彝族新年感受如何？增进了您对彝族文化的认识了吗？"回答多是："太有意思了！太热闹了！""有彝族自己的特色！"

据楚雄市民族宗教局领导介绍，2013 年火把节由楚雄州委、州政府主办，楚雄州委宣传部、楚雄市委、楚雄市政府承办，全州其他 9 个县县委、县政府协办。火把节活动定位为"弘扬民族文化，展示彝州魅力，建设美丽楚雄"。搭建文化展示平台展示楚雄丰富的彝族文化，是此次火把节的主要目标之一。文化展示内容包括非物质文化遗产展演、街头巡演、祭火盛典、彝族歌舞打跳、撒火把狂欢等活动。而彝人古镇作为外地游客、商人、本地市民最为集中的区域，自然成为火把节活动的重要地点。与此同时，整个楚雄市成为与古镇相呼应的大型节日文化空间。

2013 年 7 月 31 日至 8 月 2 日，楚雄彝族自治州彝族火把节以"点燃

彝乡盛世火把 同享彝人万种风情"为主题。本届火把节活动点分布到了彝人古镇各景点、彝人部落、太阳历文化园，内容除了火把节祭火盛典、彝族歌舞打跳、撒火把狂欢、童趣乐园、文艺观演会、彝家婚俗表演、毕摩诵经祈福、苏尼开坛作法、彝家女子现场刺绣等，还有民族品牌推广交流会和古玩爱好者交流展示等各项活动。彝人古镇把一系列经济文化活动融入火把节盛会，在节日期间举办旅游商品展销会、彝人羊汤锅一条街、彝人部落长街宴、文化休闲民俗活动，让游人在感受火把庆典激情的同时，在吃、住、行、游、购、娱上也尽享火把节的乐趣。全羊汤锅是火把节的特色食品。在约800米的羊汤锅一条街，汇集了400多个商铺，每个铺面长约3米。在小吃摊上，你能听到天南地北的口音。此外，彝人古镇荟萃川滇菜系、南粤海鲜、北方风味和成都小吃，彝人古镇俨然已是云南的饮食文化大观园。7月31日火把节之夜，彝人古镇成了欢乐的海洋，彝人部落火盆熊熊燃烧，彝人古镇艺术团将彝族原生态歌舞带上场，在好客的彝族人民的邀请下，游客们纷纷加入其中，围着火堆跳着欢乐的彝族左脚舞（见图2—5）。

图2—5 游客跳竹竿舞与左脚舞

实际上，彝族歌舞打跳是古镇常态的文化旅游精品项目，每晚在祭火大典结束后，所有的游客都可以参与体验。作为楚雄彝族自治州文化产业的重要实体和集中展示彝族本土文化的重要平台，彝人古镇天天都上演百人竞歌、千人起舞的场面。每到夜晚，彝人古镇各景点人流涌动，川流不息，欢歌达旦。火把节期间，古镇白天也增加了不少参与体验性旅游项目。如在彝人部落，古镇艺术团演员及彝族老年协会成员会开展竹竿舞活动。因动作简单，节奏感强，吸引了很多游客参与体验。

此外，国家法定节日、本土彝族节日、主流的汉族节日均被填充于彝人古镇的节庆时空中。以 2011 年为例，从 1 月至 12 月荟萃有元旦节、春节、元宵节、正月十五庙会、三八妇女节、楚雄州庆活动、劳动节、圣诞节、火把节、彝族情人节、中秋节、国庆节、光棍节、彝族年、儿童节等众多节庆活动。

结合表 2—6 问卷调查统计结果看，游客对彝人古镇旅游空间的整体评价均值为 4.43，介于 5 分（非常同意）与 4 分（同意）之间，可见满意度非常高。其中对物理空间（4.76）的满意度最高；参与体验空间（4.33）其次；符号空间（4.19）次之。对文化遗产真实性（4.13）、展示内容（4.17）、形式手段（4.22）的评价值均介于 5 分（非常同意）与 4 分（同意）之间，满意度也是非常高。整个旅游空间系统均值为 4.30。总体而言，整个空间系统较为完整，空间层级分明，具有很强的互补性。其中旅游物理空间由于自然与人文景观的精心设置与内容的"无所不容"，同时满足了文化旅游、商业、居住等诸多方面的要求，所以来自各方面的调查评价均非常好。相对古镇参与体验空间的标志性符号彝族歌舞打跳而言，古镇符号空间的标志性符号，如毕摩"祭火大典"仪式、"彝乡恋歌"系列节目、彝族老年协会及本土歌手的展演等，主要是因为活动区域相对集中于彝人部落，并且以旅行社团队游客参与为主，散客及市民群众的参与度不强，所以评价值相对较低。总体而言，文化遗产真实性评价均值最低，这与古镇与生俱来的后现代制造有关。加之碎片化、表层化的大众旅游消费，不可避免地在一定程度上消解了古镇彝族文化主体空间的整体性和文化深度。结合目前文化遗产展示内容与形式手段的有限性，可拓展空间较大。

表 2—6　　　　　　　　　旅游空间系统问卷评价统计

问卷主题	旅游空间游客满意度评价均值4.43			文化遗产真实性评价均值（问卷1.4）	文化遗产展示内容评价均值（问卷1.5）	文化遗产展示形式、手段评价均值（问卷1.6）
	物理空间（问卷1.1）	符号空间（问卷1.2）	参与体验空间（问卷1.3）			
平均分值（分）	4.76	4.19	4.33	4.13	4.17	4.22
系统均值（分）	4.30					

五 过程系统：旅游利用背景下的文化遗产保护情况

彝人古镇文化遗产的保护利用由旅游开发企业主导，保护主体主要有旅游开发企业、政府部门、楚雄市彝族民间文化社团、古镇居民等。其中旅游开发企业、政府部门发挥了主要作用。古镇文化遗产的保护主要体现在以下几个方面。

1. 彝族文化旅游核心景区的建设与古镇整体彝族文化氛围的营造

楚雄汇通古镇文化旅游开发有限公司展现楚雄彝族自治州彝族民俗文化特色的活动内容包括常态人文景观活动及综合性民族节庆活动。前者如彝人部落核心景区的特色建筑、"彝乡恋歌"系列节目、酿酒、豆腐加工、刺绣等民族传统手工技艺展示、毕摩文化广场的宗教仪式"祭火大典"、游客广泛参与的篝火打跳等；后者以火把节为代表。据古镇旅游公司张总经理介绍，彝人部落的文化展示是请州委宣传部彝族文化研究所、州民族博物馆、楚雄师院的专家指导规划的。古镇最核心的文化展示窗口彝人部落的毕摩、苏尼和其他主要的员工都是彝族村寨里地地道道的民间人才。进行舞台化展示的机构是彝人古镇艺术团，由旅游公司负责管理。现有年轻演员 60 人左右，基本上是专业院校毕业的，大部分是本州彝族。艺术总监是原楚雄彝族自治州某艺术单位的 W 老师，节目主要由 W 老师进行编排。

针对彝人古镇能否体现楚雄彝族文化特色，其文化旅游的符号表征的社会效应如何等问题，在 2011—2013 年的田野调查中，笔者选取当地彝族文化知识分子、毕摩、彝族普通群众、古镇旅游公司领导、普通游客等进行了多方面的访谈。综合彝人古镇旅游营销者、游客、古镇居民、彝族文化研究者的观点，社会各方对彝人古镇的认可度是非常高的，报告人普遍强调在这样一个文化高度浓缩的旅游景区，可以让那些旅游行程紧张的游客在有限的时间与空间中尽可能多地感受到彝族文化的特色。

2. 通过社会管理创新试点、民族团结进步示范区的建设，培育彝族文化保护的多元主体

在楚雄市民族宗教局的指导扶持下，楚雄汇通古镇文化旅游开发有限公司将彝人古镇作为参与社会管理创新试点，同时积极创建民族团结进步示范区，使其成为彝族文化主题社区，使来自五湖四海的古镇居民得到彝

族文化的熏陶与感染，从而成为彝族文化保护的多元主体。

事实上，古镇已不仅仅是一个旅游景区、旅游集散地，更是一个名副其实的城市新型社区、特色小城镇。创建民族团结进步示范区活动开展以来，公司投入经费 35 万元，在土司府设立党支部、社会治安服务中心、矛盾纠纷调解中心、社会组织服务管理中心、游客服务中心等机构，具体实施创建工作。其中社会组织服务管理中心下设艺人古镇旅游商品协会、缅商协会、泰商协会、韩商协会、艺人古镇餐饮协会、工艺品分会等社会团体。中心所有办公室牌子都有汉文和彝文两种文字。

2013 年 7 月 31 日，市民族宗教局 LXL 副局长就楚雄州市两级政府部门扶持古镇开展文化保护方面的有关工作做了简要的介绍：

州政府自 2011 年开始在彝人古镇开展民族文化创建工作。2011 年底，"彝人古镇民族文化示范区"挂牌，州上给予一定资金扶持。具体的工作，如举办培训班，组织古镇居民了解彝族风俗习惯，学习彝族语言，学穿彝族服装等。近几年，彝族刺绣、彝族餐饮、文化旅游这一块发展越来越好，通过彝人古镇可以看到我们州彝族文化的一些特点。虽然称为彝人古镇，但是彝族人还是少，彝族特色展现得还不够，下一步需要重点打造。要求商户人员穿民族服装，但（他们）还是很少穿。民居上还是有特色的，但是人文特点很少。不像到了大理，马上就可以感觉到白族的特色。古镇已成为自治州的文化标志，政府还应该多给些鼓励和优惠政策。

2012 年，民族宗教局规划在彝人古镇中打造以土特产展销为内容的民族文化一条街，现在正着手在做。古镇所在经济开发区的社会事业发展局配合我们市民族宗教局，进行古镇社区创新工作，在资金、业务上给予彝人古镇帮助。今年火把节，古镇设有商贸街，前几年没有。今年政府为古镇提供了更好的发展机会。以前，民族特色饮食羊汤锅商贸街是政府主导招商的，现在按市场定价，商贸街一个摊位要 6800 元，而政府扶持的只要 780 元。羊汤锅一条街也是为火把节而准备的。政府希望通过节日活动把羊汤锅推介出去。彝人古镇的一些活动还会在电视台宣传。

在 2013 年 8 月 1 日的访谈中，旅游公司 Z 总经理就公司参与古镇社会管理、与政府部门合作的情况进行了介绍：

公司参与社会管理是云南现行社区管理模式上的创新和亮点。公司肩负着很多政府部门的职能，但自己管理也有很多困难。还需要政府的支持、合作。各级政府在古镇文化活动上有相关的扶持和政策倾斜。古镇与社会发展局的联系比较紧密。市民族宗教局在创建民族团结进步示范区方面也有很多扶持。过彝族年时，跟州民委一直有合作。展会场馆的审批，治安，交通等，都是由政府负责的。政府在古镇管理和各种大型活动举办方面发挥了重要作用。

3. 广泛吸纳城市彝族群众参与文化展示，提高景区民族文化的真实度

该古镇作为民族自治地方的城市文化标志性景观和民族文化主题公园，可以集中进行彝族文化的展示与保护，并成为彝族文化有力的宣传教育传播平台。特别是为彝族群众的民间传承与展示创造了空间，他们也因此成为提升古镇彝族文化真实性的珍贵来源。据古镇旅游公司 CJ 经理介绍，为丰富民族文化展示，公司特意引进不少原生态的民族歌舞团队和在附近小有名气的本土歌手。目前与公司合作的民间团队有民族歌舞打跳、民间艺人、乐器、对歌等十多支队伍。每队数量一般在 30 人左右，年龄结构以老年人居多。各队都有固定地点，由队长安排人员。其中大三弦、花灯腰鼓队比较有特色，可以根据需求进行调配。据了解，古镇提供展示平台出于商业运作的需要，在古镇有文化活动时，会邀请本土歌手参加，表演的东西可能比舞台化的节目更真实一些，会更适合民众的口味。

茶花二队是在彝人部落进行文化展示的主要民间组织。据了解，为了将更多的彝族歌舞艺术展现给游客，他们还在不断学习、丰富和传承自己的彝族歌舞知识。2013 年 8 月 1 日，笔者专门对队长 YGX 进行了访谈。她介绍了一些基本情况：

我们茶花队（二队）是楚雄市民族民间传习所给的牌子。2007 年成立，都是退休职工。这里没有彝族叠脚舞、三弦舞这个表演，为了宣传我们彝族文化，我们就组织了 66 个人（男的有 11 个，女的 55 个）来这里展演。因为这里是旅游基地，能让外地人认识我们的文化。因为我们表演的好，旅游公司选中了我们。白天晚上两场表演，晚上男的表演多些，白天女的表演多些。我们主要表演叠脚舞、三弦舞，也有唱歌和其他的舞蹈。旅游公司需要我们进来的时候就联系我们。老年人也是自娱自乐、锻炼身体。一般情况下，一人一天 3.6 元交通补助，一天 25 人，一共 95

元。表演分工是自愿的，看个人喜欢。一般下午 6:45 进来表演，到 9:30 结束，有的时候需要延长时间。我们彝族的歌舞文化非常丰富，这段时间我们刚开始学习琴、竹竿舞，想展示更多的内容给游客看。我们表演的和以前在农村跳的一样，都是真实的。像我们这样的民间组织，人数还是多的，在万江楼、庙会好多点都有，跳的、唱的都不一样。

从表 2—7 过程系统问卷评价统计结果看，"文化遗产得到保护、创新发展与宣传弘扬"的评价值最高（4.59），文化遗产资源促进了旅游可持续发展的评价值也不低（4.22），文化遗产旅游利用与保护的互动效果良好的综合评价值是 4.31。这与彝人古镇作为后现代人造景观与旅游地产社区的属性有关，因为无所不容的旅游消费空间提供给游客的远远超出了一般民族文化景区。反过来，古镇社区的商业、娱乐与居住等复合型功能所带来的人气与经济效益，为彝族文化遗产的保护发展与宣传弘扬创造了条件。所以，相对而言，文化遗产资源促进了旅游的可持续发展的评价值较前者低。这与古镇的实际情况是相符合的。总体来看，古镇的多种功能远远超出一般景区的功能，其通过旅游地产、商贸、文化展示等复合性效应，获得各界的赞誉。

表 2—7　　　　　　　　　过程系统问卷评价统计

问卷主题	文化遗产得到保护、创新发展与宣传弘扬（问卷 2.1）	文化遗产资源促进了旅游的可持续发展（问卷 2.2）	文化遗产旅游利用与保护的互动效果良好（问卷 2.3）
均值（分）	4.59	4.22	4.31
系统均值（分）	4.37		

六　主体(利益相关者)系统与影响因子系统

1. 主体（利益相关者）系统

旅游—生活空间多元主体去中心化和自娱—表演性质的主客同位景观的出现，是古镇主体（利益相关者）系统的突出特点。

彝人古镇的显著特点在于把民族文化遗产与地方历史文化的发掘、利用、保护与文化旅游地产经济、城市建设相结合，成就了特色鲜明、内容丰富、功能齐备的综合型文化旅游新区。其兼具多重性质，既是楚雄彝族自治州民族自治地方文化标识和彝族文化主题公园，又是楚雄彝族自治州重点文化产业项目、旅游地产社区。因此,其主体(利益相关者)系统较为复杂。就民族文化遗产的旅游利用与保护而言,一切文化旅游产品、设施与经营服务的投资、策划、生产、管理、参与乃至使用者,均成为文化遗产保护利用的主体和利益相关者。古镇的主体(利益相关者)系统较普通景区不同的是,它的多种属性使其尽可能吸纳了最广泛的文化保护主体,特别是城市彝族群众、周边汉族群众和来自世界各地的商住户。据古镇商贸公司管理层介绍,古镇从开发到运营提供了约 5000 个就业岗位。在这里工作的员工 90% 来自附近居民。其中核心主体有旅游公司(包括其下属各职能部门和分公司的机构与员工)、彝族群众、古镇居民、古镇所在地被征地群众、游客、地方政府等。彝人古镇因其旅游空间与生活空间交融而产生多元主体。多元主体在自娱—表演的旅游场景中主位角色与客位角色的叠合,建构了独特的主客同位景观。与旅游主客体泾渭分明及旅游场域以游客为中心的现代旅游不同,旅游—生活空间多元主体去中心化和自娱—表演景观的出现,是彝人古镇这种旅游地产社区型景区民族文化旅游后现代性的突出特点。

作为模拟的后现代旅游类型,以人造景观为主的民族文化主题公园因民族文化主体(文化持有者)与民族文化的分离,换言之,因民族文化主体(文化持有者)的"在场"缺失,催生了旅游—生活空间多元主体的出现。与西双版纳傣族园、丽江大研古城等传统的"景区 + 社区"模式不同,彝人古镇是后现代的"景区 + 社区"模式,由此形成生活空间与旅游空间交叠的结构。据古镇公司项目部的工作人员介绍,目前,彝人古镇有常住人口 3500 户,1.2 万人,有彝族、白族、回族等 17 个少数民族 5855 人,有外籍人员 147 人。[①] 古镇社区有来自中国的浙江、广东、上海、北京、成都、深圳、台湾以及外国的欧美各国、澳大利亚、东南亚各国上千位海内外业主。作为楚雄彝族自治州大众休闲、娱乐、购物的城市繁华景观和商贸、地产、文化展示混合的旅游地,彝人古镇成为城市居民和周边被征地乡镇农民的文化乐园。作为全州彝族文化展演的中心,吸引了众多群众会聚于此,以展示、表演彝族歌舞等传统民俗文化自娱自乐。周边彝族群众(彝族文化持有者)、社区居民(商住户)、游客、景区文

---

① 2013 年 8 月 1 日楚雄市民族宗教局提供数据。

化旅游演职人员、城市市民、周边被征地农民等构成古镇的多元文化主体。与现代旅游以游客为中心的空间结构不同，作为模拟的后现代旅游类型，彝人古镇旅游—生活空间多元主体作为"联合旅游者"，在这个"大众旅游的联合世界是没有传统，是非中心化的"①。这使得作为彝族文化旅游地核心主体的彝族文化持有者处于去中心化的地位。"后现代社会的旅游模糊了过去对旅游时间和闲暇时间的区分"，"人们在大部分时间里，都可以作为游客存在，旅游活动与日常活动不再被明显地区分开来"。②在彝人古镇的旅游—生活空间里，多元主体中的部分主体，如社区居民（商住户）、彝族文化持有者、城市市民、周边被征地村民的身份往往与游客身份同位叠合。换言之，出现在彝人古镇景区内的社区居民（商住户）、彝族群众（彝族文化持有者）、城市市民、周边被征地农民，他们既是古镇的主人，也是古镇的游客。

主客同位的自娱—表演景观的建构与展演者大多是真实的彝族，也有少数是汉族。无论其民族身份是真实的抑或虚拟的，其在彝人古镇旅游空间所展现的均是彝族文化持有者的角色。"正如戈夫曼所言，在社会剧场或舞台，自我的表演和呈现受到文化或社会'剧本'的制约。"③彝人古镇作为彝族文化主题公园的文化排他性，决定了不论他们是何民族身份，在彝人古镇，他们就只能建构和呈现彝族文化景观。事实上这种主客同位的自娱—表演景观的建构，是开发企业与旅游—生活空间多元主体的互动与共谋。"空间作为主体性存在的策略与场所"，正是旅游空间设计与开发人员、彝族文化持有者、周边被征地农民、景区商贸人员等多元主体"通过主体性行为来完成空间的培育、生产和维护"④，其中市民（无论彝族或汉族）的参与互动，对城市民族文化旅游景观的塑造起到了重要作用。

国外相关研究也得出类似的结论。在英国，几乎每个城市和乡镇都在将其作为旅游目的地来促销，而人们也非常热衷去这些城市旅游目的地旅行；更重要的是，在这些城市旅游的游客往往就是这个城市的居民。这种旅游表明，旅游目的地与游客常居地之间的差异（"我

---

① ［匈］阿格尼丝·赫勒：《现代性理论》，李瑞华译，商务印书馆2005年版，第264页。
② 潘秋玲、丁蕾：《后现代社会下的旅游新趋势》，《人文地理》2007年第5期。
③ 王宁：《消费社会学》，社会科学文献出版社2011年版，第198页。
④ 潘泽泉：《当代社会学理论的社会空间转向》，《江苏社会科学》2009年第1期。

者"与"他者"的对立)已显得不再重要,而人们并不离开自己的常居地,他们既是这个城市的居民也是游客。如果说旅游是在寻求与日常生活不同的非凡体验(Extraordinary Experience)的话,那么传统的吸引物是把这种非凡体验与人们不可能回到的过去发生联系;而现代的吸引物(如主题公园、购物中心、现代展览等)则往往把人们的体验与当下的生活,甚至与将来联系起来。[①] 永根·金(Hyounggon Kim)等通过连续两年对美国得克萨斯文艺复兴节的重访旅游者进行深度访谈和参与节庆活动观察,认为存在主义原真性概念是理解节庆重访者的核心;尽管旅游者扮演了"事实上的"或"幻影似的"角色,但得克萨斯文艺复兴节这种商业化的旅游事件成为他们获得"自我"原真性的一个机会。[②]

2. 影响因子系统

作为具体组织策划与运营者,楚雄汇通古镇文化旅游开发有限公司对古镇的市场定位与发展规划是影响古镇彝族文化遗产保护利用的决定性因素。对于民族自治地方的旅游地产社区型文化景区而言,除旅游开发企业发挥主导作用外,地方政府、本地本民族、市场等因素对古镇建设发展也产生了重要影响。

民族文化旅游空间生产蕴含着丰富的文化政治,不仅充斥着多元主体的多种权力话语与社会实践,还反映出民族文化资本化和民族文化旅游化保护的社会效应。彝人古镇文化旅游空间生产的利益相关者主要有企业、地方政府、旅游地多元主体。正是各利益相关者的利益共谋和权力协作,共同建构了彝人古镇的旅游空间。在古镇彝族文化资本化生产与旅游化保护中,地方政府发挥了主导作用。民族文化旅游空间作为少数民族文化与资本、与政治结合生产的社会景观,具有政治、文化、经济多重意义。彝人古镇已成为楚雄彝族自治州象征性的城市景观和彝族文化地标,带有明显的意识形态色彩。"在中国,制度结构对空间的塑造最为直接和强烈"。[③] 城市政府的这种治理重构产生了大量纯粹空间意义上的新城市景

---

① 参见王宁、刘丹萍、马凌等《旅游社会学》,南开大学出版社 2008 年版,第 172—174 页。

② Hyounggon Kim, Tazim Jamal Touristic quest for existential authenticator, *Annals of Tourism Research*, Vol. 34, No. 1, 2007.

③ 王丰龙、刘云刚:《空间的生产研究综述与展望》,《人文地理》2011 年第 2 期。

观，为当地寻求新的经济角色。[①]

近年来，楚雄依托"一彝三古"（彝族文化、古文化、古生物、古人类）的文化资源条件和良好的交通区位优势，奠定了"滇中"国际旅游区和"滇西、滇西北"黄金旅游线路精品旅游区的基础。在建设云南民族文化大省和旅游强省的思想指导下，楚雄州委、州政府高度重视文化产业建设，加大力度开发民族文化特色旅游。楚雄州委提出"打造彝族文化精品、发展彝族文化产业、建设彝族文化名州"的战略思想。楚雄州规划局局长曾提出楚雄市要整合十月太阳历文化园，结合彝人古镇与"中国彝族文化大观园"的项目开发建设，加强城镇形象设计，打造地方标志性景观，最终达到展现浓郁彝族文化风情的规划建设目标。[②] 在这样的背景下，彝人古镇开发项目得到州、市各级政府的高度重视，被列为全州文化产业建设的十大项目之一，也因此成为云南省少数民族自治地方的标志性城市景观。如火把节的文化产业运作，楚雄州采用"政府主导，企业参与，市场运作"的模式，彝人古镇的节日商贸就是通过这种模式运作，取得了保护传承民族传统节日文化和发展节庆经济的双赢。

古镇的多元主体是民族文化旅游的关键要素。作为后现代人造景观和模拟民族文化旅游必不可少的文化展演者和参与者，他们在闲暇娱乐的同时充分展现了彝族文化的地方性知识。无论真实的或虚拟的彝族文化主体，他们作为古镇文化的主人，对旅游地的形象建构和本土彝族文化的传承保护都起到了重要作用。

彝人古镇后现代旅游的弊病也显而易见。少数民族民俗生活事项被高度符号化，似乎已成为必不可少的一种旅游开发策略。旅游空间的符号化生产，是为迎合后现代游客的符号消费欲求，抽取族群标志性的文化符号，同时采借主流社会文化符号而融会创造的一种拟态的民族文化景观。因此，这种地方化的符号表征不可避免地呈现出文化碎片的特征与符号拼凑的痕迹。彝族文化真实、完整的文化体系被肢解，文化符号的原有所指被消解，而重新生产出满足后现代游客符号消费的舞台化、片断式、浅表

---

① 殷洁、张京祥、罗小龙：《重申全球化时代的空间观：后现代地理学的理论与实践》，《人文地理》2010 年第 4 期。

② 云南省政府信息公开门户网站，http://cx.xxgk.yn.gov.cn/zmb/newsview.aspx? id = 3835162009 - 3 - 13，2013 年 9 月 1 日。

性的所指意义。楚雄彝族形象在彝人古镇这样一个后现代的文化旅游情境中无疑被塑造成为符号景观式的"旅游民族"。

结合表2—8影响因子系统问卷评价统计结果来看，影响因素从强到弱的顺序依次是：旅游开发企业的规划与管理运作模式（4.82）、国家及地方政府相关政策影响（4.37）、少数民族的参与度（4.28）、文化旅游产业市场影响（4.27）、民间团体、专家学者影响（4.22），而且这些主要影响因素的评价均值都较高，其中对旅游开发企业的规划与管理运作模式的评价均值接近于5分（非常满意）。这说明楚雄汇通古镇文化旅游开发有限公司主导进行的彝人古镇规划建设之成果为社会各界所认同，政府、当地彝族群众、产业市场、民间团体、专家学者等都发挥了积极的作用。整个系统均值是4.39，属于满意度较高的肯定性评价。这与以上调研分析的现状是相符合的。

表2—8　　　　　　　　　　　影响因子系统问卷评价统计

问卷主题（文化遗产旅游利用与保护的影响因素）	少数民族的参与度（问卷3.1）	国家及地方政府相关政策影响（问卷3.2）	旅游开发企业的规划与管理运作模式（问卷3.3）	文化旅游产业市场影响（问卷3.4）	民间团体、专家学者影响（问卷3.5）
均值（分）	4.28	4.37	4.82	4.27	4.22
系统均值（分）	4.39				

七　保护利用的可持续性与创新性评价

结合表2—10问卷调查结果统计，就彝人古镇民族文化遗产旅游利用与保护系统情况，可做以下小结：

从民族文化旅游空间系统看，古镇具有旅游地产社区、特色小城镇等多重属性。强大的物理空间，产生极强的包容性和面对文化旅游市场危机的抗击力，并能够在较大程度上满足现代游客多样化、差异化的旅游需求。系统评价均值是4.30，是满意度较高的肯定性评价，其中物理空间的评价均值接近于满分。而评价稍低的是文化遗产的真实性，这一方面与古镇作为后现代人造主题公园的属性有关，各种景观的、商业的外来文化对古镇彝族文化主题造成冲击；另一方面是因为彝族文化原生境真实整体的文化氛围缺位，彝族文化展示内容与形式还较为单薄，彝族文化元素没有得到系统全面的展示。

　　从旅游利用背景下文化遗产保护的过程系统看，因为无所不容的旅游消费空间提供给游客的远远超出了一般的民族文化旅游景区。反过来，古镇社区的商业、娱乐与居住等复合型功能所带来的人气与经济效益，为彝族文化遗产的保护发展与宣传弘扬创造了条件。综合来看，文化遗产旅游利用与保护的互动效果良好，被调查者的满意度较高。楚雄彝族自治州丰富的民族文化遗产在古镇得到集中的利用与保护；民族文化遗产为旅游发展提供了源源不断的动力；古镇模式使分散的彝族群众获得传承展示的空间，使更多的非彝族文化持有者作为旅游社区居民而成为共同的保护主体。系统评价均值是4.37，也是满意度较高的肯定性评价。其中"文化遗产得到保护、创新发展与宣传弘扬"的评价值最高，而"文化遗产资源促进了旅游可持续发展"的评价值稍低。

　　从主体系统和影响因子系统看，其主体（利益相关者）系统较为特殊。核心的主体有旅游开发企业、地方政府、彝族群众、古镇居民、古镇所在地被征地群众、游客等。彝人古镇因其旅游空间与生活空间交融而产生多元主体。多元主体在自娱—表演的旅游场景中主位角色与客位角色的叠合，建构了独特的主客同位景观。主客同位的自娱—表演景观的建构与展演者大多是真实的彝族，也有少数是汉族。无论其民族身份是真实的抑或虚拟的，其在彝人古镇旅游空间所展现的均是彝族文化持有者的角色。从这个角度讲，后现代的古镇模式催生了更多的民族文化传承与保护的主体。由于古镇属于企业主导开发的新建实体，企业的决策是古镇发展的决定性因素。它不存在文化原生地旅游景区那些开发管理主体与文化持有者或社区主体之间的利益冲突。相对文化原生地旅游景区来说，它具有较大的包容性和吸附力。作为民族自治地方，从政府到民间文化社团、彝族群众，乃至城镇各民族，都会以此为民族自治地方文化标识和文化保护传承场，自觉地关注并参与到文化旅游与文化保护之中，古镇会有来自以上各种主体及古镇自身复合型实体经济积极的影响，而且政府的扶持无疑会产生重要影响。所以，古镇的影响因子系统评价均值（4.39）非常高。

　　创新性和发展优势评价均值是4.33，个案典型性、代表性评价均值是4.32，综合均值是4.33，也是满意度较高的肯定性评价（见表2—9）。调研中得知，由于彝人古镇的成功，楚雄汇通古镇文化旅游开发有限公司由此提炼总结的古镇模式，得到不少地方政府及企业的青睐，目前已在河北等地推广实施。

表 2—9 创新性、代表性问卷评价统计

问卷主题	该景点的旅游开发与保护在同类景区中较为成功，具有创新性和发展优势（问卷4.1）	该旅游开发模式在同类旅游景区中较为典型，具有代表性（问卷4.2）
均值（分）	4.33	4.32
总均值（分）	4.33	

表 2—10 问卷调查结果统计情况

调查统计分类	旅游空间系统						过程系统			影响因子系统					创新性、代表性评价	
问题序号	1.1	1.2	1.3	1.4	1.5	1.6	2.1	2.2	2.3	3.1	3.2	3.3	3.4	3.5	4.1	4.2
问题均值（分）	4.76	4.19	4.33	4.13	4.17	4.22	4.59	4.22	4.31	4.28	4.37	4.82	4.27	4.22	4.33	4.32
系统均值（分）	4.30						4.37			4.39					4.33	
总均值（分）	4.35															

综合来看，古镇作为民族自治地方的城市文化地标与文化产业典范，其政治的、经济的、文化的功能与意义均得到集中体现。

八 旅游地产社区型景区的创新性理论分析与总结

彝人古镇作为以旅游空间生产为主要特点的模拟的民族文化主题景观，是后现代旅游的一种典型代表。21世纪以来，以少数民族（族群）文化为旅游消费对象的民族文化旅游，日益表现出后现代性的发展趋向，或者说是一种后现代旅游的趋向。纳坦·马利雷（Natan Uriely）认为，学术界关于后现代旅游的社会话语由模拟的和他者的两种理论框架构成。模拟的后现代旅游（The Simulational Postmodern Tourism）的学术脉络聚焦于超现实体验，指向模拟的主题公园和其他典型的后现代人造景观；他者的后现代旅游（The Other Postmodern Tourism）概念强调对真实的探寻，指向不断成长的自然的吸引力和作为后现代表达的乡村。后现代旅游的这两种维度构成关于旅游性质互补的而不是冲突的观点。[①] 当代中国民族文

---

① Natan Uriely. Theories of Modern and Postmodern Tourism, *Annals of Tourism Research*, 1997, Vol. 24.

化旅游的人造主题公园类型与生态博物馆（文化生态村）类型，分别是模拟的和他者的后现代旅游的典型代表。而模拟的民族文化旅游的后现代性主要体现在空间生产方面。

从民族文化旅游与文化保护的角度看，应该"通过无所不在的强调地方本土文化重要性的游客凝视和相应的获利，使旅游成为保护地方的推动力"①。民族文化要获得产品的资格和权利，这在根本上取决于他者的认同。获取这种认同的基本方式，就是这些文化要素在群体层面上的资本化运用。② 彝人古镇民族文化的资本化运作，正是通过旅游空间生产和文化旅游消费形式得以实现的。楚雄彝族自治州的彝族文化作为一种文化资本和公民权的标识，通过彝人古镇旅游空间生产方式进入社会公共空间，激活、保护与传承了自己的民族文化，在更大的社会空间中寻找到更广泛的社会认同。尽管不同区域的彝族族群文化通过文化旅游的舞台化再生产，在对外民族文化形象塑造中被同质化与象征符号化，但在媒介与文化市场的共同形塑中又不断激发、建构出新的富有生机的民族性。

彝人古镇作为模拟的后现代旅游景观，它是全球化背景下资本流通与旅游消费空间生产的产物，是民族文化旅游地利益相关者共同建构的社会空间。其旅游空间的生产表现出时空压缩、无所不容、符号表征，和旅游—生活空间多元主体去中心化、自娱—表演主客同位景观建构等后现代性特点。与生俱来的后现代性，一方面使其文化生产碎片化、符号化；另一方面却成就了人本主义的存在主义原真性旅游体验，而且在少数民族自治地方借助城市景观建设来开展文化遗产旅游化保护方面具有创新意义。针对这类民族文化旅游类型，如何减少和避免其后现代性所带来的不良后果，发挥其潜在优势，应是下一步研究的重点。

综合来看，彝人古镇文化遗产的旅游化保护特点在于古镇多重属性所产生的保护利用效果。其人造模拟景观、旅游地产社区、民族文化主题公园、民族自治地方城市文化地标的多重属性分别对应于民族文化遗产得到集中的利用与保护、旅游社区居民成为多元保护主体、分散的彝族群众获得传承展示空间、民族文化成为城市文化建设主题，文化权益得到体制保

---

① Juanita C. Liu, Tourism and the value of culture in regions, *Ann Reg Sci*, 2005, Vol. 39. DOI: 10.1007/s00168 – 004 – 0214 – 9.

② 陈庆德、马翀炜:《文化经济学》，中国社会科学出版社 2007 年版，第 185 页。

障等社会效应。其旅游地产社区型景区的文化保护利用模式可用图 2—6 表示。

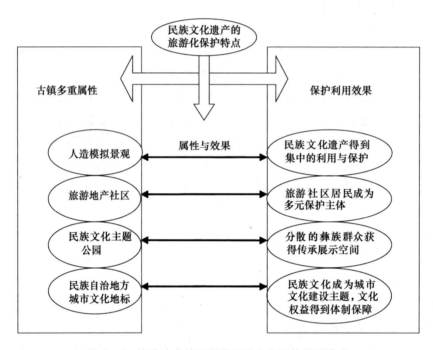

图 2—6　旅游地产社区型景区的文化保护利用模式

第三节　民族文化传承基地型景区:丽江玉水寨

一　个案及调研基本情况介绍

玉水寨位于丽江市玉龙纳西族自治县白沙镇玉龙山南麓,占地 208 亩,是国家 4A 级旅游景区、丽江著名文化旅游景点。丽江玉水寨生态文化旅游有限公司 (为与其下属的玉水寨景区分公司相区别,下文简称玉水寨总公司) 成立于 1997 年,始终致力于纳西族传统文化与文化生态旅游产业相结合,以旅游发展反哺民族文化保护,其运作模式被市委市政府命名为 "玉水寨模式",在全市加以总结推广。目前,公司已发展成为拥有国家 4A 级玉水寨景区、丽江西域电子商务旅行社、丽江纳西网站、玉水寨网站、东巴协会网站、三叠水大酒店、丽江原生态纳西文化 (塔城曙明) 保护区、新善东巴文化生态保护区、东巴文化传承学校、丽江美鲁高原生态农业有限公司、剑川闲林文化生态旅游分公司、丽江一网游信息服务子公司、丽江和合文化传播公司为一体的集团型民营企业。2012年，公司经营收入6200多万元，上缴利税820万元，连续多年成为丽江市的纳税大户。

　　笔者于2012年8月、2013年7月两次对玉水寨进行了田野调查，调查问卷完成于2013年8月。调查期间，笔者对景区主要的旅游项目进行了参与观察，与旅游公司管理人员、游客、在景区工作的纳西族东巴宗教职业者及周边纳西族群众等不同群体进行了访谈。本书所用资料，除特别注明出处的，主要来源于这两次田野调查。需要特别说明的是，由于玉水寨景区属于重建的主题公园，景区员工主体是来自附近纳西族村寨的村民，所以在访谈统计分类时将其列为企事业单位员工，而非农民。访谈的少数民族总数包括景区内的纳西族员工和在景区门口摆小摊的纳西族村民。调查对象情况见表2—11。

表2—11　　　　　　　　　　　　个案调查对象情况统计

数据 调查对象 调查方式	性别		文化程度				年龄			身份、职业							民族		合计
	男	女	大学及以上	中专高中	初中	小学	30岁以下	30—60岁	60岁以上	政府机关人员	个体工商户	企事业单位职工	农民	学生	其中		少数民族	其他民族	
															游客	景区内纳西族			
有效问卷数（份）	56	44	33	45	21	1	40	45	15	12	21	35	11	8	13	40	45	65	35	100
个案访谈数（件）	15	5	4	10	4	2	1	16	3	3	1	12	4	0	0	8	12	16	4	20
合计	71	49	37	55	25	3	41	61	18	15	22	47	15	8	13	48	57	81	39	120

二　民族文化遗产资源现状

　　玉水寨文化旅游资源以东巴教文化为主。东巴教是纳西族多神崇拜传统宗教，源于纳西先民原始的巫术信仰，受藏族苯教、藏传佛教、汉传佛教、儒道文化等影响。东巴文化基于东巴教信仰，在发展中吸收了藏族苯教与佛教的部分文化，内容包括东巴教经典、法器、道场、灵洞等物质载体及东巴教祭祀礼仪和与之相关的音乐、舞蹈、雕刻、绘画等传统技艺。东巴为东巴教中的祭司,有"智者"和"能沟通神鬼"之意。他们平时参加生产活动,在固定时间或村民相请时才从事宗教活动。东巴文化内容主要记载于古老的图画象形文字经书中,通过东巴们的口传身授、世代传承。东巴经书又被称为"古代纳西百科全书"。内容涵盖纳西族先民的社会历史、语言文字、哲学宗教、风俗习惯、文学艺术、天文医学等,绘画、音乐、舞蹈等宗教艺术独具特色。东巴祭典礼仪,可分为祈福、驱鬼、丧葬、占卜四大类。每类仪式要诵读成套东巴经书,有大量大神画像、神路图、神鬼雕塑、木牌画、纸牌画、东巴舞蹈。东巴教法事十分繁杂,全年几乎每月都有法事活动。共有 30 多个大仪式。主要仪式有祭天、祭家神、祭自然神、祭风、退送是非灾祸等。其中祭天最为隆重。大的东巴仪式由家族、全村或数村共同举行,有五六位至数十位东巴参加,前后需花三日至十余日时间;小的仪式由家庭操办,需两三位东巴主持,时间需一天半。东巴教没有固定宗教场所,宗教活动一般在纳西民众家中、村寨内或村外的山岭水泉边进行。[1]

东巴文化一直是丽江文化旅游的亮点,加之 1999 年、2003 年两届国际东巴艺术节的举办,使东巴文化被世界所认识。伴随丽江旅游业的发展,东巴文化体系中一些文化事项率先获得了开发与利用,尤其是富有艺术表现力的东巴舞蹈、东巴字画。现在丽江旅游市场中东巴文化展演内容主要以此两项为主。纳西东巴文字至今仍被东巴研究者和艺术家所使用和传扬。东巴文字似乎成为一种纳西文化的标志和时尚符号,出现在 T 恤衫、茶杯、玩具、贺卡、明信片、书法作品、编织物、雕刻(塑)作品等各种介质上,淡化了东巴文字的神性特征,而世俗特征得到强化,展演功能大过仪式功能。东巴文化原有的传承模式以家庭父子传承、家族亲戚传承、社区内师徒传承为主。从丽江现有东巴传承人培养机制看,大致可以分为政府主导传承、企业主导传承、民间自然传承三种模式。玉水寨就属于典型的企业主导传承模式。

2005 年,东巴典籍进入世界记忆遗产名录。截至 2011 年,纳西族国家级非物质文化遗产有民间美术东巴画、传统手工艺东巴造纸、传统民间舞蹈热美蹉、传统音乐白沙细乐(见表 2—12)。这四项国家级非物质文

---

① 参见和仕勇《世界文化遗产丽江古城志》,云南民族出版社 2011 年版,第 158—159 页。

化遗产在玉水寨均得到很好的保护传承。玉水寨是目前东巴最集中、东巴活动最活跃的地方之一，已成为东巴文化的传承基地。玉水寨现有的东巴已成为公司的员工，有稳定的工作，同时以东巴村及和合院作为活动场所。他们既是东巴文化的传承者、研究者，又是景点的管理者和宣传讲解者。每天为游客讲解东巴文化，书写东巴文的祝福语和平安符。传承基地依托东巴文化传承协会积极开展东巴文化的传承工作。

表 2—12　　　　　　　　　　　纳西族非物质文化遗产

名目、名称	主要分布地点	级别	确定时间（年）
传统音乐白沙细乐	丽江市古城区、玉龙县	国家级	2011
民间美术东巴画	丽江市	国家级	2006
民间舞蹈东巴舞	丽江市古城区、玉龙县	省级	2008
传统服饰	丽江市	省级	2008
传统节日三朵节	丽江市玉龙县	省级	2006

玉水寨东巴人文景观可分为静态实体景观与动态综合景观两大类。前者以祭祀场、自然神雕像、和合院等标志性东巴文化景观为代表。后者指纳西族传统宗教仪式的展演与东巴文化传承等动态人文景观。玉水寨景区现有的纳西传统歌舞展演队，收集、整理、排练出三十多个有代表性的纳西族传统歌舞节目，包含国家非物质文化遗产"白沙细乐"（北石细哩）、仁美蹉等。景区聘请纳西族勒巴舞传承人组建了勒巴舞队，在纳西古乐厅开展传承与展演活动。在民俗院，纳西民族古老的木楞房、传统生产生活用具和造纸、酿酒、织布等传统工艺得到集中展示。东巴画廊则以展销形式进行东巴画和世界记忆遗产东巴古籍文献的现场绘制、传承和销售。

文化景观一词出现于 20 世纪早期，1920—1930 年以卡尔·索尔（Carl Sauer）教授为代表的人文地理学美国伯克利学派使这一概念大放异彩，卡尔·索尔认为，文化景观源自一个文化群体对一个自然景观的塑造，文化是动力，而自然的地区是媒介，文化景观是结果。[①] 由于玉水寨主题公园是基于纳西族古老的东巴教圣地而建设的东巴文化保护传承场所，它将自然与文化、人与地方、无形与有形内在地联系整合起来，具有

---

① 李春霞：《遗产、源起与规则》，云南教育出版社 2008 年版，第 71 页。

文化景观的部分属性。

三　旅游开发背景

玉水寨在历史上是当地纳西族百姓聚会和传统仪式举行地。东巴教是纳西族的民族宗教，有西部、中部、东部圣地之说。西部圣地白地是东巴教的发源地，东部圣地以摩梭人的达巴教为主，而玉水寨所在的白沙地区曾是中部东巴教最盛行的地区。位于玉龙雪山南麓、丽江城北十余公里处的玉水寨，被称作中部地区的东巴圣地。寨内神泉是丽江古城水系的源头，纳西人称之为"歌吉可"，是当地村民祭祀自然神"署"的圣地，纳西村民对"歌吉可"怀有敬畏之情，水源地的千年古树及自然生态环境保护完好。景区于1997年春天恢复重建了东巴圣地。1998年11月，经和开祥等老东巴现场指导，在玉水寨水源处恢复了祭自然神活动，周围建了祭"天"、祭"风"等东巴祭祀场所，这些祭祀场所成为景区的第一批文化景观。1999年10月，丽江市举办第一届国际东巴文化艺术节，在玉水寨举行了大型的祭祀活动，吸引了大批的中外游客。2003年，东巴文化传承协会在玉水寨总公司的扶持下成立，由董事长和长红担任会长，团结各地东巴开展了有组织的保护传承活动。玉水寨景区的开发与建设，始终力求使优美的生态环境和浓郁的纳西东巴文化底蕴完美融合。为此，玉水寨总公司实施了一系列的硬件工程。如东巴祭天、祭风和祭自然神三大祭场；东巴教大殿、东巴壁画廊、东巴文物展厅、东巴民俗院、纳西古乐展演厅、东巴古籍文献列入世界记忆遗产纪念碑等。2005年12月，玉水寨景区被评定为国家4A级旅游景区。2006年8月，被中国民间文艺家协会命名为"东巴文化传承基地"。2008年，被评为云南省"文明风景旅游区"。同时，玉水寨也成为纳西族勒巴舞与白沙细乐的传承基地。

玉水寨总公司创立了东巴文化传承协会和东巴文化学校。东巴学员毕业后多被吸纳为公司职员，成为东巴文化的传承者、研究者和景点的管理者、讲解者，同时还协助各社区开展文化传承活动，现有数百人。目前，玉水寨作为东巴文化传承基地，是各地东巴教徒举行东巴法会的活动场所。玉水寨景区内现有几位著名东巴主持日常宗教事务，和合院既是东巴文化传承协会的活动场所，也是旅游展演的核心区域。玉水寨成为保护、传承、培训、展示以及开展大型东巴文化活动的一个中心。玉水寨兼具民族文化主题公园与民族民间文化传承基地的性质。

　　玉水寨总公司自1997年创立以来，取得了良好的经济、社会、生态效益，形成备受省内外关注的"玉水寨模式"。15年来累计投入2000多万元用于植树造林，美化环境，保护水源，使昔日的208亩荒山荒坡成为具有浓郁的纳西文化底蕴和迷人自然生态景观的国家4A级景区。玉水寨景区的快速发展，带动了周边乡村的社会经济发展。公司提供就业岗位数百个。

四　空间系统：民族文化遗产旅游利用的空间生产情况

　　综合来看，玉水寨文化遗产资源被旅游利用的方式以历史复原式生产、模拟示范式生产、复合式生产、原态保护式生产为主。物理空间、景观符号空间、参与体验空间形成具有很强互补性的空间系统（见表2—13）。

表2—13　　　　　　　　　　景区旅游空间生产情况

旅游空间三层次		主要旅游设施及产品
物理空间	1	丽江古城水源"歌吉可"瀑布群、高原草甸风光、虹鳟鱼等
	2	纳西风味餐馆、购物中心、货摊等经营服务设施
	3	奇石馆
符号空间	1	纳西古乐展演厅
	2	民俗院
	3	和合院
	4	各种雕塑形象、各类祭祀场所
参与体验空间	1	东巴法会
	2	祭祀自然神仪式（世界环境日）
	3	国庆祈福仪式
	4	"当美空普"节（白沙庙会）祭祖和祈福活动

　　1. 物理空间

　　玉水寨景区位于玉龙雪山南麓、丽江城北十余公里，是丽江的主要水源地之一。整个景区东、西、北三面，是常年郁郁葱葱的青松山林，南面朝丽江倾斜，景区北端一道山崖下，有两株被列入云南古树名录的千年古树，古树下一股清泉喷涌而出，形成三叠水瀑布群。自然生态文化景观是玉水寨景区建设的基础。纳西族认为水是万物之源，世间一切由水化育而

生，各种绿色植物是人类的兄弟。玉水寨的三叠水瀑布群、高山草甸风光
营造出东巴文化与自然界密不可分的文化氛围（见图2—7）。

图2—7　玉水寨风光

　　以东巴文化为核心的一系列纳西族文化景观是玉水寨物理空间的主要
内容。1998年在大东巴和开祥等人的指导下，公司在玉水寨水源地"歌
吉可"恢复了祭自然神的圣地场所，并在附近修建了祭天场、祭风场和
东巴法场等第一批基础性人文景观。以玉水缘大殿、东巴壁画馆、东巴文
物展厅为主体建筑的和合院集中展示东巴教文化。东巴画廊兼具东巴绘画
传承与展演营销的性质。玉水寨民俗院以纳西族传统民居木楞房及石磨、
角锥、兽皮用具、弓弩等各种传统的生产生活用具，以及酿酒、东巴纸制
作等传统工艺展示纳西民族的生活文化。展演厅举行纳西古老音乐舞蹈的
展示。"白沙细乐"是纳西族传统音乐的活化石。玉水寨聘请了一些音乐
传承人进行挖掘、收集和整理，制作文艺节目，为游客展演。

　　此外，玉水寨景区还有经营纳西风味的餐厅和销售特色旅游商品的游
客服务中心及配套旅游服务设施（见表2—14）。在景区出口，每天会有
纳西族老妈妈进行民族歌舞打跳表演。还有附近村民的小商品摊位数十

个。据玉水寨景区的 Z 总经理介绍，景区的建成，对景区周边道路等基础设施的建设都起到了改善作用，为周边纳西村民提供了就业岗位，在景区就业的村民占员工总数的 80% 以上，甚至全家人在这里就业的都有。景区无偿提供销售地点给村民卖小商品，开展商业活动和进行民族打跳。

景区游客以旅行社团队为主，散客很少。80% 的旅行社团队是内宾团，以四川、北京、山东、两广、山西、陕西、江西、浙江及省内的较多；外宾团以马来西亚、泰国、越南、新加坡等国的较多。中国台湾、香港、澳门等地的也不少。外宾团普遍集中在客流量比较少的时候来，行程时间安排较宽松，一般会停留两三天。

表 2—14　　　　　　　　　旅游景点的主要经营服务情况

经营服务项目名称、经营服务内容	位置	经营者
各种旅游商品销售	入口处（游客服务中心）	景区、外单位经营
酒、蜂蜜、藏獒等土特产出售	民俗院	景区经营
民族类图书出售	文物展厅	景区经营
水果出售	许愿池附近	景区经营
各种旅游工艺品、土特产出售	出口处	附近村民自主经营

2. 景观符号空间

文化象征物的实体景观，被布局生产于景区关键位置，成为玉水寨东巴圣地符号与旅游吸引物（见图 2—8）。其符号属性在满足人们建构自身的社会认同、文化认同和自我认同需要的同时，也在客观上符合了资本赢利的需要。[①] 这一生产主要由纳西族宗教文化专家与旅游规划设计专业人员完成，涵盖并体现出东巴教的理念与基本内涵，引导游客形成对东巴教的基本认知、理解和进一步的想象。其有符号化、具象化、艺术化特点，以雕塑、壁画、建筑、文物等形式体现。从寨口塑像与碑、和合院、纳西古乐厅、民俗院等景观符号，我们可以看出这些实体景观兼具文化遗产属性与文化资本属性，它们作为景区的空间节点，起到营造文化氛围、突出文化表征、体现文化理念，激发游客共鸣的重要作用。

---

① 王宁：《从苦行者社会到消费者社会——中国城市消费制度、劳动激励与主体结构转型》，社会科学文献出版社 2009 年版，第 501—502 页。

图2—8　具有象征意义的文化景观

　　代表性的塑像与碑有两处，一处是神泉口的自然神塑像与忏悔碑，另一处是玉水寨南门的大鹏鸟塑像与世界遗产东巴古籍文献纪念碑。自然神与大鹏鸟是景区东巴文化的象征符号。在玉水寨神泉口，人身蛇尾的自然神"署"塑像赫然矗立。神像全身铜胎镀金，高8米。丽江源与忏悔碑两块碑文内容向世人昭示纳西族东巴教"人与自然和谐相处""感恩自然、偿还欠债"等朴素教义，表达了纳西族热爱自然，推崇人与自然和谐相处的理念。2006年6月26日，东巴在玉水寨景区举行了盛大的"署古"（祭自然神）传统仪式和丽江源、忏悔碑落成仪式。人与自然和谐相处是东巴教教义的核心部分。"署古"这种古老宗教民俗培育了纳西族人敬畏自然、保护环境、美化家园的文化传统。东巴教以其特殊的视角解读了人与自然的关系，古老的民间宗教蕴含着人类的普世性价值，极易与游客产生共鸣。世界遗产东巴古籍文献纪念碑石雕柱耸立在玉水寨之南门口。2003年8月，纳西族东巴古籍文献被联合国教科文组织列入世界记忆遗产名录，这是东巴文化走向世界的标志。为了纪念纳西文化史上的这一重大历史性事件，玉水寨公司修建了这座纪念碑。立柱体顶部是展翅欲飞的大鹏神鸟"修曲"的紫铜塑像，纪念碑石柱上的象形文字浮雕是东巴经文，缠绕柱体的蛇身是统管自然界的自然神，是东巴教始祖丁巴什罗的护卫，丁巴什罗曾借助它的神力调和人与自然神的关系。纪念碑的建立向世人展示了玉水寨弘扬保护东巴文化的意愿和追求。据东巴经记载，"署"和"人"是同父异母的兄弟，署分管农耕畜牧。由于"人"不断地毁坏森林，污染水源和捕杀野生动物，导致"署"对人进行报复，使"人"发生病痛、遭受瘟疫、洪水、地震等灾难。为表示过错，祈求免灾赐福，"人"请纳西族东巴教始祖丁巴什罗协调，并与其建立了和谐相处的关系。大鹏神鸟作为调解"人"与自然关系的使者，在纳西文化中代表着一切正义力量，成为千百年来纳西族的保护神，成为今天丽江旅游的形象代表。通过寨口塑像碑文对自然神与大鹏鸟这两个东巴教神话传说中重要角色的介绍，东巴教关于人类、自然（"署"）、始祖东巴什罗、大鹏神鸟之间的关系，特别是人与自然和谐相处的古老宗教理念，被形象生动地展现给游客，为整个景区铺陈出浓厚的文化氛围。

　　如果说，寨口的塑像侧重展现东巴教的古老宗教理念与神圣；和合院则生动地体现了东巴宗教的世俗性、历史感及丰富的宗教民俗生活。和合院是玉水寨的主要景点,是东巴文化展示的核心区域,于 2004 年建设完工。"和合"作为纳西族传统文化之理念,也是中华传统文化之精髓。《论语》曰"礼之用,和为贵"。《礼记·乐记》曰"乐者……所以和合父子君臣,附亲万民也"。可见纳西民族文化与汉文化的融合共通。关于和合院的介绍文字,引导着游客把对纳西族传统文化的解读与中华民族文化背景相关联,为游客了解边缘少数族群文化设置了与主流汉文化沟通的语境。主体建筑有玉水缘大殿、东巴壁画馆、东巴文物展厅。

进入和合院,首先看到的是东巴文物展厅。这展厅里陈列着东巴经书、法器、木偶、石偶、东巴神像图、东巴艺术品以及各地东巴的相关资料等文物展品。

东巴壁画馆展示纳西族地区最大的壁画群。这些壁画体现了创世、因果报应、迁徙、定居、战争、爱情、人与自然等方面的主题。有许多是东巴经典史诗的画卷,气势恢宏、色彩斑斓。东巴绘画有着象形文字所具有的艺术特征,是古老的绘画艺术,在中国的绘画艺术中独树一帜。

玉水缘大殿内供奉着东巴教主要崇拜对象:自然神、东巴教始祖丁巴什罗、人类始祖崇仁利恩及他的两位妻子、三个儿子,以及纳西族战神三朵神和他的两位妻子等。通过这些生动的神像和文字介绍,可增进游客对纳西民族历史文化和宗教信仰的理解。

在和合院的中心广场上,耸立着用石块垒积而成的天香炉,东巴们每天清晨都要点燃天香,向东巴诸神祈求平安、祈求福泽。信徒向东巴神祈求福泽、进行东巴教祭祀仪式时,也在这里烧香。据和合院负责人 YYX 东巴介绍,和合院总共有 8 个东巴,大师住在民俗院,财寿阁、玉水缘大殿有 6 个,画廊有 1 个,文化传承学校有 1 个。他们的职责是根据公司的规章制度和要求,履行自己的东巴职能。每天的日常工作包括烧天香、做请神或者是敬神仪式、留守大殿、抄经书或是自学,向游客展示并解答游客的问题。东巴们主要是以传承展示为主。

东巴画廊是和合院的一大亮点。其采用与市场结合的生产方式进行保护传承。东巴画是纳西族东巴文化艺术的一项重要内容,流传在云南省丽江市古城区和玉龙纳西族自治县地区。古老的东巴画是最具特色的纳西族美术遗产。它主要被用于东巴教的各种仪式中。东巴字画作品具有较高的收藏价值。由于纳西族聚居于丽江,历史上东巴文化不外传,所以东巴文化是丽江独有的，是纳西族文化的象征符号。东巴字画的象形图画文字、东巴纸质、古籍文献内容等均具有收藏价值。东巴字被认为是当今世界上唯一活着的象形文字。东巴纸取材于海拔 3500 米以上的构树皮，可以防虫蛀、防腐烂、透气性好。游客可以购买、收藏世界记忆遗产东巴文献古籍。东巴绘画主要以木片、东巴纸、麻布等为材料，用自制的竹笔蘸松烟墨勾画轮廓，然后敷以各种自然颜色，绚丽多彩，历经数百年而不褪色。画面亦字亦画，保留了浓郁的象形文字书写特征，是研究人类原始绘画艺术的"活化石"。东巴画主要有经卷图画、木牌画、纸牌画和卷轴画等形式。东巴画廊的书画作品由玉水寨东巴 HHQ 亲笔书写，书写内容有对联、俗语、谚语、祝福语等。东巴象形文字书画是人们比较容易感知的东巴文化元素。游客可以参观了解，品味观摩。字画内容也可以根据游客需要请东巴现场书写。东巴 HHQ 告诉笔者，画廊开了近两年，东巴文化学校中东巴绘画水平高的学生毕业后可以来画廊工作。通过现场书写创作，丰富了旅游内容，吸引了游客，使东巴绘画艺术得到很好的传扬，也取得良好的经济效益。[①]

玉水寨古乐厅是展示国家级非物质文化遗产纳西族传统音乐"白沙细乐"的景点。景区公司 Z 总经理介绍，现在的 15 名员工，都来自景区所在的白沙镇。由于现在客人在景区停留时间太短，古乐厅的展示以纳西古乐大合奏为主。演奏的时间比较灵活，根据客人停留时间长短而定。员工已基本掌握洞经音乐、"白沙细乐"等传统乐曲。玉水寨主要在做"白沙细乐"的传承。

民俗院是展现纳西族民居建筑、生产生活场景、酿酒工艺的景点。民俗院负责的 Z 大爷头戴插着野鸡毛的传统毛毡帽。他告诉笔者，民俗院现有 4 名员工，大家一起种了土豆、玉米、菜豌豆、油菜等，栽培有各种花草树木，还养了蜜蜂、养着鸡，有人专门负责展示窨酒酿制，院里销售自产的蜂蜜与酒。赵大爷介绍，纳西族传统酿造的酒有两个品种，一种是白酒，另一种就是窨酒。窨酒是用大麦、小麦、梅子、红糖和十二味中药土法酿造，是黄酒类的营养保健酒，很受游客欢迎。现在，年轻人当家以后普遍都不酿了，可能会酿酒的在村子里还有 20%。窨酒酿造技术是云

---

① 根据 2012 年 8 月 13 日访谈资料整理。

南省非物质文化遗产保护项目。由于人手不够,如遇游客想在这里吃饭,民俗院提供原料和炊具,游客自己动手做饭。笔者凑巧看到有几位来自黑龙江的游客,在这里吃到传统的罗锅焖饭后,非常开心。传统的民居建筑、亲切的家居环境,民俗院给人以纳西平常人家的感觉。

老东巴 YWJ 和夫人一直生活在民俗院。老东巴的居所,成为玉水寨民俗生活文化活态展示的一道亮丽风景。老东巴是在玉水寨建设初期请过来的,公司就是依据他和另外一个老东巴的记忆,修建出整个景区的祭祀场所。他于 1999 年被玉水寨聘为传承教师,2012 年被传承协会、玉龙县文体广电新闻出版局聘为东巴学位评定委员会成员。他目前不再教学,负责主持法事。公司发给他生活补贴。他表示在玉水寨的生活很舒心,并有在此终老一生的打算。① 目前,他的孙子也来到玉水寨。最初是作为爷爷奶奶的护理员,一边照顾老人,一边学习东巴文化。因为出生于东巴世家,他自身又爱好东巴文化,经过一段时间的培训后,目前已成为景区的东巴。

3. 参与体验空间

玉水寨参与体验空间以东巴祭祀仪式和民俗活动为主。

东巴祭祀仪式属于动态景观制度化生产。虽然也有符号化生产的某些特点,但与实体景观不同,它侧重体现生产主体参与的制度化、规律性及其与旅游空间之间的互动。空间一直在激发、限制和生产主体性。同样,主体性和空间连接在一起,而且不断与空间的特定历史定义重新交合在一起。在这个意义上,空间和主体性都不是自由漂浮的:它们相互依赖,复杂地构成统一体。② 特别是在仪式景观的生产过程中,纳西族文化精英、东巴、纳西民众,乃至地方政府都不同程度地参与了景观的制度化生产,游客可以通过观看展演、与东巴和纳西人访谈,甚至参与一些开放性创新仪式活动,来获得真实、全面的文化体验。

作为东巴文化传承基地,玉水寨是保护、传承、培训、展示以及开展大型东巴文化活动的中心。公司以云南省社会科学院东巴文化研究所编辑出版的 100 卷东巴古籍文献为基本教材,聘请两位 70 多岁的老东巴为教

---

① 根据 2012 年 8 月 9 日访谈资料整理。

② [英] 凯·安德森、[美] 莫娜·多莫什、[英] 史蒂夫·派尔、[英] 奈杰尔·思里夫特:《文化地理学手册》,李蕾蕾、张景秋译,商务印书馆 2009 年版,第 439 页。

师，招收一批热爱东巴文化的年轻人，按员工待遇发给工资，以学员2年、传承员4年、东巴4年共10年的学制，培养新一代东巴。在玉水寨建设了东巴民居、东巴什罗殿及祭"天"、祭"署"（自然神）、祭"风"等祭祀场所，恢复并形成一系列定制化的宗教祭祀活动。当然，宗教活动展演中精彩纷呈的东巴舞蹈、绘画等古老艺术形式自然也成为景区的亮点，有效规避了学术界一贯批判的旅游场景下民族文化的舞台化、庸俗化、虚假化，为游客提供了真实的文化体验。

笔者通过与玉水寨多位东巴师的访谈得知，玉水寨全年祭祀活动形成定制的主要有以下8种：每月农历初一、十五烧天香，农历一月和七月祭"天"，农历二月和八月祭风，农历三月五日举行东巴法会，农历三月、九月、世界环境日（6月5日）祭自然神，农历七月祭胜利神，10月1日（国庆节）举行东巴祈福仪式，农历十二月二十五日举行退口舌仪式。祭"天"、祭"署"、祭"风"是纳西族东巴三大祭祀活动，而最盛大的是农历三月五日的东巴法会。农历三月五日是东巴教始祖丁巴什罗诞辰纪念日。东巴法会自2001年恢复举办。每年农历三月五日，丽江市及周边地区的东巴都会云集玉水寨举行一年一度的东巴法会（见图2—9）。东巴们点香炉烧大香，祭拜神灵和祖先，祭拜东巴始祖，诵经，做法事。每年

图2—9　法会活动

一次的东巴法会成为联络各地新老东巴交流学习与切磋技艺的盛会。各地东巴按各自传统风格诵东巴经，跳东巴舞，开展丰富多彩的祭拜活动，也因此成为玉水寨旅游新的热点。旅行社也将此作为文化体验的重要旅游产品，推介给国内外游客。不少国外团队提前预约前来，加上附近的纳西村民，每年的这一天玉水寨往往是游客云集。

据玉水寨景区办公室工作人员介绍，对东巴法会的宣传力度逐年增加，在举行法会之前，云南电视台、丽江的媒体及景区网站都会做一些宣传和报道。东巴法会可以说是集聚了整个丽江市及周边地方的所有东巴，2013年参加法会的东巴有200多人。就游客、群众参与的情况，工作人员介绍说：

我们一共做了13届法会，开始做的时候就只有十几个、几十个东巴，现在东巴有一百多个，刚开始的时候民众很少参加，可以说几乎没有。但是随着我们对东巴文化的宣传，现在参加的民众一年比一年多，远一点的太安、塔城、曙明等地的都会过来。他们自己开着车，或者包车来到我们景区。我们的东巴法会基本上接近茶花开的时候，一个是开法会，还有就是看一下茶花。像去年我们新善村村民参加的就有160人左右。游客参与的人数还是很多。旅行社会提前制定一些特定的线路，根据我们东巴法会推出一系列的文化产品提供给有需要的客人。学校、研究院也会专门组织人来调研。

此外，参与性文化活动还有丽江白沙人民一年一度的"当美空普"节、新善东巴文化保护区"东巴杯"民俗文化活动、祭祀三朵神等。

"当美空普"是纳西语，意为"大宝积宫开门"。指明代以来延续下来的白沙大宝积宫、琉璃殿、大定阁等庙殿一年一度的开门日，是日供人们进香拜佛和观赏壁画。后来逐渐演变成为以农具交流为主的传统节日。如今的"当美空普"节，活动内容更加丰富，除了物质交流活动，还增加了丰富多彩的民族歌舞表演及法律法规和科普知识的宣传等内容。近年来，每逢"当美空普"节，都以玉水寨东巴的祭祖和祈福仪式作为节日庆祝活动开篇的重头戏，通过祭祀活动，人们共同缅怀祖先，祈求福泽。

2013年2月21日，首届玉龙县新善东巴文化保护区"东巴杯"民俗文化活动在玉水寨隆重举行。活动包括体育类比赛和文艺类展演赛。此次展演比赛共有46个参赛节目，节目内容多以体现纳西民族传统文化为主题，表现形式灵活多样，节目演出精彩纷呈。

2013 年 4 月 10 日，来自四面八方的群众聚集在三朵阁，点香祭祀战神三朵。玉水寨的东巴们头戴五幅冠，开展祭祀三朵神的法事活动。据玉水寨景区 Z 总经理介绍，三朵节的规模是非常大的。因为三朵的两个老婆，一个是白族，一个是藏族。所以三朵节不仅仅是纳西族的节日，也是白族、藏族的节日。目前，三朵阁主要对本地人开放。附近村民去的比较多。

笔者通过分析比较近几年玉水寨宗教祭祀活动内容发现：其实这种动态景观的制度化生产并非一成不变，与笔者考察的其他民族的传统仪式一样，具有继承与重构传统的特点，文化主体的参与性及其与旅游空间之间的互动性表现突出。所有的文化创造都是被激活的，其动机位于创造性主体的当代存在中，重构与发明根植于历史条件中，并且必须是在社会的和存在性的连续中。[①] 这主要表现在：一是在恢复传统仪式的同时，进行了与时俱进的新仪式、新文化的生产；二是传统仪式本身也在发生局部的或内容或形式的文化重构。

前者，如新出现的创新仪式。玉水寨将每年的 6 月 5 日世界环境日定为祭祀自然神的日子，每年如期举行祭祀自然神仪式。把纳西族东巴教淳朴的人与自然观同世界环境日这个时代性的主题结合起来，加以宣传和传承。祭祀自然神活动，一般会有数百名游客前来观摩，在祭祀场所，通过工作人员和导游的解说，客人们交口称赞："几千年的文化保留至今，又能与今天的时代精神相吻合，真是太神奇了！"龙年初一，玉水寨全体员工聚集在和合院里，参加和合钟、东巴法鼓的开光仪式。在新年的第一天里，员工和东巴们一起，用敲钟击鼓这样独特的方式祈求福泽。2010 年 10 月 1 日国庆节早上，玉水寨员工齐集在和合院里，参加新中国成立 61 周年 "东巴祈福仪式"。东巴们燃起清香，吹响法号，敲响法鼓，吟诵祈福；员工高声齐唱《歌唱祖国》。在丽江白沙人民一年一度的 "当美空普"节（白沙庙会），玉水寨东巴也会受中共白沙镇党委、人民政府的邀请，举行祭祖和祈福等祭祀活动。可见，这些创新仪式具有宗教传统与现实生活相融合的特点。

后者，如每一届东巴法会的主题、内容、形式会有所不同。2011 年第十一个法会的主题是："齐心协力、深化创新和拓展东巴文化传承保护工作的途径，永葆纳西文化底色。"东巴传承协会会长和长红与东巴们一

---

① ［美］乔纳森·弗里德曼：《文化认同与全球化过程》，商务印书馆 2003 年版，第 24 页。

起举行升会旗仪式，为首届"和合杯"东巴书画大赛中获得名次的东巴颁奖，所有获奖展品，供游人观赏，此次法会还商议东巴身份认定办法、设立东巴文化传承协会基金、建设东巴文化博物馆、东巴文化资料库、东巴经书数字化保护传承等诸多事宜。丽江市副市长、玉龙县副县长、云南省社科院丽江东巴文化研究院的领导出席大会。60 余名资深东巴及 300 多市民及各界人士参加。丽江本土民间艺人与玉水寨乐队为开幕式演出助兴。

结合表 2—15 问卷调查统计结果看，游客对玉水寨旅游空间的满意度非常高，整体评价均值为 4.30。其中对符号空间（4.36）的满意度最高；物理空间（4.30）其次；参与体验空间（4.23）次之。对文化遗产真实性（4.62）、展示内容（4.20）、形式手段（4.18）的评价值都较高。整个旅游空间系统均值为 4.32。总体而言，整个空间系统较为完整，空间层级分明，具有很强的互补性。其中符号空间通过各种雕塑、祭祀场所及和合院、民俗院、纳西古乐展演厅等标志性景观，使纳西民族富有特色的东巴文化、本土音乐、民俗生活等得到充分体现。游客普遍反映神龙三叠水瀑布群等自然风光让人心旷神怡，对自然环境的赞赏度非常高。由于受时间限制，对以法会及节庆活动为标志的参与体验空间的评价值稍低。由于公司所培养的东巴学员多被吸纳为公司职员，他们既是东巴文化的传承者、研究者，又是景点的管理者和讲解者。东巴们真实而生动的文化传承展示活动、许愿池及自然神像等对人与自然和谐共处理念的诠释，使东巴民族宗教的诸多理念极易与来自各地的游客产生心灵的共鸣，所以，整个旅游空间及其对文化遗产保护利用的表现，获得各界的一致好评。

表 2—15　　　　　　　　旅游空间系统问卷评价统计

问卷主题	旅游空间游客满意度评价均值 4.30			文化遗产真实性评价均值（问卷 1.4）	文化遗产展示内容评价均值（问卷 1.5）	文化遗产展示形式、手段评价均值（问卷 1.6）
	物理空间（问卷 1.1）	符号空间（问卷 1.2）	参与体验空间（问卷 1.3）			
平均分值（分）	4.30	4.36	4.23	4.62	4.20	4.18
系统均值（分）	4.32					

五　过程系统:旅游利用背景下的文化遗产保护情况

由于玉水寨景区是丽江东巴文化传承基地,其保护利用主体具有民间文化保护社团(丽江市东巴文化传承协会)与旅游开发企业(玉水寨景区旅游公司)一体化的特点。目前,公司董事长暨丽江市东巴文化传承协会会长和长红已当选为景区所在白沙镇新善村委会的主任,他正积极开展新善传统文化生态保护区的建设,东巴文化主题公园(文化传承展示基地)+纳西族传统文化生态保护区(东巴文化学校与传统文化社区)的格局已经形成。以玉水寨为基地所开展的纳西文化遗产保护传承工作主要体现在以下几个方面:

1. 在玉水寨景区内进行以东巴文化为主的民族文化的系统展示、传承与发展

景区内的纳西文化保护传承工作依托和合院、纳西古乐厅、民俗院几个核心场所开展。笔者就和合院与纳西古乐厅的情况做了调查。

和合院的性质是东巴文化传承基地。东巴文化传承保护的场所有东巴画廊、财寿阁、玉水缘大殿,文物厅,还有许愿池。据玉水寨总经理介绍,整个景区共有 9 个东巴,由和合院管理。目前,玉水缘大殿、财寿阁的东巴负责日常性法事、点油灯、摆放供品、值班、誊抄经书等工作。财寿阁的东巴还为纳西族民间法事需要服务。画廊里面有 2 个东巴,他们通过东巴绘画与书写,展示世界记忆遗产东巴文字与国家级非物质文化遗产东巴绘画。许愿池的东巴负责开光,如遇善男信女,东巴会帮他们点一炷香,念吉祥经、点酥油灯。日常祭祀包括每天早上去出水口祭拜自然神和把殿里菩萨叫醒的宗教仪式。每月初一和十五也要去做法事。每年还有祭"风"、祭"天"、祭家神等固定时段的法事。誊抄经书是一项重要的传承工作。玉水寨公司要求每个东巴都应该有一套完整的经书,属于公司考核内容。目前,玉水寨已誊抄完成并收藏几百本经书。可见,东巴们的日常工作既是保护传承,又是展示宣传。

来自玉龙县塔城东巴世家的 YYX 东巴是和合院的负责人。通过和 Y 东巴等人的访谈,结合笔者参与观察的情况,笔者认为,在玉水寨旅游背景下的东巴文化传承保护发生了诸多改变。如传承方式上,从以前只能跟随东巴前辈学习扩展到可以通过东巴学校进行系统学习;仪式的面貌和形式上,随着社会的发展,为适应现代社会,像过去杀猪宰羊、几天几夜的

超度仪式都被简化了,像玉水缘和财寿阁这样固定的殿、庙形式出现了;东巴的身份、性质也改变了,过去的东巴只是做仪式的时候才具有东巴身份,现在的东巴逐渐职业化,玉水寨承担了为民间和偏远地方提供法事服务的工作;东巴仪式内容上有了发展创新,通过翻阅资料,与老东巴交流,目前玉水寨所有的东巴祭祀仪式比较规范、全面、完整,而且与现实生活结合紧密,如新年、国庆节、世界环境日等与大家生活息息相关的节日都有了东巴祈福仪式。目前,玉水寨通过创新的东巴文化展示形式和手段,把整个东巴文化体系的精髓都直观地展示出来:如和合院的东巴壁画集中了东巴经书里面最关键的内容;自然神、丁巴什罗教祖、三朵战神等纳西族重要神灵及人物形象在景区都通过雕塑生动地展现出来。旅游带来的影响,有好有坏。好的影响主要体现在:东巴可以通过旅游服务提高自己的收入,由此激发了东巴的职业化发展与东巴文化的发展。不好的影响:一是受旅游市场经济的冲击,伪东巴文化现象出现;二是多种信仰与文化背景的冲突,如纳西族传统观念里,只能给死人磕头,活人被拜是会折寿的。有些游客见到东巴会磕头,东巴们避之不及。笔者在2013年8月14日与和合院负责人杨玉勋东巴的访谈中,从诸多方面了解了玉水寨景区东巴文化传承展示与创新发展的细节及相关社会文化环境、旅游环境、主体意识等。

问:您是通过怎样的学习传承而成为一名东巴的?

答:我家是东巴世家。小的时候跟着爷爷就开始参加一些仪式,因为我的爷爷是一名大东巴。我也读书,跟着爷爷去别人家里做客、做仪式都去,从小就耳濡目染,那个时候不是系统的学习。村子里面八几年的时候就开始恢复祭天了。那个时候每年的祭天我们都参加。在家里学习东巴经书,主要是学习东巴舞,参加了一些村子的仪式。学习了十六七年。2000年到这里以后,才比较规范地进行了学习。我现在学习了有五六百本东巴经书了。东巴文化的传承是多种多样的,东巴世家主要是指在家里面学习,如果我的爷爷是东巴就和爷爷学,如果父亲是东巴就和父亲学。如果家里的东巴不清楚的,我们也可以去别人家里学习,另外也可以在集体里面传,并没有很严格的规定。

问:誊抄经书,是你们和合院东巴文化传承的一项重要工作,是怎样安排的?

答:有些东巴一辈子也没有基本的东巴经。希望东巴们在抄经书的同时能够多了解东巴文化，培养他们好学的习惯。每年通过一些大的法会，把一些经书返还他们使用。他们都是用业余时间来抄写，大概一个月抄30页，一天抄一页。抄经书，包括写字各个方面都要严格要求。因为人的书写能力不一样，有些写得漂亮，有些写得很难看。写好的经书要通过院长和老东巴审核，合格的就留下收藏，不合格的就重新抄，抄过的经书留作他用。

问：你们作为旅游景区，和合院的东巴宗教活动和传统的有什么不一样吗？有一些发展创新吗？

答：改变很多了，因为现在不可能像过去一样几天几夜地做超度仪式，杀猪宰羊这个也不大可能了。而且即使东巴会主持，主人家也不愿意花这么多时间来做这个仪式，很多仪式都简化了。要适应现在的社会，随着社会的发展应该是改了好。因为我们面对的是现代人，请我们的主人家也是用现代的观念来考虑。但是从整个文化体系来讲，如果能够保留又能恢复那种规模，对于文化传承来说是更好的。因为仪式是东巴文化的载体，一旦这个东巴画、东巴舞、东巴经书离开了这个仪式就没有了它的本色，变成了一种赚钱的，或者是展演的东西，就变成了另外一种含义了。因为在过去无论是东巴舞、东巴经书、东巴画或者是东巴唱腔都是在仪式当中，在不同的环境当中具体地体现出来的。比如像我们的画章，像藏族的唐卡一样，过去画出来不是为了买卖，而是做仪式、搭设神坛的时候要把它挂起来，当作一个真正的神来供奉，然后等到结束把他送走，送到他居住的地方。

我们和合院东巴文化的传承应该说是比较多。比如说玉水缘和财寿阁这些殿和庙，过去是没有的。一些东巴家里会有一个神坛。然后别人请他做法事的时候，首先会在家里的神坛做一个仪式，就是请神把福分或者威名赐予他。过去也有一些类似寺庙的"神房"存在，但是存在的时间都不是很长，因各种原因都没有延续下来，所以到现在为止，纳西族地区都没有一个东巴寺庙。过去做仪式的时候把神像挂在神坛，等到送走的时候撒上一把米，就把布卷卷起来。但是现在毕竟是在景区里面，为了让客人更加直观具体地了解，我们必须要改变。

另外我们的性质也改变了。过去我们在家里面，做仪式的时候是东巴，平时都要去干活，但是在这里我们就是东巴，所以我们穿着东巴服饰，天天都不断地学习和展示。我们在这里的职能也不是很刻意地展示给客人，我们在传承，传承的同时有客人来了也可以看。现在东巴应该是一种职业了，因为时代不同了、环境不同了。

我们这里比较规范，做得比较多，农村里面就不可能这样做了。因为我们翻了所有的资料，还有和我们的老东巴一起交流了以后，我们就按照农历的一月，也就是春节开始到农历十二月，每个月都排好仪式，每个月都按照传统在做。前几天我们做了祭"天"仪式，下个月我们要做祭"风"仪式，每个月都要做，但是在家里是不可能的。一年下来主要的大的仪式一共是 13 个，因为一月的时候做两个仪式。

问：你们和合院的东巴宗教活动和在村子里做的一样吗？

答：我们在景区里做的和在村寨里面做的，是一样的。我觉得我自己的心态和各方面的感觉都是一样的。因为我们在这里都是按照比较传统的正规的仪式在做。

问：就这里的东巴画廊来说，画师把东巴文化转换为商品在买卖，你怎么看这个问题？

答：这个是跟着时代在变化，就好像之前说的，能够保存原来的面貌和形式是最好的。但是有些没有办法，我们毕竟是现代人，是现代社会，不可能完全用原来的那种思想和观念来表现现在的文化。文化也好人也好，就算是植物也好也应该适应现在的环境。

问：请问你是哪年到这里工作的？

答：我是 2000 年来的，已经有 13 年了。

问：你在这个景区那么多年，你觉得旅游对东巴文化传承有什么影响吗？

答：应该说有好的，也有不好的。好的来讲，旅游搞好了以后，对整个东巴文化，乃至纳西族文化保护传承、发展都有很大的促进作用。比如现在的东巴越来越多，很大的原因就是因为有旅游，通过旅游服务可以增加自己的收入，这个是很直接、直观的，这个是好的方面。不好的是，因为东巴文化变得值钱了，有价值了，就有真的也有假的。有些人连纳西族话都不会说，就自称东巴。前几年还出现了东巴活佛。这是旅游发展以后带来的负面的东西。还有见到活人的时候磕头，过去在纳西族是绝对不允许的。现在游客来这里，风俗不一样，有些客人见到我们就磕头，因为喇嘛教见到活佛都要磕头。我们不一样的，只有给死去的人才能磕头，这是折寿的。

问：这个景区建设以后，对东巴文化的传承保护产生了很大影响。你是怎么看的？

答：我们玉水寨公司对整个纳西族文化的传承保护和创新，都是最有贡献的。其他那些当然也有贡献。但是他们毕竟是国家发工资，国家拨下钱来让他们搞。但是，我们景区不一样，是从公司的收入里面拿出来搞传承，因为老板特别热爱这个文化，他知道文化与旅游结合起来发展的前途会比较好。我们景区在宣传、开发，还有经营上比其他景区发展得快，10多年就发展成这个规模。在中国云南、世界都是比较著名的。到了丽江，大家都觉得除了古城就是玉水寨了。

问：游客有没有一些反馈的意见和建议给你们？

答：表扬和赞成的比较多，应该说，还没有听到认为东巴文化保护传承方面和景区旅游结合方面负面的说法。好多人他们了解老板，我们老板是拿自己的钱和自己的收入来做这个东巴文化的传承保护，大多数人还是很感动的。

问：你觉得景区能不能完全反映东巴文化的精髓、理念和价值观呢？有没有还需要完善和补充的地方？

答：现在应该算是比较全面和清楚的，而且整个东巴文化和体系里面比较精髓的东西都已经展示出来了。或者可以直接说整个纳西族文化的精髓都有了展示。像我们的东巴壁画集中展现了东巴经书里面最关键的、最精髓的基本内容。

问：东巴壁画里面的一些神的形象，还有财寿阁、玉水缘大殿的塑像是怎么来的？有些形象是玉水寨的创新吧？

答：有一些造型是原来有的，细节不是完全符合，但是它本身有一些模糊的形象。形象的主要依据一个是画章，一个是布卷画。是按照经书和神路图里面的人物形象临摹的，按所谓一种东巴画的人物风格来画。这个壁画专门由东巴画师来画的。壁画内容是经书里面的内容，更加直观。景区里面导游讲解的时候，游客看着这个图像，他们也能比较直观的理解、接受。也就是说，壁画不是从哪里照着临摹下来的，它是没有的，是一种创新和创造。它把东巴经书里面涉及祖先的那些神和故事描述出来，这个故事的形象来源于布卷画，而细节内容是来自经书。而且这6幅壁画都是东巴文化里面的精髓，比如黑白之战，他是东巴经书里三大史书的一部分；比如《创世纪》神话传说也是里面比较著名的；还有"鲁班鲁饶"

· 235 ·

（殉情）那一部分也是精髓。像丁巴什罗教主，他是有形象的，他在我们的画章里面都是要画他，像三朵（战神）像也是有的，其他的就没有，就是通过经书里面的描述创造出来的。

问：你对玉水寨，特别是东巴文化的展示还有没有建议？

答：没有，现在玉水寨展示的场所、图像、仪式都已经做得比较到位了。应该说纳西族东巴文化的精髓都已经展示出来了。所有的东巴经书里面的精髓也在壁画里面展示出来了。另外，人物形象这些也在大殿里面展示出来了。还有需要再了解的，可以通过我们的讲解。我们也有了各种祭祀的场所，比如祭"风"、祭"天"的场所都有了。像祭风场所里过去是木牌现在都改为石牌了，这样的话，就可以用很多年了。

纳西古乐展演厅是玉水寨展示纳西民族音乐的重要窗口，是纳西族本土音乐国家级非物质文化遗产"白沙细乐"的传承点之一。负责人 HLW 是丽江市级的白沙细乐传承人，他 1999 年来到玉水寨工作，至今已有 14 年了。据他介绍，玉水寨景区是整个丽江市保护传承"白沙细乐"最早的地方。5 年前，景区就开始组织民间传统音乐"白沙细乐"和民族传统舞蹈勒巴舞的民间著名传承人，招收学员，进行系统的培训和旅游展演。后来勒巴舞的培训停止，纳西古乐的培训一直在进行。景区不少员工已经掌握部分勒巴舞和"白沙细乐"的知识和表演技能。目前，演出人员有 14 个，只有一位女性，都是附近的村民，年龄都在 50 岁以上，最大的 82 岁。通常一天有七八场演出，免费为游客展演。传承点每个月都在进行一些相关的传承工作，其他部门的员工也可以参与。相对于东巴文化的传承保护而言，纳西古乐的传承保护人群更为广泛，以附近村民为主。古乐展演厅的一部分老人之前并没有非常好的专业技能，只是一般性爱好，通过专业的培训和磨炼，现在可以比较熟练地演奏曲目。2012 年 8 月 11 日，在这里工作的赵大爷就曾向笔者谈起这里的情况：

"白沙细乐"这些民族文化，祖上都懂的，失传了。是旅游带动了文化（保护），十多年前开始恢复了。旅游对于保护民族文化的作用太大了，可以让外边的人认识纳西文化。我们现在年纪大了，可以在这里宣传我们纳西族的文化，可以自娱自乐，老板还发些工资，可以养老，我觉得太享福了。

举办东巴法会，是玉水寨各种东巴文化传承保护活动中最具社会影响力的事情。2001 年，丽江市文化局组织恢复了东巴法会。每年农历三月五日，由玉水寨举办东巴法会。从第二届开始，丽江市文化局授权由玉水寨和丽江市东巴协会主办，至今已连续举办十三届。通过十余年有计划有组织的法会活动，加强了滇、川、藏地区东巴间的学习交流，促进了东巴传承保护活动的制度化、规范化发展。东巴法会参与人数和社会影响逐年增加。2013 年 4 月 14 日（农历三月五日）的第十三届东巴法会在玉水寨举行。来自丽江、香格里拉、宁蒗、四川等地的一百多位东巴及四方乡邻、各级领导齐聚在玉水寨的和合院。中共玉龙县委、县人民政府、县人大、县政协、丽江市文化广电新闻出版局、丽江市文化研究会、纳西文化研究会、丽江市东巴文化传承协会等单位领导，为来自各地的 76 位东巴（达巴）们进行了颁发学位证书仪式。东巴们首次拥有了由政府颁发的证书，还被授予了"学位"服，并获取了由玉水寨公司提供的东巴文化传承补助金。颁证会后，东巴们穿上新装，在大法师的带领下，举行了"授威灵"、祭丁巴什罗、祈福等诸多仪式。之后还开展了各地东巴间的"比武"盛会。下午，召开了东巴文化传承研讨会。社会各界对玉水寨公司的探索之路给予高度评价，并提出了许多建议，比如今后要把协会提升为省级协会，协会通过创办产业实现自给自足、创立传承基金，等等。①

　　景区 Z 总经理介绍，为充分展示玉水寨的文化特色，公司计划建一个 3000 平方米可容纳观众 1200 人左右的大型纳西民俗文化展演厅，集中展示纳西族所有的民间歌舞乐艺术。目前，已经注册了演艺公司，修建规划已经报上去，预计投入人民币 1600 万元。下一步要在整个白沙镇及周边范围，找一些具有民间传统歌舞技艺的村民集中培训，进行活态真实的文化传承与旅游展演。展演厅内还计划建东巴文化多媒体展厅，让游客可以全面了解平常难以接触到的各种东巴祭祀活动。这原是玉龙县政府和奥地利合作的一个项目。现在，公司在积极推进这个项目，预计投资比较大。如果修建规划能够顺利批下来，2013 年底就可以把基础部分做完，明年进行主体工程建设。

　　2. 建立东巴文化学校，培养东巴文化传承人，普及纳西民族文化知识

　　玉水寨除 6—8 名东巴常年开展东巴文化传习活动外，还设立了玉水寨东巴文化学校（见图 2—10）。2012 年 11 月，政府正式批准，具有独立

---

　　①　根据 2013 年 8 月 13 日玉水寨景区提供资料整理。

法人资格。自 1999 年开始,玉水寨公司聘请了 YWJ 东巴,购置东巴百卷经书,招收热爱民族传统文化的有志青年,培养东巴文化传承人。先后招收多批学员,累计 44 人,其中仍在玉水寨东巴传承院和东巴文化学校深造的有 22 人;到其他企业或回乡开展传承保护工作的有 22 人,基本解决了东巴文化传承断代的危机。

图 2—10   玉水寨东巴文化学校

最初学校设在景区内,由于受游客等外界因素影响,目前学校已外迁。2013 年 8 月 19 日,笔者去东巴文化学校进行了实地调研。目前,学校有 3 位东巴任教,一位传承员、两位东巴。在校学生 8 名,实行五年制免费教育。学校周一至周六上课,上午以学习东巴经书为主,下午安排有本土知识、美术、体育、劳动、电脑、手工等课程。学校教学有两大内容:一是东巴文化的系统学习与传承,包括经书的书写与朗诵、东巴教祭祀礼仪、与祭礼相关的音乐、舞蹈、绘画、雕刻等手工艺、纳西族历史知识等;二是汉文化及实用技术的学习,开设数学、语文、社会知识、生活劳动技能、网络和电脑技术等课程。教学前半期以全日制课堂教学为中心，后半期将以祭礼实践活动为中心。学员待遇，除由公司提供食宿、作业纸张、健康医疗保障及统一着装外，每月给予200元补助。至于学校的培养定位，玉水寨总公司和董事长谈了自己的看法：

我们初建纳西文化传承保护基地的时候，就有专门培训。当时我们计划东巴传人的培养时间可能在10年左右。普及性培训可能是一个礼拜，几个月作为短期培训，那主要是为旅游服务培训工作人员。而我们培养的目的是合格的东巴，是培养民族文化的传人，他必须担负起民族文化传承的重任，品质和素质的培养都非常重要。要适应现代社会发展，不能不学习汉文化，只是学习的侧重点不一样。现在东巴文化教育没有被纳入义务教育当中，只能由我们民间自办。

3. 成立丽江市东巴文化传承协会，设立东巴文化保护区，开展东巴等级评定，服务于民间，积极探索东巴文化的规范化、社会化传承之路

尽管景区在东巴文化保护传承方面取得了很好的成绩，和董事长却始终认为，东巴文化的根脉在民间，扎根民间沃土的东巴文化才是传统意义上的东巴文化，是东巴文化的"根"和"源"。而在旅游景区传承和保护东巴文化，只是东巴文化的"枝叶"和"流"。为整合社会力量共同保护传承东巴文化，2003年，由玉水寨公司发起，经市文广局审核批准，市民政局注册登记成立了丽江市纳西东巴文化传承协会。现有协会会员百余人，绝大多数是民间东巴，少数是东巴文化学者和爱好者。目前，协会的三个分支机构基本辐射了丽江市信仰东巴教的纳西族聚居的地方。协会完全依靠玉水寨公司的财力支撑。

为了解东巴文化保存现状，2006年5月，协会组织了一个民间东巴文化调研组，选择丽江县范围内民间东巴文化遗存相对较多的太安、大具、塔城三个乡，开展民间原生态东巴文化现状调查。调查发现，祭"天"等东巴祭祀习俗，只有极少数村寨仍有遗存，如太安乡只有天红村的个别农户祭"天"，大具乡只有地处山区的上冷堵、里罗、夏子等几个自然村仍然有祭"天"习俗，塔城乡只有仪陇、堆美、洛固三个村委会300多家仍在祭"天"。近几年来，这三个乡的民间东巴，除年老体弱者外，基本上都在丽江城及周边旅游景区打工，或者找不到比较固定的工作又回到家乡。调查结果表明：即使在这三个社会公认的东巴文化保存较多

的乡,东巴文化也面临着即将消失的危机。① 于是,从 2006 年 6 月起,玉水寨公司在玉龙县委县政府支持下,在玉龙县塔城乡曙明片区(六个村民小组)建立了纳西原生态东巴文化保护区,组织群众整修村干道 8 公里;为村民制定村规民约;组织 160 多位农户到丽江参观考察东巴文化与旅游发展;全面恢复祭"天"民俗;实施所有农户参与的东巴文化十项传习活动并发放奖金;2005 年分期招收 11 名东巴学员在玉水寨进行脱产全日制培训和学习;招收民间文艺骨干分 6 批在玉水寨培训半年,累计投资 50 多万元。2010 年,成立市东巴文化传承协会新主分会,并资助 5 万元建成东巴什罗殿,每月补助 550 元管理费。常年资助分会开展鲁甸乡民间东巴文化传承保护工作。

玉水寨所在的新善村委会,是纳西族在丽江的最早居住地,是纳西传统文化的发祥地,历史文物古迹众多,民族文化底蕴深厚,民俗民风淳朴。是东巴家族的发源地,仍有世居的东巴后裔家庭,并一直按传统开展东巴文化祭祀和传承活动,有浓郁的原生态东巴文化底蕴和深厚的历史文化积淀。其他乡镇的东巴都是从新善村迁移出去的,并尊称新善村东巴氏族为"东家"。新善村委会下辖的丰乐、向阳、新善和玉龙 4 个自然村,各村不同宗族基本都有 14 代以上居住历史,生活习惯、传统节日、婚丧嫁娶等民间风俗都保留着纳西族传统,千百年来沿袭传承着纳西族传统的耕作方式,田园风光秀丽迷人。众多非物质文化传承人、民间艺人和文艺团体,活跃在新善村委会的村村寨寨,是丽江市历次大型民间文艺活动的主力军。调查发现,丽江市新善东巴文化生态保护区村民掌握"白沙细乐"的有 35 人,掌握勒巴舞的有 9 人,整个保护区目前授牌的有 100 多人(户),涉及纳西族文化和传统技艺的各个方面。目前已设立传统手工艺保护户(蓑衣、酿酒、木匠、东巴纸、豆腐、凉粉等),技艺传承保护户(口弦、谷气),传统民居保护户等。主要针对个人授牌,要求以家庭为单位进行保护传承。通过 5 年多的建设,新善东巴文化生态保护区现已成为市级东巴文化保护区,目前正积极申报省级东巴文化生态保护区。玉水寨总公司计划采取旅游参与和企业开发的方式来进行新善东巴文化生态保护区的建设。和董事长介绍了新善东巴文化生态保护区所具有的丰厚文化底蕴、其与玉水寨景区之间的文化保护传承的关联及保护区今后的发展

---

① 李锡:《两片黄栗叶:李锡学术文集》,云南人民出版社 2006 年版,第 109 页。

思路：

　　我们现在可以说是在中心城区做了一个保护区。这个保护区的好处就是玉水寨是东巴圣地，有玉水寨的东巴法会，有旅游，经济支撑。还有三朵庙。三朵庙也在我们地方，所以纳西族所有核心的文化都在这里。玉水寨本来就是古时候东巴文化的圣地，现在丽江很多优秀的东巴都在我们这里。我们将以玉水寨为中心营造一个东巴文化保护区。这个保护区离丽江市很近，属于城市周边区域。其实不能回避现代文明，也不能回避现代社会经济的发展。以前，在展示方面，咱们是面对市场的。但是在传承方面，都在回避现实社会。现在，我们意识到不能回避，所以我们开始申报东巴文化保护传承项目，建设东巴文化保护区。这几年，我们通过玉水寨培养了一些东巴，与东巴相关的很多活动我们也逐步在恢复。前年，我们就申报了玉龙县级的东巴文化保护区，今年获批了丽江市级的东巴文化保护区，现在我们在申报国家级的东巴文化保护区。这个保护区可以说变成了城市中心地带。丽江坝子就是东巴文化传承保护的中心地带，也是政治经济中心地带。而且这个保护区最早也是纳西族居住的地方，最早的东巴也是出在这里。

　　纳西族是北方古羌游牧民族的后裔，随着迁移到了我们丽江。现在这个地方以前是一个湖，丽江坝子下片是湖、上片是土地。当时纳西族的祖先就住在白沙，就是玉水寨那一片。纳西族自然神就是以大的山作为一种象征，所以雪山是纳西族大自然的象征。当时我们玉水寨就是我们纳西族祭祀自然神、搞东巴法会活动的圣地。这个区域的老百姓就是纳西族的祖先。我们玉水寨下去有一个村，纳西话叫作"缕谷"，意思就是"这个坝子最上边的村"，再往外就是"昧谷"，意思是"这个村子的村头"，最东边纳西话叫作"尼美图桑"，就是"太阳出来的村子"，再往下就是白沙村的中间和白沙村的村尾。从现在的村名，就可以看出来当时纳西族最早就住在这里。历史上，纳西族的"村"很大，一个是白沙村，另一个是现在的古城。像拉市和束河就是人住的一小片区域，还谈不上村。

　　我们玉水寨山脚下就属于新善村委会，它有4个自然村，这4个自然村都有各自特殊的历史价值和意思，比如说"昧谷"（新善村），可以说是东巴文化、家族的发源地，我母亲也是这个家族的后代。这个村有一个家族是东巴的那个家族，村里差不多近60%都是这个家族的人，那这个家族的人出了很多大东巴。现在塔城、巨甸好多东巴都是从这个家族分流出去的，这个是有考证的。所以说，这里是纳西族东巴家族的核心区。有很多大东巴，如和诚，当时洛克来丽江的时候，他是洛克的老师。白沙史书记载有一个"三咪粲"，现在的东巴要学画画都必须要照"三咪粲"的画谱去学。他们村子里出了一个非常好的画师和华强，他就是"三咪粲"的后代。据说白沙壁画也有我们家族的人参与过。当时我们这个家族的人比较有血性，做事情非常讲义气。当时木府兴盛以后，我们家族有四代人当过总领管。以前做铜器和铁器的工匠也出在我们村（丰乐村）。我们的祖先都是能工巧匠，古城刚有的时候，我们的祖先就在那里打铜。另外还有一个村子"尼美图桑"（向阳村），也是纳西族里面比较特别的，他靠东边，和外边经商的比较多。据说纳西族刚刚到这里时，他们是管理粮草的，到处征集粮草，喜欢打猎。最上边那个就是"缕谷"（玉龙村），就是玉水寨下边这个村，又叫三朵阁，因为三朵庙就砌在那里。这个村水源比较好，当时土地比较少，这个村的人也非常会做生意，精打细算。四个村有专门负责宗教的东巴村，有经商的，有管粮草的，还有能工巧匠，他们有不同的社会分工，就是个小社会。我们现在就是以这四个自然村的村委会作为我们东巴文化的保护区。

下一步我们这个保护区要怎么做？玉水寨景区是国家4A级景区，现在准备将这个保护区和玉水寨一起规划，做了规划以后就是旅游区了。而且我们引进文化核心的项目，还有现代生活的内容，包括村寨的建设、交通、消防、卫生所有现代的生活方式都要引进到里面去。我们已经做了一些，别人比较认可。村里要真正搞管理的话，文化素质是达不到这个要求的。我只有参与到里面去。今年我参加了村委会选举，3月12日我当选主任了。

我计划第一件事情就是做规划。对我们小企业来说，整个规划下来可能要人民币4.5亿元到5亿元。建设快一点可能要3年左右，慢一点可能要5年才好。现在，保护区已经由国家和政府授牌；另外一个是有了企业的参与，有了自己保护区的机构。我们做了两个合作社：乡村旅游合作社和高原生态农业合作社。还成立一个保护开发的公司。因为你要建设这个项目，政府最基层的单位——村委会在资金运作，投资融资各方面没有这个条件和能力，咱们就借助保护区的企业来做。我可以来做保护区，但是我来做的话，体现不出老百姓参与和致富的目标，所以就准备做一个保护区也入股，老百姓也入股的，保护区里面的企业也可以参股，这样成立一个保护开发公司。以后整个开发建设就是由这个公司来实现。将来搞乡村旅游也好，东巴文化旅游也好，就是以景区、旅游观光与对外文化交流区域的形式来实现。区域建设了以后，老百姓有股份，到时候我们征收东巴文化的保护经费，用在民居文化保护方面。另外要考虑收门票，有了门票收益以后，可以把东巴文化的传承保护与门票分红结合起来，要求你做到一定的标准，比如土地的保护、卫生、文化保护等项目，所有项目都做好，我按比例分红给你，这样就把经济收入和文化保护有机地结合起来。如果我们不营造一个集体经济实体，单纯去做文化保护就没有支撑。如果玉水寨破产了怎么办？所以这是我们城市中心做文化保护的一个探索。只有像我们这样，一个村一个点的，实实在在的，就像博物馆一样，就保留下来（东巴文化）了。

从 2009 年起，玉水寨企业制定鼓励措施，组织玉水寨东巴，无偿为民间开展东巴法事服务。四年多来，累计为基层民众无偿服务 400 余次，派出东巴超过 950 多人次。东巴下乡可获得交通补助，服务范围涉及丽江市区及白沙、塔城、鲁甸、巨甸、太安、拉市、大东及宁蒗县拉伯乡十个乡镇，这些工作使东巴圣地与民间的联系日益紧密，逐渐成为东巴文化传承的新模式。2013 年 7 月起，玉水寨景区组织东巴们到丽江市内各纳西族乡镇进行走访，发放《东巴知识解答》。此次东巴文化宣传活动准备了 6 万册宣传材料，东巴们将走遍丽江市所有纳西族聚居乡村，整个活动将持续半年。玉水寨和合院的 Y 东巴向笔者介绍了一些细节：

村里要做仪式的人家会请我们。除了有些比较烦琐的环节以外，我们基本上按照传统来做。就是过去应该怎么做，我们能够做出来的，我们就按照传统来做。对整个纳西族地区来说，很多村子已经没有东巴了。一旦他们要做什么仪式，还是会尽量请东巴，不单单是玉水寨里面的，其他地方的也有。一年做法事的次数是五六次到十来次不等，有些时候三四个月没有人来请，有些时候一个月有好几次。一般是家里面不顺，或者是有人生病，或者是不会生育，（这些情况）请的比较多。还有就是超度的也比较多。他们通过占卜以后知道要通过做些什么仪式，就会来请我们。做完法事，主人家的回报也是按传统方式。也不能说不收回报，也不能说必须要给回报。按照主人家的心意，我们也会跟他们说这个是传统。比如我们去别人家里做了仪式以后，你不给我点东西，你会心不安。东巴经书里说"主人家给了一点报酬或者什么东西以后才能起到镇鬼、杀鬼的作用"。

过去做大的仪式，比如杀了一头牛或者一只羊，传统的规矩是，这头牛或者这只羊的某一条腿或是牛皮必须要给东巴。如果你杀了一头牛不给，东巴不会说，但是村子里面会很看不起你，认为你很小气，或者说你是没信誉。他们给了我们钱，我们必须又要返回一点，不能全拿。这个是传统，叫作福泽，福泽要留给他，这是东巴的德性。其他的一些小仪式就不需要了。民间有说法，我们的礼品不是主人家在给，是死的这个人在给，有这种讲究。

至于为什么要无偿为民间开展东巴法事服务，和董事长做了深刻的解析：

我们开展东巴文化传承保护应该有 15 个年头了，做了很多事情。做传承保护现在面临一个事情，就是大文化与小文化，现代文明与传统文化之间的博弈。因为我们力争把传统文化保留下来，也做了很多事情，但是社会要发展，很多人喜欢现代的生活，追求的是大众化的东西。我们民族就是几十万人的小民族，文化传承方面我们很孤立。我们公司在传承文化保护过程中面对的问题就是怎么在旅游这么大的市场经济下把文化产业做好。我们尝试了到边远地方做东巴文化生态保护区，如曙明的东巴文化保护区。我们做了很多工作，但是后来我们失败了。因为那个地方很穷，他们想很快致富。我们做的是有限的。所以他们觉得上山砍一棵树一天可以赚一两百块，但我们传承保护户一个月才给 50 块。（那里）有 6 个社，1个自然村，我们一个月花四五千块，但是相比他们砍木料来说收入要少。他对自己的民族文化自然是有感情的，但是民族文化换不来钱。而且我们过去培养的东巴文化也好，纳西文化传人也好，很多人到了城里就不愿意回家了。所以，（我们）面临的问题就是，连我们边远地方保存文化都受到冲击。原来，很多边远地方有东巴的，但现在越来越少，因为都到城里去了。有些老百姓就算有信念，需要东巴也请不到人了。于是，他就去请喇嘛了，或者干脆就不请人办事了。但是，恰好反过来，在丽江旅游城市中心里面，东巴活动的人群比较多，人群里面真正对东巴有感情、有信念的人也不少。以我们玉水寨为中心，也有咱们的协会，但是咱们丽江坝子里面真正对东巴文化有信仰的民众不是很多。偏远的地方，信教的老百姓比较多，咱们城市周边的老百姓不大相信东巴文化、东巴教，但又有很多东巴在这里。这造成两个问题，一个是边远地方请不到东巴怎么办？城里的人不太信怎么办？今年，我们开始想办法解决这个问题。去年，我们有个规定，东巴对外办法事，比如说塔城请东巴做法事，我们派人送下去，给东巴报餐费。做法事的收入，全部归东巴。东巴到民间做法事我们派，大城市里有人请去做法事，我们也派，这是民间传承的方面。

我们发现一个问题，不是说民间一定要有东巴在。只要需要的时候有人就可以了。所以就由我们公司和玉水寨承担了这个为民间和偏远地方服务的工作，这样我们解决了边远地方要请东巴但是请不到的问题。我们传承文化就是要为信教的人民服务，同时要把文化传承下来。但是东巴文化是活着的文化，你东巴文化都不用了，宗教信仰的群体都抛弃了，就不叫传承保护了，这个就是民间传承保护的问题。

还有就是中心地区对东巴文化淡漠的问题，因为他对文明的认识、对宗教的认识，比农村要先进一点。请不请东巴他无所谓，生活该怎么过他知道。我说的主要是现在的问题，十几年二十年的问题。这是农村现在的问题，我们解决的办法就是我们成立协会、办学校，我们把东巴派下去帮老百姓做法事。民间就是我们东巴文化生存的土壤，东巴做法事以后才能真正体现我们东巴为民间服务的职能。传承文化就是要把传统文化的存在形式保存下去。城市现在发展了，老百姓有钱了，过得很好了。但是老百姓生活水平提高了，心里是比较空的。他真正对东巴文化没有那种热情和感情。因为多年来都存在这个问题：文明越发达，传统的东西丢失得越多。所以我们三年前就开始策划要在咱们纳西族集中的城市周边，对外影响力和对老百姓影响力比较大的地方，做这个东巴文化保护区。这个要在乡村里面做。因为乡村里面都是纳西族，有这个土壤，只不过现在没做了。所以要把它挖掘出来，传承保护传到民间去。

历史上东巴不离乡，身份学识由民众认可。但现在多数东巴已经进城务工，纷纷进入旅游行业，而且旅游市场上也出现了一些利用东巴文化之名的假东巴现象。针对这些新情况，玉龙县政府将东巴等级评定列为2012年的政府工作，并授权由丽江市东巴传承协会和玉水寨东巴传承基地进行东巴学位评定。依据《东巴学位评定工作方案》规定，由省社科院杨福泉副院长为主任的东巴学位评定委员会进行审定，由玉龙纳西族自治县人民政府和市东巴文化传承协会颁发东巴学位证书，作为东巴身份识别和学识评价的权威证件。工作经费50万元全额由玉水寨承担。同时和董事长决定从2012年起，对授予东巴大法师、东巴法师和东巴传承员学位的东巴，按照每年每人6000元、4000元、2000元的标准给予奖励。

此外，为推进社会化保护传承，玉水寨公司在电台开通了"每天跟我学纳西话"节目，每天教说三句到五句纳西话。还在白沙乡中小学设立奖学金、助学金，资助学校开展民族文化进课堂的东巴文化传承活动。

包括玉水寨景区在内的整个新善东巴文化生态保护区的文化传承保护效果是非常好的。和董事长认为，保护区办得非常成功。保护区培养了很多骨干，玉水寨80%左右的职工主要来源于新善村委会。但是和董事长并不满足于现状。他认为，就现状而言，一方面，保护传承仅局限于保护区是不行的，要把周边那些对纳西文化淡漠的人都要唤醒。只有让广大的纳西民众都参与其中，东巴文化才能在民间慢慢保存下来，才能在中心地区发扬光大。另一方面，景区的文化传承展示还有很大的提升空间。为了保护东巴文化的真实性和东巴宗教的神圣性，游客参与的文化展示活动与区域都应该进行区隔；完整、真实的宗教活动应该通过高科技手段向游客全面展示，以提升东巴文化参与旅游的广度与深度，尽量满足游客的文化体验需求。从长远来看，和董事长还想建立国际性的东巴文化保护组织。2013年8月12日，他谈道：

> 原来，纳西文化、东巴文化是很少的，经过我们传承人不断灌输、传承、培训以后，就出了很多这方面的人才。因为他们的血液里面流动的就是这个。只是需要我们去唤醒他们，给他们提供合适的条件和环境。有些人将近三四十年没有唱纳西调，当他回想起那些，自然就出来了。下一步，我们培养骨干，春季还要搞活动，春节还要比赛，通过比赛还要发奖什么的。我们做的是保护区的民间艺术活动，这个比赛是针对所有老百姓的，不光是针对授牌的人，比赛看看哪个做得最好，然后评委来给你挂牌。我们从今年春节开始，以后每年搞。老百姓参加了十三届的东巴法会，还有三朵会。这个区域的老百姓，我们是培养出来了。传承保护，光是这个保护区做不行，周边那些对纳西族文化淡漠的人还要唤醒。一开始就是发宣传资料，这次我们印了大概7万张。咱们城周边的所有纳西族村寨，要一家家去发。周边村民会到玉水寨里面磕个头，上上香。他们觉得玉水寨说的对，纳西族自己信仰的东西，自己爱护的东西要保存。对纳西族来说，宗教的约束力不是很大。他们觉得哪个对，哪个方便就请谁。那请自己

民族的不是更好了嘛。只有他们参与了以后，才能在民间慢慢保存下来。为什么我们要在中心地区发展呢？现在很多宗教都在中心地带发展很快，它是有良好的经济基础，人有好的素质，他的分辨能力更强，利用这个要把东巴文化保护慢慢发扬光大，要发展文化，不能保持原始的僵化的文化。周边宣传了以后，要让所有丽江人都知道，丽江有今天靠的就是东巴文化，靠的是古城。我们这么做主要是为了唤醒整个纳西族的信仰和民族自尊心。

将来，我们要划分景区和保护区，有些区域游客不能去。但展示方面，我们会用现在最先进的科技手段来展示我们的东巴文化，比如祭祀活动，我们要录成影像资料。借助现代的科技来展示东巴文化，相对来说也提升了我们东巴文化表演、参与的空间。我们东巴不需要到舞台去表演，到舞台上表演的不一定是真正的东巴。前提是一切文化展示都要和我们的文化真正吻合，传统的文化绝不能违背。

我还想做一个国际品牌的组织。真正东巴文化最盛行的地方在日本。日本人研究东巴是最早的，他们的组织机构是最早的。据说日本人已经把文化产业做到 100 亿美元了。现在的东巴经书大部分都在国外，不在国内。我们还想把国际上类似的国际组织联合起来。说白了，我们丽江除了世界文化遗产、记忆遗产两块牌以外，真正国际性的组织一个都没有。既然你号称要建立世界文化名城，那你没有国家级的、国际的牌子，你怎么展示？我觉得可能也是给我们机会，建一个国际的平台，这是未来发展的一个方向。以后让更多的人来关注我们传统的民族文化，关注的人越多，东巴文化的价值就越高，我们传承保护的信心和环境就越好。

目前，玉水寨总公司把东巴文化的传承保护工作和开发利用结合起来。在东巴文化传承方面成效卓著，同时，在东巴文化旅游利用上也是一个典范，已形成文化遗产保护与文化旅游良性互动机制。以东巴文化旅游推动企业发展，反过来企业也义无反顾地将大量财力、人力、物力投入东巴文化的传承。玉水寨总公司每年用于东巴祭祀、东巴教育、协会及各分会日常开支等的经费达数百万元。据介绍，玉水寨总公司 1997 年成立，2004 年才开始产生利润，到现在投入文化保护和社会事业的资金已有两千多万元。仅东巴文化传承保护这块就已经累计投入了 1000 多万元。景区内用于东巴文化宣传传承的投入不少于 30 万元左右。每年东巴法会的开支都在 10 多万元。

总体来看,玉水寨东巴文化旅游利用与保护经历了三个阶段:第一阶段是探索阶段,景区东巴文化的传承保护与旅游展示存在一些冲突。第二阶段是理性发展阶段,成立协会对东巴文化进行整个区域的传承保护,把企业内部的传承保护转化为面对社会的传承保护;创办东巴学校,把东巴文化传承保护的旅游展示与保护传承相对分开。第三阶段是制度化、社会化发展阶段,通过丽江市传承协会对丽江境内东巴开展考试定级,在玉水寨定期举行大型法会活动和制度化的东巴祭祀仪式与传承活动。

在 2012—2013 年的丽江调研中,就玉水寨的东巴文化保护利用模式,笔者与社会各界人士进行过访谈。所有的被访者都对其进行了高度赞誉。其中,原丽江博物院院长李锡的评价(2012 年 8 月 8 日)最为全面、客观:

当下文化旅游给东巴传统文化带来新的生存空间与传承机遇。玉水寨是个非常典型的个案,你会发现它是一个最成功的范例。在古城最北边,是古城水文化的源头。它从 1997 年开始建设,是一个比较好的自然景观,有水有树。最初是做农家乐。1998 年,跟文化结合起来。采用博物馆模式,把民居、民俗全套搬过去。展览只是一个局部。把纳西族的民居建筑群和很多祭祀活动、仪式表演以及民间老百姓原生态的东西融入进去,展示纳西族东巴文化最有特色的东西。慢慢就火了,通过 10 多年的努力,现在已经成为国家 4A 级景区。

成功的原因,关键是把民族传统文化与旅游结合起来,把东巴文化与自然景观融为一体。过去,东巴文化一直处于即兴表达的状态,很多处在原始状态。和长红进行了文化的创新发展。建了寺庙,成了东巴共同活动的中心。把神形象化,供奉起来,把非物质文化遗产的东西物质化,把过去东巴知识分子想做的东西做到了。可以说是顺应了时代的潮流,把以前神话故事里的东西具象化,与旅游市场充分结合起来,又把旅游的收入反哺到保护和发展文化中,很自然成为一个东巴文化中心。玉水寨牵头成立了东巴文化传承协会,把过去几百年来传统的东巴会恢复起来,形成定制,一年一次,互相展示、交流、学习、比赛。玉水寨是本土人做的,他对本土的文化了解,有感情。玉水寨的成功,还在于它与丽江文化、丽江旅游城市的结合。

从表 2—16 过程系统问卷评价统计结果来看,过程系统均值为 4.64,其中文化遗产得到保护、创新发展与宣传弘扬的评价值与文化遗产资源促进了旅游的可持续发展的评价值，文化遗产旅游利用与保护的互动效果良好的评价值，均接近满分。纵观玉水寨景区文化保护传承历程，自1998年开始着力塑造东巴文化圣地的旅游品牌形象，就实施了一系列东巴文化传承保护和展示项目：建祭"天"、祭自然神、祭"风"等祭祀场，定时开展祭祀活动；聘请老东巴为传承师、东巴文化学者为顾问，购置东巴古籍100卷为教材，招收学员，开展培训与传承活动；设立东巴画廊、东巴文物展览厅，建设东巴神殿及和合院、世界记忆遗产东巴古籍纪念碑，塑造自然神像；从2001年起举办一年一度的东巴法会；2003年发起成立丽江市东巴文化传承协会，团结各地东巴开展了有组织的保护传承活动，并长期承担协会活动经费，使玉水寨发展成为丽江东巴文化保护传承与培训展示的中心，成为玉龙纳西族自治县及丽江市的文化遗产保护利用的典范。

表2—16　　　　　　　　过程系统问卷评价统计

问卷主题	文化遗产得到保护、创新发展与宣传弘扬（问卷2.1）	文化遗产资源促进了旅游的可持续发展（问卷2.2）	文化遗产旅游利用与保护的互动效果良好（问卷2.3）
平均分值（分）	4.69	4.58	4.66
系统均值（分）	4.64		

六　主体（利益相关者）系统与影响因子系统

从玉水寨的东巴文化主题公园（文化传承展示基地）和新善村的东巴传统文化生态保护区的文化保护利用格局与运作模式来看，玉水寨的保护利用主体（利益相关者）涉及旅游开发企业（玉水寨总公司及景区分公司）、民间文化保护社团（丽江市东巴文化传承协会）、广义的纳西族文化持有者与传承人（新善村委会全体纳西村民、参与法会的东巴、景区的纳西族员工）、地方政府等。作为玉水寨模式，核心主体（利益相关者）除旅游企业外，还有当地众多纳西族村民及参与东巴法会等宗教文化传承活动的东巴们。此外，丽江市东巴文化传承协会和地方政府，也是重要的主体（利益相关者）。在旅游市场经济背景下，各主体（利益相关者）所采取的举措及其之间的互动，共同对玉水寨民族文化遗产的保护利用产生影响。旅游开发企业（玉水寨总公司及景区分公司）、民间文化保护社团（丽江市东巴文化传承协会）的主要影响，前文已有阐述分析，下面重点分析纳西族文化持有者与传承人、地方政府两大主体对玉水寨文化遗产保护利用的影响。

1. 纳西族文化持有者与传承人的旅游参与

玉水寨所属白沙乡因为土地比较贫瘠,农业不发达,自白沙片区开发旅游业以后,周围的民众通过参与旅游业,改善了家庭经济状况。在玉水寨这些乡村景区工作的普遍是农业生产的主力,他们白天上班,晚上可以做一些家务,工作之余还可以搞农副产品的种植。玉水寨目前的员工基本上保持在170人左右,其中周边纳西村民就占景区员工的80%。村民的旅游参与,主要体现在两方面:

一是作为景区民族文化的持有者与传承人,他们不少在和合院、纳西古乐厅和民俗院等文化展示的窗口部门工作。本民族的文化保护传承与展示,使他们的文化自觉意识与归属感不断增强,保证了景区民族文化的本真性。如古乐厅以五六十岁的村民为主,队伍较稳定。多数老人年轻的时候就有一些功底,通过参与旅游,带动了文化的复兴与传承。通过访问玉水寨的纳西族员工,笔者得知寨内除多数东巴出生于东巴世家,对东巴文化较为了解,普通纳西族员工在来玉水寨工作之前,对东巴专业知识普遍知之甚少,到了岗位上通过培训,才逐渐对东巴教及本民族传统文化有了较深入的理解与认同。

二是玉水寨所在地属于玉龙村,山下不少村民来玉水寨出口处摆摊售货,销售自家产的水果、核桃、药材等土特产品,较受游客欢迎。不少老婆婆来玉水寨在大门口展示民族歌舞打跳(见图2—11)。这些民间参与,既展示了民族文化特色,又丰富了景区的服务内容。景区免费提供村民销售场地,合理安排村民进行售卖。

图2—11　村民参与旅游

村民参与旅游，对文化遗产保护利用的影响有利有弊。不利影响就是从事文化遗产保护传承与文化旅游产业的专业技能与综合素质还有待提高。据景区的 Z 总经理介绍，目前制约景区发展的一个主要因素就是人才的培训和引进不尽如人意，文化人才和管理人才都比较紧缺。尽管村民员工非常朴实、工作也非常敬业，但景区员工的整体文化水平较低。玉水寨地处乡村，生活各方面不太便捷，而丽江作为旅游城市，提供的旅游就业机会非常多，所以员工流动性较大。如果以一个 4A 级景区服务员的标准来衡量，还有很大不足。目前，公司结合旅游标准化建设正在加大力度进行培训。以前，有民间传承人在民俗院传授勒巴舞，很多年轻的纳西族员工参与学习、传承和展示，也是游客参与性项目。虽然现在游客在玉水寨游览的时间从过去的一个半小时至两个小时缩减到半个小时，但公司并未放松对员工的文化培训，公司正在考虑增加景区的此类活态传承展示及游客参与性项目。

2. 地方政府的政策扶持与产业调控

纵观玉水寨文化旅游与文化遗产保护的发展历程，可以看出丽江各级政府对民族文化遗产保护事业的宏观政策扶持与对文化旅游产业的规划调控。

地方政府非常关注玉水寨东巴文化保护工作的开展。这为玉水寨的文化遗产保护利用创造了良好的社会氛围。玉龙县作为全国唯一的纳西族自治县，县委政府实施"文化兴县"战略，高度重视纳西族传统文化的保护与传承工作，制定《非物质文化遗产传承人补助标准》《东巴（达巴）学位评定标准》等操作性强的政策举措，极大地促进和推动了纳西族传统文化的发展繁荣。和董事长谈到，当地政府虽然在资金方面没有投入，但在精神上确实给了充分的肯定和支持。玉龙县文化局局长帮玉水寨争取了一些项目，并在政策上扶持。玉水寨东巴文化学校的建立、新善东巴文化生态保护区纳西族传统文化保护传承家庭的挂牌等，都得到县市文化主管部门的帮助。专家学者到玉水寨东巴文化学校进行报道和采访，对东巴文化传承也起到了推动作用。

2013 年 7 月 17 日，丽江市人大常委到玉水寨开展《云南省纳西族东巴文化保护条例》执法检查工作。市县人大、文广局、旅游局、非物质文化遗产保护中心、玉水寨公司负责人及东巴文化专家学者等各界人士参加了检查工作，举行了座谈会，共同研究探讨关于《云南省纳西族东巴文化保护条例》的执行效力与补充修改需求等事宜。大家普遍认为东巴文化传承和保护面临的最大困难就是缺乏资金的支持,应力求把资金来源纳入财政支出或以其他方式供给,并加入条例条款。条例应对把东巴文化元素开发成产业的行为进行约束、限制、规范、认证等;应考虑结合《世界文化遗产保护条例》更改或增加该条例。和董事长也谈了自己的一些看法:

《东巴文化保护条例》是省上颁布的,不太符合东巴文化现在的发展实情。它是一个很大的框架,没有具体的实施办法。我们在具体传承东巴文化的时候,家庭状况好的都很少来参加东巴文化,何况偏僻地方的。(实际上)很多人都在参与东巴文化,但是他们如果专门做东巴文化传承(的工作),就没有饭吃,相关补助的条例没有,标准也没有。还有某些东巴文化项目,如东巴祭祀活动如何做成一种产品,标准和规范的条例也没有。我们公司申请把东巴文化纳入义务教育当中,一个星期上一节课也好,但是这个还是没有实现。现在丽江很多纳西族后代会讲纳西族语的已经越来越少了。其实按照国家自治县的政策,这个是完全可以做的。所有这些是我们在东巴文化传承发展过程中,需要政府继续支持、解决的问题。

实行大玉龙景区的捆绑销售策略,是丽江市景区协会落实地方政府旅游产业发展规划和开展宏观调控的一个举措。在客观上为包括玉水寨在内的大中型景区提供了稳定的客源和门票收入。但这也是导致玉水寨游客参观时间过短,无法发展文化体验经济的一大原因。通过了解,我们知道大玉龙景区套票销售是从 2007 年 9 月开始的,整个大玉龙区域有 18 个景区,其中只有较大的 8 个景区实行联票。旅行社通常安排一天时间游览 8 个景区。旺季时,玉龙雪山景区就要占 4 个小时到 5 个小时,最短也要 3 个小时,再加上观看"印象丽江",时间就更长了,留给山底下景区的时间就很短。山底下最大的景区就是玉水寨和东巴谷,这两个景区的游览时间每个只有 30 分钟左右。可见,在推出大玉龙景区套票销售以后,游览时间由原来的一个半至两个小时缩减到只有半小时。为了让导游在玉水寨多停留一段时间,景区相应推出旅行社积分奖励等政策。但收效甚微。景区工作人员普遍反映,由于旅游大环境的限制,尽管这 6 年以来公司在努力做品牌,但无形中还是被削弱了,因为留给玉水寨的时间太少了,而且游客到景区的时段基本是与上玉龙雪山观看"印象丽江"配套。玉龙雪山上的游客通常在 2000 人,较为集中。这样的规模,给山下景区带来很大的环境压力，加上交通堵塞，游客混杂，大大影响了游客游览的兴趣。原来几个景区单独销售时，感觉是平等的，但现在不平等了。

　　3. 旅游市场经济、专家学者及民族文化精英的影响

　　从玉水寨景区资源特色看，它具有观光旅游与文化体验旅游两方面的优势。但由于大玉龙景区的捆绑销售策略而导致游客在玉水寨游览时间较短，使景区的文化体验旅游特色优势不能完全体现。这对玉水寨民族文化遗产的保护与文化旅游产业的发展都是不利的。

　　不少游客反映，玉水寨的硬件设施与外部交通也较为薄弱，与旅游市场需求之间存在矛盾。这也是笔者的感受。前者，由于东巴文化的传承展示具有宗教文化的神圣性与内敛封闭性，不被云南之外的游客广泛了解，加之景区东巴文化展示与介绍的文字内容较少，没有多媒体展示媒介与语音导览设备，主要依赖景区导游的解说，使游客获得的文化旅游认知与体验相对局限。这对一个以民族文化遗产为旅游特色的景区来说，是极为不利的，也不符合文化旅游产业以体验经济为特色的市场发展规律。后者的外部交通问题，是制约散客，特别是文化体验型游客来景区的重要原因。目前从丽江古城来景区方向的公交车只有一条线路，而且间隔周期较长，更致命的是终点只到三朵阁附近，距离景区还有数公里山路。一个国家4A级景区，竟然连基本的交通条件都不具备，实在令人惊讶。据了解，公交路线运营是丽江市公交公司负责。玉水寨公司曾多次向丽江市公交公司申请专线及洽谈交涉，一直没有结果。这还需要当地政府从文化旅游产业发展的角度进行规划管理。

　　通过"东巴文化大讲坛"平台，越来越多的纳西学者专家积极为纳西族文化遗产保护出谋划策。2013年5月18日，"东巴文化大讲坛"在玉水寨景区艺展中心首次开讲，来自各地的纳西族专家、学者、东巴大师、东巴师、东巴传承人、东巴学员、丽江市各级领导及17个乡镇文化中心负责人齐聚一堂，共同学习探讨纳西族传统文化的传承保护。纳西族著名学者、云南省社科院副院长杨福泉博士对打造东巴文化品牌要注意的问题做了详细分析，对东巴文化如何融入旅游业提出了诸多切实可行的建议和举措。如建议把东巴的培养纳入目前正在制订的建立丽江生态文化保护区计划；要把丽江做成培养东巴大师的大本营；培养致力于东巴文化传承的国家级非物质文化遗产传承人和能翻译、解读东巴经典的大东巴；建立东巴文化产品的市场规范与认证机制；继续发掘保护与传承与生态保

护、天伦和睦等纳西族传统优秀理念密切相关的民俗节日和仪式等。[1]

综观玉水寨公司的发展,和长红董事长无疑起到关键作用。和董事长立足民族文化遗产的传承保护,建成纳西东巴文化传承基地、新善东巴文化生态保护与乡村旅游示范区,带动了周边村社发展,捐资助学,回报社会。玉水寨在纳西族东巴文化传承与保护方面,已投入3000多万元,仅反哺白沙农业及东巴文化传承保护资金就占总收入的1/3,带动了新善村的东巴文化生态保护区村民发展致富,并取得了可喜的成绩,成为云南省民族文化保护传承与旅游产业整合开发的成功典型。一个民营企业通过文化旅游产业反哺民族文化遗产保护,做得如此成功,除了好的社会环境,关键还在于个人的谋划与经营。更重要的是民族情感和理想的支撑。正如和董事长自己说的:

这么多年来影响我们发展的核心因素是民族情感。很多东巴经里的故事,我们小时候就知道。我们很多纳西族家庭都是这样。我觉得赚钱是一方面,但是,人一辈子不仅仅是赚钱。我做东巴文化传承工作,一方面是保护我们纳西族的文化遗产;另一方面是从旅游资源的角度去做旅游产业。没有灵魂和文化价值的旅游产品是没有生命力的,所以丽江旅游你要持续发展的话,绝对要有一个核心。纳西族的东巴古籍文献被联合国列为世界记忆遗产,这是东巴文化走向世界的标志。记忆遗产保护下去,就会成为我们本地老百姓、纳西民族致富的资源。所以,我觉得(玉水寨做的)就是文化参与社会经济发展的一种价值追求。从眼前看,找地方政府要传承保护的钱是不可能的。我们所有东巴文化传承保护的钱,都是我出的。包括发证书1万多块钱,都是我们玉水寨负担的。有些人很难理解。我是自己愿意做,才去做。受委屈了,被别人看不起,我也不在乎。我是为我自己民族做的,为丽江做的。

结合表2—17影响因子系统问卷评价统计结果来看,影响因素从强到弱的顺序依次是:少数民族的参与度(4.65)、旅游开发企业的规划与管理运作模式(4.54)、国家及地方政府相关政策影响(4.32)、民间团体、专家学者影响(4.25)、文化旅游产业市场影响(4.18),而且这些主要影响因素的评价均值都较高。这说明玉水寨生态文化旅游有限公司所主导进行

---

[1] 丽江玉水寨网站,http://www.yushuizhai.com/newslist/? 1 _ 3.html,2013年10月26日。

的玉水寨文化遗产保护利用模式为社会各界所认同，当地政府、当地纳西族群众、产业市场、民间团体、专家学者等都发挥了积极的作用。整个系统均值是4.39，属于满意度较高的肯定性评价。这与实际调研情况相符。

表2—17　　　　　　　　　影响因子系统问卷评价统计

问卷主题（文化遗产旅游利用与保护的影响因素）	少数民族的参与度（问卷3.1）	国家及地方政府相关政策影响（问卷3.2）	旅游开发企业的规划与管理运作模式（问卷3.3）	文化旅游产业市场影响（问卷3.4）	第三方（民间团体、专家学者）影响（问卷3.5）
均值（分）	4.65	4.32	4.54	4.18	4.25
系统均值（分）	4.39				

七　保护利用的可持续性与创新性评价

结合表2—18问卷调查结果统计情况，就玉水寨民族文化遗产旅游利用与保护统一体系统的总体情况，可做以下小结：

从民族文化旅游空间系统看，玉水寨旅游空间系统的三类空间具有很强的互补性。其中符号空间的某些具有创造性的景观生产，使纳西民族文化特色，通过各种雕塑、祭祀场及和合院、民俗院、纳西古乐展演厅等标志性景观，得到较为全面的展现。其中文化真实性的评价均值非常高。由于民族文化遗产旅游利用主体（旅游企业）与保护主体（东巴文化传承协会）叠合，公司所培养的东巴学员既是东巴文化的传承者、研究者，又是景点的管理者和讲解者，体现了东巴文化传承基地的特质，确保了东巴文化旅游的文化真实性。系统评价均值是4.32，是满意度较高的肯定性评价。

表2—18　　　　　　　　　问卷调查结果统计情况

调查统计分类	空间系统						过程系统			影响因子系统					创新性、代表性评价	
问题序号	1.1	1.2	1.3	1.4	1.5	1.6	2.1	2.2	2.3	3.1	3.2	3.3	3.4	3.5	4.1	4.2
问题均值（分）	4.30	4.36	4.23	4.62	4.20	4.18	4.69	4.58	4.66	4.65	4.32	4.54	4.18	4.25	4.52	4.36
系统均值（分）	4.32						4.64			4.39					4.44	
总均值（分）	4.45															

从旅游利用背景下文化遗产保护的过程系统看,由于丰富而本真性较强的民族文化遗产得到有力的发掘、利用与传承展示,为旅游发展提供了源源不断的动力;而良好的旅游经济又反哺了文化遗产的保护与创新发展,东巴文化传承学校、协会及文化生态保护区的建设成果,获得从政府、学界到民间的一致好评。可以说,玉水寨模式已成为民族文化遗产旅游利用与保护实现双赢的典型代表。系统评价均值是4.64,是满意度非常高的肯定性评价。

从主体系统和影响因子系统看,旅游企业、东巴文化传承协会、公司员工(以纳西族村民与东巴为主体)、政府是玉水寨民族文化旅游利用与保护的主要主体(利益相关者)。其中旅游企业、民间文化传承协会、公司员工、纳西族村民(纳西文化持有者与传承人)、东巴这些核心主体角色交叉重合。这种主体关系结构,消解了诸多潜在的利益冲突。玉水寨的员工大多来自本地纳西族村子,参与景观生产与旅游展演的基本都是纳西族人,这是与一般旅游景区不一样的。这里没有企业主导模式容易出现的企业与村民的利益冲突,没有刻意的舞台与演员。群众广泛参与所体现的真实生活状态,体现了景区文化的主体性与真实性。从影响因子系统看,系统评价均值是4.39,是满意度非常高的肯定性评价。这说明玉水寨生态文化旅游有限公司所主导进行的玉水寨模式为社会各界所认同,政府、当地纳西族群众、产业市场、民间团体、专家学者等都发挥了积极的作用。简言之,政策环境、市场、人才三者的有效结合,是玉水寨成功的关键。各级政府、民间社团、专家学者、纳西文化及东巴文化持有者,为玉水寨的可持续保护利用提供了动力支持。

创新性和发展优势评价均值是4.52,个案典型性、代表性评价均值是4.36,综合均值是4.44,也是满意度非常高的肯定性评价(见表2—19)。玉水寨模式是富有创造性的文化遗产保护利用模式。如玉水寨公司15年来以近三分之一的经济效益回报反哺于文化保护传承;创造性地提出并组织实施东巴学位认定与东巴文化传承补助办法;以实践经验为修订《云南省东巴文化保护条例》提出可行性建议;培养东巴文化传承人和纳西文化艺人数百名;组织制定的东巴图形标识、东巴文化保护标准等,被省标准化领导小组列为云南省地方标准;创造性地开展景区+东巴文化生态保护区建设。这些创新均得到国家文化部、云南省文化厅等领导及各界专家学者的肯定。

总体来看，玉水寨民族文化遗产旅游利用与保护统一体系统的评价值是4.45，是满意度较高的肯定性评价。其中，过程系统及创新性、代表性的评价值均接近满分，旅游空间系统与影响因子系统的评价值也很高，各子系统之间差距不是太大，说明统一体系统整体较为协调，良好的文化遗产保护效应及社会效应尤为突出。

表2—19　　　　　　　　创新性、代表性问卷评价统计

问卷主题	该景点的旅游开发与保护在同类景区中较为成功，具有创新性和发展优势（问卷4.1）	该旅游开发模式在同类旅游景区中较为典型，具有代表性（问卷4.2）
平均分值（分）	4.52	4.36
均值（分）	4.44	

八　民族文化传承基地型景区的创新性理论分析与总结

综合来看，玉水寨东巴文化旅游景观生产的特点，一是对以前仅局限于东巴经书的主要神灵和祖先形象通过壁画、雕塑等形式进行了开创性的符号化生产，使其走向世俗社会，广为人知，对东巴文化精髓起到弘扬和传承的作用，同时极大地丰富了文化旅游的内容和形式；二是该景点不同于一般的旅游景区，作为东巴文化民间传承保护基地，其文化旅游展示内容是民间真实的极为典型的民俗活动。其旅游景观集活态民俗传承与静态形象化展示于一体，是地方旅游业与当地社会文化结合而生的"旅游文化"符号。"真实的"与"旅游的"的界限、旅游圈与当地人日常生活的边界，已逐渐消失，以至于无法区分真实的内部社区生活与舞台化的外部形象。[①] 玉水寨通过创造生活化旅游空间，确保文化传承与旅游展演的主体性与真实性，形成民族文化遗产保护与文化旅游良性互动机制。玉水寨个案是旅游产业发展与文化遗产保护传承共赢的典型案例。

玉水寨东巴文化景观生产是将活态民俗传承与静态实体展示有机结合的典范。旅游景观的符号化与制度化生产过程，是对文化遗产进行加工、提炼、再现的文化重构过程。这种重构可以创造、增添现实情境中的新本真，丰富文化遗产的内容形式；可以激活文化遗产的时代价值和当下意

---

① ［以］埃里克·科恩：《东南亚的民族旅游》，载杨慧等主编《旅游、人类学与中国社会》，云南大学出版社2001年版，第19—43页。

义;可以激发文化遗产保护主体研究、保护、宣传、弘扬、传承、振兴文化遗产的热情;被符号化生产的旅游景观本身就具有公共教育的宣传功能。各类景观生产主体——旅游企业、民间社团、民族文化持有者等,他们基于对所生产的东巴文化内涵的理解及当下文化旅游市场需求的正确把握,对东巴文化遗产进行了与时俱进的深度发掘和创新生产,使东巴文化遗产通过符号化生产、市场化运作与社会化传播,从民间走向市场,从地方性知识成长为世界共享文化产品,实现了文化遗产的宣传、弘扬、传承和振兴,使东巴文化遗产的生命力得到彰显。

静态实体景观的符号化生产,使宗教象征物得以具象化呈现给游客,通过自然神、大鹏鸟、和合院等景观生产,使东巴文化所蕴含的人与自然和谐相处的优秀理念得到提炼、展示与传承,形成民族象征符号与社会表述,通过文化旅游产业进入社会公共空间,获得广泛的社会认同,使东巴文化遗产的普世性价值得到发掘与传扬。

动态展演景观的制度化生产,使传统宗教仪式得以继承与重构,其文化旅游展示内容是民间真实的极为典型的民俗活动,彰显其文化传承保护基地性质。通过动态景观的制度化生产,使历史上没有固定祭祀场所的东巴祭祀活动形成固定地点的制度化展示传承,参与人群从本地本民族扩展到其他民族群体及广大游客;非宗教内容增多,使民族宗教呈现空间开放与内容世俗化的发展趋向。文化传统是文化的核心理念、价值观;而传统文化是特定历史阶段的文化表现形式。东巴旅游景观的生产,就是保持延续传统价值理念与谋求当下文化旅游市场所需要文化形式的有机结合。东巴教重要的法会及其他宗教祭祀活动因时而变,融传统与现代、神圣与世俗为一体。最明显的变化是增加了很多颇具时代特点的内容,与本民族传统庙会、中国汉族新年、国庆节、国际环保日接轨,丰富了东巴传统仪式活动。创新的活动虽然普遍与宗教无直接关联,但其主题具有重要的现实意义,借鉴、吸纳了当代的某些文化因子或文化形态,而具有鲜明的时代性。祭祀活动通过对传统的继承,始终保持着传统文化模式的连续性和稳定性;通过对传统的重构,始终保持与时俱进的时代特点。[1]

----

① 桂榕:《传统的继承与重构:巍山回族圣纪节的当代变迁》,《民族研究》2012年第2期。

旅游导致地方文化重构。玉水寨东巴文化景观是一种地方旅游业与当地社会文化结合而生的"旅游文化"符号。玉水寨东巴文化景观已成为当地民俗文化整体中的一部分。由此，玉水寨成为东巴文化保护传承的生活化旅游空间。它意味着旅游公共空间的生活化。这一空间反映了旅游地文化持有者真实的生活，亦包含旅游者的参与体验。它是旅游利益相关者共同建构的旅游体验原真性的场景空间。少数民族传统生活和富集非物质文化遗产的代表性文化空间，能为游客提供原真性高、活态、整体的旅游参与体验空间产品。这是一种以文化持有者自身为主的民族文化的旅游化保护与发展：应对文化旅游所引发的文化变迁，坚持文化再生产的动态保护原则；利用文化旅游优势，运用时代精神、现代理念和技术手段，通过文化旅游资源的商品化生产与市场化运作，提升民族文化自身的适应性与生命力。①

玉水寨的个案研究表明，在当下全球化背景下，民族传统宗教并未衰亡，而是借助文化旅游平台获得与时俱进的创新发展。文化旅游背景下，民族宗教通过宗教合理内涵与人类普世价值的发掘、传扬和传统宗教民俗活动的文化重构、振兴，而获得新的生命力；仪式、绘画、雕塑、建筑、音乐、舞蹈等民族宗教文化表征的旅游景观生产，是民族文化遗产保护传承与文化旅游产业生产的核心要素，是民族宗教得以传承发展的基础与手段；生活化旅游空间的形成，文化主体性与真实性的确立，是民族文化遗产保护与文化旅游良性互动、民族宗教得以传承发展的动力与保障。

综合来看，玉水寨文化遗产的旅游化保护特点在于景区的静态人造景观（旅游空间）与动态民间传承（生活空间）之间的互动与互补。景区各种符号化的人造景观，如和合院（含宗教建筑、博物馆）、民俗院、东巴画廊、纳西古乐展演厅、各类雕塑及纪念碑等，分别与东巴日常祭祀及法会活动、民居生活与传统酿酒等技艺展示、东巴画及世界记忆遗产的传承与展示、民族传统歌舞乐艺术的传承与展示、老婆婆民族歌舞打跳与民间土特产自销等动态民间传承空间相对应，形成互动与互补的旅游—生活空间，实现文化遗产的旅游化保护。其民族文化传承基地型景区的文化保护利用模式可用图2—12表示。

---

① 桂榕、吕宛青：《旅游—生活空间与民族文化的旅游化保护——以西双版纳傣族园为例》，《广西民族研究》2012年第3期。

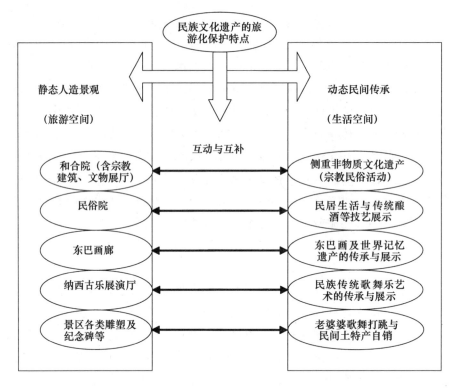

图2—12 民族文化传承基地型景区的文化保护利用模式

第四节 旅游空间本地生产模式与文化遗产保护利用效应小结

现就以上两个个案的旅游空间本地生产特点与文化遗产保护利用效应进行比较与总结:

一 旅游空间系统的比较与总结

彝人古镇彝族文化遗产资源的旅游利用综合应用了模拟示范、历史复原、原态展现、创新复合等多种方式,旅游空间生产范围较广。该古镇作为旅游地产社区、特色小城镇,复合型景区定位和强大的物理空间,产生了极强的包容性和面对文化旅游市场危机的抗击力,并能够在较大程度上满足现代游客多样化、差异化的旅游需求。由于一方面与古镇作为后现代人造主题公园的属性有关,各种景观的、商业的外来文化的对古镇彝族文化主题造成冲击;另一方面是因为彝族文化原生境真实整体的文化氛围缺位，彝族文化展示内容与形式还较为单薄，彝族文化元素没有得到系统全面的展示。结合问卷调查统计结果（又见表2—6）看，游客对旅游物理空间的满意度最高（4.76），对文化遗产展示形式手段（4.22）的评价相对较高，而文化遗产真实性（4.13）的评价相对较低。整个旅游空间系统均值为4.30，属于较为满意的肯定性评价。

玉水寨纳西族文化遗产资源被旅游利用的方式也综合应用了模拟示范、历史复原、原态展现、创新复合等多种方式，以本地原态保护为主。整个空间系统较为完整，空间层级具有很强的互补性。其中符号空间通过各种雕塑、祭祀场所及和合院、民俗院、纳西古乐展演厅等标志性景观，使纳西民族富有特色的东巴文化、本土音乐、民俗生活等得到充分体现。神龙三叠水瀑布群等自然风光让游客心旷神怡。由于受时间限制，以日常祭祀、法会及节庆活动为标志的参与体验较为有限。结合问卷调查统计结果（又见表2—15）看，其中旅游符号空间的肯定评价均值最高（4.36），旅游物理空间次之（4.30），而参与体验空间的肯定性评价（4.23）相对略低。由于公司培养的东巴学员多被吸纳为公司职员，他们既是东巴文化的传承者、研究者，又是景点的管理者和讲解者。东巴们真实而生动的文化传承展示活动、许愿池及自然神像处对人与自然和谐共处理念的诠释，使东巴文化的诸多理念极易与来自各地的游客产生心灵的共鸣。所以，游客对文化遗产真实性评价均值非常高（4.62）。整个旅游空间系统评价均值是4.32，属于肯定程度较高的评价。

相比较，两个个案类型具有如下共同点与不同点：

共同点有三：一是两个个案类型空间系统总体较为完整，旅游物理空间、景观符号空间、参与体验空间具有较强的互补性；二是作为与民族聚居社区（文化原生境）分离的人造主题公园，具有民族自治地方主体少数民族文化表征集中体现的符号化特点与吸纳主体少数民族参与的开放性特点；三是景区与周边主体少数民族群众或社区共同构成"民族文化主题公园＋传统民族文化生态区"结构，景区具有"人造景观符号＋活态文化传承展示"的结构特征，都存在旅游景观与文化持有者生活空间交融的旅游—生活空间。

不同点有三：一是虽具有相同的结构特征，但前者作为楚雄彝族自治州州府城市主题公园，其与遍布于全州的彝族传统文化生态区关系松散；而后者作为丽江市唯一的玉龙纳西族自治县乡村主题公园，其与所在白沙镇新善东巴文化生态保护区结构紧密、关系密切。二是生活空间与旅游空间的关联度不同。前者作为旅游地产社区型景区，其旅游空间具有后现代人造景观之突出特点，文化持有者（文化主体）的生活空间以自娱性表演为主，与旅游空间有局部交融，但关联度较弱；而后者作为民族文化传承基地型景区，其静态人造景观与民间动态制度化传承有机结合，旅游空间与生活空间有机交融，关联度强。三是前者的后现代人造模拟景观和旅游地产社区的混合特质，使其自身物理空间显得过于强大，而文化原生境真实整体的文化氛围缺位、彝族文化持有者的参与有限，使游客获得真实文化体验的参与空间显得极为有限；而后者的民族文化遗产旅游利用主体与保护主体具有较大程度的交叉叠合，动态制度化的景观生产即民族文化传承基地的真实生活呈现，确保了景区东巴文化的真实性。

二 旅游利用与保护过程系统的比较与总结

彝人古镇作为旅游、商业、娱乐与居住等复合型社区所带来的人气与经济效益，为彝族文化遗产的保护发展与宣传弘扬创造了条件。无所不容的旅游消费空间，提供给游客的远远超出了一般的民族文化旅游景区。同时，楚雄彝族自治州丰富的民族文化遗产为旅游发展提供了资源与动力，民族文化遗产在古镇得到集中的保护利用与展示；古镇模式使分散的彝族群众获得传承展示的公共空间，使更多的非彝族文化持有者作为旅游社区居民而成为共同的保护主体。结合问卷统计结果（又见表2—7）看，文化遗产得到保护、创新发展与宣传弘扬的认可度（4.59）最高；文化遗产旅游利用与保护的互动效果良好的认可度（4.31）次之；文化遗产资源对旅游可持续发展的促进效果（4.22）相对低一些，但三者间的差距较小。系统评价均值是4.37，也是满意度较高的肯定性评价。反映出文化遗产旅游利用与保护之间的互动关系及效果是较为理想的。

玉水寨作为民族文化传承基地型景区，自1998年开始着力塑造东巴文化圣地的旅游品牌形象，就实施了一系列东巴文化传承保护和展示项目，使以东巴文化为主的纳西族文化遗产得到了集中、规范、全面的保护传承及创新发展与宣传弘扬；同时，民族文化遗产也成为景区旅游可持续发展的核心资源与主要动力来源。结合问卷统计结果（又见表2—16）看，文化遗产得到保护、创新发展与宣传弘扬的评价值最高（4.69），文化遗产资源促进旅游的可持续发展的评价值（4.58）也非常高，综合反映着两者关系的文化遗产旅游利用与保护的互动效果良好的评价均值为4.66，系统整体评价均值为4.64，认可度接近"非常同意"。反映出文化遗产保护与文化旅游产业发展共赢的最佳状态。

相比较，两个个案类型具有如下共同点与不同点：

共同点有三：一是两个个案类型都具有主题公园性质，民族文化旅游资源与文化遗产原生境脱离，对文化本真性与整体性产生负面影响；二是吸纳了文化持有者（文化主体）广泛参与民族文化遗产的保护传承，激发加强了文化持有者保护传承的自觉意识；三是景区成为民族自治地方标志性的文化象征符号与文化地标。

不同点有二：一是吸纳文化保护主体的类型与范围不同：前者负责文化传承展示的不完全是本地彝族，作为旅游地产社区型景区，使来自世界各地的不同民族作为旅游社区居民而成为共同的保护主体；而后者负责文化传承展示的完全是本地纳西族，作为东巴文化的传承基地，主要吸纳丽江市及周边地区的东巴及纳西族群众共同参与民族文化保护。二是对民族文化遗产旅游利用与保护传承的效果不同：前者作为集旅游、商业、娱乐与居住为一体的旅游地产社区型景区，其功能定位是以发展旅游地产经济为主要追求，并非以文化遗产保护传承为主要目的，所以其文化保护传承的实际效果并不是非常理想；而后者作为丽江市东巴文化保护基地，其功能定位就是以文化遗产保护传承为主要目的，并已成为社会各界赞誉的文化遗产保护与旅游利用双赢的典范。

三 主体系统与影响因子系统的比较与总结

彝人古镇主体（利益相关者）系统较为特殊。核心的主体有旅游开发企业、地方政府、彝族群众、古镇居民、古镇所在地被征地群众、游客等。彝人古镇因其旅游空间与生活空间交融而产生了以自娱—表演主客同位景观为标志的多元主体。由于古镇属于企业主导开发的新建实体，企业的决策是古镇发展的决定性因素。它不存在文化原生地旅游景区开发管理主体与文化持有者或社区主体之间的利益冲突，它具有较大的包容性和吸附力。作为民族自治地方，从政府到民间文化社团、彝族群众，乃至城镇各民族，都会以此为民族自治地方文化标识和文化保护传承场，自觉地关注并参与到文化旅游与文化保护之中，古镇会有来自以上各种主体及古镇自身复合型实体经济积极的影响，而且政府的扶持无疑会产生重要影响。

结合问卷评价统计结果（又见表2—8）来看，影响因素从强到弱的顺序依次是：旅游开发企业（4.82）、国家及地方政府相关政策（4.37）、少数民族的参与度（4.28）、文化旅游产业市场（4.27）、民间团体、专家学者（4.22），影响因子系统评价均值（4.39）较高。

　　丽江玉水寨生态文化旅游有限公司所主导进行的玉水寨文化遗产保护利用模式，为社会各界所认同。地方政府、当地纳西族群众、产业市场、民间团体、专家学者等都发挥了积极的作用。结合问卷统计结果（又见表2—17）看，影响因素从强到弱的顺序依次是：少数民族的参与度（4.65）、旅游开发企业的规划与管理运作模式（4.54）、国家及地方政府相关政策（4.32）、民间团体、专家学者（4.25）、文化旅游产业市场（4.18），而且这些主要影响因素的评价均值都较高。整个系统均值是4.39，属于满意度较高的肯定性评价。

　　相比较，两个个案类型具有如下共同点与不同点：

　　共同点有三：一是两者作为民族自治地方文化象征符号和文化保护传承场，都具有较大的包容和吸附文化保护传承主体的能力。二是两个个案类型都是旅游企业主导开发与管理运作的景区。三是都受旅游开发企业、国家及地方政府、少数民族文化主体等重要因素的共同影响。尤其是作为民族自治地方的文化标识，受政策环境影响较大，备受政府与民间文化保护社团的关注。

　　不同点主要在于：彝人古镇作为旅游地产社区型景区，后现代的古镇模式催生了更多的民族文化保护主体，其主体（利益相关者）系统较为复杂；而玉水寨民族文化传承基地型景区的保护主体以本民族的文化持有者（文化主体）和民间文化保护社团为主，几大文化保护主体角色交叉叠合，文化遗产的真实性与主体性得到充分体现。

四　旅游利用与保护统一体系统的创新性、代表性及整体效应的比较与总结

　　从调查问卷统计结果（又见表2—9）来看，彝人古镇创新性和发展优势评价均值是4.33，个案典型性、代表性评价均值是4.32，综合均值是4.33。旅游利用与保护统一体系统评价均值4.35。由于彝人古镇的成功，楚雄汇通古镇文化旅游开发有限公司由此提炼总结的古镇模式，在旅游地产界颇有影响，得到不少地方的政府及企业的青睐，目前已在河北等

地推广实施。

从调查问卷统计结果（又见表 2—19）来看，玉水寨创新性和发展优势评价均值是 4.52，个案典型性、代表性评价均值是 4.36，综合均值是 4.44。旅游利用与保护统一体系统评价均值是 4.45。其中，过程系统及创新性、代表性的评价值均接近满分，旅游空间系统与影响因子系统的评价值也很高。文化遗产保护利用的良好社会效应受到社会各界的赞誉。

相比较，两个个案类型旅游利用与保护统一体系统及其各子系统的评价值均高于 4 分，均属于满意度较高的肯定性评价。而且各子系统之间差距不大，这说明两者的统一体系统整体较为协调，不存在较为突出的矛盾与问题。虽然两个个案类型都是旅游空间本地生产模式，但玉水寨民族文化传承基地型的创新性和发展优势、个案典型性与代表性，以及旅游利用与保护统一体系统的评价均值，都比彝人古镇旅游地产社区型的高，而且评价值均接近"非常同意"，属于满意度极高的肯定性评价。为什么存在这些差异？

结合田野调查情况和各子系统的评价均值（又见表 2—10、表 2—18）来看，笔者认为，关键是两者的类型定位、社会功能与发展目标不同所致。问卷统计结果也有所体现。楚雄彝人古镇各子系统的评价均值从高到低依次是：影响因子系统（4.39）、过程系统（4.37）、旅游空间系统（4.30）。丽江玉水寨各子系统的评价均值从高到低依次是：过程系统（4.64）、影响因子系统（4.39）、旅游空间系统（4.32）。可见，对于彝人古镇这样一个集旅游、商业、娱乐与居住多种属性与社会功能为一体的复合型景区，它的突出贡献及优势体现在对多种社会影响因素及力量的平衡与驾驭，它的社会效应更多是与其综合经济实体相对应的。而玉水寨作为单纯的文化旅游产业经济实体，与东巴文化传承基地、纳西族东巴文化传承协会这样目标明确的文化保护机构相重合，它的突出贡献及优势集中体现在对纳西东巴文化遗产的保护传承与发展创新，它的社会效应更多是与其单纯的民族文化遗产旅游利用与保护实体相对应的。

综上所述，两个个案类型的共同点即两个个案类型的共性规律，也是旅游空间本地生产模式的主要特征；不同点即旅游地产社区型与民族文化传承基地型各自的主要特征。两个个案类型及旅游空间本地生产模式的文化遗产保护利用效果的比较与总结，可用表 2—20 概括表示。

表 2—20　　旅游空间本地生产模式的文化遗产保护利用效果的比较与总结

比较项目 分值/特征 （分） 类型/模式	旅游空间子系统	过程子系统	影响因子系统	评价创新性、代表性	旅游利用与保护统一体系统
彝人古镇旅游地产社区型	4.30	4.37	4.39	4.33	4.35	物理空间较为强大，生活空间以自娱性表演为主，与旅游空间有局部交融，但关联度较弱，彝族文化持有者的参与有限；集旅游、商业、娱乐与居住多种属性与社会功能为一体，功能定位是以发展旅游地产经济为主要追求；后现代模式催生了民族文化保护的多元主体，其主体（利益相关者）系统较为复杂；文化遗产保护利用效果良好
玉水寨民族文化传承基地型	4.32	4.64	4.39	4.44	4.45	符号空间较为强大，旅游空间与生活空间有机交融，关联度强，动态制度化的景观生产即民族文化传承基地的真实生活呈现；功能定位以文化遗产保护传承为主要目的；保护主体以本民族文化持有者（文化主体）和民间文化保护社团为主，文化持有者主体与保护利用主体的角色交叉叠合，文化遗产的真实性与主体性得到充分体现；文化遗产保护利用效果非常好
旅游空间本地生产模式	4.31	4.51	4.39	4.39	4.40	民族文化旅游资源与文化遗产原生境脱离，具有"人造景观符号＋活态文化传承展示"的结构特征；旅游空间具有民族自治地方民族文化表征符号化特点及吸纳文化持有者（文化主体）、社会力量广泛参与保护的开放性特点；作为民族自治地方的文化地标，受政策环境影响较大，受政府与民间文化保护社团的关注；统一体系统整体较为协调，不存在较为突出的矛盾与问题，文化遗产保护利用效果较为理想

第三章 旅游空间异地生产模式与文化遗产的保护利用

第一节 旅游空间异地生产模式及个案选择

旅游空间异地生产模式是指把少数民族民俗文化异地移植到交通便捷、游客密集的地区（通常是省会城市），进行文化遗产旅游资源异地景观建设的一种旅游空间生产模式。以大都市的民族文化主题公园较为普遍和最具代表性。如云南昆明的云南民族村、广东深圳的中国民俗文化村等。从文化主体看，民族文化遗产旅游景观的文化主体仍以少数民族为主，但其所依存展示的文化环境普遍被视为是模拟的或人造的。民族文化持有者（广义的文化传承人）角色与民族文化遗产旅游利用与保护主体角色部分重合。

笔者选择位于云南昆明滇池国家旅游度假区的云南民族村为研究个案。对个案文化遗产资源情况、文化遗产旅游利用与保护的背景、文化遗产旅游利用与保护的内容与表现形式、制度机制、社会效应等进行调查研究。根据民族文化遗产旅游利用与保护统一体系统框架进行分析总结。

第二节 都市民族文化主题公园型景区：云南民族村

一 个案及调研基本情况介绍

昆明滇池国家旅游度假区于1992年正式成立。经过二十多年的发展，已经建成了拥有休闲度假酒店、高档别墅区、高尔夫球场、滇池湖滨观光休闲区、云南民族文化展示、高原体育训练等多产业多功能的区域。云南民族村（以下简称民族村）位于滇池国家旅游度假区内，占地485公顷，与著名的西山森林公园、大观公园、郑和公园等风景名胜区隔水相望。

1992 年 2 月 28 日，作为第三届中国艺术节主要展区正式对外开放。景区 26 个民族村寨①采用复原陈列的手法展示云南傣族、白族、彝族、纳西族、佤族、布朗族、基诺族、拉祜族、藏族、景颇族、哈尼族、德昂族、壮族、苗族、水族、怒族、蒙古族、布依族、独龙族、傈僳族、普米族、满族、回族、瑶族、阿昌族、摩梭人的民族风情。景区建有博览、游乐、度假、餐饮服务等各种综合配套设施。作为昆明滇池国家旅游度假区的一个重要组成部分，荟萃了云南各民族优秀的人文景观和自然景观，是反映和展示边疆各民族社会生活的窗口，是展示和弘扬云南 26 个世居少数民族文化的窗口，是国家 4A 级旅游景区、全国著名民族文化主题公园、国家旅游局指定的黄金周旅游热点地区旅游接待信息发布单位，还是国际民间艺术节组织理事会（CIOFF）命名的"民间传统文化艺术基地"、国家民委命名的"民族文化基地"、云南省民委"云南民族文化基地"、省文化厅"非物质文化传承保护基地"和滇池国家旅游度假村"少数民族文化传承人培养基地""旅游人才培养基地"，是旅游企业主导、民族文化遗产异地开发与保护模式。

表 3—1　　　　　　　　　个案调查对象情况统计

调查对象　数据　调查方式	性别		文化程度				年龄			身份、职业						其中		民族		合计
	男	女	大学及以上	中专高中	初中	小学	30岁以下	30—60岁	60岁以上	政府机关人员	个体工商户	企事业单位职工	农民	学生	游客	景区内少数民族	少数民族	其他民族	
有效问卷数（份）	38	59	31	21	44	2	74	24	0	2	8	80	2	5	1	27	61	61	37	98
个案访谈数（件）	18	6	11	3	10	0	13	11	0	2	4	17	0	1	0	6	18	18	6	24
合计	56	65	42	24	54	2	87	35	0	4	12	97	2	6	1	33	79	79	43	122

---

① 26 个村寨包括 25 个云南世居少数民族村寨和 1 个摩梭人（未定族别）村寨。为突出村寨的民族特色，全书将其统称为民族村寨。

　　笔者于 2012 年 8 月至 2013 年 8 月，对云南民族村进行了田野调查。调查问卷完成于 2013 年 8 月。调查期间，笔者对景区主要的旅游展演项目进行了参与观察，与民族村管理人员、主要村寨领班、村寨少数民族员工、游客等不同群体进行了访谈。调查对象情况见表 3—1。本文所用资料，除特别注明出处的，主要来源于田野调查。

二　旅游开发背景

　　云南是中国民族文化最富集的地区之一，也是全国率先实施"文化立省"发展战略的省份之一。民族村经云南省政府和昆明市政府批准，1991 年 12 月，由原来的海埂五七农场、海埂游乐总公司、海埂公园、海埂公司合并组建为昆明民族文化风景旅游区建设管理处。1994 年，昆明市编制委员会正式命名为云南民族村，为度假区管理委员会下属事业单位。2000 年，民族村经济体制由事业单位性质改为国有企业。2009 年，民族村改制为国有法人独资的有限责任公司，即云南民族村有限责任公司。[①]

　　民族村作为拥有 26 个少数民族村寨的大型民族文化主题公园，其建设发展历程至今已有十余年。首个村寨傣族村寨于 1992 年 2 月 2 日建成开放，标志着云南民族村开村。1992 年 2 月 17 日，白族村寨建成开放。1993 年彝族村、佤族村、布朗村、基诺族村、拉祜族村建成。1995 年，风味食品城正式开业。1996 年 2 月 1 日，6 辆专供游客乘坐的免费挂斗式循环游览车正式投入运行。1996 年 6 月，名人植物园建成。1996 年 9 月 26 日，正式开放大型彩色音乐喷泉和超级水幕电影。1999 年 4 月，新建藏族村、哈尼村、景颇村、德昂村对外开放。1999 年 4 月，新建大门广场、停车场等改扩建完毕，面貌焕然一新。2000 年 10 月，民族村宣布按"ISO 9002 国际质量管理体系"正式运行。2001 年 1 月，新建壮族村对外开放。2001 年 4 月，游客服务中心落成并开始接待游客。2002 年，新建民族团结文化广场和滇池大舞台。2007 年 5 月 1 日，新开放了傈僳族、独龙族、布依族、蒙古族、苗族、普米族、水族、怒族的 8 个村寨。2007 年 10 月 1 日，新开放满族、回族、瑶族、阿昌族的 4 个村寨。至此，云南 26 个少数民族聚集民族村

---

　　① 云南民族村有限责任公司：《新跨越、新业态——云南民族村改革发展纪实》，内部资料，2013 年，第 10 页。

实现真正的云南民族大团圆。2008 年，新增茶文化大观园。2010 年春节，民族村昆明故城开市。①

许多与民族村相类似的民族文化主题公园，不断被市场淘汰，而民族村经过二十多年的打造与经营，长盛不衰。进入 21 世纪，民族村适时提出二次创业。2007 年，民族村根据旅游市场发展趋势及云南民族村具体实际，将景区定位为"民族文化欢乐园，休闲度假目的地"，为企业确立了"传承文化，引领欢乐"的核心价值观，并从建设景区特色入手，确定了企业的发展目标要紧紧围绕民族文化这条主线，通过深入挖掘和提炼民族文化精髓，培育和壮大民族村的核心竞争力，使公司实现由传统单一的旅游观光景区向集旅游观光、休闲度假、会展商务、娱乐展演、文化交流功能的复合式景区的转型和升级，推动云南民族村文化旅游产业升级与跨越式发展。截至 2009 年，茶文化大观园的落成和昆明故城仿古建筑的并购，吸纳成千上万的游客入园游览体验。近年来，民族村进一步加快完善"吃、住、行、游、购、娱"配套设施及服务体系建设步伐，拓展经营空间，更新营销手段，进一步夯实了自身的品牌根基。"走趟云南民族村，等于游遍彩云之南"的口碑广为传扬。

保持民族文化的多样性且着意突出各民族间的文化差异性，一直是民族村文化旅游的重点和亮点。民族村经过多年的各族文化差异性的业态打造与经营，已发展成为昆明滇池国家旅游度假区区域经济发展的支柱性产业之一，在区域旅游文化和休闲文化产业发展战略中承担重要的角色。民族村相关资料显示，2010 年，民族村累计接待海内外游客 139.9 万人次，其中购票游客 91.9 万人次，实现旅游总收入 7139 万元（同比增长10%）。2012 年，游客数量增加到 1195 万人。为保护宣传云南少数民族文化，2012 年接待各类免费入园者近 60 万人。

三　民族文化遗产资源现状

民族村采取"1 个民俗博物馆 + 26 个民族村寨"的博物馆展陈方式，同时引进数十位民族非物质文化遗产传承人进行活态传承与展示。26 个民族村寨的建筑及村民生活，使民族村成为民族文化遗产的活态博物馆。据民族村艺术总监介绍，民族村建设一直坚持"真"的原则：一是建筑

---

① 云南民族村，http：//www.ynmzc.cc/？p = 14&a = view&r = 607，2013 年 6 月 6 日。

真，即 25 个少数民族和摩梭人的寨子都按 1∶1 的比例原样建造。二是人真，即寨子的工作人员都是来自民族聚居区地道的少数民族。他们普遍具有以下共同点：会讲本民族语言，身高、形象都不错，擅长民族歌舞（有些在民族地方的艺术团待过，有些是进村后培训）。三是民俗真，即民族村举行的各种节庆活动、各村寨展现的风俗仪式，都是按民族文化原生地形态展示。民族村是全国乃至世界了解云南少数民族文化遗产不可缺少的一扇窗口，是唯一集中展示云南少数民族文化的地方。民族物质文化遗产的保护，主要体现在民俗博物馆的收藏展示、民族村各村寨实体性建筑及其展示物品等方面。

2007 年，民族村与云南省文物总店在民族村、大理、红河州的蒙自和建水等地组织举行了赛宝节，无偿为老百姓鉴宝，积累了一些藏品。2010 年 11 月 18 日，经云南省文化厅批准，由云南民族村和云南省文物总店共同建设的云南民俗博物馆正式对外开放。其藏品不仅有少数民族发展中具有历史意义的文物藏品，还有各民族手工艺术精品，如古滇国饰品（金剑鞘）、云南早期铜器制品、云南银器制品、云南藏传佛教艺术品、云南少数民族宗教器物、云南瓷器、木雕艺术品、云南民间工艺大师作品等。典藏精品有明代大黑天神彩绘木雕、滇王族剑饰（金剑鞘）、小乘佛教铜像、纳西族神路图等。作为云南民族村文化遗产保护与展示的重要场所，经常引进外地展览或举办各种临时性展览，以丰富景区展示内容，还是民族村非物质文化遗产生产式保护的展览馆和代销点。

民族村的民族传统民居在材质、外观、形制、内部设置各方面保存完整、真实，有的村寨还在民居内设立了民族文化陈列室。在文化原生地几近消失的各民族传统建筑，如景颇族的山官房、基诺族的大公房、不少民族的祭祀楼、大院落等，在民族村原样保存，部分已成为全省独有的民族文物。各民族较具代表性的各类建筑集中于本民族村寨，成为标志性的文化景观。如占地 62.5 亩的白族村内，"三坊一照壁""四合五天井"的民居、本主庙及按实物缩小 4 倍建造的大理崇圣寺三塔等代表性建筑鳞次栉比；经营各类民族工艺品和土特产的"大理街"贯通南北；村寨日常展演的民族歌舞艺术体现了典型的民族特点和丰富的文化内涵。又如彝族村，占地面积 51 亩。村内有虎浮雕墙、虎山，充分展示了彝族的虎文化特色；雄伟壮观的太阳历广场中央耸立着高大的图腾柱；村内有传统民居土掌房、制酒作坊、茶山、斗牛场、磨秋等，全面生动地体现了彝族的民俗风貌。各村寨都建造有本民族富有代表性的文化象征符号，如民居建筑、宗教及民俗特色公共场所。如纳西村的村寨入口处有纳西族保护神"三朵神"塑像和《创世纪》大型浮雕墙，表现出鲜明的东巴文化气息；佤族寨内建有茅草房、牛头广场、神灵广场及粮仓等；基诺族寨建有基诺族大公房、民居楼、粮仓和太阳广场；拉祜族寨内建有拉祜族茅草房、大公房、教堂、牛棚以及葫芦广场；布朗族寨内建有民居、鬼神广场等建筑。

民族村集中了不少非物质文化遗产保护传承项目（见表3—2）。为了传承保护和抢救宝贵的民族文化资源，民族村依托景区已有村寨和游览设施，建立起了民族文化抢救保护中心。中心自2006年成立以来，有效地抢救和保护了一批濒临消失的民族文化遗产。云南民族村民族文化抢救保护中心依托独有的资源优势和在国内外的影响力，为少数民族文化的抢救、保护、发掘、再开发采取了一系列的有效措施，进一步丰富了景区文化的展示内涵，弘扬了各民族绚丽多姿的民居、民俗、服饰、民间工艺品和艺术表演等优秀文化。非物质文化遗产的保护主要以艺术展演、手工制作、民俗节庆三大类活动形式开展。

表3—2　　　　　　　　　　　**代表性民族文化遗产**

民族文物名称或非物质文化遗产名目	分布地点	级别	确定时间
建筑、服装、饮食、舞蹈、音乐等民族特色文化	各村寨		
彝族火把节、傣族泼水节、景颇族目瑙纵歌节、傈僳族刀杆节等民族传统节日	广场及相关村寨	国家级	2006年以来
哈尼族树皮布制作技艺、傈僳族其奔制作技艺、白族铜银器手工制作技艺、苗族手工刺绣技艺	相关村寨	市级	2009年

广场和舞台艺术展演类的内容主要有26个少数民族文化集中展示的剧场舞台化剧目"红土乡情"，按地理区位划片区的村寨表演"七彩云霞"和各个村寨的机动表演等。手工制作类的展示以数十位民间手工艺传承人的活态展示为主。民族村扶持设立德昂族制陶、拉祜族木瓢雕刻、阿昌族户撒刀锻造、傈僳族乐器改良制作、苗族手工刺绣、白族剑川木雕、独龙族独龙毯制作等工作室，进行活态传承展演。在民族村这一特殊文化环境中孕育培植了一批特殊的非物质文化遗产项目。2009年，云南

民族村的哈尼族树皮布制作技艺、傈僳族其奔制作技艺、白族铜器和银器手工制作技艺、苗族手工刺绣技艺被昆明市人民政府列入"昆明市第二批非物质文化遗产保护名录"。云南省列入国家级、省级非物质文化遗产名录中的一些传统民间艺术、制作技艺、节庆民俗等，通过景区平台得到了很好的展示和传播。首批列入国家级非物质文化遗产名录的民族节庆有彝族火把节、傣族泼水节、景颇族目瑙纵歌节、傈僳族刀杆节，还有哈尼族十月年（嘎汤帕节）等。节日活动展演的彝族跳菜、老虎笙舞、左脚舞、阿细跳月以及傣族民间孔雀舞、象脚鼓舞、基诺族大鼓舞、拉祜族葫芦笙舞、普米族蹉舞、彝族海菜腔、布朗族弹唱等，都是国家级非物质文化遗产保护项目。如火把节活动——有阿细跳月、彝族跳菜、左脚舞、祭火表演、老虎笙表演、对歌、打歌、摔跤、跳火把、火把狂欢、斗牛比赛等丰富而精彩的节目，已成为昆明地区全面展现彝族火文化、歌舞艺术、服饰文化和宗教信仰等传统文化的大型集会。

四　空间系统：民族文化遗产旅游利用的空间生产情况

民族村涉及民族文化遗产旅游利用与保护的相关部门及分工主要是：文化展示部负责景区的文化展演；文物保护办公室负责管理民俗博物馆和民间艺人，包括非物质文化遗产项目的申报；工程部涉及建筑房屋的维修、提供景区水电保障等；经营部主要负责景区与旅游产品的开发经营；市场部负责景区及旅游产品的对外宣传与推介。

少数民族文化遗产的旅游利用主要体现在文化展示方面。各村寨的工作内容大致相同，以彝族村为例，员工一日的作息时间是这样安排的：8：30 点名—9：00 前化妆、换服装、上岗，其中 2—3 人参加民族村开村仪式—10：40—11：10 村寨"七彩云霞"第一场演出，之后换岗去吃饭—14：00—14：30"七彩云霞"第二场演出，之后 9 人去滇池大舞台参加"红土乡情"演出，其余人在村寨展示—16：10—16：40"七彩云霞"第三场村寨演出—17：30下班。此外，演出排练有规定的时间。晚上加班主要是针对新演员的培训。节日期间，增加专场演出。从村寨员工的常规工作安排，也可看出常态化的民族歌舞及民俗文化展演是村寨工作的主要内容。

就民族文化展示的设置和调整，文化展示部经理 GSY 在笔者 2013 年7 月 25 日的调查访谈中进行了简单的介绍：

民族村的文化展示包括动态与静态两方面：静态展示包括各个村寨展

示的物品和建筑,每年进行维护、补充和更新。动态展示以民族歌舞,专场演出、篝火晚会及重要接待为主。五年前,由于村寨演出分散,不方便游客集中观赏,而进行了调整。目前,按照民族习惯、宗教信仰、地域文化接近的合并原则,表演点由原来以每个村寨为单位的十七八个点合并为七个点(区域性核心村寨),每天各点进行两次至三次的集中展演,称"七彩云霞";还有每天下午3点滇池大舞台的大型民族情景歌舞剧"红土乡情"专场演出。这些调整和设置是为了照顾更多的游客。不少游客只有一个小时的游玩时间。在滇池大舞台,可以看到各民族综合、浓缩的精华展示;通过"七彩云霞"的表演,就可以领略民族村二十多个民族的歌舞;只要是过节,各民族有特点的各种文化活动全部会集在节日展示。此外,各村寨都有本民族特色小吃、体育竞技及民俗风情表演,根据本民族特色进行展示。如回族比较严谨,歌舞比较少,更多是展示伊斯兰文化。由于村子有大有小,大的村寨除了静态展示,还必须设表演场进行动态展示。

综合来看,民族村文化遗产旅游利用的方式是多样的,兼有模拟示范式、历史复原式、复合式多种。在这里,物理空间、景观符号空间、参与体验空间通过旅游设施及产品形成具有很强互补性的空间系统(见表3—3)。

表3—3　　　　　　　　　景区旅游空间生产情况

旅游空间三层次		主要旅游服务设施及产品
物理空间	1	少数民族村寨、茶文化大观园、昆明故城、民俗博物馆等人文景观
	2	吉象园、滇池大舞台、民族团结广场、风味食品城、购物中心等旅游配套设施
	3	485公顷亚热带自然景观
符号空间	1	民族团结广场、各村寨等民族特色建筑
	2	以"红土乡情""七彩云霞"为标志的民族歌舞展演
	3	村寨固定传统文化展示
参与体验空间	1	火把节、泼水节、目瑙纵歌节等民族节庆活动
	2	村寨特色民族风味小吃
	3	民族歌舞打跳

1. 物理空间

民族村物理空间包括485公顷亚热带自然景观和分布其间的485公顷亚热带自然景观，吉象园、滇池大舞台、民族团结广场、风味食品城等旅游配套设施，以及少数民族村寨、茶文化大观园、昆明故城、民俗博物馆等主体人文景观（见图3—1、图3—2）。

图3—1　民族村部分设施及景观（之一）

图 3—2　民族村部分设施及景观（之二）

　　景区植被四季常青，区内水陆交错，以亭阁回廊、拱桥石阶相衔接，与滇池湖滨大道首尾贯通。26 个民族村寨采用复原陈列的手法真实展示云南民族风情。村寨员工均是来自各民族地区的少数民族，数量不一，大的村寨有员工 15—20 人。公司实行星级聘任，在村寨设立领班，领班也就是村主任，负责管理村民员工的学习与工作。民族村寨是景区物理空间内的亮点。以彝族村为例，彝族独特的建筑文化在此得到较为全面的展示。村中建有土司院、文化楼、知青房、酒坊、织绣间、斗牛场和茶山园等，还有秋千等民间体育设施。太阳历广场中央的图腾柱上雕刻有太阳、虎、火和八卦图形象，周围环绕着黑白面向不同的 10 个月球造型。广场外圆周分布有 12 生肖石雕。依山而建的"土掌房"建筑群，真实再现了彝族的家居生活。

　　景区建有滇池大舞台、民族团结广场、风味食品城等集观赏、游乐、度假、水上娱乐、餐饮服务于一体的旅游配套设施。游客还可以观赏激光喷泉、水幕电影、民族歌舞、大象表演；品尝民族风味小吃，购买民族工艺品。吉象园由表演场、象舍、大象活动区等建筑组成，是国内规模较大、设施齐全的亚洲群象饲养与表演的专业场所。表演场可容纳观众千余人，主要开展大象表演和相关租赁、礼仪等配套服务。每天可在此观赏到三场精彩的大象表演，与大象亲密接触。

　　景区内经营销售店铺较多，主要分布于东门入口处、各主要旅游景点和各村寨内（见表 3—4），主要经营云南土特产、旅游手工艺品、纪念品、民族服装等各种旅游商品。据民族村经营销售部工作人员介绍，由公司统一经营管理的所有商品均由民族村采供部提供，村寨经营项目以传统手工艺展示为主要内容，如白族村口就有来自大理的白族民间艺人在进行特色食品千锤酥和银器的加工展示与销售。

表 3—4　　　　　　　　　　　　**景区主要经营服务情况**

经营服务项目、内容	位置
旅游商品街	昆明故城、东门入口处
民族风味餐厅	主游路上
民族风味小吃及各种民族特色商品	各民族村寨、吉象园门口
钰满天下（玉石珠宝）	民族村西北角（青年大道西北端）

　　2. 景观符号空间

　　景观符号空间的标志性符号有：民族团结广场、舞台展演剧目"红土乡情"、村寨以"七彩云霞"为主的文化展示与展演等（见图 3—3、图 3—4）。

　　位于东门入口不远处的民族团结广场，是民族村大型活动的集中举办之地，分布有极具民族特色的雕塑。散布于各个村寨的庄严神圣的傣寨佛塔、白族大理三塔与"三坊一照壁""四合五天井"民居、彝族太阳历广场与彝家图腾柱、佤族木鼓、基诺族太阳鼓、雪域高原的藏族佛寺、哈尼族的龙巴门、德昂族的龙阳塔、景颇族的目瑙纵歌标物、壮族的铜鼓等，都是典型的景观符号。"红土乡情"与"七彩云霞"等民族歌舞展演、村寨固定传统文化展示等，既具有浓郁的乡土真实性，又具有明显的文化生产的符号化特征。其中，以固定的舞台化的民族歌舞展演的符号化特征最为明显。

图3—3　具有符号意义的文化景观（之一）

图3—4 具有符号意义的文化景观（之二）

民族村的演出分三种，大型的是"红土乡情"剧场演出，中型的"七彩云霞"是片区集中展演，小型的村寨节目是各村灵活安排的固定节目。从演出内容说，都来源于生活，反映各民族当地的风土人情。"红土乡情"与"七彩云霞"相比，前者的舞台表现力与艺术性比村寨演出强；而后者的文化本真性及观众参与性更强。村寨文化展示小型节目，通常都有民族民间集体休闲娱乐性舞蹈打跳，除具有符号化特征，还具有较强的游客参与体验性。

每天下午3点开始的大型情景歌舞"红土乡情"，是云南少数民族民俗风情舞台符号化的标志性成果。"红土乡情"整场演出由祈福篇、生产篇、情趣篇、恋情篇、婚俗篇、酒宴篇、志气篇、色块篇、尾声9个板块组成，从展示内容和效果看，表演通过显性的民俗文化元素和符号表征，全面而集中地展现了云南众多民族在生产生活领域的风俗特点；从展示手段和形式看，展演综合运用了高水平的舞台声光电技术，艺术表现力和感染力极强。

　　村寨系列演出"七彩云霞"打破了以往以各村寨为单位的单一演出,分布在景颇族、拉祜族、佤族、白族、彝族、傈僳族、摩梭人7个民族村寨,以"红、橙、蓝、绿、黑、白、紫"七种颜色为主色调,在传统广场歌舞乐的基础上,增加了民俗片段及艺术元素,突出少数民族代表性文化元素。"绿色篇·人勤春早"展示景颇族目瑙纵歌情景、傣族孔雀舞等;"蓝色篇·峡谷飞歌"展现傈僳族上刀杆绝技以及热情奔放的藏族热巴舞、怒族普米族的酒歌等;"黑色篇·欢欣鼓舞"展现佤族的祭祀、木鼓打跳、剽牛及布依族唢呐、水族书画等;"红色篇·山乡烽火"展现彝族左脚舞、爱伲民间艺人独奏、哈尼族棕扇舞等;"白色篇·恋情婚俗"展现白族的猜新娘、掐新娘、情歌联唱和满族的民间游戏抛空竹等;"橙色篇·唱响欢乐"展现了苗家的倒爬花杆、芦笙传情,拉祜基诺的民间弹唱与荡秋千民俗等;"紫色篇·泸沽风情"再现纳西族甲搓舞、勒巴舞和古老的东巴文化及泸沽湖畔摩梭人的走婚风俗等。

　　笔者于2012年8月至2013年8月,先后对25个民族村寨进行了走访调查,对其中作为"七彩云霞"表演点的7个片区核心村寨进行了重点调研。表3—5是根据7个村寨领班访谈资料整理的各个片区所属村寨的文化展演基本情况。

表3—5　　　　　　　　　村寨文化展示与展演基本情况

七彩云霞篇章及片区村寨	展演的核心村寨	员工基本情况	文化展示与展演内容
白色篇章:白、回、满、蒙、壮5个村寨	白族村	员工19人,7男12女。设迎宾、本主庙值守、乐器弹唱、民居生活介绍、小吃展示等岗位	日常主要展示民族建筑、服饰、乐器、宗教民俗等。制作销售白族特色食品炸乳扇。村寨表演内容主要有迎宾舞蹈、电影《五朵金花》主题歌、丰收时的百家欢歌、白族的猜新娘、掐新娘、情歌联唱和满族的民间游戏抛空竹等。游客参与体验节目灵活安排,有民族歌舞打跳、做游戏、学习弹三弦、使用八角鼓与霸王鞭、游客对唱等。白族过火把节时,要请大理德高望重的人来村主持祭祀仪式
黑色篇章:佤、布朗、布依、水4个村寨	佤族村	员工13个人,7男6女。设广场讲解、打陀螺游戏展示、小吃展示、民居介绍等岗位	日常主要展示佤族的民族传统建筑、服装、文体娱乐项目等。制作销售鸡肉烂饭、牛肉春干巴、米酒等民族特色小吃。村寨表演内容主要有佤族的祭祀、木鼓打跳、剽牛及布依族唢呐、水族书画等,自己编排的民族舞蹈较多

续表

七彩云霞篇章及片区村寨	展演的核心村寨	员工基本情况	文化展示与展演内容
红色篇章：彝、哈尼2个村寨	彝族村	员工19人，10男9女，员工主要来自彝族的保保、撒尼、花腰、阿细等支系。设迎宾、广场讲解、民居介绍、小吃展示等岗位	日常主要展示酒文化、建筑、宗教民俗等。火把节期间的晚上有篝火晚会，有烤鸡、羊汤锅等特色小吃。门口有迎宾人员，用本民族语言跟游客打招呼。游客多时，给游客唱敬酒歌。表演节目有吹过山号、敲鼓、吹树叶、土司向刘伯承表达情感的歌曲"情深意长"、大三弦演奏、哈尼的铓鼓、彝族的左脚舞、哈尼族捉泥鳅舞蹈、哈尼族棕扇舞、彝族打歌舞蹈、彝族海菜腔、花腰歌舞等。十多种乐器集中展示，邀请游客参与打跳活动
蓝色篇章：傈僳、独龙、普米、怒、藏5个村寨	普米族村	员工11人，6男5女，设迎宾、民居介绍、苏丽玛酒展示等岗位	日常主要展示民族传统建筑、服装、特色饮食苏丽玛酒、普米烤茶等。表演内容有傈僳族的阿赤目刮（模仿山羊的歌舞）、普米族的火塘恋歌、藏族热巴舞、怒族普米族的酒歌、独龙酒歌、傈僳族的上刀山绝技等，有游客参与的打跳活动，约30分钟左右。机动节目是在村寨里面尽量满足客人的合理性要求，如唱歌、合影、羊头琴和口弦演奏
紫色篇章：纳西、摩梭人2个村寨	摩梭人家	员工11人，4男7女，设祖母房、经堂、花房、男人房、马尼堆介绍及文化展示等岗位	日常主要展示民族传统建筑、服装、酥油茶制作。表演主要展现滇西北纳西族的甲搓舞、勒巴舞和古老的东巴文化，泸沽湖畔摩梭人的百褶裙服饰、恋爱习俗。开场时有参与性节目，有情歌对唱等。客人比较多的时候会机动增加节目。平时还有划船的收费节目
橙色篇章：基诺、拉祜、苗、瑶4个村寨	基诺、拉祜族村（两个村寨连为一体）	员工14人，7男7女。设大公房、拉祜民居讲解及拉祜射箭、手工制作展示等岗位	日常主要展示民族传统建筑、服装、饮食、传统手工制作。表演内容有苗家倒爬花杆、芦笙传情、瑶族丢花包、基诺族太阳鼓与竹竿舞、拉祜族舞蹈、拉祜基诺的民间弹唱与荡秋千民俗等。用西洋乐器弹唱，用拉祜族民族语言唱基督教赞美歌。与游客互动节目有芦笙恋歌对唱、荡秋千等
绿色篇章：德昂族、阿昌、景颇、傣4个村寨	景颇族村	员工20人，其中2个民间艺人。设迎宾、山官房、许愿池等介绍及文化展示等岗位	日常主要展示民族传统建筑、服装、宗教民俗、景颇刀打制、竹器和乐器的制造工艺等。村寨表演内容有用葫芦丝演奏《有一个美丽的地方》、景颇族目瑙纵歌、傣族的孔雀舞、赶摆归来舞、捕鱼舞脚鼓舞、景颇族传统乐器土良吹奏、景颇山舞蹈、德昂族挑箩舞等。村寨五一黄金周举行目瑙纵歌节。只是象征性展现场面，让游客参与体验

由此可见,村寨文化展示与展演有如下特点:一是各村寨岗位设置雷同,文化展示内容都以民族传统建筑、民族歌舞、乐器、饮食、服饰、手工技艺、文体娱乐活动为主;二是不同村寨的展示与表演不尽相同,各有侧重,所展示民族文化的地域特色突出;三是民族歌舞展演是各村寨日常文化展示中的高潮部分和重要内容,也是村寨文化展示中最受游客关注的内容。以上各村寨不同的文化景观符号在不断地"旅游凝视"下逐渐被游客认同而成为民族的标志性符号。

3. 参与体验空间

民族村的参与体验空间以火把节、泼水节、目瑙纵歌节等民族节庆活动、村寨民族风味小吃、民族歌舞打跳为代表。

云南民族村丰富的节庆活动、村寨日常民族歌舞展演、特色民族餐饮,为游客提供了多样的参与体验性旅游空间。系列民族节庆活动几乎贯穿一年始终。主要的节日活动有火把节、泼水节、春节滇池庙会、阔时节、目瑙纵歌节、新米节、卡雀哇、三月街、花山节、颁金节等。八月火把节、四月泼水节、春节滇池庙会和十月阔时节、丰年节,已形成一定声望的旅游品牌效应。与5月、6月、9月、12月相对应的是目瑙纵歌、文化遗产日、新米节、平安圣诞夜,经过几年的打磨,客源市场处于不断上升的势头中。与1月、3月、7月、11月相对应的卡雀哇、三月街、花山节、颁金节已初步立足于旅游市场。节日内容丰富,民族文化特色得到集中体现。如泼水节展现了傣族传统的象脚鼓舞、婚礼表演、赛龙舟、丢包等民俗活动;白族民俗节庆活动内容丰富,有三月街、绕三灵、迎新媳等;佤族新年节庆所跳的木鼓舞节拍鲜明强烈、风格粗犷豪放,令人震撼。而节庆规模与社会影响较大的火把节,因彝族村民参与展示规模较大、文化本真性较强、国家级非物质文化遗产展示集中等原因,更成为令人瞩目的参与体验空间。

火把节流行于云南、贵州、四川等彝族地区,是彝族、白族、纳西族、拉祜族、哈尼族、普米族等各民族共同的传统节日。彝族、纳西族、基诺族在农历六月二十四日举行,白族在农历六月二十五日举行,拉祜族在农历六月二十日举行。每年农历六月二十四日,云南民族村都要举办声势浩大的赛装、祭火、斗牛、摔跤比赛,并在太阳历广场举行盛大的篝火晚会。作为2006年国务院公布的第一批非物质文化遗产,彝族火把节内涵丰富、特色鲜明。近年来,云南民族村既注重突出彝族火把节文化丰富的内涵与表现力，邀请彝族民间摔跤、斗牛、祭火、花腰龙、左脚舞、大三弦等表演队伍近300人进园欢聚、展示，还将白族民间竖火把、纳西族民间跳火、哈尼族民间乐作等各族欢度火把节的民俗活动场面生动地展现于民族村。

近几年，民族村火把节庆活动的内容和表现形式均有不同，创新不断，已成为昆明地区全面展现彝族火文化、歌舞艺术、服饰文化和宗教信仰等传统文化的大型集会，成为昆明市各民族及来昆游客共同欢庆的节日。2012年8月10日，笔者在访谈民族村艺术总监时，他称2012年火把节是"最牛火把节"，并向笔者介绍了民族村火把节发展的现状：

民族村开展的火把节是逐步发展的。去年火把节请了弥勒县一个村寨的祭火队，把古老的生殖崇拜带进来，非常有观赏性。今年是从3日一直表演到12日。还有西山村撒尼人的大三弦表演队、斗牛队、彝族的摔跤舞队，红河州石屏县30人的花腰歌舞队与四大声腔传承人。其中有四个传承人，两个是国家级的，一个州级的，一个县级的。除了村寨的约300名员工，从外边请了近200人，是最牛的火把节。楚雄彝族自治州的规模也没这么大。我们逐年都在发展。

2013年民族村的广告宣传语则是"天下火把节，最牛民族村"。2014年云南民族村火把节狂欢活动分为日间活动和晚间活动。火把节的别样风情，在民族村东门入口处就有所展现：每天早上会有不同村寨的少数民族迎宾敬酒。彝族村自然成为节日的焦点。来自云南彝族地区的彝族同胞在民族村欢度佳节，进行文化展示（见图3—5）。不同地区的代表性彝族传统歌舞艺术、宗教及民俗传统活动都得到集中展现：彝族的花腰舞龙、祭火、左脚乐舞、斗牛比赛、阿细跳月、彝族跳菜、民间摔跤及白族的竖火把仪式等，内容丰富有趣。7月30日至8月1日，每天一场的牛王争霸活动，让游客充分体验惊险与刺激。彝族摔跤是彝族火把节具有代表性的活动，7月30日至8月1日每天两场。左脚舞是彝族民间歌舞代表之一，其风格形式独具特色、参与性强，十分受游客欢迎。在白族村，还可以体验白族火把节竖火把以祈求来年五谷丰登、风调雨顺的仪式。在民族村团结广场外围，还可以逛逛"乡间街子"，品尝各种少数民族特色小吃。夜幕降临后，彝族阿细跳月表演队带领游客，在村内主干道进行火把巡游，展现民间祭火把、大三弦、左脚舞等民俗活动。

2013 年 7 月 29 日，笔者在彝族村太阳历广场观看完弥勒县西三镇凤凰村的彝族村民祭火及取火种仪式表演后，访谈了表演队的领队 DQL，他告诉笔者：

> 民族村的祭火及取火种仪式，是祖上传下来的。现在村里都不再搞了。农村过火把节，只是全村人点上火把，穿上新衣，在镇上的文化站唱唱跳跳。现在村子里有好几个舞蹈队，春节时县城文化局、文化站会请去表演祭火。我们这个队有十五六个人，有毕摩。表演内容很多，有祭火、阿细跳月、烟盒舞、酒歌乐器独奏等。搞了十五年了，年年被邀请。

可见，民族民间艺人已成为民族传统文化保护传承的中坚力量。彝族的祭火仪式在表演人的家乡已经消亡了，民族村为这些古老的民族宗教文化提供了复活机会和再现的平台。

图 3—5　彝族村火把节场景

通过参与观察和比较，笔者发现，近几年民族村火把节活动具有两大突出特点：一是节庆的参与互动性与趣味性逐年有所提升；二是与地方彝族村民合作，引进民族村寨文化原生境的文化展演，极大地提升了景区文化展示的真实性，丰富了民族文化保护传承与宣传的形式。

民族村近几年影响较大的节庆活动，还有 2012 年 10 月 1 日至 7 日以"锦绣十月民族村，欢乐阔时怒江行"为主题的十一黄金周系列活动。在保留往年原有活动的基础上，新增了"峡谷歌舞、风情影展、沙埋情人"等活动，让游客充分感受怒江各民族原汁原味的民俗风情。沙埋情人是傈僳族男女求爱最古老的方式之一。国庆期间，这种求爱方式也将在云南民族村团结广场上演。节日期间，在云南民族村刀杆广场每天还可以看到精彩的上刀杆表演。傈僳族村寨及大峡谷各村寨展出了百余幅峡谷风情图片。游客们还可以进行品尝民族美食、购买民族旅游纪念品等活动。据云南民族村相关负责人介绍，国庆节假，云南民族村呈现出村寨活动丰富、演出阵容强大、民族特色突出、活动亮点频出、互动参与增强的鲜明特色。

2013 年 2 月 9 日至 2 月 15 日，民族村开展了"迎新祈福、喜庆年酒展示、民族年节习俗"三项活动。游客将能看到各民族祈福活动，如蒙古族绕敖包祈福、瑶族洒米驱邪、纳西族摩梭人经堂祈福等。活动期间，民族村推出迎新祈福法会、龙狮闹春迎客、拦门举酒敬客、庙会特色小吃等亮点突出的民俗活动，营造出浓烈的新春氛围。

从 2013 年 4 月 29 日起，云南民族村推出以"火花乐舞夜、天天火把节"为主题的消夏歌舞联欢系列活动。五一黄金周期间，景颇寨目瑙示栋广场举办"篝火歌舞、火把联欢"；阿昌寨和德昂寨设立"烧烤啤酒雅座、摔晦岁岁平安"等娱乐节目。周末，德昂寨佛寺举办"佛寺香火祈福"活动。4 月 29 日至 10 月 7 日，云南民族村的文化夜市吸引了不少昆明市民。云南民族村在正大门门前广场上开辟了美食专区，邀请了云南省各州市的特色民族小吃进驻。景颇寨的篝火旁，聚集了热情的村寨员工和参与的游客们，他们共同载歌载舞闹夜市。

此外，各村寨为游客提供和创造的文化参与体验性活动，还有少数民族歌舞打跳、体育竞技项目、民族风味小吃等（见图 3—6）。各村寨的民族歌舞打跳活动，通常安排在展演节目结束时。射箭文化是蒙古族传统体育文化中的一个重要组成部分和特色文化项目。为了更好地展示蒙古族民族文化，丰富景区经营项目，经营部设置了蒙古族射箭的文化体验经营项目。溜索是独龙江上特有的交通工具，经营部设置了溜索体验项目。凡是有条件的民族村寨都有民族风味小吃售卖，据村寨领班介绍，各村的风味小吃都必须保持民族地方特色。如同样是烤鸡翅，村寨用的辣椒是来自民族地方的小米辣。佤族、景颇族几个村寨里有自酿的米酒出售。拉祜、基诺、傈僳等很多村寨都有玉米饼、糯米粑粑等，傣族村寨有规模稍大的傣味餐厅。佤族寨的领班告诉笔者，不少游客来到村寨，都希望体验到民族特色餐饮，村寨的经营活动既丰富了文化展示，为游客提供文化体验，还能增加员工收入。目前，佤寨经营的特色小吃有鸡肉烂饭、牛肉、干巴、水酒等，米酒较受游客喜爱，旺季时一天可以卖三四百元。

图 3—6　部分参与体验场景

　　结合表 3—6 问卷调查统计结果看，整个旅游空间系统评价均值是 4.27。其中游客对民族村的参与体验空间的评价值较高（4.34），物理空间（4.20）次之，符号空间稍弱（3.94）。均属于满意度较高的肯定性评价。这与实际情况相符。以强大的节庆活动为支撑的参与体验空间，吸引了广大游客；而符号空间由于民族村寨数量庞大、空间分散、展演节目时段固定，剧场舞台表演收费等原因，游客在较短的时间难以系统接触和全面感知，所以评价值相对低一些。对文化遗产真实性评价（4.48），文化遗产展示内容评价（4.26），文化遗产展示形式、手段评价（4.37），都属于满意度较高的评价。其中文化遗产展示内容评价均值稍低，这与民族文化展示脱离文化原生境而造成文化碎片化、民族村寨实物展品有限等实情有直接关系。

表 3—6　　　　　　　　旅游空间系统问卷评价统计

问卷主题	旅游空间游客满意度评价均值4.16			文化遗产真实性评价均值（问卷1.4）	文化遗产展示内容评价均值（问卷1.5）	文化遗产展示形式、手段评价均值（问卷1.6）
	物理空间（问卷1.1）	符号空间（问卷1.2）	参与体验空间（问卷1.3）			
平均分值（分）	4.20	3.94	4.34	4.48	4.26	4.37
系统均值（分）	4.27					

五　过程系统：旅游利用背景下的文化遗产保护情况

云南民族村对少数民族文化遗产进行旅游利用与保护的过程与特点主要体现在以下方面：

1. 真实民俗形态与村寨环境有机融合所构成的活态的旅游—生活空间，是民族村文化遗产保护的突出特点

民族村 26 个少数民族村落汇聚了云南各民族丰富多彩的文化个性，构筑起了云南民族村不可替代的文化综合景观，形成了鲜明的品牌声誉和核心竞争力。作为村寨主人的民族文化持有者与民族村落建筑，是建构民族村旅游—生活空间的物质基础和核心要素。

云南少数民族村落建筑的结构完整性、代表性甚至唯一性，随着时间的推移，越来越受到社会和各级政府的重视。20 世纪 80 年代以来，国内相继涌现出不少人造景点，绝大多数已经销声匿迹。而民族村不同，景颇族山官房、祭祀楼、大院落、大公房等许多民族建筑连原生地都几近消失，这里还原样保存。公司管理层领导称，26 个民族代表建筑的真实、完整的景观，再过些年甚至可申报为省或国家级文物保护单位。

笔者通过田野调查和村寨访谈，了解到村寨员工是民族村人事部和文化展示部从民族地方招收的。作为本民族的文化持有者和广义的文化传承者，他们是保证民族村文化本真性的核心要素，是云南民族村文化保护传承的核心主体。新员工必须经过专业的上岗培训；平时的学习培训，由村寨领班负责组织开展。2013 年 7 月 25 日，对于民族村少数民族员工情况，文化展示部经理做了如下介绍：

招工是人事部和文化展示部联合开展。这两个部门负责同当地的劳动就业局、文化站、职业学校联系，各地方会有劳务指标，文化站和学校每年都有学生毕业。现在已经建立了畅通的招工渠道，少数民族员工来源相

对稳定。民族村现在一共有 268 个员工，女孩子相对多一些，有 90—100 人，年龄在 16—20 岁，男孩子在 16—22 岁。在村寨的有 244 人，男的有 100 人左右，前几年文化程度要求在初中以上，现在以高中生为主，大学生现在有两个。员工与公司的合约最低 3 年，可以续签。根据所起作用大小，分领班、骨干、一般员工三个层次，领班、骨干签的时间较长。村寨员工有五个星级的评定，每年评一次。一进来就是一星，试用期 3 个月。根据其表现，3 个月以后可以升级。要根据实际表现来评定，不同的星级待遇也不同。表现一般只能是一星，月基本工资在 1600 元，每个月有 190 元伙食补助。五星级的有 2900 元的工资，待遇还是可以的。我以前在深圳民俗村待过，没有这边好。深圳的民俗村基本展示和这里是一样的，不同的是，那边展示的是 56 个民族。关键是民族建筑及文化展示方面，这里的文化真实度更高。

就村寨旅游—生活空间的真实度与本真性，笔者从各村寨各民族员工主位与游客客位的双重视角进行了访谈调查。随机访问了近 20 名游客，所有的游客都对其文化真实程度与本真性表示认可，近 60% 的游客认为文化展示内容较为单薄。笔者随机挑选了部分村寨，请少数民族员工就本民族村寨文化展示情况及效果做了评价：

白族村员工（2013 年 7 月 28 日）：这里是真民族、真民俗、真建筑。差不多 70% 的白族文化都展现出来了，很真实。

佤族寨员工（2013 年 7 月 27 日）：民族建筑和人都是真的。游客还可以有文化体验、歌舞、米酒，鸡肉烂饭这些，都和寨子里差不多，很真实，很全面。除了宗教的内容没有展示。

彝族村员工（2013 年 7 月 27 日）：民居建筑文化、婚俗文化、酒文化都有展示，（家乡）彝族寨子 80%—90% 的内容都有反映了。

普米族村员工（2013 年 7 月 25 日）：普米族文化可能只反映了 30%。还有好多没展示出来。收集的东西不多。

独龙族村员工（2013 年 7 月 26 日）：跟家乡基本一样的，真实性还是比较大的，能展现百分之七八十吧。我家老人、年轻人一家子都来了，和在独龙江的生活差不多。

傣族村员工（2013 年 7 月 28 日）：这里傣族的各种建筑非常齐全。饮食、居住、宗教各方面都展示出来了。特别是建筑，在下面（傣族地方）好多寨子的竹楼都没有了。今后，游客要了解傣族文化，可能这里还比较好。

基诺寨员工（2013年7月26日）：现在家乡的人想的都是现代化的东西，竹木结构的房子基本看不到了。虽然房子、节庆还保存着，但真实性不比以前了，太现代化，很多文化已经消失了。现在只能是回家时把能带的带过来保存着。拿到这里，就比较宝贵。基诺族、拉祜族过节，晚上我们自己可以做饭菜。基诺族的特茂克节，省基诺族学会组织在这里村寨吃饭。感觉和在家乡一样。村寨就是我们的家。

综合村寨员工与游客的评价，可见不同村寨文化展示的内容与效果不尽相同。但整体来看，民族文化的本真性广为大家认可。对一些小民族来说，民族村成为他们最后的文化避难所。从这个角度看，民族村在民族文化保护传承与社会宣传教育方面，是非常成功的。

2. 对民族民间歌舞艺术、传统手工技艺、民俗节日等非物质文化遗产进行了全面、集中、有深度的保护传承与发展

在整合各村寨民族民间歌舞艺术资源的基础上，提升打造的大型情景歌舞常设演出"红土乡情"及村寨七个广场的常设歌舞演出"七彩云霞"，是民族村对少数民族传统歌舞艺术进行深度发掘与旅游利用的创新举措。"红土乡情"里的服装、道具完全来源于各民族的实际生活，保留了原汁原味的民族舞蹈元素，同时运用了现代高科技舞台展示技术，舞台艺术化地集中展现了云南少数民族传统的歌舞艺术。而"七彩云霞"则以乡村民俗的情景式展演，集中质朴地反映了云南各民族民间传统歌舞艺术。民族村剧场舞台化表演与村寨情景式展演的结合，是对少数民族歌舞音乐类非物质文化遗产保护传承及社会化宣传教育的有益尝试。与此同时，民族村作为民族文化保护传承基地的良好氛围，影响和激发了少数民族年轻人创新性保护传承本民族歌舞艺术的热情。不少村寨的员工都开始根据各自特长和本民族歌舞艺术特色，积极地开展歌舞艺术的深度发掘与保护传承。民族村大型民族节庆等集体性演出活动，还为不同民族之间的相互学习交流创造了机会。

YGB（2013年7月26日，基诺寨领班）：村子现在用的太阳鼓、三弦、射箭的弩，都是自己做的，还有用竹子编的，都会。这都是跟以前村寨的老师傅学习的。下一步，考虑定一个专门制作民族乐器的岗位。打算安排两个男孩子在基诺族门口做手工，自己制作三弦、笙等这些乐器，每个人还要会吹芦笙。纺织工具，现在会做的没有几个，现在新进来的本民

族的语言都快丢失了,这些都要赶快进行抢救性保护,各村寨都在加强培训。

FCZ（2013年7月26日,景颇寨领班）:在民族村,一个是保持原有的民族文化形态,然后还可以增加一些内容。比如景颇族有个刀舞,是由以前一种玩耍的娱乐方式演化而来的。景颇族的竹器原来只是一种生活用品,现在成了旅游产品,通过舞蹈展示给游客。下一步,要培训演员必须会吹土良（本民族乐器）,不分男女。景颇族有专门的乐器队,在节日都会出去表演。每个民族的特性不一样,景颇族跟其他民族的特色不一样,我们只能展示自己的特色,无法比的。我们只是把最好的一面展现给游客。

TJS（2013年7月27日,佤族寨领班）:在这里8年,学会了其他民族的舞蹈。作为领班,自己先去学习,然后再教其他人,都是互相学习的。火把节主要是学习彝族的舞蹈,参加巡游仪式表演。去年圣诞节,用民族性的东西编排了"江南style"。"红土乡情"的表演是大杂烩、各民族都有的;村寨里是单一的本民族的文化。

HJG（2013年7月25日,普米寨领班）:每年过年时,民族村会有原生态歌舞大赛,有传承类、创新类等分类。普米族的歌舞展演主要有搓蹉舞。普米族的调子很多,最具代表的有12个,其中选了6个调子放在搓蹉舞里。一年有12个月,每个月有1个调子。民族村领导也很支持（这样做）。跳的舞蹈都是自己编排的,2011年参加云南省民族民间歌舞大赛,唱歌表演得了第二名,搓蹉舞参加民族村的比赛,得了传承一等奖。（我）从小就喜欢歌舞,小时候是家乡的山歌王子,中学时也参加镇上的演出。如果没有来民族村,就不能实现自己的理想。民族村给了这个机会。现在做的主要是普米民间歌曲的收集和创作。普米族协会、很多朋友、同胞、领导给予很多支持。很多不是本民族的人也给了很多帮助。下一步,还要去采风、拍摄。年底专辑出来以后,打算在普米族地区进行巡回演出。用歌声、行动让更多的人了解普米族。今后会请教一些专家学者,结合本民族的特点用汉语来表达,让更多的人传唱,让更多的人了解普米族。要做的更专业化、艺术化,让其他民族也接受。

在各级人民政府公布的非物质文化遗产保护项目中,有将近一半的项目与歌舞乐有关。云南省文化厅引导各地坚持"尊重原创,适度加工"

的原则，把民族民间歌舞素材挖掘出来，进行适度艺术加工，参加全省性集中展演，得到群众的广泛认可和喜爱，再回到民间，回到群众中，更好地进行推广、普及和传承。① 截至 2013 年，云南省文化厅与省民委共同举办了八届云南省民族民间歌舞乐展演大赛。在 2011 年 11 月 21 日第七届民族民间歌舞乐展演大赛上，民族村与来自云南省 16 个州市的 1100 多名非物质文化遗产传承人、民间艺人进行了 63 个国家级、省级非物质文化遗产歌舞乐节目的展演。② 民族村取得了优异的成绩，展现了其在云南少数民族民间歌舞艺术方面传承发展的成果。

民族村在为少数民族年轻人提供文化创新性保护传承机遇的同时，也为民间艺人提供了保护传承的平台。通过都市文化主题公园这一平台吸纳招揽了一批优秀的民间艺人，是民族村在非物质文化遗产保护方面的另一大创新举措和优势所在。这些民间艺人掌握着少数民族特有的绝活，如彝族传统歌舞传承人罗凤学就是其中之一。他擅长的左脚舞是云南流行最广、影响最深的彝族舞种，被誉为彝族文化的活化石，2008 年已列入第二批国家级非物质文化遗产名录。哈尼族树皮布制作技艺、傈僳族其奔乐器制作技艺、白族铜器和银器手工制作技艺、苗族手工刺绣技艺等被列入"昆明市第二批非物质文化遗产保护名录"，都是依托民族村进行申报管理的。民族村为这些民族文化传承人、艺术家提供了保护展示与传承创新的平台。不论游客或是本民族文化持有者，他们对民族村歌舞乐艺术及传统手工艺、民俗生活的综合型展演形式给予了肯定的评价。

YGB（2013 年 7 月 26 日，基诺寨领班）：村寨表演的节目，基本上都是来自本民族，都来源于平时的生活，反映真实的东西。（因为）在这里展示的要提高审美水平，肯定得加工。舞台上多是反映风俗习惯的，舞台下多是展示手工艺、民族生活状况，尽量让游客参与互动，体验文化。综合来做，就更能充分展示一个民族方方面面的文化。

WGH（2013 年 7 月 27 日，民族村董事长）：2007 年 7 月到 9 月，国际民间组织邀请民族村组织 38 人的代表团到法国，跟 23 个国家近距离交

① 云南省政府信息公开门户网站云南省文化厅，http：//xxgk. yn. gov. cn/bgt_ Model/news-view. aspx? id =2284285，2013 年 6 月 6 日。

② 中新网昆明，http：//www. chinanews. com/cul/2011/11—21/3476060. shtml，2013 年 6 月 27 日。

流。要求是现场表演,佤族的小伙很受欢迎。2007 年以后,组织员工去过越南、加拿大、中国澳门、中国台湾等地。每年都有机会,民间文化外交效果很好。传承基地的牌子是省民委和文化厅发的,成为全国文化产业示范点。民族村去年超过 1 亿元的收入,有 1300 万元的利润。度假区的支撑点就在民族村,现在旺季每天进来的游客在 1 万人左右。在民族村内不允许做旅游房地产,(而是)发展民族文化,其依据一是社会法律,二是民族感情。把民族村卖了,地方民族就不愿意了。社会效益在全国都是好的,在云南除了丽江,民族村的效益是较好的。同云南省文物总店合作办的博物馆是民办企业,受国家民委好评。中国最有影响力的 15 家企业,民族村排第 7 位。抢救保护是政府做的,但是现在民族村企业也在做。民族村要进行民族文化深层次的挖掘传承保护,要做精,不要做得太多。可能很多东西 10 年以后在其他的民族村寨看不到,但这里还有。下一步考虑以参与体验为主,把民族村转型升级。

YZ(2013 年 7 月 27 日,艺术总监):2009 年,佤族表演团代表云南省参加了在成都举办的全国非物质文化遗产项目博览会。2011 年 11 月,省文化厅和省民委联合举办了一个云南省第七届歌舞乐展演,展演大会由16 个州市组成代表团,民族村是唯一的非地州的代表团,带了 5 个节目,获得一个金奖,一个银奖,两个铜奖,一个优秀奖。

3. 开展"一村一品"开发项目,探索非物质文化遗产的生产式保护

民族村充分发挥文化旅游景区优势,从 2005 年开始,投入专项资金引进传统手工艺传承人,在园区内为他们组建作坊,开展生产性保护工作(见图 3—7、图 3—8)。目前,共引进 18 个民间艺人在园区开展工作,组建了民族乐器作坊、树皮布作坊、陶艺作坊、手工银器作坊、剑川木雕作坊、木瓢雕刻作坊、苗绣作坊、阿昌族户撒刀作坊、彝绣作坊、民族服饰制作作坊及传统音乐、传统舞蹈传承点。这些项目在民族村得到了很好的保护、传承和发展。2012 年,民族村组建特色文化产品研发中心,推出"一村一品"的生产式保护传承项目,整合各村寨手工技艺优势,进行非物质文化遗产代表性产品制作及产品研发。"一村一品"项目以公益性和营利性两种方式去促进民族文化产品的推广。民族村希望每一个民族都能在传统手工技艺的基础上研发一种代表性旅游工艺品,由产品设计部指导非物质文化遗产传承人开展工作。先让每个艺人根据自己的想法做出产品,进行展示,然后根据游客和顾客的意见进行改进,再投入生产。传承

人既是产品开发的员工，也是传授技艺的老师。目前，白族银器的生产方式保护较为成功。阿昌族的刀具、佤族的木雕已逐渐形成系列。而刺绣由于成本很高，加之机器绣花的市场冲击，产品开发上有一些停滞。目前，布依族、苗族、彝族等民间艺人都在开展此项工作。民族村在民族文化旅游产品的市场化推广方面，正不断提升效益和影响。

图3—7　文化遗产保护传承的部分场所（之一）

图3—8　文化遗产保护传承的部分场所（之二）

据博物馆工作人员介绍，博物馆既是村寨传统手工技艺成果的展览馆，也是"一村一品"项目产品的代销点。2013年6月8日是中国的第八个文化遗产日。作为云南省首家非物质文化遗产保护传承示范基地，云南民俗博物馆推出为期三个月的"云南民族村非物质文化遗产传统技艺作品展"，向市民及游客展示云南民族村在民族传统技艺方面所进行的生产方式保护开发情况。此次展览共展出作品480件，涵盖了白族手工银器技艺、手工铜器技艺、剑川木雕技艺、哈尼族树皮布技艺、拉祜族葫芦雕刻技艺、白族浅浮雕木刻画技艺、民族刺绣、民族手工织绣、民族服装制作、云南土陶及阿昌族户撒刀制作等。同期也展出了建水紫陶、云南斑铜、云南锡器、永仁苴却砚等传统工艺品。多数产品是传承人独立研发、改良、创新的代表性作品。

4. 与少数民族自治地方合作，共同展示宣传和保护传承民族文化遗产

民族村与民族地方的合作，主要体现在两方面：

一是邀请民族地方的传统文化展演队参与民族村民族节庆文化现场展演。如火把节期间，邀请弥勒、石林、石屏等地彝族传统文化展演队参与民族村现场文化展演；2013年7月20日至22日，民族村通过与中共西盟县委、县政府共同主办以"古朴西盟·神秘佤山·狂欢佤部落"为主题的文化体验活动。逐渐把佤族"木鼓节暨狂欢佤部落"塑造成为民族村继傣族泼水节、彝族火把节、傈僳族阔时节之后的又一个大型民族节庆品牌。文化展示部经理透露，除了邀请文化传承人来民族村进行文化展示之外，下一步，公司还会与民族地方合作，在地州民族地区做一些拓展，形成双向互动的合作机制。

二是与少数民族地区形成人才输送与培养的互动机制。民族村少数民族员工大部分来自民族地方，不少人在民族村锻炼数年后，又会选择回家乡发展，无形中为民族地方输送了民族文化保护传承方面的人才。自民族村建成开放以来，招聘与轮换各族青年员工 2400 余人，在员工管理和岗位技能培训方面已非常规范，为少数民族地区输送了大批人才，因此民族村在少数民族员工的选聘方面得到各州市的大力支持。一位白族村的领班就曾说：这些从农村出来的员工来民族村以后眼界开阔了，与人沟通交流的能力也大大提高了。一些人回去以后会被选留在地方文化站，成了专业人才。基诺族领班曾说：在民族村这样的环境中，很多人的文化保护意识越来越强，开始思考怎样去保护家乡的文化。

结合表 3—7 问卷统计结果来看，评价均值由高至低依次是：文化遗产资源促进了旅游的可持续发展（4.43）、文化遗产得到保护、创新发展与宣传弘扬（4.41）、文化遗产旅游利用与保护的互动效果良好（4.19）。总的过程系统评价均值是 4.34，属于满意度较高的肯定性评价。就文化遗产事业与文化旅游产业的相互促进作用来说，似乎文化遗产对民族村文化旅游产业发展的贡献更大。这与民族村空间较大且民族村寨分散、民族歌舞文化及节庆文化展示时间限定等因素有直接关系。特别是团队游客在有限的游览时间内，无法进行 26 个村寨的文化体验。但民族村对文化旅游背景下民族文化遗产的保护传承做了不少积极的富有创造性的探索，积累了不少好的经验。

表 3—7　　　　　　　　　　过程系统问卷评价统计

问卷主题	文化遗产得到保护、创新发展与宣传弘扬（问卷2.1）	文化遗产资源促进了旅游的可持续发展（问卷2.2）	文化遗产旅游利用与保护的互动效果良好（问卷2.3）
均值（分）	4.41	4.43	4.19
系统均值（分）	4.34		

六　主体（利益相关者）系统与影响因子系统

民族村作为国家民委、云南省民委、云南省文化厅及滇池旅游度假区等机构的下属基地，旅游利用与保护主体（利益相关者）网络复杂。其中旅游企业与村寨少数民族是核心主体与利益相关者，也是影响民族村文化遗产保护传承的重要影响因素。此外，政府相关部门、旅游行业体制及产业发展形势等,也对民族村的文化遗产保护与产业发展产生一定影响。主体(利益相关者)系统与影响因子系统的交互作用,主要体现在以下几个方面:

1. 民族村公司重视人才的引进与培养,引导景区向文化休闲度假区转型

民族村重视人才的引进与培养,专家力量强大。据公司领导介绍,2007年,聘任了一批省内外知名的博物馆馆长、文物鉴定专家为民族村少数民族文化艺术专家组成员。同时,与省内著名的舞美、服装、音乐、舞蹈及民族学研究、活动策划方面的专家也建立了相应联系。公司重视少数民族员工的培养,进行分期、递进式的民族文化旅游人才培养。一个村寨领班的培养通常要经过6年左右的时间。自2009年春季,新招进少数民族大学毕业生,经过两年的村寨一线岗位培训和技能实践,多数已升职为村寨领班和业务骨干。对非物质文化遗产传承人的培训,除组织文化遗产知识与旅游服务知识的学习,对有兴趣爱好的,还以师傅带徒弟的方式进行重点培养。为非物质文化遗产传承人建立专门的工作室,灵活设置员工级别类型,鼓励非物质文化遗产手工艺品的开发与经营,激发传承人进行生产式保护的积极性。

公司高层领导在访谈中提及,民族村文化遗产的旅游利用与保护,今后要继续发挥、拓展民族文化传承保护基地的功能。目前,与国际民间艺术节组织理事会(CIOFF)、国家文化部、国家民委等相关部门已建立了联系。从文化产业发展的角度,积极创建5A级景区。正在逐步获得云南省文化厅及民委的更多支持。民族村所在旅游度假区是副厅级单位,相关机构把民族村作为旅游人才培养基地、非物质文化遗产传承人培养基地,积极扶持传承人。为适应文化体验型旅游产业发展,民族村正在规划,拟对部分村寨进行内部功能改建,为游客全方位的民族文化参与体验创造条件,积极引导民族村从观光型景区向休闲度假型景区转型。

2. 民族文化展示内容与少数民族员工文化素质方面有待提升

少数民族员工是文化遗产保护利用的核心主体。作为在都市旅游景区工作生活的各民族文化持有者和代言人,村寨少数民员工掌握着本民族文化再生产的话语权,他们是民族文化再生产的主力军。民族文化遗产的保护传承,除了依赖民族村公司相关的制度保障,文化持有者的文化自觉意识与文化素质也是非常重要的。从民族村寨调查的情况看,与民族文化持有者参与密切相关的影响因素,主要是村寨文化展示内容与文化持有者

的素质。几个主要民族村寨的领班都谈到相关的问题：

QLM（2013 年 7 月 28 日，白族村领班）：展示物品不够；年轻人对民族文化不了解，动态展示的歌舞艺术还要长期培训学习；需要民间工艺传承人传授技艺；留不住人才，政策不到位。

TJS（2013 年 7 月 27 日，佤族寨领班）：旅游景观都是真实的，只是觉得寨门做的不是很有佤族特色。宗教这一块难以把握。比如祭祀、砍牛头啊，是为了祈求寨子风调雨顺的，还是要到本地村寨看。在家乡，拉木鼓需要的树木是要到缅甸购买的，需要很多步骤。这里没有条件，也只是象征性的。

JB（2013 年 7 月 27 日，摩梭之家领班）：这里的文化模型感受不到当地的气息，太单一了。

LH（2013 年 7 月 27 日彝族）：展示的实物很少，收集实物经费困难。招上来的人都是本民族的人，"90 后"的员工有些可能会待不住。

HJG（2013 年 7 月 25 日，普米寨领班）：生活场景基本表现不出来，应该有家庭待在这里。以前也跟上级提过，但是还没有推广。

FCZ（2013 年 7 月 26 日，景颇寨领班）：员工文化素质、村寨硬件设施等方面还有不足。员工多是初中毕业，需要统一的标准化培训，提升自身技能。年轻演员社会阅历不够，性格不稳定，职业素质和道德素质要得到提升。静态的和动态的都要完善。要增加、完善文物（种类和数量），扩展旅游产品。歌舞还要不断挖掘充实，把传统的三种打跳引进来，把原生态的东西充分展示。

3. 相关政府部门有扶持，但企业体制及旅游行业管理存在问题

据民族村公司领导介绍，云南省民委、文化厅对民族村都有扶持。然而，政府部门更多是政策上支持。省民委侧重民族文化资源的保护，省旅游局更多注重产品和市场的开发。民族村的民族文化遗产保护这块工作开展得比较好。国家民委和省民委认为民俗博物馆的做法是改革和创新。民族村目前正在积极争取云南省民委的少数民族特色村旅游补助。党的十八大以来，政府提倡文化产业与事业要同时推进。但民族村乃至整个度假区的文化产业发展，没有非物质文化遗产保护效果明显。

据了解，度假区自 2000 年开始改制，办了一个文化传承发展机构，直到去年这一块的人员才到位。民族村现在是市场化运作，企业化管理。但机制、体制还不到位，政府约束较多；省里、市里、管委会都会直接干

预。旅游行业管理方面反映出了一些问题:一是旅游管理部门职能交叉。政府旅游管理主要是提供方向性的指导。而文化产业由宣传部、文产部管理,行政职能有所交叉。二是政府对门票价格的管控。门票经济是观光旅游业主导下的产物。现在中国的门票经济无法打破,还是由政府主导,企业的调控权力极为有限。

4. 游客外来文化介入的影响

游客外来文化的冲击影响,在摩梭之家表现得较为明显。摩梭人的走婚习俗,由于一些不负责任的传媒误导,一直以来成为一些游客猎奇的焦点。笔者在摩梭村寨了解到,现在还是会有一些导游不负责任地误导游客,游客会说一些要留下来参加走婚之类的话语,摩梭女孩会觉得羞愧和烦恼,甚至与游客产生矛盾冲突。据村寨领班讲,摩梭之家为此常被游客投诉。他认为这关乎文化的尊严,但又与旅游服务宗旨产生矛盾。现在只能加强员工管理,要求员工在参观讲解时,说得更明白一些,尽量减少与游客的冲突。

结合表3—8问卷统计结果看,影响因子值从高到低的排序依次是:少数民族的参与度(4.38)、国家及地方政府相关政策影响(4.33)、民间团体及专家学者影响(4.21)、旅游开发企业的规划与管理运作模式(4.19)、文化旅游产业市场影响(4.09)。影响因子系统评价值为4.24,属于满意度较高的评价。这与实际调查情况相符。地道的少数民族及其歌舞表演与文化展示,是民族村留给游客直接而深刻的印象,这也是民族村的显著优势。所以,对少数民族参与的肯定性评价值是最高的。民族村作为国有企业及文化保护传承基地,折射出国家及地方政府的相关政策影响。而通过节庆和日常性的文化展示及专家、民间传承人的加盟,则反映出企业规划管理、文化专家与传承人、文化旅游产业市场的综合影响。

表3—8　　　　　　　　　影响因子系统问卷评价统计

问卷主题(文化遗产旅游利用与保护的影响因素)	少数民族的参与度(问卷3.1)	国家及地方政府相关政策影响(问卷3.2)	旅游开发企业的规划与管理运作模式(问卷3.3)	文化旅游产业市场影响(问卷3.4)	民间团体、专家学者影响(问卷3.5)
均值(分)	4.38	4.33	4.19	4.09	4.21
系统均值(分)	4.24				

七　保护利用的可持续性与创新性评价

从民族村作为云南省文化厅和省民委联合举办的云南省歌舞乐展演大赛唯一的非地州代表队，实可见其在民族文化遗产保护传承与创新发展方面的实力。这种实力体现在云南 27 个民族（包括摩梭人在内的 26 个少数民族和汉族）建筑的集中保护、民族歌舞乐艺术的发掘提炼与旅游产业化生产、民俗博物馆的市场化运作、非物质文化遗产的生产式保护（"一村一品"项目）、非物质文化遗产传承人的活态展演、民族节庆品牌的文化本真性提升等诸多方面。其中，民族村文化遗产保护利用的创新亮点有二：

1. 企业创造性地开展文化传承人的培育与申报工作

民族村作为集中展现云南世居少数民族文化的景区，不可避免地带有政治象征意义。通过 15 年漫长的建设，民族村现已成为云南少数民族平等、团结的文化象征符号，成为云南少数民族形象与文化遗产保护成果的代表。民族村作为国家民委、云南省民委、省文化厅及滇池国家旅游度假区等机构的文化保护传承基地，与一般的旅游企业不同，在追求经济效益的同时还兼顾民族文化保护传承与繁荣发展的社会效益。民族村积极引进和培育少数民族非物质文化遗产项目，项目由其所在滇池旅游度假区管委会积极向政府文化保护部门申报进入非物质文化遗产保护目录。据了解，民族村及所在滇池旅游度假区管委会目前正在积极培育非物质文化遗产传承人。目前，手工技艺类的有 11 人，歌舞类的有 3 人。管委会向传承人每人每年发放 3000 元补贴，还为他们解决子女上学问题。传承人展销工艺品的收入归自己所有。这种由景区与其主管单位共同培育非物质文化遗产项目及传承人的机制，云南省独此一家，在全国来讲都是创新。

2. "博物馆＋村寨"及"景区（主题公园）＋少数民族地区"的文化遗产保护利用模式创新

民族村成功进行了较大规模的民族文化遗产异地集中保护利用。村寨广泛参与的动态保护与民俗博物馆的静态展陈，构成"博物馆＋村寨"的文化遗产保护利用的展陈模式；与地州民族地区合作，形成"主题公园＋地州民族地区"的文化遗产保护利用的运作模式。

民族村董事长 WGH 曾评价说，民族村作为旅游文化的展示窗口，已成为云南省16个地州民族文化的参考。民族村不仅仅是昆明的，也不仅仅是度假区的，而是云南的。民族村的文化源泉在民族地区，工作人员必须来自地州，通过工作培训以后，他们又会成为地方上的骨干。从开村到现在，民族村已经培养了2000多名少数民族员工。"景区＋少数民族地区"的运作模式正不断得到拓展。民族村实施了"走出去拓展根基"的战略。2014年跟沧源县合作建设的云南民族村沧源佤寨项目，是一个延伸，已经正式启动。目前，正围绕沧源县城的两个佤族村寨开展基地建设。

对于这种模式形成的根本原因，董事长认为是遵循了文化旅游市场发展规律及社会责任使然。民族村最早是事业单位，虽然现在改制为企业，但是始终没有放弃社会责任。2006年以后，民族村就把民族文化这一块作为民族村的根来培植。再有，企业用了民族文化资源，就一定要有带动少数民族老百姓致富的思想。企业要考虑经济效益、社会效益、生态效益等综合效益。虽然民族村进入企业化管理，但是始终把社会效益摆在前面。

民族村创新性和发展优势评价均值是4.27，个案典型性、代表性评价均值是4.46，综合均值是4.37，也是满意度较高的肯定性评价（见表3—9）。民族村这样老牌的民族文化主题公园，经历了20年的发展，仍然具有较强的生命力。笔者认为最主要的原因，也是其与一般的民族文化主题公园不同的地方有两点：一是与其性质有关。作为事业单位，其具有民族文化遗产保护利用的社会责任；作为企业单位，其具有发展民族文化旅游产业的时代使命。在长期的文化事业与文化旅游产业协调发展的过程中，民族村积累了经验，也找到正确的发展方向——那就是确立文化保护传承为旅游发展的前提和保障。二是与其地理位置有关。作为云南省会城市唯一的大型民族文化旅游景区及完整涵盖云南26个原住民族的文化遗产保护传承基地，其具有民族文化资源富集、民族文化人才集中、文化遗产保护的社会环境优越等优势。当然，这种展示民族种类较多、文化遗产类型多元的大型景区，其弊端与优势一样突出。抛开全球化旅游市场经济的影响不说，管理运作体制与机制都存在问题。其创新性和发展优势评价值较典型性、代表性评价值略低，也反映出这点。

从表3—10的统计数据看，民族村民族文化遗产旅游利用与保护统一体系统的评价值是 4.31，是满意度较高的肯定性评价。各子系统的评价值差距较小。说明统一体系统整体较为协调，已体现出良好的文化遗产保护利用的社会效应。

表 3—9　　　　　　　创新性、代表性问卷评价统计

问卷主题	该景点的旅游开发与保护在同类景区中较为成功，具有创新性和发展优势（问卷 4.1）	该旅游开发模式在同类旅游景区中较为典型，具有代表性（问卷 4.2）
均值（分）	4.27	4.46
总均值（分）	4.37	

表 3—10　　　　　　　　问卷调查结果统计情况

调查统计分类	旅游空间系统						过程系统			影响因子系统					创新性、代表性评价	
问题序号	1.1	1.2	1.3	1.4	1.5	1.6	2.1	2.2	2.3	3.1	3.2	3.3	3.4	3.5	4.1	4.2
问题均值（分）	4.20	3.94	4.34	4.48	4.26	4.37	4.41	4.43	4.19	4.38	4.33	4.19	4.09	4.21	4.27	4.46
系统均值（分）	4.27						4.34			4.24					4.37	
总均值（分）	4.31															

八　都市民族文化主题公园型景区的创新性理论分析与总结

单纯作为旅游景区的民族文化主题公园，所展现的民俗文化仅仅是纯粹的"前台"表演，没有"后台"（社区）生活的支撑。正是由于这种"前台"与"后台"的绝对分离，使得空间位移的族群文化再生产更容易被"他者"所操纵。[①] 与其不同的是，云南民族村兼具民族文化旅游景区与民族文化遗产保护传承基地的双重属性。其没有明确的"前台"与"后台"之分，以真实的民族文化要素及组合形态，通过涵盖全省 27 个民族（26 个少数民族和汉族）的代表性建筑、本色原住民和主要民俗形态，以"一村一特色，一寨一亮点"的风格，集中展示了云南 27 个民族

---

① 孙九霞：《族群文化的移植："旅游者凝视"视角下的解读》，《思想战线》2009 年第 4 期。

文化的多样性和各民族丰富多彩的文化个性。

民族村这种模式在国外称为露天博物馆。世界上流行的露天博物馆,是把那些零散而无法单独保存的遗存移到异地,集中保护,同时将那些掌握传统手工技术的艺人请进来,组成活态的"历史空间"。① 这种文化保护利用模式在台湾也较流行。与民族村相类似的中国台湾九族文化村,不仅是一般的商业性主题乐园,同时也是台湾原住民文化的生活教室。中国台湾原住民的土产、徽记现今已成为中国台湾社会的一种时尚产品。也正因为如此,原住民所从事的传统生活习俗及其营造出来的文化氛围与文化空间,已成为原住民们谋生的一种带有经济生产意义的有利条件。由此,中国台湾学者认为,现代商业发展与传统民俗文化保存之间并不必然冲突。站在民俗保护的立场,营造出民俗的活力,激发其生命力,使其蔚为风气,提供给社会有利的选择条件,这才是真正的保护之道。②

从理论角度看,笔者认为民族村这种文化遗产异地保护利用模式主要涉及与文化原生境(原生态)相对而言的文化"次生境"(次生态)的问题。文化生态是一个需要重点讨论的概念。

文化生态(Cultural Ecology)是美国学者斯图尔特于 1955 年提出的。他认为文化生态就是人类文化与环境的互动关系。斯图尔特的研究,侧重于环境对文化的影响,认为文化进化的因素是文化对生态环境的适应。斯图尔特创立的文化生态学擅长研究特定环境中生计与文化的互动过程。讲文化生态,肯定要落在一个具体的时空里,有它的物质载体和物质性。肯定有承担的人群。③ 文化主体及其文化生存环境是文化生态的核心组成,是文化遗产保护的核心内容。对于民族村这样的异地文化主题公园而言,文化主体不变,而文化生存环境发生了改变,所以文化生态自然也发生了改变。文化赖以生存发展的环境,从文化主体原生境的生活空间过渡到旅游消费空间。原生境的生活空间对应于生活的空间(The Lived Space)或表征的空间(Representational Space);而旅

① 冯骥才:《传统村落的困境与出路——兼谈传统村落类文化遗产》,《人民日报》2012 年12 月 7 日第 24 版。

② 钟宗宪:《民俗节日氛围营造与文化空间存续——以台湾民俗节日与商业性文化游乐园区为例》,《河南社会科学》2007 年第 4 期。

③ 高丙中:《关于文化生态失衡与文化生态建设的思考》,《云南师范大学学报》(哲学社会科学版)2012 年第 1 期。

游消费空间则对应于构想的空间（The Conceived Space）或空间的表征（Representation of Space）。前者既相连于旅游地少数民族社会生活层面，又相连于游客的艺术想象和建构，是少数民族生活的真实完整的空间；而后者体现旅游景观符号系统的制造与呈现、旅游产品舞台化再现与产业化开发，是文化旅游参与体验的主要空间，是民族文化不断被培植成长的文化生境，它因文化主体及其文化表达的真实存在而存在，所以，其文化并非是完全的人造景观，笔者亦不同意模拟文化之说。这种真实文化主体与异地再造文化生境共同构成的新的文化生态，可称为次生的文化生态（境）。

事实上，民族村这种异地旅游空间生产模式，综合了西双版纳傣族园原地旅游空间生产模式与彝人古镇本地旅游空间生产模式的特点，融合了民族文化生态旅游与后现代人造景观文化旅游的双重属性。这种空间的表征，在一定程度上为民族文化遗产的传承保护创造了文化再生产与创新发展的机会，是对认为民族文化原始落后、静止不变的进化论观点的解构。从民族村的具体文化生境看，民族文化遗产充当了旅游资本、旅游产品，通过文化特色的保持与文化创新也实现了文化的现实价值与社会意义。从文化遗产保护效应来看，实现了文化遗产活态保护与发展中保护的观念。从文化遗产旅游利用与保护的主体看，在旅游消费空间所展现的民族文化保护主体不再单纯，除民族文化遗产的持有者（文化主体）外，还包括景区企业精英（专业规划人员与文化专家），甚至还包括各类官方与民间的文化保护机构和个人。多元主体共同参与了民族文化知识的生产。虽然文化持有者作为核心主体，有被旅游制度与开发企业设计安排的被动的一面，但也有参与文化再生产的能动、创新的一面。

异地模拟型的民族文化村把分散的民族民俗文化汇集在一起进行集中展示，能满足旅游者在有限的时间和空间里对多元民族文化的体验需求。综合来看，民族村的民族文化遗产保护，是通过次生文化生态得以体现的。在文化旅游产业融合的背景下，真实文化主体、真实民族建筑、民族节日及歌舞艺术等的再生产、非物质文化遗产活态传承与展演、民族特色餐饮及旅游商品研发等次生文化生态表现，分别对应于文化遗产本真性与主体性保护、文化遗产的博物馆文物式保护、文化遗产的产业化保护、露天博物馆的历史空间式保护、旅游经济反哺文化保护的旅游化保护。其都市民族文化主题公园型景区的文化保护利用模式可用图3—9表示。

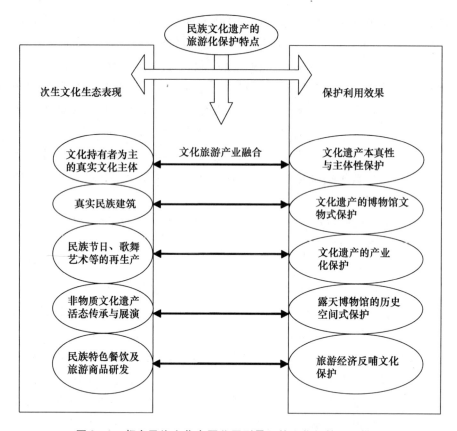

图 3—9 都市民族文化主题公园型景区的文化保护利用模式

第三节 旅游空间异地生产模式与文化遗产保护利用效应小结

综合表 3—10 问卷调查结果统计情况，就云南民族村所代表的旅游空间异地生产模式与文化遗产保护利用效应，可做以下小结：

一 旅游空间系统总结

云南民族村作为旅游空间异地生产模式的城市主题公园的典型案例，其旅游空间体现出文化遗产旅游利用的正负效应，正面效应明显强于负面效应。正面效应是民族文化遗产本真性较强，日常性动态文化展示最为集中，与旅游节假日匹配的大型节庆活动内容丰富，参与体验空间强大；符号空间以民族歌舞类非物质文化遗产为代表；景区范围较广，旅游综合服务功能完备，物理空间强大。负面效应是民族文化展示内容相对固定，且因脱离文化原生境而呈现出一定的片面性与碎片化；由于民族村寨数量庞大、空间分散、符号空间及参与体验空间展演时段固定，剧场舞台表演收费等原因，游客在较短时间难以加以系统接触和全面感知。民族文化旅游空间系统的评价均值是 4.27，是满意度较高的肯定性评价。

二　旅游利用与保护过程系统总结

民族村围绕民族文化主体（文化持有者与传承人）在场而形成活态的旅游—生活空间，其真实民俗生活与具有民族文物价值的村寨建筑有机融合，这是旅游空间异地生产模式民族文化主题公园类型文化遗产保护利用的突出特点。在此基础上所拓展的对民族民间歌舞艺术、传统手工技艺、民俗节日等非物质文化遗产的发掘、展示、生产式保护，以及"博物馆＋村寨""景区＋少数民族地方"的文化遗产保护利用模式，都是积极而富有创造性的探索，也是这一模式类型文化遗产保护的成功之处。文化遗产保护的过程系统的评价均值是 4.34，是满意度较高的肯定性评价。

三　主体系统与影响因子系统总结

旅游企业与村寨少数民族是民族村文化遗产保护利用的核心主体与利益相关者，也是影响民族村文化遗产保护传承的重要影响因素。文化遗产保护主体，涉及不同民族、不同地区、不同层次。如苗族刺绣文化传承人是来自大学教师岗位的汉族；火把节参与展演的少数民族村民来自云南各民族地区；村寨各民族员工既有参加艺术团的民间专业艺术人才，也有来自乡间的淳朴农民，可见这一模式类型的文化遗产保护主体的包容性。从民族村影响因子系统看，企业、文化持有者与非物质文化遗产传承人、政府机构及其政策、行业管理体制机制、游客、产业市场等，都对其产生影响。

四　旅游利用与保护统一体系统的创新性、代表性及整体效应的总结

创造性地开展文化传承人的培育与申报，推出"博物馆＋村寨""景区＋少数民族地区"的文化保护利用模式，是民族村的创新亮点。总体来看，民族村民族文化遗产旅游利用与保护统一体系统各子系统的评价值差距较小。说明统一体系统整体较为协调，已体现出良好的文化遗产保护利用的社会效益。企业的创新性、代表性评价（均值 4.37）、旅游利用与保护统一体系统评

价（均值4.31），都是满意度较高的肯定性评价。

综上所述，民族村作为云南民族文化旅游空间异地生产模式的一种代表性类型，其旅游利用与保护统一体系统及其子系统的突出特点，也是旅游空间异地生产模式的主要特征。个案类型及旅游空间异地生产模式的文化遗产保护利用效果总结，可用表3—11概括表示。

表3—11　旅游空间异地生产模式的文化遗产保护利用效应的比较与小结

分值/特征（分） 类型/模式	旅游空间子系统	过程子系统	影响因子系统	评价创新性、代表性	旅游利用与保护统一体系统
民族村都市民族文化主题公园型	4.27	4.34	4.24	4.37	4.31	民族文化遗产文化本真性较强，参与体验空间与物理空间强大，符号空间稍弱，游客在较短时间难以系统接触，全面感知；真实民俗生活与具有民族文物价值的村寨建筑有机融合，在此基础上拓展出非物质文化遗产的发掘、展示与生产式保护；旅游企业与村寨少数民族是文化遗产保护利用的核心主体与利益相关者；旅游企业开展文化传承人的培养与申报，"博物馆＋村寨""都市主题公园＋地州民族地区"的文化遗产保护利用模式是创新亮点；统一体系统整体较为协调，体现出良好的社会效益
旅游空间异地生产模式	4.27	4.34	4.24	4.37	4.31	旅游空间正负效应突出；因民族文化主体（文化持有者与传承人）在场而形成活态的旅游—生活空间，具有"博物馆＋村寨""景区＋少数民族地方"的文化遗产保护利用模式特点；文化遗产保护主体涉及不同民族、不同地区、不同层次，具有很强的包容性；受旅游企业、文化旅游产业市场、政府机构及其政策等影响较大。统一体系统整体较为协调，体现出良好的文化遗产保护利用的社会效益

第四章 文化遗产保护利用的模式类型比较、理论总结及创新性保护利用系统建构

第一节 多元模式类型的比较分析

根据前文的多点民族志研究,5 个个案类型的民族文化遗产保护利用之基本状况可先做如下质性总结(见表 4—1)。在此基础上,结合问卷调查统计数据,可从民族文化遗产旅游利用与保护统一角度进行系统、具体的量化分析和比较,以掌握民族文化旅游空间生产不同模式类型的文化遗产保护利用的特点与规律。

表 4—1 个案民族文化遗产旅游利用与保护状况比较

比较指标 性质 表现 个案	模式一类型	性质	主导者	社区居民文化持有者参与度	文化产业市场化程度	文化遗产旅游利用的空间特点	文化遗产保护特点	文化遗产保护效果	创新性表现
傣族园	原地—民族文化旅游村寨	国家 4A 级旅游景区、云南省傣族传统文化保护区、西双版纳傣族自治州旅游特色村	旅游企业、社区村民	较高	较高	旅游—生活空间强大(旅游空间与生活空间高度交融)	原地整体活态保护为主:文化主体化与文化境化真实完整	物质与非物质文化遗产保护效果良好	符号化的旅游景观与真实的民族村寨有机结合,同时大光化,可满足大众观光与文化体验的不同旅游需求

重建"旅游—生活空间":文化旅游背景下民族文化遗产的可持续保护利用研究

比较指标 / 性质表现 / 个案	模式—类型	性质	主导者	社区居民、文化持有者参与度	文化产业市场化程度	文化遗产旅游利用的空间特点	文化遗产保护特点	遗产文化保护效果	创新性表现
大研古城	原地—世界文化遗产城市	世界文化遗产地、国家5A级旅游景区	政府	一般	非常高	旅游—生活空间弱小	原地物保护与非物质文化遗产号化为主:文化主体有所缺失,文化原生境碎片化	物质文化遗产保护效果良好	历史文物古迹保护效果突出,民族文化遗产的保护利用具有突出的符号化特点
彝人古镇	本地—民族文化旅游地产社区	国家4A级旅游景区、楚雄彝族自治州重点文化产业	旅游企业	一般	非常高	旅游—生活空间弱小,呈现后现代性	以模拟的再生产的景观为主:文化主体有所缺失,文化原生境严重缺失	遗产文化符号化,真实性不高,保护效果一般	区域性民族文化遗产集中利用与展示,作为民族地方的文化地标,吸纳了多元文化保护主体

续表

性质 表现 个案	比较指标 模式— 类型	性质	主导者	社区居民、文化持有者参与度	文化产业市场化程度	文化遗产旅游利用的空间特点	文化遗产保护特点	文化遗产保护效果	创新性表现
玉水寨	本地—民族文化传承基地	国家4A级旅游景区、丽江市纳西族传统文化传承保护基地	旅游企业、民间文化社团	较高	较高	旅游—生活空间强大（旅游空间与生活空间高度交融）	本地整体活态保护为主：文化真实，与边原文化境密切结合	东巴宗教等非物质文化遗产保护效果良好	民族遗产化的符号生产与非物质文化遗产民间传承活动结合紧密，文化保护与文化旅游良性互动、文化遗产景观化生产与质量间
民族村	异地—民族文化主题公园	国际民间艺术节组织理事会中国委员会民间传统文化基地、国家4A级旅游景区、国家民委民族文化基地、云南省非物质文化遗产保护传承基地	旅游企业	一般	非常高	旅游—生活空间较强，具有次生文化生境特点	异地民族文物保护与非物质文化遗产活态保护为主：文化真实，形成文化次生生境保护形式	民族建筑文物与民族歌舞、传统技艺、节日等非物质文化遗产保护效果良好	露天博物馆式的民族文化集中传承与展示宣传，民族旅游产业化水平较高、民族遗产中文化遗产民间传承

一　多元模式类型的旅游空间系统特点与效应的比较分析

从旅游空间系统，可以进行不同个案/类型与旅游空间生产模式的物理、符号、参与体验三层次空间，文化遗产真实性，展示内容和展示形式、手段等方面的比较分析；可以在此基础上对民族文化遗产旅游类型与资源禀赋、文化遗产保护利用的生态生境、以文化持有者主体为中心的旅游—生活空间、旅游景观生产等相关问题进行探讨总结。

根据田野调研情况,并结合表4—2、表4—3及图4—1、图4—2的问卷评价比较来看,以彝人古镇(旅游地产社区型)与玉水寨(民族文化传承基地型)为代表的本地旅游空间生产模式,其空间格局因功能多元化或极具地域特色,物理空间具有较强的优越性。以民族村(都市民族文化主题公园型)为代表的异地旅游空间生产模式,其因涵盖较多民族文化类型,且空间较分散,反而弱化了旅游展示空间的符号性标志;相反,玉水寨(民族文化传承基地型)展示文化类型较为单一,以纳西族东巴宗教文化为主,且展示内容及手段多样化,而使其符号空间凸显。民族村(都市民族文化主题公园型)是民族文化节庆活动和民族民俗文化日常展示种类及内容最丰富的景区,所以其参与体验空间最为强大,文化遗产展示内容与展示形式、手段的评价值最高。玉水寨(民族文化传承基地型)的文化遗产真实性评价最高,民族村(都市民族文化主题公园型)次之,两者都有一大共同特点:真正的民族文化持有者与景区文化展示主体同一。

由于个案类型的典型代表性,其可以反映所属模式的基本特点。在此基础上,三种模式可进行比较。考虑到个案类型的特殊性,基于表4—2计算得出的表4—3的评价值数据与排序,仅做参考。综合来看,原地旅游空间生产模式所具有的文化旅游资源文化本真性强,在整体动态保护利用方面具有无法比拟的优越性;但以文化持有者主体为中心的旅游—生活空间及作为景观呈现的文化遗产展示内容、形式、手段等,与景区文化旅游产业规划、旅游产品生产的市场化水平等因素相关,要视具体景区而言。本地旅游空间生产模式因"景区+周边民族社区"的空间格局,而具有吸纳民族文化持有者及多元保护主体的强大包容性,这是其突出的优势;这对提升其景观生产、旅游空间与民族民俗生活空间的交融度、文化旅游资源的真实性,具有重要意义。异地旅游空间生产模式在集中展示民族文化遗产资源及旅游景观、旅游产品生产方面体现出较强的文化旅游产业水平。就旅游空间系统整体而言,民族文化遗产旅游的三种空间生产模式都表现出符号化旅游景观与真实的民族文化空间交融并存,即"景观(区域)+民族文化原生境(区域)"的空间格局特点,注重以文化持有者主体为中心的旅游—生活空间的营造是其共同的发展趋向。这在前文已有阐述,兹不赘述。

表4—2 　　　　　　不同个案/类型的旅游空间系统问卷评价比较

均值/排序（分）个案/类型	旅游空间			文化遗产真实性（问卷1.4）		文化遗产展示内容（问卷1.5）		文化遗产展示形式、手段（问卷1.6）		旅游空间系统	
	物理空间（问卷1.1）		符号空间（问卷1.2）	参与体验空间（问卷1.3）							
傣族园（民族旅游村寨型）	4.20	4	4.14	4	4.32	3	3.83	5	3.34	5	3.90	4	3.96	5
大研古城（世界文化遗产城市型）	4.21	3	4.29	2	3.99	5	4.20	3	3.99	4	3.89	5	4.10	4
彝人古镇（旅游地产社区型）	4.76	1	4.19	3	4.33	2	4.13	4	4.17	3	4.22	2	4.30	2
玉水寨（民族文化传承基地型）	4.30	2	4.36	1	4.23	4	4.62	1	4.20	2	4.18	3	4.32	1
民族村（都市民族文化主题公园型）	4.20	4	3.94	5	4.34	1	4.48	2	4.26	1	4.37	1	4.27	3

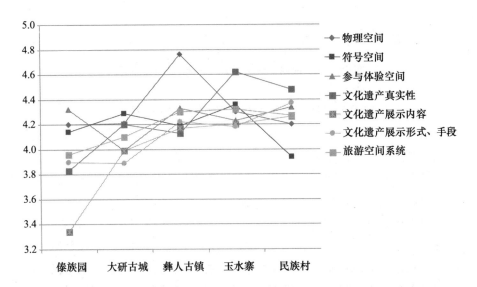

图4—1 不同个案/类型的旅游空间系统问卷评价比较

表4—3　　　　　　不同模式的旅游空间系统问卷评价比较

个案/类型 ＼ 均值/排序（分）＼ 问卷主题	旅游空间			文化遗产真实性评价均值（问卷1.4）	文化遗产展示内容评价均值（问卷1.5）	文化遗产展示形式、手段评价均值（问卷1.6）	旅游空间系统	
	物理空间（问卷1.1）	符号空间（问卷1.2）	参与体验空间（问卷1.3）					
原地生产	4.21　2	4.22　2	4.16　3	4.02　3	3.67　3	3.90　3	4.03	3
本地生产	4.53　1	4.28　1	4.28　2	4.38　2	4.19　2	4.20　2	4.31	1
异地生产	4.20　3	3.94　3	4.34　1	4.48　1	4.26　1	4.37　1	4.27	2

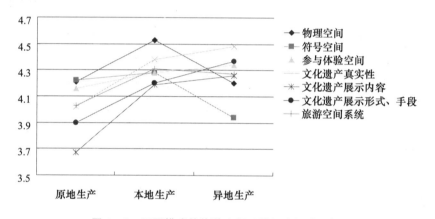

图4—2　不同模式的旅游空间系统问卷评价比较

二　多元模式类型过程系统的保护效应的比较分析

从过程系统，可以进行不同个案/类型与旅游空间生产模式的文化遗产旅游利用与保护效果的比较分析；可以在此基础上对民族文化遗产持有者（文化主体）与保护主体、物质文化遗产与非物质文化遗产、旅游产业经济反哺文化遗产保护等相关问题进行探讨总结。

根据田野调研情况，并结合表4—4、表4—5及图4—3、图4—4的问卷评价比较来看，玉水寨（民族文化传承基地型）的文化遗产保护效果、文化遗产资源对旅游可持续发展的支撑、文化遗产旅游利用与保护的互动效果均较为理想，而大研古城（世界文化遗产城市型）则不甚理想，其余4个个案类型的相关情况也非常不错。

由于个案类型的典型代表性，其可以反映所属模式的基本特点。在此基础上，三种模式可进行比较。考虑到个案类型的特殊性，基于表4—4计算得出的表4—5的评价值数据与排序，仅做参考。综合来看，原地旅游空间生产模式的保护主体以文化持有者主体与开发企业、政府管理部门为主，较为单一；而本地旅游空间生产模式和异地旅游空间生产模式的保护主体则较为多元化，保护主体不局限于文化持有者主体、开发企业、政府管理部门，还吸纳了周边民族的群众、社区居民、民间文化保护团体及个人等。原地旅游空间生产模式在物质文化遗产保护方面具有突出优势；而对非物质文化遗产的保护，则与具体景区的文化遗产旅游利用与保护的规划、实施举措、地方政策环境、产业市场化程度等有关，与具体的旅游空间市场模式的关联似乎并不密切。本地旅游空间生产模式对文化遗产保护、创新发展与宣传弘扬的效果较为突出，文化遗产旅游利用与保护的互动效果也最明显；而对原地旅游空间生产模式和异地旅游空间生产模式而言，似乎文化遗产资源对景区文化旅游的促进作用更明显。三种模式的过程系统，都表现出文化遗产保护与文化旅游产业发展之间的良性互动、文化旅游产业融合的时代特点。

表4—4　　　　　**不同个案/类型的过程系统问卷评价比较**

均值/排序（分）　　　问卷主题　　　个案/类型	文化遗产得到保护、创新发展与宣传弘扬（问卷2.1）		文化遗产资源促进了旅游的可持续发展（问卷2.2）		文化遗产旅游利用与保护的互动效果良好（问卷2.3）		过程系统	
傣族园（民族旅游村寨型）	4.21	4	4.33	3	4.12	4	4.22	4
大研古城（世界文化遗产城市型）	3.57	5	4.13	5	3.86	5	3.85	5
彝人古镇（旅游地产社区型）	4.59	2	4.22	4	4.31	2	4.37	2
玉水寨（民族文化传承基地型）	4.69	1	4.58	1	4.66	1	4.64	1
民族村（都市民族文化主题公园型）	4.41	3	4.43	2	4.19	3	4.34	3

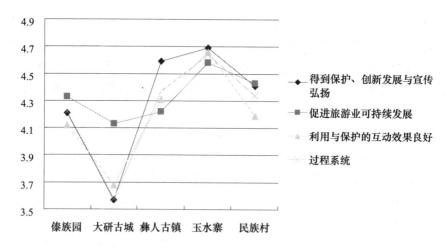

图4—3　不同个案/类型的过程系统问卷评价比较

表4—5　　　　　　　　　　不同模式的过程系统问卷评价比较

均值/排序（分）〉　　问卷主题　模式	文化遗产得到保护、创新发展与宣传弘扬（问卷2.1）		文化遗产资源促进了旅游的可持续发展（问卷2.2）		文化遗产旅游利用与保护的互动效果良好（问卷2.3）		过程系统	
原地生产	3.89	3	4.23	3	3.99	3	4.04	3
本地生产	4.64	1	4.40	2	4.49	1	4.51	1
异地生产	4.41	2	4.43	1	4.19	2	4.34	2

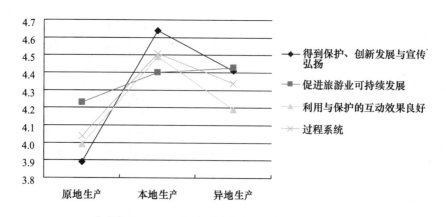

图4—4　不同模式的过程系统问卷评价比较

三 多元模式类型的影响因子系统的比较分析

从影响因子系统，可以进行不同个案/类型与旅游空间生产模式的民族文化持有者、国家及地方政府相关政策、旅游开发企业、文化旅游产业市场、民间团体、专家学者等主要影响因子的比较分析；在此基础上，可重点对民族文化持有者（文化主体）及民族民间社团的能动性和参与度等相关问题进行探讨总结。

根据田野调研情况，并结合表4—6、表4—7及图4—5、图4—6的问卷评价比较来看，可总结出两点规律：一是影响因子的评价值及系统评价均值的高低与相关影响因素及系统综合社会效应成正比，评价值越高，相关影响因素及系统综合正效应越强；反之亦然。二是各影响因子评价值的差距大小反映影响因子系统各因素的作用及贡献大小，影响因子评价值的差距越大，其相互之间的力量越不均衡，评价值越高的，其作用及贡献越大，反之亦然。各个案/类型影响系统评价均值和影响因子评价差值分别是：傣族园（民族旅游村寨型）为4.09、0.11，大研古城（世界文化遗产城市型）为4.08、0.15，彝人古镇（旅游地产社区型）为4.39、0.6、玉水寨（民族文化传承基地型）为4.39、0.47、民族村（都市民族文化主题公园型）为4.24、0.29。可见，傣族园（民族旅游村寨型）与丽江古城（世界文化遗产城市型）两种原地旅游空间生产模式的影响因子系统的社会综合效应良好，各影响因素力量均等，并没有受到特别突出的影响因素作用。本地旅游空间生产模式代表彝人古镇（旅游地产社区型）与玉水寨（民族文化传承基地型）的影响因子系统的社会综合效应表现优异，系统正效应和所受某些影响因素的作用都非常突出。彝人古镇是旅游开发企业的规划与管理运作模式发挥了重要作用，玉水寨是旅游企业作为民间文化传承协会及少数民族的普遍参与发挥了重要作用。异地旅游空间生产模式代表云南民族村的社会综合效应表现优良，少数民族的参与和政府政策影响发挥了较大作用。

由于个案类型的典型代表性，其可以反映所属模式的基本特点。在此基础上，三种模式可进行比较。考虑到个案类型的特殊性，基于表4—2计算得出的表4—3的评价值数据与排序，仅做参考。综合来看，在同样的主要影响因素作用下，原地旅游空间生产模式由于民族文化原生地进行景区建设，涉及管理开发单位与社区居民（原住民）之间、地方政府区划管理与景区规划建设之间的利益协调,所以景区内部的利益相关者较为复杂;此外,其所受各种影响均衡,社会效应良好。而本地旅游空间生产模式和异地旅游空间生产模式均属于旅游企业主导开发的新建实体,它们基本不存在文化原生地旅游景区那些开发管理主体与文化持有者或社区主体之间的利益冲突,但其因受到旅游企业自身规划与管理运作模式及文化持有者参与因素的重要影响,社会效应表现优异。

表4—6　　不同个案/类型的影响因子系统问卷评价结果比较

问卷主题　均值/排序(分)　个案/类型	少数民族参与度(问卷3.1)		国家及地方政府相关政策影响(问卷3.2)		旅游开发企业的规划与管理运作模式(问卷3.3)		文化旅游产业市场影响(问卷3.4)		民间团体、专家学者影响(问卷3.5)		影响因子系统	
傣族园（民族旅游村寨型）	4.13	4	4.17	4	4.11	5	4.04	4	4.02	5	4.09	3
大研古城（世界文化遗产城市型）	4.07	5	3.97	5	4.12		4.10	3	4.12	4	4.08	4
彝人古镇（旅游地产社区型）	4.28	3	4.37	1	4.82	1	4.27	1	4.22	2	4.39	1
玉水寨（民族文化传承基地型）	4.65	1	4.32	3	4.54	2	4.18	2	4.25	1	4.39	1
民族村（都市民族文化主题公园型）	4.38	2	4.33	2	4.19	3	4.09	4	4.21	3	4.24	2

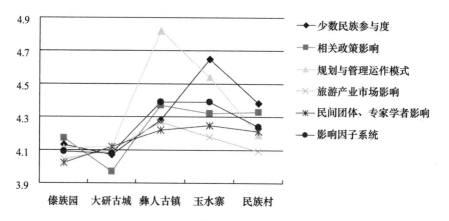

图4—5　不同个案/类型的影响因子系统问卷评价结果比较

表4—7　　　　　不同模式的影响因子系统问卷评价结果比较

均值/排序（分）　　　问卷主题　模式	少数民族参与度（问卷3.1）		国家及地方政府相关政策影响（问卷3.2）		旅游开发企业的规划与管理运作模式（问卷3.3）		文化旅游产业市场影响（问卷3.4）		民间团体、专家学者影响（问卷3.5）		影响因子系统	
原地生产	4.10	3	4.07	3	4.12	3	4.07	3	4.07	3	4.09	3
本地生产	4.47	1	4.35	1	4.68	1	4.23	1	4.24	1	4.39	1
异地生产	4.38	2	4.33	2	4.19	2	4.09	2	4.21	2	4.24	2

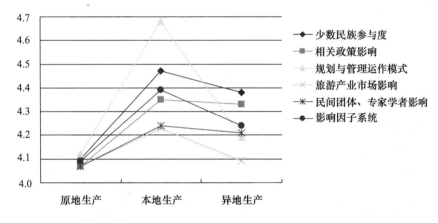

图4—6　不同模式的影响因子系统问卷评价结果比较

四　多元模式类型的创新性、代表性比较分析

根据田野调研情况，并结合表4—8、表4—9及图4—7、图4—8的问卷评价比较来看，5个个案类型的创新性和发展优势评价均是肯定性的评价。其中玉水寨（民族文化传承基地型）的创新性和发展优势最强，其次是彝人古镇（旅游地产社区型），民族村（都市民族文化主题公园型）最后。在同类景区中较为典型，具有代表性的评价也均是肯定性的评价。其中民族村（都市民族文化主题公园型）的典型性与代表性最强，其次是玉水寨（民族文化传承基地型），彝人古镇（旅游地产社区型）最后。综合来看，原地旅游空间生产模式的创新性和发展优势、典型性与代表性，都较其余两模式差。本地旅游空间生产模式在创新性和发展优势方

面较为突出；异地旅游空间生产模式在典型性与代表性方面较为突出。

表4—8　　　　不同个案/类型的创新性、代表性问卷评价结果比较

均值/排序（分）　　　　问卷主题 个案/类型	该景区在民族文化遗产保护利用方面较为成功，具有创新性和发展优势（问卷4.1）		该景区的保护利用模式在同类景区中较为典型，具有代表性（问卷4.2）		创新性、代表性	
傣族园（民族旅游村寨型）	4.19	4	4.15	4	4.17	4
大研古城（世界文化遗产城市型）	3.71	5	3.63	5	3.67	5
彝人古镇（旅游地产社区型）	4.33	2	4.32	3	4.33	3
玉水寨（民族文化传承基地型）	4.52	1	4.36	2	4.44	1
民族村（都市民族文化主题公园型）	4.27	3	4.46	1	4.37	2

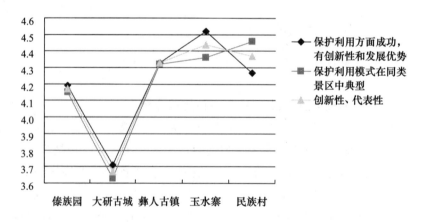

图4—7　不同个案/类型的创新性、代表性问卷评价结果比较

表4—9　　　　　不同模式的创新性、代表性问卷评价结果比较

均值/排序（分）　模式 \ 问卷主题	该景区在民族文化遗产保护利用方面较为成功，具有创新性和发展优势（问卷4.1）		该景区的保护利用模式在同类景区中较为典型，具有代表性（问卷4.2）		创新性、代表性	
原地生产	3.95	3	3.89	3	3.92	3
本地生产	4.43	1	4.34	2	4.39	1
异地生产	4.27	2	4.46	1	4.37	2

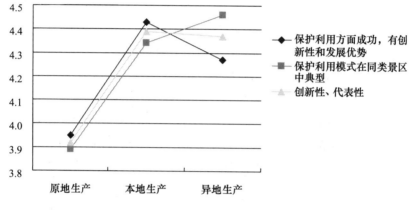

图4—8　不同模式的创新性、代表性问卷评价结果比较

五　多元模式类型的旅游利用与保护统一体系统整体效应比较分析

基于田野调研，综合以上不同旅游空间生产模式类型的旅游利用与保护统一体系统的各子系统及创新性、代表性的比较分析，并结合表4—10、表4—11及图4—9、图4—10的数据比较，可总结出两点规律：一是旅游利用与保护统一体系统的评价值与系统综合社会效应成正比，评价值越高，系统综合正效应越强；反之亦然。二是各子系统评价值的差距大小与各子系统之间的力量强弱对比成正比，各子系统评价值的差距越大，其相互之间越不均衡；评价值越高的，其积极作用越大；反之亦然。

统一体系统的评价值和子系统、创新性、代表性的评价差值分别是：傣族园（民族旅游村寨型）为4.11、0.26，大研古城（世界文化遗产城市型）为3.93、0.43，彝人古镇（旅游地产社区型）为4.35、0.09、玉

水寨(民族文化传承基地型)为4.45、0.32、民族村(都市民族文化主题公园型)为4.31、0.13。可见,玉水寨(民族文化传承基地型)的统一体系统评价值最高,其民族文化遗产保护利用效果最理想,其次是彝人古镇(旅游地产社区型),民族村(都市民族文化主题公园型)最后。子系统及创新性、代表性的评价差值最小的是彝人古镇(旅游地产社区型),说明其各子系统的积极作用及对统一体总系统的贡献均等,其次是民族村(都市民族文化主题公园型);而子系统及创新性、代表性的评价差值最大的是大研古城(世界文化遗产城市型),说明其各子系统的积极作用及对统一体总系统的贡献不等,结合表4—10及图4—9可见,其空间系统的积极作用最大,而创新性、代表性的贡献较小。其次是玉水寨(民族文化传承基地型)。其文化遗产保护过程系统的积极作用及贡献较为突出,而旅游空间系统的积极作用及贡献相对较弱。

再结合表4—11及图4—10分析,可以看出,本地旅游空间生产模式在空间系统、过程系统、影响因子、创新性、代表性等方面均具有较为突出的优势,其总的文化遗产保护利用正效应也是非常突出的。异地旅游空间生产模式与其差距不大,各子系统及总的文化遗产保护利用效应均较理想。原地旅游空间生产模式虽然总的社会效益尚好,但与前两种模式形成较大差距。

表4—10　不同个案类型的文化遗产保护利用效应问卷评价结果比较

问卷主题 均值/排序 (分) 个案/类型	空间系统		过程系统		影响因子系统		创新性、代表性		旅游利用与保护统一体系统	
傣族园(民族旅游村寨型)	3.96	5	4.22	4	4.09	3	4.17	4	4.11	4
大研古城(世界文化遗产城市型)	4.10	4	3.85	5	4.08	4	3.67	5	3.93	5
彝人古镇(旅游地产社区型)	4.30	2	4.37	2	4.39	1	4.33	3	4.35	2
玉水寨(民族文化传承基地型)	4.32	1	4.64	1	4.39	1	4.44	1	4.45	1
民族村(都市民族文化主题公园型)	4.27	3	4.34	3	4.24	2	4.37	2	4.31	3

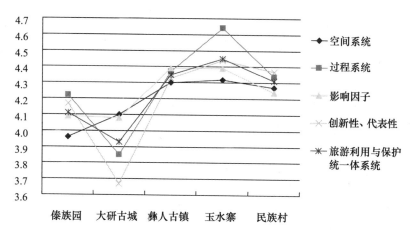

图4—9　不同个案类型的文化遗产保护利用效应问卷评价结果比较

表4—11　　不同空间生产模式的文化遗产保护利用效应问卷评价结果比较

均值/排序（分）　　　问卷主题　模式	空间系统		过程系统		影响因子系统		创新性、代表性		旅游利用与保护统一体系统	
原地生产	4.03	3	4.04	3	4.09	3	3.92	3	4.02	3
本地生产	4.31	1	4.51	1	4.39	1	4.39	1	4.40	1
异地生产	4.27	2	4.34	2	4.24	2	4.37	2	4.31	2

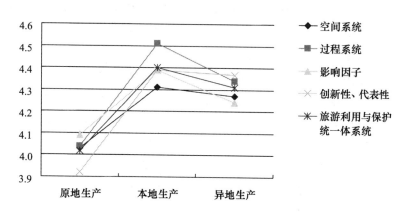

图4—10　不同空间生产模式的文化遗产保护利用效应问卷评价结果比较

321

第二节　文化旅游背景下民族文化遗产创新性保护的理论总结

基于以上多点民族志的微观研究与多元旅游空间生产模式类型的比较分析，下面就文化旅游背景下民族文化遗产本身的性质及其保护利用效果评价、民族文化遗产旅游利用与保护的共性问题与表现特点、发展趋向，以及实现创新性保护所应遵循的基本原则等主要内容进行理论总结。

一　文化旅游背景下民族文化遗产的性质及保护利用效果的评价

文化是人类适应环境的方式与产物。人与环境是文化产生的两个核心要素。就民族传统文化而言，民族文化持有者是传统文化生产的主体；民族民间生活是民族传统文化生长的原生境。对于景区内以旅游景观形式呈现的民族文化而言，其已脱离了文化本来生长的原生境。按亨瑞·列斐弗尔有关空间生产的理论①，少数民族文化持有者从民族传统村落空间到旅游消费空间的转变，其实是从表征的空间到空间的表征的过渡。民族传统村落空间对应于表征的空间（Representational Space）或生活的空间（The Lived Space）；而旅游消费空间则对应于空间的表征（Representation of Space）或构想的空间（The Conceived Space）。前者是少数民族生活的真实完整的空间；而后者体现旅游景观符号系统的制造与呈现、旅游产品舞台化再现与产业化开发，是游客参与体验的主要空间。在文化旅游背景下，只要有民族文化持有者的参与，民族文化旅游景观就并非是无根的移植文化、模拟文化和纯粹的人造景观。这种真实文化主体与旅游景区环境共同构成的新的文化生态，可称为民族文化的次生境。

作为旅游景观形式呈现的民族文化，可以理解为在文化次生境中被不断再生产的民族文化。以民族歌舞表演为例，民族歌手在传统民歌曲调的基础上将不少歌曲翻译成汉语演唱，或嫁接了现代生活内容。歌舞被再生产的程度可大可小，可以是截取部分片段，不做任何处理或只做轻微处理，也可以是基于生活的艺术抽象创作。以少数民族传统手工技艺的生产式保护为例，各种景区手工作坊所生产的旅游商品，虽传承体现了民族传

---

① Henri Lefebvre. *The Production of Space*. Donald Nicholson - Smith trans. , Wiley - Blackwell, 1991, pp. 38—42.

统工艺技法，但在商品内容及形制上却融合了当下旅游市场的需要和游客的现代审美需求。再以景区的民族风味小吃为例，通常情况下食材就地取材，但富有民族传统特色的烹饪手段与味觉体验基本不变。如云南民族村的佤族、景颇族几个村寨里出售的米酒和拉祜、基诺村寨出售的玉米饼、糯米粑，仍旧按传统工艺土法制造。

事实上，文化遗产旅游为民族文化遗产的传承保护提供了传统生活与现代经济密切结合的文化再生产的机会。从具体文化生境看，民族文化遗产充当了旅游资本与产品。从文化遗产保护利用的主体看，旅游消费空间所展现的民族文化保护利用主体不再单纯，除民族文化遗产的持有者（文化主体）外，还包括景区企业精英（专业规划人员与文化专家），甚至还包括各类官方与民间的文化保护机构和个人。多元主体共同参与了民族文化遗产的保护传承与再生产，实现了主位保护与客位（社会大环境）保护的结合。虽然文化持有者作为核心主体，有被旅游制度与旅游企业安排的被动一面，但也有参与文化再生产的能动性、创新性的一面。从文化遗产保护效应看，体现了民族文化遗产的历史真实性与现实价值，体现了文化遗产活态保护与发展中保护的理念。

以上多点民族志的研究初步证实，民族文化传承人及民族文化遗产虽然离开了文化原生地，但其文化遗产保护利用的社会效益并没有因此降低。文化旅游背景下的民族文化遗产保护传承，同样具有一定的优势和潜力。但与此同时，为迎合游客的符号消费，文化遗产的景观生产又不可避免地会被碎片化与符号化。

对文化旅游背景下民族文化遗产保护利用效果的评价，应与文化原生地有所不同：因为其被卷入了旅游市场经济的浪潮中，无法避免地被打上了文化商品化、景观符号化与产业模式化的印记，使实现文化遗产的经济价值在一定程度上成为文化遗产实现文化价值的前提条件。那么，文化旅游背景下民族文化遗产保护利用的唯一标准只能是"激活民族文化遗产的生命力"。这包括民族文化遗产通过旅游市场实现文化价值和被社会广泛认知。当民族文化遗产被旅游产业制造成一种社会化的景观而进入社会公共空间时，民族传统文化的精髓会被社会认知和接受，那么，一种相对于少数民族自身主位保护的更大范围的客位保护的社会氛围就会逐渐形成。

文化旅游背景下的民族文化遗产，其文化真实性受大众传媒、市场经济、文化旅游产业、旅游开发企业的规划与管理运作模式诸多因素的影响，所以文化真实性及其价值的判定及文化诠释的权力还在于少数民族文化持有者自身。即便旅游场景下的民族文化成为一种舞台化的真实，成为一种"产品"，但只要原住民群体珍视它们，并按他们认为合适的方法来制定合适的商业规则，那么就可以认为这种产品具有真实的文化内涵。也就是说，旅游导致的商业化并不必然导致对非物质文化遗产真实性的破坏，关键在于规则的建立。① 所以说，文化真实性概念本身并不是一成不变的，而是动态发展的。民族文化遗产应以民族的优秀价值理念为内涵，具有与时俱进的发展外延。这也应该是各类文化遗产保护利用主体应持有的文化价值理念。

二 民族文化遗产保护利用的共性问题表现与发展趋向

作为被旅游利用的民族文化遗产，事实上其文化属性已经发生了改变：由先前的民族群体性生活方式或文化遗留，转变为了文化旅游产业资源或资本。也就是说，其进入了文化旅游产业的文化再生产链条，不再单纯是某个民族文化意义的表述形式和载体，还具有了经济属性与功能。由此，遗产旅游作为一种文化传播方式、一种政治控制工具，和一种经济发展手段之间的内在矛盾构成了遗产旅游的首要矛盾范畴；不同利益群体对于遗产的多重阐释构成遗产旅游内在矛盾的第二个主要范畴；遗产生产与消费之间的价值认知差异构成遗产旅游内在矛盾的第三个范畴。② 结合5个个案的多点民族志研究，民族文化遗产旅游同样存在以上三个范畴的内在矛盾，并使民族文化遗产保护利用表现出以下较为突出的共性问题与发展趋向：

1. 因民族文化遗产持有者主体与文化保护主体分离而导致的文化失真、多重阐释、主位与客位的价值认知差异

从广义角度看，民族文化作为中华民族文化不可分离的一部分，本民族文化持有者、民间文化社团，政府、旅游开发企业，乃至全社会民众，都是其文化保护主体；从狭义角度看，本民族文化持有者，特别是本民族文化传承人，是民族文化生产、存在、发展的文化主体与依附载体，他们应该是民族文化遗产保护的核心主体。民族文化持有者（包括非本民族

---

① 参见杨慧《旅游、人类学与中国社会》，云南大学出版社 2001 年版，第 19—43 页。

② 胡志毅：《国外遗产旅游"内生矛盾论"研究述评》，《旅游学刊》2011 年第 9 期。

人员，如彝人古镇展示彝族文化的汉族老汉，可视作广义的民族文化遗产传承人）是民族文化旅游资源和景观不可缺的必要组成，是民族非物质文化遗产的活态载体，是文化遗产旅游利用中把握和呈现原真性的决定因素。文化遗产持有者作为文化保护主体角色，其角色功能即其主体性与能动性，是决定民族文化遗产旅游利用与保护效果的关键因素。

　　景区所展示文化遗产的失真、不同利益相关者对文化遗产的多重阐释、遗产生产与消费之间的主位与客位的价值认知差异等，是 5 个代表性个案共同的问题。民族文化遗产持有者主体角色功能与文化保护主体角色功能的分离，是产生此类问题的根本原因。当然，这与景区规划设计与呈现民族文化遗产的方式手段、游客的文化背景及文化需求等因素也有着直接的关系。

　　民族文化遗产持有者主体角色功能与文化保护主体角色功能的分离，有两种情况：一是在文化遗产旅游情境中，民族文化持有者与民族文化传承人缺失；二是景区进行文化展示的主体虽然是本民族文化持有者，但其没有发挥文化保护主体的角色作用。第一种情况是少数民族员工缺失或不稳定所导致文化失真的普遍而直接的原因，特别是在多数本地及异地的旅游空间生产模式类型中较为常见。第二种情况却常常被忽略。傣族园泼水广场上演的"天天泼水节"就是一个比较典型的例子。虽然参加泼水活动的工作人员以当地傣族村民为主，但活动内容的单一局限性与表演仪式性，使参加活动展演的傣族员工仅仅发挥了"演员"的作用，而没有真正承担文化遗产保护主体的社会责任。由此，游客会产生"泼水节就是泼水狂欢""被水泼得越多越吉祥"之类与泼水节宗教节日属性相距甚远的多重解释与价值认知差异。玉水寨则是一个正面的典型例子。景区核心展示区和合院内所有的纳西族员工都是真正的东巴，他们的日常工作就是东巴文化的展示宣传与保护传承。面对游客任何提问，他们能准确、直接、详细地释疑解惑。走出玉水寨的游客会有"对世界记忆遗产有了一些了解""总算知道了东巴是怎么回事"之类的收获。

　　笔者在彝人古镇个案研究中所提出的主客同位景观概念，其一强调民族文化持有者是主客同位旅游景观中真实生动的主体部分，这一概念体现了民族文化遗产持有者主体与文化保护主体两者角色叠合之特点；其二说明社区居民、市民等非本民族文化持有者也都可以成为民族文化遗产的保护主体，他们构成了较大范围的强有力的多元文化保护主体网络，他们虚拟的文化主体身份与真实的文化保护主体角色的叠合,同样构成了主客同位旅游景观。其实,玉水寨的东巴所营造的正是典型的主客同位旅游景观。玉水寨的东巴法会活动、丽江古城的打铜人家、民族村的村寨民俗展示等,都具有主客同位景观的属性特征,它们是民族文化保护主体角色功能真正发挥的成功实践。这给我们的启发就是:文化旅游景区可以多多培植民族文化持有者主体与民族文化保护主体角色叠合的主客同位旅游景观,吸纳社会各界构成强大的民族文化保护网络。

2. 文化旅游产业背景下民族文化遗产的景观符号化特点及发展趋向

目前,在文化旅游产业融合的背景下,文化遗产的旅游利用与保护传承呈现出新的发展态势。文化旅游兼具经济产业与文化产业双重属性。"十二五"时期,文化产业作为"国民经济支柱性产业",与同样作为"战略性支柱产业"的旅游业将有越来越多的融合发展,文化旅游产业将是挖掘地方文化、完善旅游产业、促进经济结构调整、撬动地方经济腾飞的重要产业。① 文化遗产的符号化生产与旅游化保护,已然成为一种趋势。这是文化遗产本身的资本属性及文化旅游产业经济特点决定的。文化遗产的符号化生产,是在文化产业与旅游产业融合发展背景下再现文化遗产当代价值的文化再生产;是利用历史古迹、表演艺术、社会风俗礼仪、传统手工技能等文化资本,制造旅游产品、实现经济价值的商品化生产;是基于历史、服务现实、与时俱进的文化遗产振兴与社会共享的社会化生产。文化遗产符号(化)生产是文化的商品化与社会化生产。文化遗产符号化生产的根本成因是文化旅游产业与文化遗产两者内在的属性关联。文化遗产的符号生产是文化遗产旅游化保护的有益探索,但也面临文化遗产模式化、碎片化、空壳化、庸俗化及脆弱性之危机。

根据索绪尔的符号学原理,符号可分为"能指"(Signifier)和"所指"(The Signified)两个方面。能指是由物质、行为或表象载体充当的对符号意义的指称或指向;所指则是符号的"意义",是通过符号载体来提示、显示和表达的。能指和所指的统一,就构成一个完整的符号。② 能指和所指共同组成了旅游文化符号的意指,即以能指指向所指、以能指表达

---

① 陈柳钦:《文化与旅游融合:产业提升的新模式》,《学习论坛》2011 年第 9 期。
② 参见[法]罗兰·巴尔特《符号学原理》,王东亮等译,生活·读书·新知三联书店 1999 年版,第 25—39 页。

所指的组合行为，二者在编码规则的控制下以意指的形式构成完整的符号意义体。卡西尔认为，符号一方面是意义的载体，是精神外化的呈现；另一方面还具有能被感知的客观形式。它是"能指"与"所指"的统一。符号的作用就是在知觉符号与其意义之间建立起联系。从符号学角度看，不论物质形态、行为方式，还是传播媒介，均构成符号，都是某种意义系统的显示。①

"符号消费"这一概念由法国社会学家让·鲍德里亚最早提出，在《消费社会》（1970）一书中，让·鲍德里亚指出，现代社会，人们从对"物"的消费已经转向了对其"符号"的消费。符号消费时代，消费的显著特点就是消费的象征性和表征性，即通过对商品的消费来展现人们的个性特征、人格取向及其社会身份认同等消费者特质。从物品消费到符号消费的消费模式转换体现了人类社会从现代文明向后现代文明的话语转换，这是时代发展之必然。② 与其说游客是在消费企业制造的旅游产品，不如说是在消费以产品为物质载体的旅游符号。后现代语境下，对物的消费，人们不仅强调消费物客体本身的使用价值，还强调消费物所指的象征价值或其代表的身份意义。也就是说，后现代社会的消费取向实质上是一种符号消费。符号消费的显著特点就是消费的象征性和表征性。遗产旅游首先是选择合适的符号载体，挖掘民族文化符号价值，形成真实性的遗产旅游符号。这是遗产旅游开发的前提，需要加强对遗产符号的体系构建，让游客认知并接受遗产符号。表征过程是符号意义的载体化过程。

1976年，马康纳（MacCannell）在《旅游者：休闲阶层新论》一书中率先提出旅游的符号意义。1981年，卡勒（Culler）发表了《旅游符号学》一文。1990年，约翰·厄里（John Urry）在《旅游者的目光：现代社会的休闲和旅游》一书中，提出一切景观因旅游者的凝视而具有符号的意义。对少数民族旅游文化的符号化加工，符合现代社会符号消费的发展趋势。少数民族旅游文化的符号化包括旅游体验、旅游规划设计、旅游产品、旅游空间、旅游活动的符号化。科恩（Cohen）认为，对民族旅游吸引物中某个特殊自然制品或旅游文化遗产的神圣符号化，可以分为景观命名、设计构思、赋予神圣属性、机械复制及社会再生，通过这五个阶

---

① 王宁：《消费社会学》，社会科学文献出版社2011年版，第107页。
② 李玲：《后现代语境下遗产旅游的发展路径》，《求索》2011年第5期。

段,赋予对象丰富的旅游文化内涵,使之成为满足游客文化消费的符号产品。① 旅游者通过与各种民族旅游文化符号的互动,产生旅游期待和体验。在文化旅游产业融合背景下,文化遗产的符号(化)生产是文化遗产在文化旅游产业融合发展境遇中的一种文化再生产方式,是旅游规划设计、民族性展演与游客文化体验三者互动的结果。它意味着文化意义、价值观念等非物质文化遗产相对固定地附着于产业模式化的物质实体,并生产出旅游消费社会广泛认可的遗产"符号"。

综合以上五个代表性个案的情况,民族文化遗产符号化生产的总体情况,主要有历史性生产、族群性生产、艺术性生产三种类型和实现途径。事实上,这三种符号(化)生产交叉呈现。因为任何一种符号(化)生产都是基于历史文化传统,连接历史与现实,具有族群性及艺术性的建构。只不过在不同的符号(化)生产场景中,文化生产的内容和形式各有侧重。

世界文化遗产地丽江大研古城众多文物古迹的恢复与展示,就是历史性旅游符号的生产。物质文化遗产的符号化生产依托建筑、雕像等物质实体,为游客提供旅游体验的场所、氛围、环境。如木府博物院、雪山书院,方国瑜故居及古城街道、广场牌坊、水系、桥梁、民居庭院、槛联匾额、碑刻条石等。非物质文化遗产、商业氛围与民俗生活场景的符号化生产,有传统民俗体验项目、传统手工技艺展演与旅游商品的展销等。如纳西古乐、东巴造纸及打铜、婚庆、放河灯、歌舞打跳、骑马等。在丽江古城,历史性符号生产作为呈现世界文化遗产生命力的主要手段,反映出通过当下的阐释来重构历史这一连接遗产与旅游的关键挑战。以木府为例,木府是丽江古城的标志性建筑之一,始建于元代。1998年重建后改为古城博物院。宏大的建筑群内有涵盖纳西族政治、文化、宗教、经济、军事诸多内容的展馆,并配有专业导讲,是展示丽江历史文化的重要场所。就其历史文化价值和空间布局的重要性而言,堪称是古城深厚历史文化的象征性符号。根据管理局工作人员的统计资料和笔者随机访谈游客的情况看,凡到古城的游客几乎都到木府参观。其已成为丽江古城最具历史文化感的旅游产品。在边疆民族文化旅游语境中,木府作为历史上中国多元一

① 参见 Cohen, A Phenomenology of Tourist Experience, *Janal of Sociology*, Vol. 13, 1979, No. 2。

体大一统国家疆界的政治象征意义亦得到体现。木府所创造的社会价值与经济价值极为可观。特别是自 2012 年电视连续剧《木府风云》热播以来，木府更是成为丽江炙手可热的旅游消费符号。再如雪山书院，是明清时期古城学子童生接受儒家典籍教化，学习"四书五经"，习作"八股"及诗词歌赋之场所，也是学者讲学研讨、兼议时政之院所。恢复重建雪山书院属于丽江古城"十二五"规划项目。恢复重建后的书院已初具规模，有图书资料室和东巴文化学习室，"丽江讲坛"和"东巴文化传习班"社会反响很好。书院负责人向笔者介绍，恢复重建后的雪山书院将继承发扬丽江文化教育传统，丰富古城文化景观，体现古城文化遗产的深厚文化内涵和渊源。可见，同样是历史符号的建构，木府符号以呈现历史真实的写实性生产为基调，而雪山书院的符号化生产则更多体现出服务现实、与时俱进的生产特点。

玉水寨东巴文化景观的制造，就是典型的族群性符号化生产。旅游符号的族群性生产，是对少数民族传统文化的提炼，而民族宗教和民族艺术最能集中呈现少数民族有关自然界和宇宙的知识和实践，是族群符号生产的主要对象和内容。全球化背景下的现代旅游，催生了少数民族地方性知识的符号消费。在旅游符号消费、现代传媒和游客凝视的共同作用下，"丽江—纳西族—东巴文化"三者之间的符号关联已普遍为社会所认可。东巴教作为纳西族特有的民间宗教，相信万物有灵，崇拜多神，有祭司东巴、古老的图画象形文字经书、法器及祭典礼仪，并形成绘画、雕塑、舞蹈、音乐等系列民族宗教艺术。伴随丽江文化旅游业的发展，东巴教中的巴格图、丁巴什罗、大鹏鸟等宗教形象及东巴文化体系中富有艺术表现力的东巴舞蹈、东巴字画等，作为纳西族标志性文化符号被产业化开发。以东巴命名的商品遍布丽江各大景区，东巴文化成为文化旅游产业开发的主题。东巴文化在国际上的重要影响，得益于方国瑜、杨福泉等知名学者对东巴象形文字的研究与国际交流。丽江东巴文化博物馆前馆长李锡是东巴文化符号（化）生产的开创者之一。在与其访谈中得知，为方便传播而把东巴教无形文化转变为有形文化载体的创意，最早实施于丽江东巴文化博物馆的图腾柱标志门的设计。之后，在 1999 年中国丽江国际东巴文化艺术节中，取材于东巴经的形象生动、造型独特的图腾柱被大量应用，营造了东巴文化的无穷魅力。有力地推动了东巴宗教艺术形象化、具象化的符号生产。

民族传统歌舞乐展演,如云南民族村的"红土高原""七彩云霞"、彝人古镇的"彝乡恋歌"、傣族园的勐巴拉诺西剧场表演等,就是典型的艺术性符号生产。民族传统歌舞艺术作为一种典型而特殊的文化符号,因其鲜明的文化差异性、艺术表现力和审美娱乐性而成为当下文化旅游产业重点开发的旅游产品,成为民族地方性知识与全球化互动的标志性符号。也因此,其在民族传统艺术舞台化、产业化开发和民族文化遗产的旅游利用、符号(化)生产中表现最为突出。从传统民间音乐商品化,到民族传统歌舞的剧场舞台化展演,反映出民族民间艺术在文化旅游产业融合背景下符号(化)生产的显著特点和巨大的发展潜力。文化遗产的独特性与普世性特征看似矛盾,但通过族群艺术性符号的生产展示沟通、连接了全人类对美的共同追求与欣赏。

从以上不同个案的历史性、族群性、艺术性符号生产情况看,由于历史性符号生产对历史遗留物特定环境、位置及物质载体的依赖性相对较强,故其符号生产较难超越空间限制,其商品化与社会化的程度自然相对后两者弱。而后两者的符号生产虽然都基于族群文化表征进行生产,但艺术性符号生产的商品化与社会化程度明显较高,如纳西古乐、少数民族舞台剧目在沟通人类共同审美情感方面具有独特优势,这也是他们在国际舞台广受欢迎的原因。当然任何艺术性符号必然也是族群性的,族群性符号和艺术性符号往往又是相互交融的。进行文化遗产生产的各类主体——地方政府及其具体管理机构、文化旅游企业、民间社团、民族文化持有者等,他们基于对所生产的文化遗产的深刻理解与切身感触,对民族文化遗产的优秀文化价值进行了符合当下的深度发掘。通过与时俱进的符号(化)生产,成功实现了从遗产资源向文化资本、文化商品的转换。这就决定了文化遗产的符号(化)生产,必须发掘利用文化遗产中所蕴含的能满足当下文化旅游市场需要的内涵,体现文化遗产的文化价值。所以,符号(化)生产绝不是将文化遗产表征符号简单地借用和复制,而是在充分把握遗产文化内核基础上的文化创新活动。

文化遗产的符号化生产,实质上就是文化的商品化与社会化生产。文化遗产的符号(化)生产,是在文化产业与旅游产业融合发展背景下把有形的物质遗产载体与无形的非物质遗产价值有机结合的再现文化遗产当代价值的文化再生产;是利用历史古迹、表演艺术、社会风俗礼仪、传统手工技能等文化资本,制造旅游产品、实现经济价值的商品化生产;是基于历史、服务现实、与时俱进的文化遗产振兴与社会共享的社会化生产。

符号（化）生产为文化遗产资源转化为文化资本和旅游产品提供了生产、流通、销售等商品化途径。而商品化过程，正是符号所指、能指、所指与能指关系为社会群体或大众接受并成为社会共享文化的过程。让·鲍德里亚认为，在商品符号化的消费社会里，商品或物品中曾经有过的那种使用者个人的、主观的情感和含义被淡化了，取而代之的是社会或群体共享的符号意义。① 一方面，旅游规划设计师兼顾族群自我表达与游客的他者凝视，通过借用文化表征和时尚元素等方式，开展文化遗产的符号化生产（符号产品开发），激发引导社会对旅游符号系统及其要素的认知和创造。另一方面，文化遗产通过符号中介的市场化运作与社会化传播，使民族文化遗产从民间走向市场，从地方性知识成长为世界共享文化产品，实现了文化遗产的宣传、弘扬、承传和振兴。

文化遗产与文化旅游产业两者的属性关联使文化旅游产业融合条件下的文化遗产符号化生产成为必然。文化旅游产业融合是文化遗产符号化生产的前提条件。文化旅游属于产业经济，对应于市场化、全球化的文化旅游产品生产。文化旅游产业融合，既能体现旅游的文化内涵和文化价值，又能促进文化资源的资本化与产业化，使民族文化遗产基于文化价值创造经济价值成为可能。从世界旅游发展趋势看，文化是旅游业的生长点；借用非物质文化遗产实施产业化开发，正逐渐成为世界文化旅游产业发展的一个重要趋向。

文化遗产是国家、民族、族群的传统生活方式、地方性知识与特色文化。其除了具有可创造经济价值的资本属性，还同时具有文化属性和遗产属性。文化变迁是文化存在的一种绝对状态，而文化传统又是文化遗产的内在属性。当文化遗产遭遇文化旅游，文化变迁与传统继承之间的矛盾变得更为紧张。这就要求文化遗产的旅游利用与保护传承，均须遵循文化遗产自身的发展规律。由于文化遗产与特定的文化主体、社会环境、历史背景有关，所以无法以复制的方式呈现。对文化遗产的旅游利用，只能萃取其中的文化要素作为旅游产品的设计表征。这就使文化遗产的符号化生产成为必然。此外，文化遗产的符号化生产还涉及文化形式如何客体化的过

---

① 彭兆荣：《遗产体系与遗产学的一些问题》，《徐州工程学院学报》（社会科学版）2012年第1期。

程，也与"物"的性质有关。文化遗产的保护对象可以分为社会实践、观念表述、表现形式、知识、技能等非物质类客体和工具、实物、工艺品和文化场所等物质类客体两种形态。① 这两类客体相比较而言，物质类客体具有固定的形态，不可再生也难以进行产业化生产；而非物质类客体虽然也具有物质的因素，需要依靠一定的工具、实物等来呈现，但强调的是非物质文化遗产的内在价值，而非外在表现形式，其本身具有符号化和程式化的特点，适宜进行商品化与社会化生产。故非物质文化遗产具有进行产业化开发的优势，是文化遗产符号化生产的核心要素。因此，文化遗产的符号化生产是直观的表征符号的生产与代表文化遗产价值内核的意义符号的生产。符号化生产作为文化变迁与传统继承的一种调和方式和策略，以符号意义体现文化遗产价值传承的遗产属性，以产业化生产体现文化遗产应时而变的文化属性。此外，国家及地方政府对文化旅游产业发展及文化遗产保护利用的政策导向、消费社会的符号消费趋向等，都是导致文化遗产符号化生产的重要原因。

三 实现文化旅游背景下民族文化遗产创新性保护所应遵循的基本原则

物质文化遗产指民居、服装、建筑、饮食等有形文化及非物质文化遗产的有形载体。非物质文化遗产是指各族人民世代相传并视其为文化遗产组成部分的各种传统文化表现形式，以及与传统文化表现形式相关的实物和场所。从已颁布的国家级非物质文化遗产门类项目看，主要有民间文学、民间音乐、民间舞蹈、传统戏剧、曲艺、杂技与竞技、民间美术、传统医药、传统手工技艺、民俗十大类。在中华人民共和国国家标准《旅游资源分类、调查与评价》（GB/T18972—2003）中，民俗旅游资源分为地方风俗与民间礼仪、民间节庆、民间演艺、民间健身活动与赛事、宗教活动、庙会与民间集会、饮食习俗、特色服饰八类。可见，民俗旅游资源几乎涵盖了民族文化遗产的各个方面。

通过前文不同模式类型个案的研究，我们会发现：作为民俗旅游资源的民族文化遗产，其模式化和类型化的部分在旅游开发中最容易引起注意，也最先被开发；换言之，具有表演性、观赏性的民族民间歌舞艺术、传统手工艺、节日等非物质文化遗产，往往作为民族特征和地方性的标志

---

① 李墨丝：《非物质文化遗产保护国际法治研究》，法律出版社 2010 年版，第 26 页。

物，最先得到开发。一般旅游景区的文化旅游内容主要是民族歌舞乐表演与仪式、节日等民俗体验类活动。舞台化的文化表演，只能选取标志性、碎片化的文化符号进行展示。仪式、节日等民俗体验类活动，多数依照少数民族传统的时间安排。所以，对于来去匆匆的旅游者而言，要想体验真实完整的民族文化是有一定难度的。民族文化遗产所蕴含的精神价值往往得不到全面、深入、真实的体现。由此，文化旅游背景下的民族文化遗产利用与保护会出现两方面的主要问题：一方面，民族文化遗产几乎不可能完全通过旅游利用得到全面、整体的保护；另一方面，民族文化遗产旅游利用与保护的量、程度、效应与其遗产旅游的模式类型有直接关系。这些问题的出现，与不同模式类型的民族文化遗产旅游利用与保护统一体系统的旅游空间生产、保护运作过程、主体及利益相关者系统、影响因子作用等密切相关。可见，民族文化遗产的旅游利用与保护之间的关系，既有良性互动的一面，也有冲突的一面。

因此，实现文化旅游背景下民族文化遗产的创新性保护，就是要更新观念，遵循民族文化遗产旅游利用与保护的发展规律及其互动机理，保持和促进民族文化遗产的可持续旅游利用与保护传承，实现民族文化遗产旅游利用与保护之间的良性互动、协调发展。综合多点民族志研究案例，要实现文化旅游背景下民族文化遗产的创新性保护，应遵循如下基本原则：

首先，民族文化遗产的旅游利用与保护，必须遵循文化旅游产业与文化遗产自身的发展规律：旅游产业的发展需要市场调节；文化遗产的保护需要政府扶持，形成多元主体共同参与的社会网络。

民族文化遗产具有经济和文化的双重属性与价值，其经济价值只有通过市场和旅游商品化才能实现。文化遗产不再只是一个前人遗留下来的死去的过去，而是一个可以用来发展未来文化和经济的基础，是可以带动地方经济和复苏地方文化的一种资源。[①] 在中国台湾和世界很多国家和地区，族群文化成为当地重要的旅游资源。商品化生产与产业化发展，已成为民族文化遗产实现经济和文化的双重属性与价值的时代选择。1995 年，联合国教科文组织、环境规划署和世界旅游组织等通过《可持续旅游发展宪章》，并同时制订《可持续旅游发展行动计划》。在行动计划中明确

---

① 吕俊彪：《非物质文化遗产保护的去主体化倾向及原因探析》，民族艺术出版社 2009 年版，第 2 页。

规定"充分发挥旅游保护文化遗产的潜力"是今后的工作之一。旅游的商业目标要服从于遗产文化人文精神和人文理念的目标。《中国文化遗产事业发展报告》(2012)指出,文化遗产资源得到合理利用是唯一使文化遗产全面彰显功能的途径。[①] 可见,文化保护与旅游利用相互依存与融合发展,已成为当今旅游产业和文化保护事业发展的走向。几乎所有国家都实行双轨制的文化发展战略:一是大力发展公益性的文化事业;二是积极发展面向市场的文化商业和文化产业。只有建立起经济与文化良性互动的发展机制,文化的保护才有坚实的基础和可靠的保障。[②] 目前,民族文化遗产的旅游利用与保护,普遍以保护为前提,在利用的过程中加强保护,传承和延续文化遗产的价值和意义,已形成"保护是前提,利用是手段,发展是过程"的原则。

民族文化遗产的文化与经济的双重属性,决定了文化遗产保护与旅游开发利用要采取不同性质的管理运作体系。从前面个案研究可以总结出这样的普遍规律:文化遗产旅游景区,不论何种模式类型,不论政府主导或旅游企业主导或几方主导,其文化遗产保护工作的开展,都离不开政府相关职能部门的扶持和民族文化持有者(广义的文化传承人、文化主体)的参与;其文化遗产的旅游开发利用普遍通过旅游市场机制进行调节。可以说,在很大程度上,文化保护传承主体(民族文化持有者、民族文化旅游社区、民间文化保护社团)的参与度、地方政府的扶持力度,以及旅游景区运用市场机制的综合能力,决定了景区文化遗产保护利用的成效。

前文的个案研究表明,"符号化景区 + 周边活态民族文化社区"开放的空间格局,具有吸纳民族文化持有者及多元保护主体的强大包容性,同时兼顾文化遗产的活态保护与旅游的市场化利用,应是民族文化遗产保护利用空间的理想类型。民族非物质文化遗产是植根于民间的活态文化,是一个不断发展变化的文化生态系统。以非物质文化遗产传承人为主的民族文化持有者的旅游参与与保护,是民族文化遗产保护的关键所在。它保证了民族文化遗产的活态保护传承。

---

① 刘世锦:《中国文化遗产事业发展报告(2012)》,社会科学文献出版社 2013 年版,第 7 页。

② 尹绍亭:《文化的保护、创造和发展——民族文化生态村的理论总结》,《云南社会科学》2009 年第 3 期。

其次，民族文化遗产只有通过旅游利用重新诠释文化本真性和实现遗产价值，才能获得持久的生命力；对非物质文化遗产的生产性方式保护与活态旅游景观建设，是民族文化遗产旅游利用与保护良性互动的核心内容。

文化旅游背景下的民族文化遗产，已经不是原有意义上传统文化的再现，而是由市场经济、政府、民间社团、文化持有者等各种力量共同推动的传统文化的再生产。文化本真性[1]和遗产价值是文化遗产旅游生命力的基本保障，也是评估、监控非物质文化遗产的一项基本原则。本真性即文化真实性，主要包括文化客体的真实性与游客体验的真实性两方面。文化真实性与文化自身发展、大众传媒宣传的标准、游客的需求有关。由于文化处于发展变迁之中，其价值只能通过世代相传的传统文化内核体现。1964 年的《威尼斯宪章》将本真性概念引入文化遗产领域。1994 年 12 月通过的《关于原真性的奈良文件》强调影响文化遗产价值理解的信息来源的真实性、文化遗产价值和真实性的评价没有固定的标准。

文化旅游产业背景下，民族文化遗产的保护利用呈现景观符号化的特点及发展趋向。文化商品化生产，往往基于传统文化的符号化生产进行。这样的文化商品，不但保留了其原来的"生产价值"，还获得了"使用价值"。[2] 丽江玉水寨东巴职业者的传承展示和景观的创造性生产、云南民族村以各民族文化持有者为主体的村寨民俗生活展演等案例均表明，文化遗产通过旅游利用，获得了重新诠释文化本真性和创新发展的机会。国外也有类似研究结论，如约翰·P. 泰勒（John P. Taylor）通过考察新西兰的毛利旅游，认为就地方价值而言本真性可能会被更加肯定地重新界定。[3] 狄帕克·切布拉（Deepak Chhabra）等通过对美国北卡罗来纳州弗洛拉麦克唐纳苏格兰高地运动会的研究，认为高度的本真性感知可在一个

---

① 本真性的英文 Authenticity 来自希腊语和拉丁语 Authoritative（权威的）和 Original（起源的）两词，英文辞典解释为原初的（Original）、真实的（Real）、可信的（Trustworthy）3 种含义。在中文语境中，较多使用"原真性"。笔者认为，由于文化处于发展变迁之中，只有本来的传统文化内核世代相传。所以，"本真性"更能准确反映文化遗产的特质。而"原真性"易导致人们把文化理解为保持原初面貌而僵化不变的。

② 张晓萍：《旅游开发中的文化价值——从经济人类学的角度看文化商品化》，《民族艺术研究》2006 年第 5 期。

③ John P Taylor, Authenticity and sincerity in tourism, *Annals of Tourism Research*, Vol. 28, 2001, No. 1.

远离文化传统最初来源的地方通过表演而获得。① 印第安人学者弗兰克·埃特·瓦格施科（Frank Ettau Wageshik）认为，为旅游市场而生产的文化艺术品实际上是当地文化在面对被同化、被重组的巨大压力之下为保持文化的延续性而采取的一种文化适应策略。经过调整适应而生产创造的旅游文化艺术品是古老传统文化依然存活的重要指示器。② 詹姆士·克科福德（James Clifford）指出本真性是被重新构建的立足现在、面向未来的创造性活动。③ 有学者提出"从遗产到资源"的观点，就是我们对珍贵的非物质文化遗产不仅要保护，还应该在其基础上进行创新，将其变成新的文化的一部分。也就是说创新也是一种保护，是一种更深刻的保护。④ 民族文化遗产旅游正是基于民族文化遗产可以成为旅游资源的前提下对其进行创造性利用与发展。

文化旅游背景下，大量的民族文化遗产被开发利用，尤其是非物质文化遗产成为民族文化旅游的核心资源。中国共产党的十七届六中全会决议指出，要"积极发展文化旅游，促进非物质文化遗产保护传承与旅游相结合"。非物质文化遗产本身通常不具有固定的形态，需要依靠一定的工具、实物等来呈现。它强调的是传统的技艺、技能和技术的内核，而不是外在表现形式。文化遗产的生命力在于保证文化遗产的本质核心内容、核心价值得到延续。非物质文化遗产自身的可发展性是联合国考察非物质文化遗产代表作的重要评价指标。关注遗产的活用价值，已成为国际文化遗产保护利用的共识。按照联合国教科文组织《保护非物质文化遗产公约》的解释，非物质文化遗产不但存在于民众的生活当中，而且还要随着新的时代得到传承、发展与创新。从这个意义上说，非物质文化遗产虽说是"遗产"，但其所代表的核心价值观念应该是一脉相承、活态呈现的。民族文化遗产旅游利用与保护的意义，就在于借助文化旅游这一平台让公众

---

① Deepak Chhabra, Robert Healy and Erin Sills, Staged authenticity and heritage tourism, *Annals of Tourism Research*, Vol. 30, 2003, No. 3.

② Frank Etta Wageshik, "My Father's Business", in Ruth B. Philli ed., *Unpacking Culture: Art and Commodity in Colonial and Postcolonial Worlds*, University of California Press, Ltd. 1999, pp. 20—29.

③ James Clifford, "Of Other Peoples: Beyond the Salvage Paradigm in Dia Art Foundation Discussions", in H. Foster ed. *Contemporary Culture*, No. 1, Seattle: Bay Press., 1987, pp. 121—130.

④ 方李莉：《从"遗产到资源"的理论阐释——以费孝通"人文资源"思想研究为起点》，《江西社会科学》2010年第10期。

认知、认可遗产，并通过文化遗产价值和功能的体现而获得持久的生命力。坚持活态保护，关键是积极地将非物质文化遗产融入现实生活中，激活非物质文化遗产的生命力，让非物质文化遗产在流传中继承，在利用中发展，实现社会效益、经济效益和文化效益的最佳结合。①

而生产性方式保护是一种符合非物质文化遗产的存在形态和传承特点、更具生命力和延续性的保护传承方式。② 生产性方式保护要求：在不违背传统手工生产规律和运作方式，保证其本真性、整体性、手工核心技艺和传统工艺流程的前提下，使传统技艺、传统医药药物炮制技艺、部分传统美术类非物质文化遗产项目在创造社会财富的生产活动中得到积极有效的保护。在生产与经营流通等环节中使此类非遗项目得到有效、健康的发展，最终达到科学保护，这是这一保护方式的终极目的。③ 生产性方式保护非物质文化遗产，既顺应了非物质文化遗产应时而变的特点，也满足了文化旅游产业经济利益目标的要求。同时，旅游开发使得族群文化和"地方性"变得宝贵。旅游使社区成为自身文化展演的舞台，为身处其中的族群保存了一些原本趋于消亡的文化要素，恢复了地方性和文化的多样性。使族群文化的保护与发展在旅游提供的平台上得以充分发挥。④ 彝人古镇的"彝乡恋歌"系列节目（品彝族长街宴、赏伴餐歌舞表演）、玉水寨的东巴画廊作品、云南民族村"一村一品"项目的开发等，都是生产性方式保护非物质文化遗产的成功案例。需要强调的是，这些非物质文化遗产衍生的旅游产品，往往成为旅游景区的核心产品，代表着景区文化旅游产业整体的发展水平。但它与大批量的标准化产业生产的旅游商品不同，它往往是多元而极具个性的。

第三节　文化旅游背景下民族文化遗产创新性保护系统的建构

可持续旅游利用与保护，是文化旅游背景下民族文化遗产创新性保护

---

① 参见李墨丝《非物质文化遗产保护国际法治研究》，法律出版社 2010 年版，第 284—286 页。

② 谭宏：《对非物质文化遗产生产性方式保护的几点理解》，《江汉论坛》2010 年第 3 期。

③ 马盛德：《非物质文化遗产生产性方式保护中的几个问题》，《福建论坛》（人文社会科学版）2012 年第 2 期。

④ 参见孙九霞《传承与变迁——旅游中的族群与文化》，商务印书馆 2012 年版，第 276—279 页。

利用的基本原则与根本目标。它包括民族文化遗产旅游的可持续发展及文化遗产在旅游利用背景下的可持续保护两方面。基于前面民族文化遗产旅游利用与保护的不同空间生产模式类型的比较研究，笔者提出民族文化遗产的创新性保护利用（可持续旅游利用与保护），目的在于为实现少数民族文化繁荣和民族地方社会经济整体协调发展，而探寻民族文化遗产旅游利用（文化旅游产业）与保护（文化遗产保护事业）良性互动及可持续发展的普遍规律和保障机制。

一 民族文化遗产的可持续保护利用

1987 年，挪威前首相布伦特兰夫人提出："可持续发展是在社会、经济、人口、资源、环境相互协调和共同发展的基础上，既满足当代人需求、又不对后代人满足其需要的能力构成危害的发展。"墨菲将"旅游的可持续发展"视作一个系统工程，包括对资源需要做合理的安排，经济发展对地方群体利益的充分考虑，履行社会义务，创建优美形象，确定环境参数机制，维护生物的多样性，重新确认旅游的工业产业的角色等主要因素。1990年，全球国际旅游工作会议颁布的《可持续旅游发展行动战略》称："可持续发展的目标是保护和改善环境以满足人类的基本需求，保证当代和代际公平，提高全人类的生活质量。"（Action Strategy，1990）布拉姆维尔（Bramwell，1993）和雷恩（Lane，1993）评价："可持续旅游作为一种积极的方法呈现出来，是为了减少复杂的交互作用产生的紧张关系和摩擦，产生交互作用的是旅游业、游客、环境和对度假者来说是东道主的社区。可持续是一种方法，它是为自然和人文环境更长久的生存力和质量而努力。"[1]1993 年，世界旅游组织（UNWTO）对旅游可持续发展的定义是：旅游可持续发展是一种经济发展模式，它被用来达到如下目的：改善当地社区的生活质量；为游客提供高质量的经历；维护当地社区和游客所依靠的环境的质量。旅游可持续发展体现发展、协调、持续的思想。旅游可持续发展强调的是以系统的、平等的、全球的、协调的方式发展旅游，协调环境、旅游者和当地社区三者间的利益关系是旅游可持续发展的核心。墨福斯等学者（Mowforth & Munt，2003）更具体地提出了以下几个部分：①持续性应

---

① ［澳］克里斯·库珀：《旅游研究经典评论》，钟林生、谢婷译，南开大学出版社 2006 年版，第 9 页。

该包含"环境""社会""文化"和"经济"几个相互关联的事业。②教育方面的因素。这是区分所谓的"新旅游形式"与传统旅游的一个显著的差异，即将教育的因素融入旅游活动之中。这里的"教育"当然包括了"游客—东道主"双方都可以通过旅游活动和旅游实践，提高保持生态的意识，了解到如何才能真正通过自己"合适"的行为，去行使生态保持的"权力"，去完成生态旅游的活动。③地方性参与。毫无疑问，持续性能否成立，能否发展，与地方性参与的程度无法相分离。所谓"地方性参与"的一个最重要的指标，就是看地方民众对待大规模旅游的态度和参与态度。④保持和保护的因素。任何社会活动和实践都无法隔绝与传统保持和保护的关系。现代旅游中，生态与文化的保持和保护成了两个最重要的检验指标。① 可见，对旅游可持续发展的诠释已经包含对旅游地自然生态与文化生态的保护。

民族文化遗产旅游利用与保护的模式类型多元，涵盖民族文化生态村、传统文化保护区、历史文化名城（名镇、名村）、世界文化遗产地、风景名胜区等。其运作模式机制也是多样性的。要实现民族文化遗产可持续旅游利用与保护，既要考虑民族文化遗产旅游空间生产模式及类型的一般性规律与存在的共性问题，又要结合不同旅游空间生产模式及类型进行具体考虑。在此基础上，围绕解决民族文化遗产保护利用中因民族文化遗产持有者主体与文化保护主体分离而导致的文化失真、多重阐释、主位与客位的价值认知差异等问题，以及考虑到文化旅游产业背景下民族文化遗产保护利用的景观符号化特点和发展趋向，使民族文化遗产旅游利用与保护的良性互动关系与内在机理得到正常发挥和体现。

总体而言，民族文化遗产旅游的主导方应在地方政府的扶持引导下，通过广泛吸纳少数民族民间文化社团、文化持有者及社会民众的参与，体现民族文化保护主体的多元包容性与文化持有者的能动性特点；通过培育与重建旅游—生活空间，抑制过度的符号消费，发展体验经济，保持一定程度或范围的民族文化生态旅游。从民族文化遗产旅游利用与保护统一体系统角度看，处于旅游空间系统外层的是民族文物与民俗文化载体（旅游物理空间），处于旅游空间中间层的主要是民族非物质文化遗产（旅游景观符号空间），处于旅游空间核心层的是少数民族文化生境（旅游参与

---

① 参见彭兆荣《旅游人类学》，民族出版社 2004 年版，第 317—318 页。

体验空间）。要实现民族文化遗产可持续旅游利用与保护，必须对不同旅游空间层级施行不同的保护策略：越是空间核心层的越应该重点保护；要建立多元文化保护主体网络，集产业化（工艺品生产、舞台化展演、图书音像出版等）、模型化（民俗博物馆、模拟的文化示范点或文化模型开发）、数字化（数字化产品开发，网络空间拓展，传媒展销）和一定程度或范围的旅游空间社区生活化（民族文化生态旅游）等多元保护途径为一体的保护过程系统；在影响因子系统方面，应遵循文化遗产自身及文化旅游产业的内在发展规律，根据不同模式类型的具体情况，建立科学适宜的运作模式与机制。

二　旅游—生活空间与可持续保护利用系统的建构

1. 旅游—生活空间的文化生态系统建设

空间已成为当前社会科学研究的一种新视角。民族文化旅游所指涉的空间是少数民族文化旅游资源和产品的样态，是旅游者活动的空间范围和表现形式。其内涵兼容物质文化和非物质文化、人文资源和自然资源，历史文化遗产和常态民俗生活文化等内容，是旅游主客体互动的社会文化空间，是民族文化旅游地地理空间、文化空间、社会空间的叠合空间。空间生产是民族文化资源转化为旅游产品和民族文化实现旅游化保护和发展的重要途径。旅游—生活空间，是本文探讨民族文化遗产旅游化保护的核心概念。旅游—生活空间包含剧场化的旅游空间与生活化的旅游空间两个层次，亦指以游客为核心主体的旅游空间与以文化持有者为核心主体的生活空间的交融并置。剧场化旅游空间以符号生产、舞台展演、模拟再现为标志；生活化旅游空间以民族文化持有者为主体。[①]

空间是主体性存在的策略与场所。旅游—生活空间作为文化遗产旅游利用与保护特有的空间形式，其与民族文化遗产旅游利用与保护统一体系统的创新性、代表性，以及空间系统、过程系统、影响因子系统等各子系统密切相关。其空间的强弱，意味着民族文化持有者主体能动性、参与性的强弱及文化遗产真实性的强弱，这些直接关乎文化遗产旅游利用与保护的基础与效果。要实现民族文化遗产的可持续旅游利用与保护，就要进行

---

① 桂榕、吕宛青：《旅游—生活空间与民族文化的旅游化保护——以西双版纳傣族园为例》，《广西民族研究》2012 年第 3 期。

旅游—生活空间强大文化生态系统的培育建设。

　　以上研究表明，不论哪一种旅游空间生产模式类型，其民族文化遗产的旅游利用与保护，往往表现出剧场化旅游空间与生活化旅游空间相互交融的结构特点与发展趋势；而且，每个个案的民族文化遗产旅游利用与保护的效果与其旅游—生活空间的强弱有直接的对应关系。如傣族园以原地整体活态保护为主，文化主体与文化原生境真实完整；丽江玉水寨以本地整体活态保护为主，文化主体真实，与周边文化原生境（传统文化保护区村寨）密切结合，两者的旅游空间与日常生活空间高度交融，旅游—生活空间都较强大，为文化遗产旅游利用与保护奠定了很好的基础。丽江玉水寨的保护利用效果最为理想，傣族园也不错。云南民族村则以异地民族文物保护与非物质文化遗产活态保护为主，旅游—生活空间不及前两者强大，但文化主体真实，形成文化次生境保护形式，文化遗产旅游利用与保护的基础和效果较为理想。丽江古城因文化主体大量缺失、文化原生境碎片化而导致旅游—生活空间弱小，纳西民族文化遗产旅游利用与保护的基础与效果都不甚理想。彝人古镇因文化主体有所缺失、文化原生境严重缺失而导致后现代的人造模拟景观盛行、旅游—生活空间弱小，但由于多元文化保护主体网络的建构，又极大地弥补了文化遗产旅游利用与保护基础的不足，才表现出较好的效果。可见，文化主体的强弱、旅游空间与生活空间交融度的大小，是决定旅游—生活空间强弱的核心因素。

　　2. 可持续保护利用系统的建构

　　旅游—生活空间的文化生态系统重建，就是可持续保护利用系统的建构。即根据文化旅游背景下民族文化遗产创新性保护所应遵循的基本原则，对旅游利用与保护统一体系进行重新调整与建构。具体就各子系统而言，旅游空间系统要重视活态民族文化生境的培植与保护；保护过程系统要综合运用文化产业化、模型化、数字化和一定程度或范围的旅游空间社区生活化（民族文化生态旅游）等多元保护手段；主体（利益相关者）系统要发挥文化持有者主体的能动性，培育和建构多元文化保护主体网络；影响因子系统要遵循文化遗产、文化旅游产业的内在发展规律，建立科学适宜的运作模式机制。要实现民族文化遗产可持续旅游利用与保护，必须对不同层级的旅游空间施行不同的建设与保护策略。保证景区内开展真实的民族民俗动态展演、景区与原生民族村寨保持稳定而合理的文化展示合作与空间结构，是文化旅游背景下民族文化遗产实现创新性保护的关键。可持续保护利用系统的建构见图4—11。

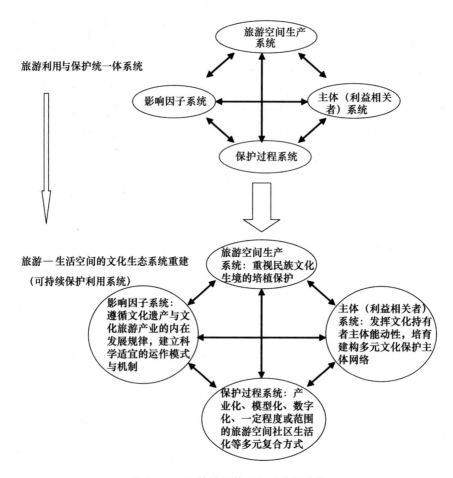

图4—11　可持续保护利用系统的建构

第五章 实现文化旅游背景下民族文化遗产可持续保护利用的机制建设与对策建议

相关保障机制的建设，还必须综合考虑和全面掌握影响全球化、市场、传媒、国家、社会等宏观背景和社区文化传承保护、新农村、小城镇、和谐社会建设等微观情境，以及民族文化遗产旅游自身的发展态势和问题症结，从利益相关者角度明确民族文化遗产可持续旅游利用与保护的主体系统及协作机制，从旅游系统角度建构民族文化遗产可持续旅游利用与保护的风险防范体系与保障机制。①

第一节 民族文化遗产可持续保护利用的主体协作机制建设

机制通常指运行机制（工作机制），即广义的管理体制中动态的部分。通常情况下管理体制指"静态"的内容，机制指"动态"的内容。②民族文化遗产旅游利用与保护机制，指利益相关者通过参与及互动而形成的稳定有序的动态结构。有效的机制强调利益相关者之间的关系应是相互依赖、良性互动、互为整体的。

民族文化遗产旅游的主体系统和利益相关者，包括文化保护传承主体（民族文化持有者、旅游社区、民间文化保护社团）、经营主体（旅游开发企业、旅游从业人员）、观赏主体（旅游者）、政府主体。文化持有者是文化资本的所有者、文化旅游空间生产的核心主体；地方政府是文化旅

---

① 桂榕、吕宛青：《民族文化旅游空间生产刍论》，《人文地理》2013 年第 3 期。

② 参见刘世锦《中国文化遗产事业发展报告》（2012），社会科学文献出版社 2013 年版，第 75—76 页。

游空间生产的主导力量之一；开发企业是文化旅游空间生产经营的主要力量；专家学者与民间社团是指导、评价具体旅游空间内容生产、开发管理及机制建设的权威；旅游中介机构除旅游从业人员和组织外，还应包含网络等信息传播媒介，是客源市场及文化旅游空间生产的辅助力量。① 文化保护传承主体（民族文化持有者、旅游社区、民间文化保护社团）与经营主体（旅游开发企业、旅游从业人员）往往有重叠。这在原地旅游空间生产模式类型中表现尤为突出。

亨瑞·列斐伏尔认为空间的生产本质上是一种政治行为。在民族文化旅游空间生产中，所有的文化主体都处于共同的旅游空间文化产业链条连接的场域中，他们是同一场域中的不同力量。据布迪厄（又译布尔迪厄）的观点，他们的社会关系是"根据他们在争夺各种权力或资本的分配中所处的地位决定的"②。"场域同时也是一个争夺的空间，这些争夺旨在继续或变更场域中这些力量的构型。"③ 旅游空间生产主体之间因力量和地位的消长，其被生产的社会关系是处于变化之中的，需要调整。特别是成功的民族文化旅游空间生产需要主体的成功协作。民族文化遗产旅游利用与保护的五大利益主体的互动关系形成一个复杂的协作体系。

民族物质文化遗产，特别是文物，政府已有较为完备的法制机构进行管理。而非物质文化遗产存活于遗产文化持有者共同生活的社区和群体之中。从非物质文化遗产本身性质来看，其具有公共资源性质。从非物质文化遗产保护利用的主体看，至少涉及遗产的传承传播者、收集保护者和旅游利用者。这些主体可能是族群，可能是文化持有者个体，可能是国家政府机构，也可能是旅游开发企业。保护利用主体多样性决定其权益的保障远非知识产权法和非物质文化遗产保护法所能达致。所以，文化旅游背景下民族文化遗产的保护利用重点，还在于非物质文化遗产。就目前发展现状和焦点问题来看，主体系统协作机制的建设关键还在于两个度的把握。④

---

① 桂榕、吕宛青：《民族文化旅游空间生产刍论》，《人文地理》2013 年第 3 期。

② ［法］布迪厄、［美］华康德：《实践与反思——反思社会学导论》，李猛、李康译，中央编译出版社 1998 年版，第 155 页。

③ ［法］布迪厄、包亚明：《文化资本与社会炼金术——布迪厄访谈录》，上海人民出版社 1997 年版，第 139—140 页。

④ 桂榕、吕宛青：《民族文化旅游空间生产刍论》，《人文地理》2013 年第 3 期。

一是文化保护传承主体（民族文化持有者、民族文化旅游社区、民间文化保护社团）的参与度。文化保护传承主体参与的必要性主要表现在，一方面他们是民族文化遗产旅游资源本体的一部分，他们的参与是文化遗产完整性、本真性的重要保障；另一方面要体现民族文化遗产旅游的综合社会效益，就要考虑到旅游地少数民族居民通过参与获得利益保障。原地与本地两类旅游空间生产模式均涉及文化旅游地的参与式社区发展。这是民族文化旅游地社区实现当地社会经济可持续发展的有效途径，也是文化多样性保护、旅游扶贫的有效策略。解决这一问题的办法就是肯定并赋予民族旅游地少数民族参与旅游经营展示的权力。

1978 年，爱德华·萨伊德（Edward Said）出版的《东方主义》（*Orientalism*）认为，帝国主义与殖民主义的历史导致了西方人的政治与文化霸权。受到萨伊德的影响，宗教学家贝科奇·海登（Bakic Hayden）提出了"内部东方主义"概念，认为东方人内部也有把其他不同的东方人看作原始或者落后的"他者"。有学者将这种建立在对"他者"或者对外族的想象之上的演绎和表现称为"内部东方主义"。① 在中国，许多以民族文化为主题的旅游景区，内部东方主义往往成为旅游策划者不自觉的视角，少数民族文化在这里被展示和突出的是其传统性，亦即他们的"落后"成为卖点。事实上，导致"内部东方主义"产生和影响的根源，除了主流社会、景区设计规划者的文化歧视，还有就是民族文化持有者主体与文化遗产旅游展示的分离，关键在于以民族文化持有者为主体的活态旅游—生活空间的缺失。

有学者提出，"保护主体"与"遗产主体"分离悖论的形成，是由于遗产化过程中的"权利失衡"导致的。在现实的遗产化操作过程中，世界各地一直在重复着同一模式：由政府倡导，由学者、专业人士规划设计，由行政机构执行落实，使某地一种或多种极具价值，又面临濒危的传统文化，进入地方、国家乃至世界的遗产目录中，从而依据"自上而下"的管理模式进行遗产的保护。可见，随着从财产（Holdings）到遗产（Heritage）转变过程的完成，造成了遗产的所有权和遗产主体即人的分

---

① 范可：《在野的全球化：旅行、迁徙、旅游》，《中南民族大学学报》（人文社会科学版）2013 年第 1 期。

离;同时,也直接造成了遗产主体和遗产保护主体的分离。① 笔者认为,要解构这种内部东方主义,就要尽量为遗产主体和遗产保护主体结合创造机会,就应该使民族文化遗产的景区建设与民间保护传承相结合,让各类遗产保护主体直接或间接地获得经济利益,建立起文化遗产旅游利用与保护的双赢机制。

实际上,民族文化遗产旅游为文化遗产主体和保护主体的结合、活态旅游—生活空间的营造创造了机会。纵观该研究所涉及的 5 个代表性个案,其都具有"景区 + 民族传统社区"的空间结构特点,表现形式有两方面:一方面,民族文化旅游景区聘任当地少数民族从事民族文化展演工作;另一方面,为当地民族文化持有者、民间文化保护社团及地方民族社区,乃至周边居民参与文化遗产展示与保护传承提供了平台。不同的是,不同模式类型的景区与民族传统社区的空间距离、联系密切程度、合作内容有所不同,所以保护利用效果强弱亦不同。

二是地方政府的扶持力度。地方政府对当地民族文化遗产旅游产业的扶持非常重要。当地居民的权益在文化遗产治理结构中是不可忽略的重要因素。作为文化遗产治理结构的利益相关者,其利益主要通过就业需求得到满足,或非物质文化遗产的技术、技艺、技能得到传承,或对文化遗产经营管理的意见得到重视或采纳来体现。②

一方面,地方政府扶持的重要性与民族文化遗产旅游的空间生产模式类型密切相关。首先是旅游空间原地生产模式类型的民族文化旅游景区,其景区建设与文化遗产保护利用往往与当地政府的社区管理的诸多职能交叉,对地方政府的依赖性最大。如傣族园既是云南省级的傣族传统文化保护区,又是地方政府发展文化旅游产业、进行新农村建设的基层社区单位;丽江古城则由政府设置专门的世界文化遗产保护机构进行管理。其次是本地旅游空间生产模式类型,民族文化遗产保护利用的社会软环境及硬件环境都较大依赖于地方政府。如玉水寨的公共交通问题及所在大玉龙景区的促销政策;彝人古镇大型火把节活动的政府统一组织安排等。异地旅游空间生产模式类型对地方政府的依赖性相对较小,旅游企业具有较强的

---

① 刘朝晖:《村落社会与非物质文化遗产保护——兼论遗产主体与遗产保护主体的悖论》,《文化艺术研究》2009 年第 4 期。

② 陈雅岚:《文化遗产经营权问题研究》,《江西社会科学》2011 年第 5 期。

自主性，但同样涉及非物质文化遗产申报及文化旅游产业规划指导等政府相关职能。

另一方面，国家旅游行政机构的核心管理职能是协调、立法促销、调研和提供公共信息，但在不同的发展阶段，职能重心是不同的。经合组织（OECD）旅游委员会认为政府参与旅游也可分为四个阶段。尤其是对于人文资源型旅游目的地，在旅游开发初期，政府的强力介入通常是必需的。[①] 从 1986 年"七五"计划开始，旅游业被正式纳入了国家的国民经济和社会发展计划。由于旅游产业"投资少、见效快"，发展民族文化旅游，往往成为民族文化旅游资源富集的民族贫困地区的发展战略。中国民族地区的旅游开发，不少属于政府主导型的旅游开发。政府在民族文化旅游地的发展过程中承担着发展规划、政策扶持、监管与调控等诸多重要职责。总体而言，旅游空间原地生产模式类型的民族文化旅游景区，在发展的各阶段都需要政府的大力扶持；旅游空间本地生产与异地生产模式类型的民族文化旅游景区，在文化遗产保护利用及整体发展的宏观政策环境方面，也离不开政府的扶持。

第二节　民族文化遗产可持续保护利用的风险防范体系及机制建设

民族文化旅游具有民族文化保护的特征，属于限定性旅游。要实现民族文化遗产的可持续保护利用，应注意保护民族文化生态环境，坚持有限发展原则，避免文化遗产资源的失真与过度利用；应加强民族文化旅游开发利用相关法规的制定与宣传，提高民众的保护意识；应建立利益相关者的合理利益分配机制，对民族文化遗产旅游地所在传统社区进行经济补偿，保障当地民族文化持有者在旅游就业方面享有优先权，培养和提高少数民族群众参与旅游业发展的各项技能；应挖掘民族文化遗产的资源属性与市场价值，将民族文化保护与社会经济发展有机结合起来。应重点考虑两类风险防范体系及相关机制建设：一是民族文化遗产旅游资源风险防范体系及机制建设。二是民族文化遗产旅游运行风险防范体系及机制建设。

---

① 参见叶文《旅游规划的价值维度：民族文化与可持续旅游开发》，中国环境科学出版社 2006 年版，第 73—74 页。

一　民族文化遗产旅游资源风险防范体系及机制建设

民族文化遗产旅游资源风险防范体系及机制建设,应包括民族文化旅游地社区主体(文化持有者)在文化保护传承、参与社区旅游发展的能力及思想观念的培养提升;文化传习馆、博物馆、民间艺人等实体性保护工作的开展;民族文化数据库信息系统的建设;民族文化保护与旅游发展基金的筹集;民族文化教育传承机制的建设;等等。

由于民族文化旅游开发和文化商品化过程常常由来自当地社区之外的文化掮客和旅游企业家发起,所以可能引起"外部公众"主导,外来人对当地人和当地文化资源的掠夺。[①] 外部公众主导意味着内部文化主体的缺失,这是民族文化旅游资源风险存在的根源。这种情况在多数民族文化遗产旅游空间生产模式类型中都存在。所以,重视民族文化生境的培植,培养和提高少数民族群众参与旅游业发展的综合素质和各项技能,保障少数民族群众在旅游开发中的应有权利,是民族文化旅游资源风险防范体系及机制建设的核心内容。

可以利用某些渠道和方式:如利用国家文化遗产保护体制,结合民族文化旅游地的文化资源优势,积极申报文物保护单位、非物质文化遗产保护项目、历史文化名村、名镇等;建设民族传统文化保护教育基地,筹建文化传习馆或博物馆,对民族文化进行发掘、抢救、整理和传习,请传承人集中开展传承示范教育。同时,为游人提供丰富的文字与影视资料,吸引游客参与融入传统文体活动,获得文化旅游的原真性体验。旅游收入部分作为传习馆的科研和教育经费。使文化传习馆兼具民族学术研究、文化传承基地与旅游吸引物的功能。再如在民族文化遗产景区周边的民族中小学教育中,增加、推广使用介绍本民族优秀传统文化的乡土教材,在有自己语言文字的民族聚居地区推行"双语",增强当地群众对民族文化的自信心和灵敏度。还可以积极发展以学习民族舞蹈、音乐、文字、宗教为主的专项旅游等。

二　民族文化遗产可持续保护利用的运行风险防范体系及机制建设

民族文化遗产可持续保护利用的运行风险防范体系及其机制建设,既

---

① [以]科恩(Cohen):《旅游社会学纵论》,巫宁等译,南开大学出版社 2007 年版,第 135 页。

要遵循旅游系统客观规律，综合考虑旅游客源市场系统、出行系统、目的地系统和支持系统的运行规律；又要结合全球化、国家政策、市场、传媒等宏观背景与民族文化旅游地的微观情境，运用可持续发展理念综合考虑资源评估与规划、开发与营销等不同阶段。

资源评估与规划阶段：首先要对民族文化旅游地文化遗产旅游资源的现状、潜力、特征、类别、规模等方面进行全面、系统的考察，为科学开发旅游资源提供直接而准确的数据资料。旅游规划过程的核心是要对一定区域空间的文化旅游构成要素，进行空间组织和空间比较，最终选择民族文化旅游资源中最具标志性与象征性的文化进行旅游产品生产。围绕着旅游产品的开发和设计，区位优势比较是旅游规划的基础。[①] 民族文化旅游资源是否具备独特性和唯一性，决定其开发价值。而如何将旅游产品设计得具有高度真实感，以提高游客满意度，决定着旅游产品能否成功。真实性是规划者、管理者的一种规划、管理方法；真实性意味着技术问题。[②] 民族文化旅游规划，要强调民族文化旅游地文化生态与自然生态的和谐统一。可持续指向型目标，要综合考虑经济、社会、生态和时间四个维度，不仅要考虑当代人的利益，而且要考虑后代人的利益。要求旅游规划者、旅游地政府、旅游社区居民以及旅游者共同参与旅游规划的编制及实施，这代表了新时期旅游规划发展的方向。[③]

民族文化遗产旅游规划可以考虑"一个景区，多种场景"的尝试。布鲁纳（Bruner）通过对肯尼亚玛赛人的同一族群、三种场景的案例研究，认为在发展旅游产业中，可利用差异化营销方式，针对不同的游客，发展不同的旅游场景：如主要针对外国游客，旅游点雇用玛赛人来再现他们 19 世纪真实的"非洲土风"；针对肯尼亚国民，政府博物馆组织职业化演员表演"肯尼亚传统"；旅游机构经营的旅游营地通过好莱坞影片《狮子王》插曲播放和电影《走出非洲》进行气氛的营造，突出"西方人眼中的非洲"。[④] 受其启发，结合前文三种旅游空间生产模式的研究，笔者认为，民族文化旅游资源规划与景区选址非常重要。理想的民族旅游规

---

① 参见叶文《旅游规划的价值维度：民族文化与可持续旅游开发》，中国环境科学出版社 2006 年版，第 61—62 页。

② 谢元鲁：《旅游文化学》，北京大学出版社 2007 年版，第 147 页。

③ 陆林：《旅游规划原理》，高等教育出版社 2005 年版，第 13 页。

④ 参见杨慧《旅游、人类学与中国社会》，云南大学出版社 2001 年版，第 44—58 页。

划应该兼顾民族文化原生境（传统文化保护区村寨）和民族标志性旅游符号集中的公园景区，使两者在地理空间上既有区隔，又有连通，为游客提供一般性的旅游观光或深度文化体验等多种旅游需求。民族文化原生境（传统文化保护区村寨）主要服务于深度文化体验型游客，公园景区主要服务于大众观光、一般性文化体验及后现代旅游等多种类型游客。传统的民族村寨可通过适量农家乐形式为游客提供食宿基本服务，开展民族文化生态旅游。公园景区内则要重点进行不同功能的文化旅游空间布局规划：如建设民族文化传承广场，为附近少数民族村寨提供民族节庆等民俗活动场所，同时满足游客参与体验的需求；建设以非物质文化遗产中心、博物馆、展览馆、特色文化街区为代表的模型化、数字化展示场馆，进行民族文化遗产知识全面系统、完整、动态的展示；建设以民族文化演艺、文化娱乐、文化旅游商品展销为主的文化产业活动区，为游客提供参与式文化生产与体验等。

开发营销阶段：如何选择适合民族文化旅游地文化持有者及社区参与的模式是其关键。模式指民族文化遗产旅游利用与保护较为成熟而稳定的形式、途径、手段等。适宜的模式强调民族文化遗产旅游利用与保护的形式、途径、手段等应与民族文化遗产旅游资源的类型和特点等个性特征相匹配。有学者提出，"政府 + 企业 + 社区"的股份合作制模式较为理想。这一模式的特点是能充分发挥旅游产业链中各环节的优势，保护本土民族文化，从而避免过度商业化，增强当地居民的自豪感，为生态旅游可持续发展奠定基础。此模式各级职责分明，资源管理中的责、权和利明确，有利于激发各自的潜能。股份合作制形式，利于把资本与劳动力联合。这种合作方式尤为适合民族文化旅游资源丰富的少数民族贫困地区的旅游开发。[①] 笔者赞同此观点。在合作初期，地方政府的参与可为民族社区获得公平权益保驾护航；但当民族社区发展到具有自主参与旅游经济活动的能力时，地方政府应逐渐退出，以避免行政干预过多。

民族文化旅游属于以保护民族文化为出发点的限定性旅游。保护性开发的关键是，在核心区内鼓励经营传统商品的行业，并重新引入传统民族特色活动。[②] 对民族文化遗产旅游利用与保护而言，旅游空间生产仅仅是

---

① 罗明义：《旅游管理研究》，科学出版社 2006 年版，第 330 页。
② 保继刚：《城市旅游——原理案例》，南开大学出版社 2005 年版，第 265—266 页。

第一步，更大的挑战还在于遵循文化遗产、文化旅游产业的内在发展规律，选择适宜的方式和途径，建立科学的运作机制。可实施一定程度或范围的民族生态旅游（根据景点与民族村寨的空间距离与合作关系而定），推进以高科技为支点的文化产业化、模型化、数字化运用。应制定具有科学性和前瞻性的文化产业发展战略规划，深入发掘少数民族传统文化，推出精品和特色旅游产品，使民族文化通过一些标志性项目的发展及品牌效应的带动得到全面发展，形成具有本地区和民族特色的文化产业。同时，还可结合当地自然生态资源开发探险、科普、农业观光、花卉、水景、森林等新型民族旅游辅助产品；根据旅游资源的内在关联性、地理空间的临近性以及市场的相关性等，加强区域旅游业的联合与协作，提升区域旅游的竞争力。[1]

第三节　民族文化遗产可持续保护利用的对策建议

政府相关部门具有民族文化遗产保护利用的规划指导与管理协调等重要职能。政府部门如何促进和实现文化旅游背景下民族文化遗产的可持续保护利用，对策建议主要有以下四个方面：

首先，进行切实有效的工作机制建设，为政府部门的规划指导与管理协调提供制度保障。

民族文化遗产保护利用所涉及的文化、旅游等主要管理部门，应按照国家相关政策要求，构建有力促进少数民族文化保护事业与文化旅游产业融合发展的长效工作机制和有效的协调沟通机制，可考虑在各级政府层面成立民族文化遗产保护利用协调办公室，建立民族文化遗产保护管理联席会议制度，加强各相关单位的联系、合作和协调，共同协商处理文化遗产旅游利用与保护传承的重大问题。

其次，政府发展规划、政策扶持、监管与调控等重要举措应体现以下四个基本准则。

一是将民族文化遗产的保护利用与地方社会经济文化的综合发展有机结合，注重挖掘民族文化遗产的资源属性与市场价值；二是坚持可持续发

---

① 宋娜、郝彦革：《关于对区域旅游联合开发的几点思考》，《科技情报开发与经济》2005年第 15 期。

展原则，保护民族文化生态环境，避免文化遗产资源的失真与过度利用；三是加强民族文化旅游开发利用相关政策法规的制定与宣传，建构民族文化保护多元主体网络与体系，营造民众参与保护的社会氛围；四是引导建立合理的利益相关者利益分配机制，对民族文化遗产旅游地所在传统社区进行经济补偿，培养和提高少数民族群众参与旅游业发展的各项技能，保障当地民族文化持有者在旅游就业方面享有优先权。

再次，在遵循文化旅游背景下民族文化遗产可持续保护利用基本原则的前提下，对民族文化旅游景区、景点的规划管理，要按新建和已有两种情况区别对待。

对于新建民族文化旅游景区、景点的规划项目，可参考文化旅游背景下民族文化遗产保护利用多元模式类型比较分析的结论，建议选用本地旅游空间生产模式，在民族传统文化资源丰富的地区（最好是民族自治地方），选择在民族传统文化生态保护区（民族村寨）附近进行景区、景点建设，景区与民族传统文化生态保护区（民族村寨）保持稳定而合理的空间结构与文化旅游开发合作关系，确保景区内民族文化持有者的主体参与和民族民俗动态展演的真实性，是文化旅游背景下民族文化遗产保护创新模式的关键所在。对于现有民族文化旅游景区、景点建设发展的规划管理，可参考云南民族文化遗产旅游利用与保护主要模式类型个案的创新性评价，根据景区、景点不同模式类型的实际情况，参考五类个案的创新性所在进行优势发掘和调整，扬长避短，发挥类型优势，谋取可持续发展。

最后，相关政府部门应在对国家关于文化遗产保护、发展文化旅游产业、繁荣发展民族文化事业、边疆民族地区社会经济可持续发展等政策精神认真领会、融会贯通的基础上，立足地方现实，积极进行创新性探索。

创新性探索的具体建议如下：

树立民族文化旅游产业与民族文化遗产保护事业双赢的优秀典范，发挥其示范引导与宣传教育的积极作用。建议着力打造和宣传一批民族传统文化保护传承与民族文化旅游产业发展良性互动、效益突出的景区、景点，授予"文化遗产保护利用典范景区"之荣誉，使其成为地方民族节庆及民族优秀文化保护传承、展示宣传的文化地标与社会大众参与空间，推进当地民族文化事业的繁荣发展，充分体现民族文化遗产服务社会主义精神文明建设的现实意义与社会效益。

适度放宽对少数民族非物质文化遗产保护名录申报单位的限制，允许有实力的旅游企业、社会团体、集体或个人申报，探索云南少数民族非物质文化遗产保护利用的多元途径和渠道。

结合当下民族特色旅游村寨建设，把民族文化遗产保护、民族文化事业繁荣发展与旅游村寨建设等方面的项目、任务有机整合、科学规划，进行示范点建设和理论探讨，为云南民族文化大省与旅游大省建设提供与时俱进的理论支撑。

利用地缘优势，联合与中国接壤的各国华侨商会、国际性民族民间文化保护团体等机构，建立国际化的文化遗产保护利用协作组织，开展中国跨境民族的非物质文化遗产保护传承及世界级非物质文化遗产项目的申报。

鼓励和扶持有一定基础的民族地区建立民族文化产业协会，推进民族文化旅游产业融合升级；鼓励和扶持民族地区结合当地资源特色，开发探险、科普、农业观光、花卉、水景、森林等复合性的新型民族旅游产品；宏观整合民族文化旅游资源，积极拓展国际民族旅游市场，增强抗风险能力，引导中国民族文化旅游走产业集群化、区域联合化的国际化发展道路。

第六章　结论与展望

第一节　研究的核心概念与基本结论

一　几个核心概念

以卜几个原创性概念既是木书项研究的重要理论分析工具，也是研究的部分理论提炼。

1. 民族文化旅游空间及其生产

民族文化旅游空间是文化旅游背景下民族文化资源商品化生产、产业化开发的体现，是民族文化产业与旅游产业融合发展的产物。它具有物理性、社会性、符号性、可生产可消费性四大属性。

民族文化旅游空间生产，作为空间生产的一种具体方式，其具有空间生产的一般属性和层次。感知的旅游空间生产，指旅游地空间区位与配置组合、地理景观与民族文化物质载体的开发实践；构想的旅游空间生产，指旅游景观符号系统的制造与呈现、旅游产品舞台化再现与产业化开发，是文化旅游参与体验的主要空间；生活的旅游空间生产，既相连于旅游地少数民族社会生活层面，又相连于游客的艺术想象和建构，是获得民族文化旅游原真性体验的重要空间。

民族文化旅游空间生产，作为民族文化旅游地的地理空间、文化空间、社会空间的交融性生产，具有主客体互动的文化建构本质特征。生产内容可归纳为旅游物理空间的生产、旅游景观符号空间的生产、旅游参与体验空间的生产，三类内容相对独立；但在不同空间层面上又有部分交叠融合。这三类生产内容分别对应于物质与地理形态空间的客观生产、文化符号空间的主客观建构、精神体验空间的个体主观心理。民族文化旅游空间生产模式的分类，从民族文化遗产资源存在与旅游利用的地理空间来看，可概括为旅游空间原地生产、旅游空间本地生产、旅游空间异地生产三类。每一种空间生产模式亦可涵盖诸多类型。这种分类，一方面有效避免了民族文化旅游不同分类交叉而导致的混乱；另一方面能深入揭示民族文化遗产旅游利用与保护在民族文化遗产原生地、在较大范围的民族自治区域、在都市异地三种不同地理空间与场域的表现与影响。具体民族文化旅游空间的生产方式，有原态保护式生产、历史复原式生产、模拟示范式生产、创新复合式生产、虚拟流动式生产等。

2. 文化遗产的旅游化（旅游态）保护

旅游化（态）保护，是与文化遗产生活化保护传承相对的概念，强调文化通过旅游利用得到生存发展和有效保护。它只是民族文化遗产保护模式中的一种，却是民族文化旅游地文化遗产保护最主要的方式。民族文化遗产的旅游化保护，已成为文化旅游背景下民族地区社会经济与文化可持续发展的共同要求。

"旅游在场"与"文化再现"是民族文化旅游化保护的两大基本特征，两者互为条件、相辅相成，体现文化旅游与文化保护的互动关系。前者反映民族文化旅游化保护的背景、状态和过程，主要体现旅游作为文化保护客观环境和外力因素的规律特点；后者说明民族文化旅游化保护的文化样态和表现形式，主要体现文化旅游背景下文化发展变迁与再生产的规律特点。"旅游在场"使文化的价值得以实现，是"文化再现"的重要动因和场域；"文化再现"则为"旅游在场"提供了鲜活的文化内涵和持续不断的文化生命力。

旅游化保护的基本原则：一是社会经济文化协同发展的多元主体保护原则；二是文化再生产的动态保护原则。通过文化旅游资源的商品化生产与市场化运作，提升民族文化自身的适应性与生命力。使其通过文化旅游产业进入社会公共空间，获得广泛的社会认同，确立自己在全球化时代多元文化体系中的地位，最终实现传统与现代的结合，经济效益与社会效益的统一。

3. 旅游—生活空间

旅游—生活空间是本文探讨文化旅游背景下民族文化遗产保护的核心概念。其包含剧场化的旅游空间与生活化的旅游空间两个层次，亦指以游客为核心主体的旅游空间与以文化持有者为核心主体的生活空间的交融并置。剧场化旅游空间以符号生产、舞台展演、模拟再现为标志；生活化旅游空间以民族文化持有者及其真实的民俗生活为标志。

空间是主体性存在的策略与场所。旅游—生活空间作为文化遗产旅游利用与保护特有的空间形式，其与民族文化遗产旅游利用和保护统一体系统的创新性、代表性，以及空间系统、过程系统、影响因子系统等各子系统密切相关。旅游—生活空间的强弱，意味着民族文化持有者主体能动性、参与性的强弱及其文化遗产真实性的强弱，这些直接关乎文化遗产旅游利用与保护的基础与效果。要实现文化旅游背景下民族文化遗产的创新性保护与可持续保护利用，就要进行旅游—生活空间强大文化生态系统的培育与建设。

4. 自娱—表演性质的主客同位景观

主客同位的自娱—表演景观的出现，是后现代旅游空间主体生产的标志。它彻底打破了现代旅游主体与客体泾渭分明的角色划分。自娱—表演景观的建构主体和展演者多是景区的民族文化持有者，他们具有文化本体与游客的双重角色。从游客局外人的客位视角看，他们是民族文化遗产的持有者、核心载体与重要本体。同时，他们连同自己所展现的文化景观一同构成了旅游空间中被游客欣赏的客体。从他们自身局内人主位的视角看，他们清晰地知道自己正在借助旅游活动或旅游氛围寻找本真的自我，体验和实现自己作为民族文化持有者存在的价值。他们处于一种文化本体（局内人主位）与旅游客体（局外人客位）同位叠合的阈限状态。这种主客同位者的旅游体验正是文化旅游背景下存在主义原真性的体验。

二 基本结论

笔者从众多民族文化旅游景点，按原地、本地、异地三类旅游空间生产模式分别选取发展较成熟、具有一定创新性和代表性的西双版纳傣族园（民族旅游村寨型）、丽江大研古城（世界文化遗产城市型）、楚雄彝人古镇（旅游地产社区型）、丽江玉水寨（民族文化传承基地型）、云南民族村（都市民族文化主题公园型）五种个案类型。对调查对象的选取，综合考虑性别、文化程度、年龄、社会身份（职业）、民族等指标。访谈采取半结构式或开放式提纲进行。问卷以民族文化遗产旅游利用与保护统一体系统的四个子系统为主题设置具体问题。其中主体系统合并于影响因子系统，另增加创新性、代表性评价部分。问题按5分制设置，在可供选择的答案中，采用了"完全同意、同意、基本同意、不同意、完全不同意"与5分至1分的对应等级排列，分值与被调查者的肯定性评价、满意度成正比。研究通过云南民族文化遗产旅游利用与保护五种类型的比较研究，初步得出以下基本结论：

1. 民族文化遗产旅游利用与保护主要模式类型的特点与创新性评价

（1）旅游空间原地生产模式—少数民族旅游村寨类型

代表性个案西双版纳傣族园，属于民族旅游特色村与新农村建设一体化、旅游空间原地生产模式—少数民族旅游村寨类型。剧场化旅游空间与生活化旅游空间的并存是其特色。竹楼民居建筑环境的保护、非物质文化遗产的抢救性展演，特别是"傣家乐"旅游特色经营户的涌现，使游客与村民全面接触，村民的部分私人生活空间转换为公共旅游空间，为游客提供了原真性的文化体验空间，与旅游公司主导的剧场符号空间形成互补。少数民族文化遗产通过以民族文化持有者自身为主，包括基层政府、旅游公司多主体参与的生活化旅游空间的生产而得以保护利用，是少数民族旅游村寨类型的创新性所在。

（2）旅游空间原地生产模式—世界文化遗产城市类型

代表性个案丽江大研古城，属于世界文化遗产与中心城市一体化、旅游空间原地生产模式—世界文化遗产城市类型。丽江大研古城的民族文化遗产旅游利用与保护系统可分为两个层级：一个层级是政府主导生产的历史文化空间，包括自然风物、历史文物古迹、纳西传统民居、广场民族歌舞打跳等景观与民俗文化氛围。另一个层级是文化旅游公司、民间社团主导生产的旅游空间节点，它以东巴纸坊、纳西古乐厅、雪山书院、纳西喜院等景观符号和参与体验空间为标志。强大的政府支撑和相辅相成的层级结构，是城市型世界文化遗产在民族文化遗产保护利用方面的突出优势。

（3）旅游空间本地生产模式—旅游地产社区类型

代表性个案楚雄彝人古镇，属于民族文化主题公园与旅游地产社区一体化、旅游空间本地生产模式—旅游地产社区类型。彝族文化作为楚雄彝族自治州的一种文化资本和公民权的标识，通过彝人古镇旅游空间生产方式进入社会公共空间，从政府到民间文化社团、彝族群众，乃至城镇各民族，都会以此为民族自治地方文化标识和文化保护传承场，自觉地关注并参与到文化旅游与文化保护中，从这个角度讲，模拟的后现代古镇模式具有较大的包容性和吸附力，催生了广泛多元的民族文化保护传承主体，凸显了民族自治地方少数民族的主体地位。少数民族自治地方的旅游地产社区类型，在借助城市景观建设进行民族文化遗产旅游利用与保护方面具有创新意义。

（4）旅游空间本地生产模式—民族文化传承基地类型

代表性个案丽江玉水寨，属于民族文化主题公园与民族文化传承基地一体化、旅游空间本地生产模式—民族文化传承基地类型。玉水寨东巴文化旅游景观生产的特点，一是对以前仅局限于东巴经书的主要神灵和祖先形象通过壁画、雕塑等形式进行了开创性的符号化生产，使其走向世俗社会，对东巴文化精髓起到弘扬和传承的作用，同时极大地丰富了文化旅游的内容和形式；二是该景点不同于一般的旅游景区，作为东巴文化民间传承保护基地，其以经济效益反哺文化保护传承，创造性地开展"景区＋东巴文化生态保护区"建设，使真实的民间民俗活动成为文化旅游展示的重要内容。以民族文化传承的主体性与旅游展演的真实性为前提，谋求民族文化遗产保护与文化旅游的良性互动，是民族文化传承基地类型的突出特点和优势。

（5）旅游空间异地生产模式—都市民族文化主题公园类型

代表性个案云南民族村，属于民族文化主题公园与民族文化传承基地一体化、旅游空间异地生产模式—都市民族文化主题公园类型。民族村积极引进和培育少数民族非物质文化遗产项目，其主管部门滇池旅游度假区管委会向政府部门申报非物质文化遗产保护名目。这种由景区及其主管单位共同培育非物质文化遗产项目及传承人的机制，云南省独此一家。"博物馆＋民族村寨"的展陈形式与"主题公园＋地州民族地区"的保护利用运作模式，是都市民族文化主题公园类型成功进行较大规模民族文化遗产异地集中保护利用的创新特色。

2. 文化旅游背景下民族文化遗产保护利用多元模式类型比较分析的结论

（1）通过旅游空间系统比较分析得出的基本结论

原地旅游空间生产模式类型所具有的文化旅游资源文化本真性强，在整体、动态保护利用方面具有无法比拟的优越性。本地旅游空间生产模式类型因"景区＋周边民族社区"的空间格局而具有吸纳民族文化持有者及多元保护主体的强大包容性，这是其突出的优势。异地旅游空间生产模式类型集中展示民族文化遗产资源及旅游景观、旅游产品生产方面体现出较高的文化旅游产业水平。就旅游空间系统整体而言，民族文化遗产旅游的三种空间生产模式类型都具有"核心景观（区域）＋民族文化原生境

（区域）"这一共同的结构特点，注重以文化持有者主体为中心的旅游—生活空间的营造和建设，是其发展壮大的共同趋向。

（2）通过保护效应比较分析得出的基本结论

五种类型的过程系统，都表现出文化遗产保护与文化旅游产业发展之间良性互动、文化旅游产业融合的时代特点。本地旅游空间生产模式类型对文化遗产保护、创新发展与宣传弘扬的效果较为突出，文化遗产旅游利用与保护的互动效果也最明显。原地旅游空间生产模式类型的保护主体以文化持有者主体与开发企业、政府管理部门为主，较为单一；而本地旅游空间生产模式类型和异地旅游空间生产模式类型的保护主体则较为多元化。

（3）通过主体（利益相关者）系统与影响因子系统比较分析得出的基本结论

原地旅游空间生产模式类型由于在民族文化原生地进行景区建设，涉及管理开发单位与社区居民（原住民）之间、地方政府区划管理与景区规划建设之间的利益协调，所以景区内部的利益相关者较为复杂。本地旅游空间生产模式类型和异地旅游空间生产模式类型均属于旅游企业主导开发的新建自主实体，它主要受到旅游企业自身规划与管理运作模式及文化持有者参与因素等影响，基本不存在文化原生地旅游景区那些开发管理主体与文化持有者或社区主体之间的利益冲突，社会效应表现较好。

（4）通过创新性、代表性比较分析得出的基本结论

原地旅游空间生产模式类型的创新性和发展优势、典型性与代表性，都较其余两种模式差。本地旅游空间生产模式类型在创新性和发展优势方面较为突出。异地旅游空间生产模式类型在典型性与代表性方面较为突出。

（5）通过旅游利用—保护统一体系统整体效应比较分析得出的基本结论

可以发现两点规律：一是旅游利用与保护统一体系统的评价值与系统的综合社会效应成正比，评价值越高，系统综合正效应越强；反之亦然。二是各子系统评价值的差距大小与各子系统之间的力量强弱对比成正比，各子系统评价值的差距越大，其相互之间越不均衡；评价值越高的，其积极作用越大；反之亦然。

基本结论是：本地旅游空间生产模式类型在空间系统、过程系统、影

响因子、创新性、代表性等方面均具有较为突出的优势，其总的文化遗产保护利用正效应也是非常突出的。异地旅游空间生产模式类型与其差距不大，各子系统及总的文化遗产保护利用效应均比较理想。原地旅游空间生产模式类型虽然总的社会效益尚好，但与前两种模式类型形成较大差距。由此推断，本地旅游空间生产模式是较具创新性的可持续发展模式。保证景区内民族民俗动态展演的真实、保持景区与原生民族村寨稳定而合理的空间结构与文化展示合作关系，是可持续发展模式的关键所在。

3. 关于文化旅游背景下民族文化遗产保护的理论总结

（1）文化旅游背景下民族文化遗产保护的共性问题主要表现为：因民族文化遗产持有者主体与文化保护主体分离而导致文化失真、多重阐释、主位与客位的价值认知差异

文化遗产持有者作为文化保护的主体角色，其角色功能即其主体性与能动性，是决定民族文化遗产旅游利用与保护效果的关键因素。民族文化遗产持有者主体角色功能与文化保护主体角色功能的分离，是产生此类问题的根本原因。当然，这与景区规划设计与呈现民族文化遗产的方式手段、游客的文化背景及文化需求等因素也有直接的关系。

研究提出的主客同位景观概念，其一强调民族文化持有者是主客同位旅游景观中真实生动的主体部分，这一概念体现了民族文化遗产持有者主体与文化保护主体两者角色叠合之特点；其二说明社区居民、市民等非本民族文化持有者也都可以成为民族文化遗产的保护主体，他们构成了较大范围的强有力的多元文化保护主体网络，他们虚拟的文化持有者身份与真实的文化保护主体角色的叠合，同样构成了主客同位旅游景观。这给民族文化遗产旅游利用与保护的启发是：文化旅游景区可以多多吸纳、培植以民族文化持有者为主的主客同位旅游景观，建立多元文化保护主体网络。

（2）文化旅游产业背景下民族文化遗产的保护利用具有景观符号化特点及发展趋向

文化遗产的符号化生产，是由文化遗产本身的资本属性及文化旅游产业经济特点所决定的。因此，文化旅游产业背景下民族文化遗产的保护利用，不可避免地具有景观符号化特点，并伴随文化旅游产业的发展而成为一种趋向。文化遗产的符号化生产，是旅游规划设计、民族族性展演与游客文化体验三者互动的结果，是在文化产业与旅游产业融合发展背景下再现文化遗产当代价值的文化再生产，是利用历史古迹、表演艺术、社会风

俗礼仪、传统手工技能等文化资本，制造旅游产品、实现经济价值的商品化生产，是基于历史、服务现实、与时俱进的文化遗产振兴与社会共享的社会化生产。它意味着文化意义、价值观念等非物质文化遗产相对固定地附着于产业模式化的物质实体，并生产出旅游消费社会广泛认可的遗产"符号"。文化遗产的符号化生产是文化遗产旅游化保护的有益探索，但也面临文化遗产模式化、碎片化、空壳化、庸俗化及脆弱性之危机。民族文化遗产符号化生产的总体情况，主要有历史性生产、族群性生产、艺术性生产三种类型和实现途径。事实上，这三种符号（化）生产交叉呈现。因为任何一种符号（化）生产都是基于历史文化传统，连接历史与现实，具有族群性及艺术性的建构。只不过在不同的符号（化）生产场景中，文化生产的内容和形式各有侧重。

（3）实现文化旅游背景下民族文化遗产创新性保护所应遵循的原则

可持续旅游利用与保护，是文化旅游背景下民族文化遗产创新性保护利用的基本原则、根本目标与运作规则。实现文化旅游背景下民族文化遗产的创新性保护，就是实现民族文化遗产的可持续旅游利用与保护。这包括民族文化遗产旅游的可持续发展及文化遗产在旅游利用背景下的可持续保护两方面。

所应遵循的基本原则有二：一是民族文化遗产的旅游利用与保护，必须遵循文化旅游产业与文化遗产自身的发展规律：旅游产业的发展需要市场调节；文化遗产的保护需要政府扶持，培植多元主体共同参与的社会网络。二是民族文化遗产只有通过旅游利用重新诠释文化本真性和实现遗产价值，才能获得持久的生命力；对非物质文化遗产的生产性方式保护与活态旅游景观建设，是民族文化遗产旅游利用与保护良性互动的核心内容。

4. 实现文化旅游背景下民族文化遗产可持续保护利用的主要途径（系统建构）、机制建设与对策建议

重建"旅游—生活空间"的文化生态系统，推广"景区＋民族传统文化保护区"的本地旅游空间生产创新模式，是实现文化旅游背景下民族文化遗产可持续保护利用的主要途径。

研究表明，不论哪一种旅游空间生产模式类型，其民族文化遗产的旅游利用与保护，往往表现出剧场化旅游空间与生活化旅游空间相互交融的结构特点与发展趋势。民族文化遗产旅游利用与保护的效果，与"旅游—生活空间"的强弱有直接的对应关系。"旅游—生活空间"的强弱，

意味着民族文化持有者主体能动性、参与性的强弱和民族非物质文化遗产真实性、生命力、价值感的强弱，还与以非物质文化遗产为主要内容的活态旅游保护传承有直接关联。这些直接关乎民族文化遗产旅游利用与保护的基础与效果。要实现文化旅游背景下民族文化遗产的可持续保护利用，就要进行"旅游—生活空间"强大文化生态系统的培育与建设。

"旅游—生活空间"的文化生态系统重建，实质是对旅游利用与保护统一体系统进行民族文化遗产可持续保护利用原则的重构，必须对不同子系统，特别是不同层级的旅游空间施行不同的建设策略。关键在于，通过广泛吸纳少数民族文化持有者、民间文化社团及社会民众的参与，保证景区内民族民俗动态展演的真实，保持景区与原生民族村寨稳定而合理的空间结构与文化展示合作关系，体现文化持有者的能动性与民族文化保护主体的多元性，同时兼顾非物质文化遗产的活态保护传承与旅游市场化利用。由于文化旅游产业背景下民族文化遗产的保护利用具有景观符号化特点及发展趋向，"旅游—生活空间"的文化生态系统重建的意义，还在于抑制过度的符号消费，发展体验经济，保持一定程度或范围的民族文化生态旅游。比较研究表明，"景区 + 民族传统文化保护区"的本地旅游空间生产模式，是民族文化遗产可持续保护利用创新模式的理想类型，应得到大力推广。

民族文化遗产可持续保护利用的运作保障机制，包括主体系统协作机制与风险防范机制。主体系统协作机制建设，应从利益相关者角度进行，关键在于两个度的把握。一是文化保护传承主体（民族文化持有者、民族文化旅游社区、民间文化保护社团）的参与度。二是地方政府的扶持力度。

风险防范机制建设，应侧重从旅游系统角度进行。风险防范机制包括民族文化遗产旅游资源风险防范机制与运行风险防范机制。前者包括旅游地社区主体、文化持有者的能力及思想观念的培养提升；文化传习馆、博物馆、民间艺人等实体性保护工作的开展；民族文化数据库信息系统的建设；民族文化保护与旅游发展基金的筹集；民族文化教育传承机制的建设；等等。后者要综合考虑资源评估与规划、开发与营销等不同阶段。

资源评估与规划阶段，要对民族文化旅游地文化遗产旅游资源的现状、潜力、特征、类别、规模等方面进行全面、系统的考察，为科学开发旅游资源提供直接而准确的数据资料。民族文化旅游规划，要强调民族文化旅游地文化生态与自然生态的和谐统一，要综合考虑经济、社会、生态和时间四个维度，不仅要考虑当代人的利益，而且要考虑后代人的利益。民族文化遗产旅游属于以保护民族文化遗产为出发点的限定性旅游。在核心区内鼓励经营传统商品的行业，并重新引入传统民族特色活动，是保护性开发的关键。理想的民族旅游规划应该兼顾民族文化原生境（传统文化保护区村寨）和民族标志性旅游符号集中的公园景区，使两者在地理空间上既有区隔，又有连通。传统的民族村寨可通过适量农家乐形式为游客提供食宿基本服务，开展民族文化生态旅游。公园景区内则可考虑"一个景区，多种场景"的尝试，重点进行不同功能的文化旅游空间布局规划，满足游客的一般性旅游观光或深度文化体验等多种旅游需求。

对于民族文化遗产旅游的开发营销而言，"政府＋企业＋社区"的股份合作制模式较为理想。在合作初期，地方政府的参与可为民族旅游社区获得公平权益保驾护航；但当民族旅游社区发展到具有自主参与旅游经济活动的能力时，地方政府应逐渐退出，以避免行政干预过多。营销方面，可实施一定程度或范围的民族生态旅游（根据景点与民族村寨的空间距离与合作关系而定），推进以高科技为支点的文化产业化、模型化、数字化运用。制定具有科学性和前瞻性的文化产业发展战略规划，深入发掘少数民族传统文化，推出精品和特色旅游产品，使民族文化通过一些标志性项目的发展及品牌效应的带动得到全面发展，形成具有本地区和民族特色的文化产业。同时，还可结合当地自然生态资源开发探险、科普、农业观光等新型民族旅游辅助产品；寻求产业集群、区域联合的复合式多元化旅游发展之路。

政府相关部门具有民族文化遗产保护利用的规划指导与管理协调等重要职能。政府部门如何促进和实现文化旅游背景下民族文化遗产的可持续保护利用，对策建议主要有：进行切实有效的工作机制建设，为政府相关部门的规划指导与管理协调提供制度保障；政府发展规划、政策扶持、监管与调控等职责及举措，应体现民族文化遗产保护利用与地方社会经济文化发展有机结合、可持续发展、民众参与保护、建立合理的利益相关者利益分配机制等基本准则；在遵循民族文化遗产可持续保护利用基本原则的前提下，对民族文化旅游景区、景点的规划管理，要按新建和已有两种情况区别对待；相关政府部门应在对国家关于文化遗产保护、发展文化旅游产业、繁荣发展民族文化事业、推进边疆民族地区社会经济可持续发展等政策精神认真领会、融会贯通的基础上，立足各地现实，积极进行创新性探索。

第二节　研究展望

笔者首次将空间生产理论运用于民族文化遗产旅游利用与保护研究领域，并尝试开展民族学、管理学、人文地理等多学科理论与研究方法的综合运用。可以说，在研究视角和学术探索方面有所突破，但面对的挑战和存在的问题也不少。针对目前研究存在的主要问题和不足，笔者认为需要进一步完善提升的方面主要有：

一　进一步系统梳理与借鉴国外相关研究成果，开展理论对话

国外旅游人类学及旅游管理、人文地理等学科的相关研究，对旅游空间、文化真实性、主体权力、社会制度等较为关注。马康纳（MacCannell）的"旅游空间和舞台真实"理论和科恩（Cohen）的"旅游圈"概念堪称经典。但其与亨瑞·列斐伏尔（Henri Lefebvre）、曼纽·卡斯特（Manuel Castells）、大卫·哈维（David Harvey）、爱德华·索亚（Edward Soja）等学者不断发展的空间生产理论（在相当程度上已发展为后现代的空间生产理论），并无直接的理论关联与密切的学术交融。如何系统梳理两个学术脉络的相关理论与研究成果，并结合中国民族文化遗产旅游利用与保护现状开展深入的研究和理论对话，是今后研究的一大重点和难点。

国内学者谢彦君、李琼、廖卫华、黄娅等人的研究，已对旅游空间及其生产有所关注。但如何将遗产旅游与民族文化遗产的特殊性及其保护相关联，国内的相关研究鲜有创新。部分国外学者（John Urry, 1990; Watson and Kopachevsky, 1994）从文化生产与旅游消费的结构性关联角度，来研究文化遗产与旅游的内在关联。这对中国的相关研究很有借鉴价值。诸如此类的学理探讨和研究视角，也将是笔者今后学习借鉴的重点。

二　进一步深化与完善相关学术概念及研究结论

笔者提出的民族文化旅游空间、文化遗产的旅游化（旅游态）保护、旅游—生活空间、主客同位景观等概念，还有很大的提升完善空间。民族文化遗产保护利用多元模式类型比较分析得出的初步结论，还需要将民族

志质性研究与管理学的统计分析与量化研究进一步整合。关于民族文化遗产旅游利用与保护的理论总结、民族文化遗产可持续保护利用的系统建构与运作保障机制建设等内容，相对较为薄弱，还需要进一步充实、细化和加强理论总结与提炼。

三　进一步完善个案类型选择与多学科研究方法的整合运用

民族文化遗产保护利用的原地、本地、异地三种旅游空间生产模式所涵盖的类型较多，笔者只选取了五种主要类型，而且研究个案都选在云南。当然，云南在民族文化遗产旅游利用与保护方面有较强优势，"云南经验"的区域研究也是很有意义的。但这也先行制约了比较研究的案例类型和宏观理论总结。下一步，在条件允许的情况下，还要考虑拓展更多类型的比较研究。

总体而言，笔者的研究还是多点民族志研究，以质性研究为主，对管理学及社会学的统计分析方法运用不够充分。多种研究方法与技能的整合提升，也是下一步研究需要改进的一个主要方面。

附录 1　访谈提纲

一、访谈目的

通过访谈者的相关经历、体验与认识，获得第一手资料。

二、访谈对象类别

类别一 社区居民、文化持有者内部（文化传承人、普通民众、文化精英、基层村委会、村组党政领导等）

类别二 政府机构（旅游局、文体局、民委等基层组织）工作人员

类别三 旅游企业管理人员

类别四 游客及旅行社导游

类别五 民间社团、专家学者

三、访谈程序

第一步：了解被访人员基本信息

个案：	姓名：	编号：	年龄：
性别：	民族：	文化程度：	职业：

第二步：针对访谈对象开展主题访谈

第三步：针对不同类别访谈对象进行针对性的深入访谈

四、访谈总提纲内容

1. 旅游地自然人文等基本情况

2. 旅游地的人口概况（人口、居民户数、性别、年龄结构、民族结构、家庭结构、外来人口、宗族状况等）

3. 旅游地生产生活方式（一日、一年的生产生活安排）

4. 旅游地的物质与非物质文化遗产资源的情况

5. 民族文化遗产旅游利用及产品开发状况

6. 民族文化遗产传承教育、变迁与发展创新状况

7. 旅游发展历程及大事记

8. 旅游地的旅游经济状况，包括收入及收入比重、旅游从业人数及比重、收入分配结构、年收入变化等

9. 旅游地的旅游开发与经营管理情况

10. 旅游地社区居民及文化持有者参与旅游开发、经营、管理的状况

11. 民族文化遗产旅游利用与保护所遭遇的主要问题。如政策支持问题、经济支持问题、文化遗产保护问题、民族关系问题、城镇化问题等

12. 民族文化遗产旅游利用与保护中的冲突事件（如民族冲突、文化冲突、利益群体冲突、"主客"冲突、宗教信仰冲突、宗族冲突等）

13. 当地政府对文化遗产保护与旅游利用的支持状况

14. 本地少数民族、地方政府官员、专家、相关社会团体对文化遗产保护与旅游利用的意见、建议或规划

15. 对当地文化遗产旅游利用与保护的主要利益相关者的认知

16. 对当地民族文化遗产保护与利用互动关系的认知

17. 旅游对当地民族生态、政治、社会发展等方面的影响与作用

18. 对文化旅游利用与保护的可持续性、创新性理解与评价

19. 其他针对性问题及可延伸问题

附录 2　调查问卷

尊敬的先生/女士：您好！

这份调查问卷是为研究少数民族文化遗产的旅游利用与保护而设计的。请您根据自己对该景区的理解与评价，尽可能做出选择。问卷采用不记名方式，所有资料仅用于科学研究。衷心地感谢您的支持和配合！

第一部分：选择打"√"。请根据您的了解与认识，在与下列陈述相匹配的数字下打"√"。按 5 分制打分：5 分表示"非常同意"，4 分表示"同意"，3 分表示"基本同意"，2 分表示"不同意"，1 分表示"非常不同意"。

调查主题	问题	5（非常同意）	4（同意）	3（基本同意）	2（不同意）	1（非常不同意）
1. 关于景区少数民族文化遗产保护与利用的内容、形式	1.1 景区能满足旅游消费者的基本需求，环境非常好					
	1.2 民族歌舞乐等文化展演非常受欢迎					
	1.3 民族节日、农家乐等参与体验性旅游项目非常受欢迎					
	1.4 民族文化遗产展示内容丰富					
	1.5 民族文化遗产展示形式与手段灵活					
	1.6 能全面展示民族文化遗产的真实面貌					

调查主题	问题	5（非常同意）	4（同意）	3（基本同意）	2（不同意）	1（非常不同意）
2. 关于景区少数民族文化遗产保护与利用的互动关系及效应	2.1 民族传统文化通过旅游利用得到内容和形式上的创新发展与宣传弘扬					
	2.2 民族文化遗产的创新发展促进了景区旅游的可持续发展					
	2.3 民族文化遗产旅游利用与保护的互动效果良好					
3. 关于景区少数民族文化遗产保护与利用的运作模式、机制及相关影响因素	3.1 本地少数民族的参与度较高					
	3.2 国家及地方政府的文化遗产保护政策得到贯彻体现					
	3.3 旅游开发企业的规划理念与运作模式科学合理					
	3.4 景区符合文化旅游产业市场发展趋势与需要					
	3.5 本地民族民间文化团体、专家学者与景区的参与互动有所体现					
4. 您的总体评价	4.1 该景区在民族文化遗产保护利用方面较为成功，具有创新性和发展优势					
	4.2 该景区的保护利用模式在同类景区中较为典型，具有代表性					
5. 意见、建议						

第二部分：您的基本信息（填写、打"√"）

年龄：周岁　性别：男女　　民族：

文化程度：小学　初中 高中中专 大学 研究生

职业：政府机关人员　个体工商户　企事业单位职工　农民　学生 其他

游客来源地：　　国　　省　　州　　市

如果您是该景区的少数民族，请问您的身份是（可多选）：普通村民（未参与旅游产业）　个体旅游经营者　景区旅游公司职工

参考文献

一　中文部分

[1] ［匈］阿格尼丝·赫勒：《现代性理论》，李瑞华译，商务印书馆 2005 年版。

[2] ［英］爱德华·泰勒：《原始文化》，连树生译，广西师范大学出版社 2005 年版。

[3] ［美］爱德华·希尔斯：《论传统》，傅铿、吕乐译，上海人民出版社 2009 年版。

[4] 白光润、李仙德：《后现代旅游探析》，《旅游科学》2007 年第 3 期。

[5] 保继刚：《城市旅游——原理案例》，南开大学出版社 2005 年版。

[6] 北京大学世界遗产研究中心：《世界遗产相关文件选编》，北京大学出版社 2004 年版。

[7] ［法］布迪厄、包亚明：《文化资本与社会炼金术——布迪厄访谈录》，上海人民出版社 1997 年版。

[8] 曹红枝：《基于利益相关者理论的民俗旅游开发探讨》，《改革与战略》2007 年第 23 期。

[9] 陈莉：《非物质文化遗产的保护与开发利用》，《贵州民族研究》2007 年第 2 期。

[10] 陈柳钦：《文化与旅游融合：产业提升的新模式》，《学习论坛》2011 年第 9 期。

[11] 陈庆德、马翀炜：《文化经济学》，中国社会科学出版社 2007 年版。

[12] 陈庆德：《文化生产的双重控制》，《湖南师范大学社会科学学报》2007 年第 3 期。

[13] 陈映芳：《都市大开发——空间生产的政治学》，上海古籍出版社

2009 年版。

[14]《辞海》，辞书出版社 1999 年版。

[15]〔美〕马康纳（MacCannell）：《旅游者休闲阶层新论》，张晓萍等译，广西师范大学出版社 2008 年版。

[16]〔英〕戴伦·J. 蒂莫西、斯蒂芬·W. 博伊德：《遗产旅游》，程尽能译，旅游教育出版社 2007 年版。

[17]〔美〕爱德华·索亚（Edward Soya）：《第三空间——去往洛杉矶和其他真实和想象地方的旅程》，陆扬等译，上海教育出版 2005 年版。

[18]〔以〕科恩（Cohen）：《旅游社会学纵论》，巫宁等译，南开大学出版社 2007 年版。

[19] 范可：《在野的全球化：旅行、迁徙、旅游》，《中南民族大学学报》（人文社会科学版）2013 年第 1 期。

[20] 范文武：《西双版纳傣族园十年发展回顾（1999—2009）》，内部资料，2009 年。

[21] 方李莉：《从遗产到资源：西部人文资源研究》，《民族艺术》2009 年第 2 期。

[22] 方李莉：《从"遗产到资源"的理论阐释——以费孝通"人文资源"思想研究为起点》，《江西社会科学》2010 年第 10 期。

[23] 冯骥才：《传统村落的困境与出路——兼谈传统村落类文化遗产》，《人民日报》2012 年 12 月 7 日第 24 版。

[24]〔加〕杰弗里·沃尔（Geoffrey Wall）、〔加〕阿利斯特·马斐森（Alister Mathieson）：《旅游变化、影响与机遇》，肖贵蓉译，高等教育出版社 2007 年版。

[25] 高丙中：《关于文化生态失衡与文化生态建设的思考》，《云南师范大学学报》（哲学社会科学版）2012 年第 1 期。

[26] 关凯：《族群政治》，中央民族大学出版社 2009 年版。

[27] 郭颖：《民族文化旅游资源保护性开发的理论与实践——以泸沽湖为例》，四川大学 2002 年硕士论文。

[28] 和仕勇：《世界文化遗产丽江古城志》，云南民族出版社 2011 年版。

[29] 侯兵、黄震方、徐海军：《文化旅游的空间形态研究——基于文化空间的综述与启示》，《旅游学刊》2011 年第 3 期。

[30] 胡志毅：《国外遗产旅游"内生矛盾论"研究述评》，《旅游学刊》

2011 年第 9 期。

［31］黄继刚：《空间文化理论探析》，《新疆社会科学》2008 年第 5 期。

［32］黄亮、陆林、丁雨莲：《少数民族村寨的旅游发展模式研究——以西双版纳傣族园为例》，《旅游学刊》2006 年第 5 期。

［33］黄萍、杜通平、李贵卿、赖兵：《文化生态村：四川民族旅游可持续发展的有效模式》，《农村经济》2005 年第 1 期。

［34］黄应贵：《空间、力与社会》，《广西民族学院学报》（哲学社会科学版）2002 年第 24 期。

［35］［英］约翰·厄里（John Urry）：《游客凝视》，杨慧等译，广西师范大学出版社 2009 年版。

［36］贾玎：《西部地区旅游开发与文化保护互动模式研究》，硕士学位论文，华东师范大学，2007 年。

［37］姜楠：《空间研究的"文化转向"与文化研究的"空间转向"》，《社会科学》2008 年第 8 期。

［38］［法］居伊·德波：《景观社会》，王昭凤译，南京大学出版社 2007 年版。

［39］［英］凯·安德森、［美］莫娜·多莫什、［英］史蒂夫·派尔、［英］奈杰尔·思里夫特：《文化地理学手册》，李蕾蕾、张景秋译，商务印书馆 2009 年版。

［40］［美］凯尔纳：《媒体文化：介于现代与后现代之间的文化研究、认同性与政治》，丁宁译，商务印书馆 2004 年版。

［41］［澳］克里斯·库珀：《旅游研究经典评论》，钟林生、谢婷译，南开大学出版社 2006 年版。

［42］李春霞：《遗产·源起与规则》，云南教育出版社 2008 年版。

［43］李东和、赵玉宗：《旅游罩：类型、形成机制及其对旅游业发展的启示》，《旅游学刊》2006 年第 2 期。

［44］李宏、李伟：《论民族旅游地的可持续发展》，《云南师范大学学报》2010 年第 1 期。

［45］李玲：《后现代语境下遗产旅游的发展路径》，《求索》2011 年第 5 期。

［46］李墨丝：《非物质文化遗产保护国际法治研究》，法律出版社 2010 年版。

[47] 李锡:《两片黄栗叶:李锡学术文集》,云南人民出版社 2006 年版。

[48] 李琮:《政治经济学视角下的旅游空间生产——消费模式》,《湖北经济学院学报》(人文社会科学版) 2009 年第 1 期。

[49] 联合国教科文组织世界遗产中心、国际古迹遗址理事会、国际文物保护与修复研究中心、中国国家文物局:《国际文化遗产保护文件选编》,文物出版社 2007 年版。

[50] 良警宇:《旅游开发与民族文化和生态环境的保护:水满村的事例》,《广西民族学院学报》(哲学社会科学版) 2005 年第 1 期。

[51] 刘红梅:《关于民族旅游开发与民族文化保护的几点思考》,《开发研究》2004 年第 3 期。

[52] 刘晖:《旅游民族学》,民族出版社 2006 年版。

[53] 刘晖:《摩梭人文化保护区质疑——论少数民族文化旅游资源的保护与开发》,《旅游学刊》2001 年第 5 期。

[54] 刘建平、陈姣凤、林龙飞:《论旅游开发与非物质文化遗产保护》,《贵州民族研究》2007 年第 3 期。

[55] 刘世锦:《中国文化遗产事业发展报告》(2012),社会科学文献出版社 2013 年版。

[56] 刘朝晖:《村落社会与非物质文化遗产保护——兼论遗产主体与遗产保护主体的悖论》,《文化艺术研究》2009 年第 4 期。

[57] 陆林:《旅游规划原理》,高等教育出版社 2005 年版。

[58] 陆扬:《空间和地方的后现代维度》,《学术研究》2009 年第 3 期。

[59] [法] 罗兰·巴尔特:《符号学原理》,王东亮等译,生活·读书·新知三联书店 1999 年版。

[60] 罗明义:《旅游管理研究》,科学出版社 2006 年版。

[61] 吕俊彪:《非物质文化遗产保护的去主体化倾向及原因探析》,《民族艺术》2009 年第 2 期。

[62] 马晓京:《民族旅游开发与民族传统文化保护的再认识》,《广西民族研究》2002 年第 4 期。

[63] 马晓京:《民族生态旅游——保护性开发民族旅游的有效模式》,《人文地理》2003 年第 3 期。

[64] [西] 曼纽·卡斯特 (Manuel Castells):《网络社会的崛起》,夏铸九等译,社会科学文献出版社 2006 年版。

［65］孟慧英：《试谈少数民族文化遗产的特点》，载文日焕、祁庆富主编《民族遗产》（第 1 辑），学苑出版社 2008 年版。

［66］［美］纳尔逊·格拉本、彭兆荣：《旅游人类学家谈中国旅游的可持续发展》，《旅游学刊》2006 年第 1 期。

［67］潘秋玲、丁蕾：《后现代社会下的旅游新趋势》，《人文地理》2007年第 5 期。

［68］潘顺安：《旅游开发引起民族文化变异的经济学审视》，《贵州民族研究》2009 年第 6 期。

［69］潘泽泉：《当代社会学理论的社会空间转向》，《江苏社会科学》2009 年第 1 期。

［70］彭兆荣：《旅游人类学》，民族出版社 2004 年版。

［71］彭兆荣：《遗产体系与遗产学的一些问题》，《徐州工程学院学报》（社会科学版）2012 年第 1 期。

［72］［法］皮埃尔·布迪厄、［美］华康德：《实践与反思——反思社会学导论》，李猛、李康译，中央编译出版社 1998 年版。

［73］祁庆富：《存续"活态传承"是衡量非物质文化遗产保护方式合理性的基本准则》，《中南民族大学学报》（人文社会科学版）2009 年第3 期。

［74］［美］乔纳森·弗里德曼：《文化认同与全球化过程》，商务印书馆 2003 年版。

［75］秦艳培：《非物质文化遗产旅游商品性的开发》，《郑州大学学报》（哲学社会科学版）2010 年第 4 期。

［76］任冠文：《论民族文化旅游资源的开发与保护》，《广西民族研究》2006 年第 1 期。

［77］［美］瑞泽尔：《后现代社会理论》，谢立中等译，华夏出版社 2003年版。

［78］史本林、赵文亮：《民族旅游开发与民族文化保护理念》，《资源开发与市场》2006 年第 5 期。

［79］［英］史蒂芬·佩吉：《现代旅游管理导论》，电子工业出版社 2004年版。

［80］［英］斯图尔特·霍尔：《表征——文化表征与意指实践》，徐亮、陆兴华译，商务印书馆 2013 年版。

［81］宋娜、郝彦革：《关于对区域旅游联合开发的几点思考》，《科技情报开发与经济》2005 年第 15 期。

［82］宋伟轩：《西方城市绅士化理论纷争及启示》，《人文地理》2013 年第 1 期。

［83］宋志伟、徐永志、李霞：《民族文化遗产保护性旅游开发探讨——以藏香原产地西藏尼木县吞巴乡为例》，《中央民族大学学报》（哲学社会科学版）2011 年第 1 期。

［84］孙九霞：《传承与变迁——旅游中的族群与文化》，商务印书馆 2012 年版。

［85］孙九霞：《旅游人类学的社区旅游与社区参与》，商务印书馆 2009 年版。

［86］孙九霞：《旅游作为文化遗产保护的一种选择》，《旅游学刊》2010 年第 5 期。

［87］孙九霞：《族群文化的移植："旅游者凝视"视角下的解读》，《思想战线》2009 年第 4 期。

［88］唐晓云、吴忠军：《论西部民族文化资源的旅游开发》，《广西经济管理干部学院学报》2006 年第 1 期。

［89］［美］瓦伦·史密斯：《东道主与游客——旅游人类学研究》，张晓萍等译，云南大学出版社 2002 年版。

［90］王德刚、史云：《传承与变异——传统文化对旅游开发的应答》，《旅游科学》2006 年第 4 期。

［91］王德刚、田芸：《旅游化生存：非物质文化遗产的现代生存模式》，《北京第二外国语学院学报》2010 年第 1 期。

［92］王丰龙、刘云刚：《空间的生产研究综述与展望》，《人文地理》2011 年第 2 期。

［93］王国祥：《民族旅游地区保护与开发互动机制探索——云南省邱北县仙人洞彝族文化生态村个案研究》，《云南社会科学》2003 年第 2 期。

［94］王宁、刘丹萍、马凌等：《旅游社会学》，南开大学出版社 2008 年版。

［95］王宁：《消费社会学》，社会科学文献出版社 2011 年版。

［96］王宁：《从苦行者社会到消费者社会——中国城市消费制度、劳动激励与主体结构转型》，社会科学文学出版社 2009 年版。

［97］ 魏小安、曾博伟：《旅游政策与规定》，北京师范大学出版社 2009 年版。

［98］ 吴必虎：《旅游系统：对旅游活动与旅游科学的一种解释》，《旅游学刊》1998 年第 1 期。

［99］ 乌丙安：《非物质文化遗产保护中文化圈理论的应用》，《江西社会科学》2005 年第 1 期。

［100］ 武虹剑、龙江智：《旅游体验生成途径的理论模型》，《社会科学辑刊》2009 年第 3 期。

［101］ 吴世旭：《"发现"赵家堡》，载王铭铭主编《中国人类学评论》（第 18 辑），世界图书出版公司北京公司 2011 年版。

［102］ 向云驹：《论"文化空间"》，《中央民族大学学报》（哲学社会科学版）2008 年第 3 期。

［103］ 谢立中：《"后现代性"及其相关概念辨析》，《社会科学研究》2001 年第 5 期。

［104］ 谢彦君：《旅游体验研究——一种现象学的视角》，南开大学出版社 2005 年版。

［105］ 谢彦君：《旅游体验研究——走向实证科学》，中国旅游出版社 2010 年版。

［106］ 谢元鲁：《旅游文化学》，北京大学出版社 2007 年版。

［107］ 徐赣丽：《民俗旅游与民族文化变迁：桂北壮瑶三村考察》，民族出版社 2006 年版。

［108］ 徐红罡：《旅游系统分析》，南开大学出版社 2009 年版。

［109］ 徐文燕：《论民族文化多样性保护与旅游资源的合理开发》，《黑龙江民族丛刊》2008 年第 2 期。

［110］ 杨国清：《丽江文化旅游崛起解读》，云南人民出版社 2011 年版。

［111］ 杨慧：《旅游·少数民族与多元文化》，云南大学出版社 2011 年版。

［112］ 杨振之：《前台、帷幕、后台：民族文化保护与旅游开发的新模式探索》，《民族研究》2006 年第 2 期。

［113］ 杨振之、邹积艺：《旅游的"符号化"与符号化旅游——对旅游及旅游开发的符号学审视》，《旅游学刊》2006 年第 5 期。

［114］ 叶文：《旅游规划的价值维度：民族文化与可持续旅游开发》，中

国环境科学出版社 2006 年版。

[115] 叶勇辉:《橄榄坝农场场史》,云南人民出版社 2007 年版。

[116] 殷洁、张京祥、罗小龙:《重申全球化时代的空间观:后现代地理学的理论与实践》,《人文地理》2010 年第 4 期。

[117] 尹绍亭:《文化的保护、创造和发展——民族文化生态村的理论总结》,《云南社会科学》2009 年第 3 期。

[118] 袁国宏:《旅游系统管理及其与旅游可持续发展的关系研究》,暨南大学 2008 年博士论文。

[119] 苑利:《文化遗产与文化遗产学解读》,《江西社会科学》2005 年第 3 期。

[120] 云南民族村有限责任公司:《新跨越 新业态——云南民族村改革发展纪实》,内部资料,2013 年。

[121] 张捷:《空间概念的演化:物质的、地理的抑或是精神的?》,载陶东风、周宪主编《文化研究》(第十辑),社会科学文献出版社 2010 年版。

[122] 张晓萍:《民族旅游的人类学透视》,云南大学出版社 2005 年版。

[123] 张晓萍:《旅游开发中的文化价值——从经济人类学的角度看文化商品化》,《民族艺术研究》2006 年第 5 期。

[124] 张晓萍、李鑫:《基于文化空间理论的非物质文化遗产保护与旅游化生存实践》,《学术探索》2010 年第 6 期。

[125] 张晓宇、杨华荣:《试析民族地区的旅游开发与文化保护》,《人民论坛》2010 年第 8 期。

[126] 张晓宇、杨华荣:《少数民族地区旅游文化资源的开发与保护》,《前沿》2011 年第 9 期。

[127] 张朝枝:《旅游与遗产保护——基于案例的理论研究》,南开大学出版社 2008 年版。

[128] 张朝枝、郑艳芬:《文化遗产保护与利用关系的国际规则演变》,《旅游学刊》2011 年第 1 期。

[129] 钟宗宪:《民俗节日氛围营造与文化空间存续——以台湾民俗节日与商业性文化游乐园区为例》,《河南社会科学》2007 年第 4 期。

[130] 周星:《民族民间文化艺术保护与基层社区》,《民族艺术》2004 年第 2 期。

［131］庄孔韶：《人类学通论》，山西教育出版社2005年版。

［132］宗晓莲：《旅游地空间商品化的形式与影响研究——以云南省丽江古城为例》，《旅游学刊》2005年第4期。

［133］宗晓莲：《旅游开发与文化变迁》，中国旅游出版社2006年版。

［134］邹本涛：《旅游体验文化新论》，《社会科学家》2010年第2期。

二　英文部分

［1］Audax Z. P. Mabulla, Strategy for Cultural Heritage Management (CHM) in Africa: A Case Study, *African Archaeological Review*, Vol. 17, 2000, No. 4.

［2］Bruner E. M. , Abraham Lincoln as Authentic Reproduction: A Critique of Postmodernism, *American Anthropologist*, 1996, No. 2.

［3］Cohen E. , A Phenomenology of Tourist Experience , *Journal of Sociology*, Vol. 13, 1979, No. 2.

［4］Cohen E. , Authenticity and Commoditization in Tourism, *Annals of Tourism Research*, 1988, No. 15.

［5］James Clifford, "Of Other Peoples : Beyond the Salvage Paradigm in Dia Art Foundation Discussions", in H. Foster ed. , *Contemporary Culture*, 1987, No. 1, Seattle: Bay Press.

［6］Deepak Chakra, Robert Healy and Erin Sills, Staged Authenticity and Heritage Tourism, *Annals of Tourism Research*, Vol. 30, 2003, No. 3.

［7］Dennison Nash, Tourism as an Anthropological Subject, *Current Anthropology*, Vol. 22, 1981, No. 5.

［8］Frank Etta Wageshik, "My Fathers Business", in Ruth B. Philli ed. , *Unpacking Culture: Art and Commodity in Colonial and Postcolonial Worlds*, 1999, University of California Press.

［9］Graham B J, Ashworth G J, Tunbridge J E, *A Geography of Heritage: Power, Culture and Economy*, 2000, London: Arnold, Oxford University Press.

［10］Greg Richar, Creativity and Tourism, *Annals of Tourism Research*, Vol. 38, 2011, No. 4.

[11] Henri Lefebvre , *The Production of Space*, Donald Nicholson—Smith trans, 1991, Wiley—Blackwell.

[12] Hyounggon Kim, Tazim Jamal Touristic quest for existential authenticator, *Annals of Tourism Research*, Vol. 34, 2007, No. 1.

[13] Jaakson R. , Beyond the Tourist Bubble ? Cruiseship Passengers in Port, *Annals of Tourism Research* , Vol. 31, 2004, No. 1.

[14] John P Taylor, Authenticity and sincerity in tourism, *Annals of Tourism Research*, Vol. 28, 2001, No. 1.

[15] Juanita C. Liu. , Tourism and the value of culture in regions, *Annals of Regional Science*, 2005, Vol. 39.

[16] Kelly M. , Canol M. and Mysyk A. , Jordan's Potential Tourism Development, *Annals of Tourism Research*, Vol. 25, 1998, No. 4.

[17] Kelly M. , Canol M. and Mysyk A. , Culture Tourism, the State, and Day of the Dead, *Annals of Tourism Research*, 2004, No. 4.

[18] Peckham R S. , "Introduction: The politics of heritage and public culture", in Peckham R S. ed. , *Rethinking Heritage: Cultures and Politics in Europe*, 2003, London: I. B. Tauris.

[19] MacCannell D. , *The Tourist: A New Theory of the Leisure Class*, 1976, New York: Shocken.

[20] Medinal K. , Commoditizing Culture: Tourism and Maya Identity, *Annals of Tourism Research*, Vol. 30, 2003, No. 2.

[21] Natan Uriely, Theories of Modern and Postmodern Tourism, *Annals of Tourism Research*. 1997, Vol. 24.

[22] Ning Wang, Rethinking Authenticity In Tourism Experience, *Annals of Tourism Research*, Vol. 26, 1999, No. 2.

[23] Sharon Zukin, Gentrification: culture sad capital in the urban core, *Annual Review of Sociology*, 1987.

[24] Wiendu Nuryanti, Heritage and Postmodern Tourism, *Annals of Tourirm Research*, Vol. 23, 1996, No. 2.

后　记

这本书是我在博士后及其后近四年的研究基础上修订完成的。

我本科毕业后的第一份工作，就是在云南省民委下属的旅行社从事民族文化旅游工作。之后，在民族博物馆工作多年。"民族文化"一直是工作和学习的中心词。民族学博士毕业后，机缘巧合，进入云南大学商旅学院博士后流动站，开始从旅游管理角度重新审视民族文化，关注民族文化遗产的旅游利用与保护问题。这也正好与目前所从事的民族学研究与人类学博物馆工作密切关联。真正开始接触旅游研究，是2010年底进站以后。旅游管理学科与之前自己所从事的人类学（民族学）学科有很大跨度，对我来说，真是一个很大的挑战。但旅游管理的视角方法让我耳目一新。我开始尝试将民族志的质性研究与管理学的系统分析、社会学的问卷调查、人文地理的空间视角等进行跨学科的综合运用。"民族文化旅游空间生产"概念就是在进站半年多的学习思考中诞生的。该学术概念得到《人文地理》学术刊物的认可，极大地推动了我进一步的探索。在接下来的不同模式类型个案的比较研究中，我又尝试提出"旅游—生活空间""主客同位景观"等学术概念。总体来看，博士后研究虽然借鉴采纳了管理学等其他学科的研究理论与方法，但基本风格还是民族学多点民族志的比较研究。该民族志书写的一大特点，是采用了相当分量的访谈材料，以帮助读者增进对调查对象的真实情境的感知和对笔者所做的相应阐释、分析的理解。应该说，这本书是我进行跨学科研究及书写的一次大胆尝试。

事实上，旅游对于民族文化遗产保护来说，是一把"双刃剑"。正因为如此，本书对旅游背景下民族文化遗产保护问题的探讨，是以探寻如何克服旅游对民族文化遗产保护的负效应、实现民族文化遗产旅游利用与保护良性互动为出发点的。笔者通过五个代表性个案的深入调查和比较分析，提出培育吸纳了民族文化持有者真实生活文化的旅游—生活空间以及建立以民族文化持有者为核心保护主体的社会保护机制等观点。

从事博士后研究期间，我的合作导师吕宛青教授给予我最大的信任和支持。如果不是她一开始的坦诚相见，我可能会因为学科跨度大而放弃这个机会。还要感谢我的博士导师何明研究员的热心推荐，以及云南大学民族研究院的王文光教授、李志农研究员，他们在我的学业成长中给予了很多的指导和帮助。还要感谢云南大学商旅学院的田卫民院长、杨桂华教授、张晓萍教授、杜靖川教授、罗明义教授、雷小明教授和发展研究院的罗淳教授，他们在开题及出站答辩时也给予我不少指导和帮助。

在具体的研究中，首先应该感谢研究所涉及参考文献的作者，正是在阅读学习前人研究成果的基础上，我才有了今天的认识和思考。还应该感谢调研所涉及的五个田野点的领导和朋友，如果没有他们的帮助，调查不会进行得如此顺利。他们是云南民族村的王光华董事长、丽江古城管理局的和红阳副局长、丽江玉水寨公司和长红董事长、丽江古城区文化产业协会和永昌会长、傣族园公司范文武总经理、楚雄市民族宗教局领导，以及云南省民委、景洪市委办等单位的朋友，还有各调研点的诸多领导和工作人员。特别是接受访谈的各调研点的知识精英们。他们丰富的地方性知识，让我受益匪浅。我的同事和朋友陈学礼、寸炫、和涤宇、王崇云，研究生韩元等人，都给予我诸多帮助。

博士后的学习研究经历，是挑战，也是机遇。且不论研究结论能否被认可，跨学科视野确能让一个人的求知欲与创造潜力得到一定程度的释放。博士后阶段的三年，对我而言，是学术成长的三年，也是从民族学向旅游管理拓展的学术转折点。不管怎样，它都为我开启了另一条路。这三年是比较艰辛的三年。除了学业、工作的压力，还要面对人到中年的种种生活磨砺。时间和历史永不止步，渺小的我，只是期盼留下些许的痕迹，以告慰自己曾经的努力。

在调查研究及其后的整理修订过程中，尽管我经常都在提醒自己尽可能做得更好，但作为阶段性的学习与研究总结，总是存在一些问题和不足。希望本书刊出后，能得到更多的指教。

最后，要向本书编辑郭鹏老师致以最诚挚的谢意！

桂榕

2013 年 12 月 9 日完稿

2014 年 12 月 6 日修订

2015 年 5 月 31 日最后修订